AF494191

CATALOGUE

DE

TABLEAUX MODERNES

PAR

Berne-Bellecour, Bernier, J. L. Brown, F. Chaigneau, Corot, Decamps
Diaz, Jules Dupré, Fichel, Fromentin
Isabey, Ch. Jacque, Meissonier, Van Marcke, Verlat, Washington

Dépendant de la Collection de M. X...

TABLEAUX ANCIENS ET MODERNES

Par Courbet, Eugène Delacroix, Marilhat, Breughel, etc.

OBJETS D'ART ET D'AMEUBLEMENT

Porcelaines de Saxe et autres

OISEAUX ET BUSTE EN VIEUX SAXE

Faïences de Deruta, Delft, Nevers, Sinceny

GIRANDOLES EN BRONZE DU TEMPS DE LOUIS XVI

PENDULES ANCIENNES

Bijoux, Argenterie, Objets variés, Meubles

Dépendant de la succession de Mme F...

ET DONT LA VENTE AURA LIEU

HOTEL DROUOT, SALLE N° 5

Le Mercredi 11 Mai 1892

à deux heures

COMMISSAIRE-PRISEUR

Me PAUL CHEVALLIER

10, rue de la Grange-Batelière, 10

EXPERTS

Pour les Tableaux

M. EUG. FÉRAL, peintre

54, rue du Faubourg-Montmartre, 54

Pour les Objets d'art

M. CHARLES MANNHEIM

7, rue Saint-Georges, 7

EXPOSITION PUBLIQUE

Le Mardi 10 Mai 1892, de une heure et demie à cinq heures et demie

CONDITIONS DE LA VENTE

Elle sera faite *expressément* au comptant.

Les acquéreurs payeront *cinq pour cent* en sus des adjudications.

L'exposition mettant le public à même de se rendre compte de l'état des objets, aucune réclamation ne sera admise une fois l'adjudication prononcée.

N. B. — La vacation commencera par les Objets d'art et d'ameublement, et se terminera par les Tableaux.

Paris. — Imp. de l'Art. E. Ménard et Cie, 41, rue de la Victoire.

DÉSIGNATION

TABLEAUX MODERNES

DÉPENDANT DE LA COLLECTION DE M. X...

BERNE-BELLECOUR

1 — *Le Clairon.*

Il est assis sur une pierre, auprès d'une maison de paysans.

Sur la gauche, des fusils en faisceau.

Signé et daté 1874.

Bois. Haut., 12 cent.; larg., 15 cent.

BERNIER

(CAMILLE)

2 — *Sabotiers, dans le bois de Quimerc'h (Finistère).*

De grands arbres, au feuillage jaunissant de l'automne, occupent le centre d'une vaste clairière; à gauche, sont de gros troncs d'arbres abattus, près d'une hutte de sabotiers; à droite, une mare entourée d'ombrages.

Le ciel, plein de nuages lumineux, éclaire toute la forêt.

Extrait du Catalogue de la vente Duncan (de Londres).

Signé et daté 1877.

Salon de 1877 et Exposition Universelle de 1878.

Bois. Haut., 1 m. 94 cent.; larg., 2 m. 96 cent.

BROWN

(JOHN LEWIS)

3 — *Les Caves d'un brasseur.*

Un homme en blouse bleue conduit un cheval blanc attelé à une charrette chargée de tonneaux de bière et franchit la porte des caves, pendant qu'un garçon cherche à maîtriser un cheval effrayé qui se cabre

Signé et daté 1864.

Toile. Haut., 54 cent.; larg., 73 cent.

CHAIGNEAU

(F.)

4 — *L'Abreuvoir, le matin.*

Un troupeau, conduit par une paysanne, se désaltère au bord d'une mare.

Effet d'automne.

Bois. Haut., 27 cent.; larg., 22 cent.

CHAIGNEAU

(F.)

5 — *Moutons au pâturage.*

Sous la garde d'une bergère se reposant sur la gauche, son chien auprès d'elle.

Bois. Haut., 24 cent.; larg., 18 cent.

COROT

(CAMILLE)

6 — *Le Passeur.*

Dans un site frais et vaporeux, au bord d'une rivière et à l'ombre d'un grand saule au feuillage léger, — le premier plan garni de joncs et de plantes aquatiques en fleurs, — deux paysannes viennent de monter dans un bateau ; le passeur, en manches de chemise et coiffé d'un bonnet rouge, tient sa perche et se dispose à gagner le large.

Vers le fond, on aperçoit un château fort dominant les collines, aux contours sinueux, qui bordent l'horizon.

Remarquable tableau.

Signé à droite.

Toile. Haut., 67 cent.; larg., 49 cent.

DECAMPS

7 — *La Rade de Smyrne.*

Le soleil éclaire les maisons aux murs blancs, se détachant sur les collines bleuâtres qui bordent l'horizon. Des Arabes se reposent sur les remparts, au pied desquels sont amarrés deux bateaux à voiles.

Ciel nuageux.

Signé du monogramme, à droite.

Toile. Haut., 37 cent.; larg., 56 cent.

DIAZ

(N.)

8 — *Les Caresses de l'Amour.* 22000,00

Assise, dans un paysage, les épaules nues, une draperie rose jetée sur ses genoux, une nymphe écoute deux petits amours qui se pressent auprès d'elle, cherchant à la séduire.

Signé et daté 52.

Toile. Haut., 70 cent.; larg., 53 cent.

DIAZ

(N.)

9 — *Le Bas-Bréau; forêt de Fontainebleau.*

Au centre, quelques blocs de rochers à demi cachés par les bruyères en fleurs.

A droite et à gauche, des chênes aux troncs noueux et aux branches brisées dont l'écorce blanche est éclairée par un rayon de soleil.

Deux paysannes ramassent du bois mort.

Toile.

DUPRÉ

(JULES)

10 — *Paysage.*

Une femme, en robe rouge, suit un sentier sinueux.

Vers le fond, une chaumière en partie cachée par des arbres.

A droite, la lisière d'un bois.

Ciel nuageux.

Signé à gauche.

Toile. Haut., 35 cent.; larg., 46 cent.

FICHEL

11 — *Le Quatuor.*

Quatre musiciens sont groupés, exécutant un morceau ; un cinquième personnage les écoute, assis près d'une cheminée.

Signé et daté 73.

Bois. Haut., 27 cent.; larg., 22 cent.

FROMENTIN

(EUGÈNE)

12 — *L'Abreuvoir.*

Un Arabe a conduit trois chevaux dans une mare située au pied d'une colline ; pendant que les chevaux se désaltèrent, deux femmes portant des paquets se dirigent vers la gauche.

Au second plan, des massifs de palmiers, derrière lesquels on aperçoit une forteresse.

Dans le fond, un village arabe.

Très bon tableau.

Signé et daté 72.

Bois. Haut., 46 cent.; larg., 37 cent.

FROMENTIN

(EUGÈNE)

13 — *Les Bords du Nil.*

Le fleuve s'étend au loin, sillonné par quelques bateaux à voiles.

Sur un terrain verdoyant, qui occupe le premier plan, se trouvent quelques Arabes, les uns causant, les autres se reposant sur les bords du fleuve.

Signé et daté 74.

Toile. Haut., 53 cent.; larg., 77 cent.

ISABEY

(EUGÈNE)

14 — *Le Sauvetage.*

Un bateau marchand s'est échoué contre la jetée. Les matelots qui montent sur les cordages s'occupent à serrer les voiles, pendant que d'autres, dans des canots, opèrent le déchargement. Le ciel est nuageux et les eaux agitées.

Vers le fond, à gauche, plusieurs bateaux gagnent le large.

Œuvre importante de l'artiste.

Signée et datée 64.

Toile. Haut., 70 cent.; larg., 1 m. 2 cent.

JACQUE

(CHARLES)

15 — *La Bergerie.*

Pendant qu'une partie du troupeau mange le fourrage qu'on a mis au râtelier, un groupe de brebis et un agneau, éclairés par un rayon de soleil, se désaltèrent dans un baquet plein d'eau; quelques poules sont auprès.

Signé à gauche.

Œuvre remarquable, très étudiée et d'un charmant effet de lumière.

Bois. Haut., 43 cent.; larg., 69 cent.

JACQUE

(CHARLES)

16 — *Chevaux de trait à l'écurie.*

Trois chevaux au râtelier. Celui qui est au centre est blanc, éclairé par un rayon de soleil.

Signé à gauche.

Bois. Haut., 15 cent.; larg., 16 cent.

MEISSONIER

(Jean Louis-Ernest)

17 — *Le Coup de l'étrier.*

Un cavalier, monté sur un beau cheval bai, est arrêté à la porte d'une villa, sur le bord du chemin. De la main gauche, il tient la bride de son cheval; de la droite, il porte à ses lèvres un verre que vient de lui tendre une jeune fille, debout à gauche, et qui tient à sa main un broc de cristal.

Il a de grandes bottes molles et il est vêtu d'une espèce de houppelande d'un ton gris violacé, avec grand gilet gris à basques. Il est coiffé d'un chapeau tricorne noir.

Aux pieds du cheval, à droite, deux chiens largement dessinés et indiqués par un trait, entre les troncs de deux arbres verts dont le feuillage sombre se détache sur un ciel bleu en haut du tableau, avec nuages lumineux au bas.

Une partie du tableau est traitée en esquisse.

Vente Secretan.

Bois. Haut., 23 cent.; larg., 18 cent.

VAN MARCKE

(EM.)

18 — *La Ferme.*

Sur le devant, une vache et deux veaux éclairés par un vif rayon de soleil. Vers le fond, à droite, d'autres animaux paissent dans des pâturages verdoyants. A gauche, auprès d'une maison couverte de chaume, une paysanne donnant du grain à des poules.

Signé à droite.

Bois. Haut., 25 cent.; larg., 30 cent.

VAN MARCKE

(EM.)

19 — *Le Calvaire, à Saint-Jean-du-Doigt.*

Étude provenant de la vente Van Marcke.

Haut. 24 cent.; larg., 33 cent.

VERLAT

20 — *Chien de chasse au repos, tenant une perdrix.*

Signé à droite.

Bois. Haut., 34 cent.; larg., 26 cent.

WASHINGTON

(DEUX PENDANTS)

21 — *Fantaisie arabe.*

Arabe traversant un cours d'eau.

Signés.

Bois. Haut., 24 cent.; larg,. 17 cent.

TABLEAUX ANCIENS ET MODERNES

DESSINS

OBJETS D'ART

Dépendant de la succession de Mme F...

TABLEAUX ET DESSINS

APPERT

22 — *Les Pies.*

Pastel.

ARTOIS

(Attribué à Van)

(DEUX PENDANTS)

23 — *Paysages avec figures.*

BALEN

(Genre de Van)

24 — *La Toilette de Diane.*

BOUCHARDON

25 — *Le Fauconnier.*

Crayon noir rehaussé de blanc.

BREUGHEL

26 — *Auberge de villageois, au bord d'une rivière.*

Toile. Haut., 48 cent.; larg., 70 cent.

BRION

27 — *Le Puits.*

CARRACHE

(École de)

28 — *La Vierge en prières.*

Cadre en bois.

COURBET

29 — *Environs d'Ornans.*

Paysage avec figures.
Signé et daté 1849.

Toile. Haut., 33 cent.; larg., 55 cent.

COYPEL

(Genre de)

(DEUX PENDANTS)

30 — *Jeux d'amours.*

Dessus de porte.

DECAMPS

(Genre de)

31 — *Chien de chasse.*

Sépia.

DELACROIX

(EUGÈNE)

32 — *Le Marchand d'oranges, au Maroc.*

Il est assis auprès d'une fontaine, ayant à ses côtés deux corbeilles d'oranges.

Au second plan, un escalier conduisant sur une terrasse.

Dans le fond, des collines.

Signé à droite.

Toile. Haut., 27 cent.; larg., 34 cent.

**

ÉCOLE FLAMANDE

33 — *Baigneuse et Amours.*

ÉCOLE FRANÇAISE

34 — *Nymphes et Fleuve.*

Esquisse de forme ovale.

Toile. Haut., 27 cent.; larg., 30 cent.

ÉCOLE FRANÇAISE

35 — *Alexandre et les femmes de Darius.*

Esquisse.

36 — *Sujet mythologique.*

Grisaille.

37 — *Portrait de femme.*

Pastel.

ÉCOLE ITALIENNE

38 — *Amours tirant de l'arc.*

Peinture sur cuivre.

ÉCOLE MODERNE

39 — *Paysage avec animaux.*

ÉCOLE MODERNE

40 — *Le Désespoir.*

Dessin.

FRAGONARD

(D'après)

41 — *Le Sommeil de l'Enfant.*

FRANCK

(École de)

42 — *Le Christ en croix entre la sainte Vierge et saint Jean.*

Peinture sur cuivre.

JOYANT

43 — *Personnages orientaux.*

Cadre sculpté.

MARILHAT

44 — *Vue prise sur les bords du Gardon.*

Esquisse.

Toile. Haut., 44 cent.; larg., 58 cent.

OUDRY

(D'après J. B.)

45 — *Chien en arrêt près de deux faisans.*

Toile. Haut., 1 m. 10 cent.; larg., 1 m. 30 cent.

PENGUILLY

46 — *Un Philosophe.*

Signé et daté 1858.

Bois. Haut., 28 cent.; larg., 33 cent.

PARROCEL

(Genre de)

47 — *Combat de cavaliers.*

TABAR

(L.)

48 — *Le Concert en bateau.*

VÉRONÈSE

(École de)

49 — *Portrait de femme.*

OBJETS D'ART

PORCELAINES

50 — Deux grands oiseaux perchés sur des troncs d'arbres en ancienne porcelaine de Saxe décorée au naturel.

51 — Petit buste d'enfant en ancienne porcelaine de Saxe, coiffé d'un bonnet orné de fleurs, une draperie émaillée vert sur les épaules.

52 — Bourdaloue en ancienne porcelaine de Saxe gaufrée sous couverte à l'imitation de vannerie et orné de fruits, feuilles et oiseau en couleur.

53 — Deux petites boites formées chacune d'une poule en ancienne porcelainé de Saxe.

54 — Sucrier cylindrique couvert en porcelaine d'Allemagne, décor de paysages.

55 — Tasse couverte et sa soucoupe en porcelaine de Saxe : initiale D enguirlandée.

56 — Cinq tasses et leurs soucoupes en ancienne porcelaine de Hœchst, près Mayence ; décor de paysages.

57 — Cinq pièces : deux tasses et trois soucoupes en ancienne porcelaine d'Amsterdam ; bordures imitant le bois et ornées de sujets divers dans des réserves simulant du papier.

58 — Tasse droite et sa soucoupe en ancienne porcelaine tendre de Sèvres : initiale C réservée sur fond jaune semé de bleuets.

59 — Deux cygnes se faisant pendants en porcelaine de Saxe.

60 — Boite circulaire couverte en ancienne porcelaine de Chine, décor de fleurs en camaïeu bleu. Monture en bronze.

61 — Quatre pitongs cylindriques en ancienne porcelaine de Chine, famille rose : scènes familières.

62 — Plat creux en ancienne porcelaine de Chine, famille verte : arbre fleuri et fong-hoang ; bordure quadrillée.

63 — Coq en porcelaine de Chine décorée au naturel.

64 — Compotier en porcelaine de Chine surdécoré de motifs dorés.

65 — Deux statuettes de femmes debout, en ancienne porcelaine du Japon.

66 — Statuette de femme assise, en ancienne porcelaine du Japon.

67 — Petit vase en céladon vert d'eau du Japon orné de chrysanthèmes et fleurs en bleu.

68 — Petit vase sur piédouche en porcelaine anglaise, à décor de trophées d'instruments de chasse, pêche et jardinage et guirlandes de fleurs.

69 — Deux groupes en biscuit : Nymphe et Amours.

70 — Six pièces en porcelaine de Chine et du Japon : tasse et trois soucoupes à décor bleu et rouge, et tasse et sa soucoupe, décor de style européen.

71 — Deux pièces : tasse droite avec soucoupe en ancienne porcelaine de Paris, et petite tasse en porcelaine de Saxe.

72 — Deux vases en porcelaine dure. Époque Restauration.

73 — Grande coupe ronde en porcelaine dure, à fleurs.

74 — Vingt-quatre assiettes en porcelaine.

75 — Deux vases balustres en porcelaine de Chine moderne à décor d'animaux et de fleurs.

FAIENCES

76 — Plat rond et creux en ancienne faïence de Deruta, à décor polychrome : au fond, buste d'Empereur romain et inscription : *Virtes in natione constitit* ; sur le marli, des rinceaux. XVIe siècle.

77 — Deux plaques de forme contournée se faisant pendants en ancienne faïence de Delft polychrome : sujets champêtres.

78 — Plaque de forme contournée en ancienne faïence de Delft polychrome : oiseau dans une cage ; en bas, un paysage.

79 — Garniture en ancienne faïence de Delft poly-

chrome, composée d'un cornet et de deux potiches couvertes ; décor de fleurs, oiseaux, rochers et quadrillés.

80 — Plat creux en ancienne faïence de Delft, décor en camaïeu bleu de vases de fleurs et insectes de style japonais.

81 — Deux pièces : cornet en faïence hollandaise, décor de fleurs en camaïeu bleu, et pot trompeur en terre vernissée du XVIIIe siècle.

82 — Aiguière-casque en ancienne faïence de Sinceny, à décor polychrome de pagodes, quadrillés, mascarons et fleurs.

83 — Plat rond en ancienne faïence de Sinceny, à décor polychrome : personnages et kiosques dans le goût chinois, et quadrillés.

84 — Bidet en ancienne faïence de Rouen polychrome : vase de fleurs, quadrillés et rinceaux.

85 — Gourde légèrement aplatie en ancienne faïence de Nevers ; fleurettes en camaïeu bleu, anses torsades et culot godronné.

86 — Deux assiettes en ancienne faïence de Nevers : oiseaux et feuillages en blanc et jaune sur fond gros bleu.

87 — Plaque ovale en ancienne faïence de Castelli : la Sainte Famille et saint Jean-Baptiste. Cadre doré.

88 — Deux statuettes de femmes assises tenant une corbeille en faïence blanche de Lorraine.

BRONZES

89 — Deux girandoles à trois lumières du temps de Louis XVI, formées chacune d'une statuette d'enfant debout en bronze à patine verte, tenant des deux mains un bouquet de fleurs de lis en bronze doré. Bases en marbre blanc ornées de guirlandes en bronze doré également.

90 — Deux flambeaux du temps de Louis XVI en bronze ciselé et doré, à tige balustre, cannelée et feuillagée, et base bordée d'un faisceau de baguettes enrubannées.

91 — Deux petits flambeaux-cassolettes du temps de Louis XVI en bronze ciselé et doré, en forme de vases enguirlandés, à tige cannelée et base carrée, ornée d'un cordon de piastres.

92-93 — Deux paires de flambeaux Louis XV en cuivre doré ; l'une, à base festonnée ; l'autre, à base octogone.

94 — Deux flambeaux bas en bronze doré.

95 — Deux chenets Louis XV en bronze, à motifs rocaille.

96 — Deux flambeaux de jardin en cuivre argenté.

97 — Christ en cuivre argenté sur croix en bois.

98 — Deux flambeaux en bronze. Époque Restauration.

99 — Deux pièces en bronze : flambeau à deux lumières, avec écran, et bougeoir.

100 — Lustre flamand, à six lumières, en bronze.

101 — Vase obconique couvert en porcelaine émaillée bleu; monture en bronze, à anses mascarons et piédouche.

102 — Figurine de personnage agenouillé, en ancien bronze partiellement laqué du Japon. Base en bois.

103 — Deux bas-reliefs en bronze : Sainte Famille et allégorie de l'Été. Encadrés.

PENDULES

104 — Pendule du temps de Louis XVI, de *Kinable, à Paris*, en marbre blanc et bronze doré : statuette de Vénus, assise sur un bloc de rochers et distribuant des couronnes à deux amours ; à la base, frise d'amours tirant de l'arc.

105 — Petite pendule du temps de Louis XVI en bronze doré, de *Courieult, à Paris ;* sur le mouvement, colombes se becquetant ; de chaque côté, des trophées d'armes et instruments de musique ; base en marbre blanc.

106 — Pendule-applique et son socle du temps de Louis XV, de *I. F. Larsé, à Paris*, en marqueterie d'écaille et de cuivre ; cadran, garnitures et statuette d'amour en bronze.

107 — Cartel-applique de forme contournée du temps de Louis XIV, en marqueterie d'écaille et filets de cuivre ; cadran et garnitures de bronze doré.

108 — Cartel-applique en bronze, à motifs rocaille ; sur le mouvement est assise une figurine de Chinois tenant une ombrelle.

BIJOUX, ARGENTERIE

109 — Bague en or, chaton formé de deux brillants.

110 — Bracelet en or émaillé noir, orné de trois brillants et quatre saphirs, entourés de perles et de petits brillants.

111 — Broche composée d'un saphir entouré de feuillages exécutés en brillants montés en argent, avec pendeloque formée d'une grosse perle baroque.

112 — Parure en marcassite montée en or et argent.

113 — Lot de bijoux variés : épingles de coiffure, etc.

114 — Caisse contenant un service de table en argent comprenant douze cuillères et douze fourchettes de table, douze cuillères et douze fourchettes à entremets, douze couteaux de table, vingt-quatre couteaux à entremets dont douze à lames d'argent, douze cuillères à café, douze fourchettes à huitres, quatre pelles à sel, un couvert à salade de deux pièces; un service à découper de deux pièces, quatre pièces à hors-d'œuvres, une louche,

une truelle à poisson, une cuillère à punch, une cuillère à saupoudrer, une pince à sucre et deux passoires.

115 — Sucrier Empire en cristal avec monture et couvercle en argent doré.

116 — Pince à sucre Empire en argent doré.

117 — Onze cuillères à café en argent.

118 — Plat rond en argent.

119 — Double fond en argent.

120 — Soupière oblongue couverte en argent.

121 — Trois pièces : louche en argent, porte-huilier en argent et cafetière en argent avec anse en ivoire.

122 — Huit salières en argent.

123 — Trois moutardiers en argent.

124 — Casserole en argent, manche ivoire.

125 — Saucière et plateau Empire en argent.

126 — Six plats ronds Empire en argent.

127 — Trois plats longs Empire en argent.

128 — Dix-huit cuillères et dix-huit fourchettes de table.

129 — Cuillère à saupoudrer en argent.

130 — Six pelles à sel en argent.

131 — Cuillère à ragoût en argent.

OBJETS VARIÉS

132 — Coffret oblong à couvercle plat en bois sculpté : rinceaux et cartouche surmonté d'une couronne. Ancien travail lorrain.

133 — Coffret oblong en laque noir et or avec incrustations de burgau : oiseaux, tortues et haies fleuries; à la base, deux tiroirs. Ancien travail japonais.

134 — Petit cabinet en laque noir et or, fermant à deux portes et contenant sept tiroirs; décor de fleurs; garnitures de cuivre. Japon.

135 — Deux éventails, l'un monté ivoire, l'autre écaille, feuilles peintes.

136 — Boite en ancien émail de Saxe : Scène pastorale.

137 — Plaque en émail peint par *Laudin* : le Christ en croix. Limoges. XVIIe siècle. Cadre doré.

138 — Petite plaque en émail peint, par *Laudin* : le Christ couronné d'épines. Limoges. XVIIe siècle.

139 — Miniature sur vélin du temps de Louis XV : Jeune Femme à son déjeuner. Encadrée.

140 — Deux statuettes en terre cuite, par *Feuchère* : Femmes couchées. Signées et datées *1850*.

141 — Tête-applique d'enfant, grandeur nature, en marbre blanc.

142 — Pitong ajouré en pierre de lard. Chine.

143 — Deux petits socles chinois, bois dur et albâtre.

144 — Fragment d'ancienne tapisserie au point : Apparition du Christ portant sa croix. Encadré.

145 — Trois socles variés en bois doré.

MEUBLES

146 — Meuble vitré fermant à deux portes, avec large moulure concave à la partie supérieure, en bois satiné, du temps de Louis XIV; garni de chutes et de moulures en bronze.

147 — Commode Louis XIV, à face légèrement cintrée, en bois de violette, à trois rangs de tiroirs; filets de cuivre, et poignées, entrées de serrures et chutes en bronze.

148 — Table de nuit Louis XVI en marqueterie de bois de couleurs, ouvrant à coulisse ; dessus de marbre blanc.

149 — Commode Louis XVI en acajou, à trois tiroirs ; poignées et encadrements de cuivre. Dessus de marbre.

150 — Bureau à cylindre Louis XVI, en acajou, sur pieds cannelés ; garnitures de cuivre et dessus de marbre blanc.

151 — Fauteuil Louis XIV en bois sculpté et doré, couvert en tapisserie au point : Orphée charmant les animaux.

152 — Bergère en bois sculpté et doré, couverte en satin vert broché à fleurs.

153 — Bergère Louis XV en bois sculpté et doré,

couverte en satin blanc rayé, Louis XVI, broché à fleurs.

154 — Petite table-bureau Empire en acajou, à un tiroir, sur pieds reliés par un croisillon; garnitures de bronze.

155 — Console en marqueterie de bois de couleurs, contenant un tiroir et reposant sur quatre pieds reliés par une tablette en marbre blanc; dessus également en marbre blanc; galerie et garnitures de cuivre.

156 — Bureau à dos d'âne en marqueterie de bois de couleurs, à fleurs; garnitures de cuivre.

157 — Paravent à quatre feuilles en bois sculpté et doré; feuilles brodées au passé et en chenille en soies de couleurs.

158 — Baromètre-thermomètre dans un cadre en bois sculpté et doré.

159 — Glace biseautée dans un cadre en bois noir avec feuillages rapportés en cuivre repoussé.

160 — Miroir biseauté dans un cadre en bois sculpté et doré, à feuillages.

161 — Miroir dans un cadre rocaille doré.

www.ingramcontent.com/pod-product-compliance
Ingram Content Group UK Ltd.
Pitfield, Milton Keynes, MK11 3LW, UK
UKHW020511180726
13839UKWH00005B/2014

DOCUMENTS

RELATIFS

A LA DÉMISSION

DU

PREMIER ÉVÊQUE D'ALGER

ET

A SA POSITION ACTUELLE.

BORDEAUX,
IMPRIMERIE D'ÉMILE CRUGY,
Rue et hôtel Saint-Siméon, 16.
1851

AU ROI

EN SON CONSEIL.

Sire,

J'ai l'honneur d'adresser à Votre Majesté un recueil important, qu'il m'a semblé bon de placer sous les yeux du Roi et de son Conseil.

C'est l'ensemble des rapports que j'ai dû remettre à M. le Gouverneur général, au moment où, après six mois de voyages qui n'ont pas été sans quelques fatigues, j'achevais la visite de mon diocèse.

Il m'a paru, Sire, que de tels documents, dans les circonstances particulières où se trouve l'Algérie, n'étaient pas indignes de

fixer l'attention du Roi. J'aurais pu leur donner une forme nouvelle : j'ai préféré les laisser tels qu'ils ont été rédigés et mis en ordre sous l'impression même du moment.

J'affirme qu'ils sont parfaitement exacts, et serais prêt à y ajouter toutes les explications qui pourraient être jugées nécessaires.

Ma position vraie en Algérie et celle de mon clergé n'étaient point assez connues du Gouvernement, du Roi lui-même ; il était temps de les faire ainsi apprécier jusque dans leurs plus intimes détails. Puisse cette appréciation suprême, en qui nous avons une confiance qui ne sera pas trompée, préparer à mon Église naissante un avenir meilleur !

† Antoine-Adolphe,
Évêque d'Alger.

Alger, le 21 janvier 1845.

« A bord du *Var*, le 11 janvier 1845.

» MONSIEUR LE GOUVERNEUR GÉNÉRAL *,

» J'ai l'honneur de vous exposer ci-après l'état dans lequel j'ai
» trouvé la province d'Oran, sous le rapport religieux, à l'occa-
» sion de la visite pastorale que je viens d'y faire, et de vous
» adresser, en conséquence, certaines propositions sur lesquelles
» j'oserai appeler particulièrement votre bienveillante attention.

» Je connaissais déjà, en grande partie du moins, soit par les
» communications fréquentes que j'avais entretenues avec M. le
» Curé d'Oran, soit par ce que j'avais pu en voir moi-même à diffé-
» rentes reprises, ce qui concerne la capitale de la province ; je
» veux parler surtout de sa population catholique toujours crois-
» sante, du pitoyable et unique temple qu'elle eût possédé jus-
» qu'ici, des vœux et des réclamations incessantes des habitants
» et des autorités à cet égard, du nombre encore trop restreint

* M. le général de Lamoricière, gouverneur par intérim.

» des ecclésiastiques reconnus et employés à Oran, des embarras
» de la fabrique, etc.

» Or, tous ces détails, j'ai pu les examiner de nouveau à fond,
» et, par eux, arriver à ce que je dois vous faire connaître,
» Monsieur le Gouverneur général, après que je vous aurai
» brièvement entretenu de ce qui précède.

» Quant au chiffre de la population catholique, il n'est guère
» moindre de dix mille : mais vous le connaissez plus exactement
» encore que je ne le saurais faire ; je remarque seulement, avec
» vous, qu'une très-notable portion en est venue de l'Espagne et
» de l'Italie. A cette population civile il est juste et convenable
» d'ajouter la garnison.

» Cependant, avant mon arrivée à Oran, le 14 décembre der-
» nier, cette population, si considérable et si attachée par les ha-
» bitudes de sa première patrie aux temples, aux cérémonies qui
» s'y célèbrent, n'avait pour toute église reconnue et dotée par le
» Gouvernement que la petite chapelle dite de Saint-Louis ; et
» encore est-elle en ce moment dans un tel état de dégradation,
» qu'il est devenu nécessaire d'y faire des réparations immédiates
» ou de l'abandonner. J'ai eu l'honneur de vous écrire à ce sujet,
» et de vous demander si nous ne pourrions pas obtenir comme
» église provisoire, durant la construction d'une église véritable
» dont la nécessité ne peut plus souffrir de retard, la mosquée si-
» tuée dans l'enceinte de l'hôpital militaire, mais facile à en dis-
» traire et approprier à peu de frais. Avec cette mosquée, qui me
» paraît pouvoir être obtenue en effet sans trop de difficultés, la
» chapelle des Sœurs de la Sainte-Trinité, qui en est voisine, et
» la nouvelle église de Saint-André, dont nous vous sommes re-
» devables, nous attendrions moins impatiemment la construc-
» tion de l'église projetée sur les ruines de la chapelle Saint-
» Louis. Un riche propriétaire, à la Marine, a offert de donner un

» terrain suffisant pour la construction d'une chapelle, fort désira-
» ble et fort désirée dans cet intéressant quartier, et de contri-
» buer, avec ses principaux voisins, à l'érection de cet humble
» sanctuaire. Pour ma part, je ne saurais qu'approuver entière-
» ment cette offre généreuse et de semblables projets.

» Avec ce qu'elle possède déjà, ce qu'elle a en caisse ce jour
» ou ce qu'elle est assurée d'obtenir en 1845, la fabrique d'Oran
» peut aisément, désormais, suffire aux frais du culte et au ser-
» vice de deux semblables églises et d'une chapelle.

» Le clergé d'Oran, chargé de desservir cette populeuse cité et
» sa garnison importante, ne se compose jusqu'ici que de trois
» prêtres, savoir : le curé et ses deux vicaires, dont l'un doit né-
» cessairement être un Espagnol. Je ne parle pas du service de
» l'hôpital militaire, parce qu'il est confié depuis quelque temps à
» son aumônier spécial. Il y a déjà plus d'un an qu'il en exerce
» les fonctions, et chaque jour j'attends la confirmation de sa
» nomination par Son Excellence M. le Ministre de la guerre,
» toutes les démarches voulues à cet effet ayant été exactement
» accomplies et renouvelées en temps opportun. Il est bien à re-
» gretter que cette nomination ministérielle se soit fait aussi long-
» temps attendre, et à désirer qu'elle ne souffre plus de retard.

» Au service ordinaire de la paroisse, le curé d'Oran et ses vi-
» caires doivent ajouter celui de la chapelle des Sœurs, de leur
» pensionnat, de leurs écoles, de leur petit hôpital civil, de leur
» florissante communauté ; le tout est plus considérable et de-
» mande plus de soins et d'assujettissement, qu'on ne le croirait
» d'abord, si on ne connaissait à fond cette admirable institu-
» tion.

» D'un autre côté, à l'avenir, il faut pourvoir à la desserte de
» l'église Saint-André, et au moins à la visite aussi fréquente que
» possible des centres de population qui commencent à se multi-

» plier autour d'Oran : ainsi à la Séniah, au Figuier, à Miserghin, » à Kuargenta, à la Mosquée, etc.

» J'estime donc, Monsieur le Gouverneur général, qu'il est in» dispensable d'attacher à ces différents et nouveaux services, dont » l'intérêt est évident, au moins deux ecclésiastiques, avec le » titre de vicaires d'Oran, ou de prêtres auxiliaires : peu importe» raient les dénominations. L'un d'eux serait plus spécialement » chargé de Saint-André, et son confrère, en l'aidant le plus qu'il » le pourrait, serait particulièrement attaché aux nouveaux villa» ges ; il les visiterait régulièrement, y baptiserait, y consolerait » les malades, bénirait les mariages, ensevelirait les morts avec » les prières et les honneurs de l'Église, y ferait le catéchisme, y » célébrerait la messe alternativement ; en un mot, il y ferait le plus » pressé du service pour le moment, et préparerait l'avenir reli» gieux de ces intéressantes localités. Leur logement se trouverait » tout naturellement placé dans les dépendances de l'église nou» vellement bénie : ils seraient d'ailleurs sous la surveillance im» médiate du curé d'Oran, et celle du vicaire général que je me » propose d'établir bientôt dans la province, pour m'y représen» ter et l'administrer en mon nom.

» J'ai acquis la conviction que facilement, dans ces nouveaux » centres de population, on trouverait un local suffisant pour » chapelles provisoires, tous ayant trop d'intérêt à la réalisation » de pareils projets, dont les essais tentés dans les villages du Sa» hel, à Alger, nous peuvent faire apprécier l'importance et la » possibilité. Je crois cette démarche parfaitement convenable et » fondée, et je ne peux m'empêcher d'espérer qu'il y sera fait » droit aussitôt que vous aurez bien voulu l'appuyer auprès du » Gouvernement du Roi, recueillant de plus en plus les bénédic» tions et la reconnaissance d'une population qui vous doit déjà » tant.

» Me permettrez-vous, Monsieur le Gouverneur général, avant » d'aller plus loin, et de vous entretenir de Mers-el-Kébir, d'Arzew, de Mostaganem, de Mascara, de Tlemcen, de vous » communiquer certaines réclamations très-pressantes et très-» justes, que les Sœurs Trinitaires d'Oran m'ont prié de porter » respectueusement devant vous ?

» Elles sont relatives à leur position vis-à-vis de l'administra-» tion, soit pour des terrains acquis il y a déjà longtemps, soit » pour de nouvelles et indispensables acquisitions.

» Ainsi : 1° Il y a deux ans environ, cette communauté, dont » la fondation n'a rien, *absolument rien coûté à l'État ni à la ville* » *d'Oran*, et qui n'a cessé de rendre les plus précieux services, » acquit des Domaines ou du Génie un lopin de terrain sur le-» quel elle a élevé l'hôpital civil, ou du moins ce qui en forme le » commencement, à un prix débattu et déterminé de cent cin-» quante francs de rente par an ; et, en effet, jusqu'à présent on » n'exigea pas davantage d'elle. Mais aujourd'hui on réclame pour » l'avenir deux cents francs ; on veut que cinquante francs par » chaque année écoulée soient restitués ; on veut faire signer un » acte nouveau aux représentantes du signataire du premier acte. » Oh ! qu'il eût mieux valu contribuer à l'accroissement, à la con-» sommation d'une pareille fondation, en concédant purement et » simplement ce terrain !

» Ainsi : 2° Oran n'a pas de salle d'asile. Il a été proposé aux » Sœurs par l'administration d'en établir une ; elles ont accepté » avec bonheur, et ont offert, non seulement de s'en charger, » mais même, et sans loyer, de bâtir, d'élever le corps de bâti-» ment nécessaire qui serait annexé au reste de leur établissement, » si elles pouvaient acquérir de l'État un terrain abandonné jus-» qu'ici et qui touche à leur cour principale. Et pourtant on exige » d'elles qu'elles paient quatre mille francs pour cette acquisition :

» prix exorbitant, si l'on considère la forme, la nature, l'étendue » de ce morceau de terrain, sur lequel il pourrait être plus que » désagréable de voir s'établir d'autres constructions; prix bien » autrement exorbitant, si l'on veut faire attention aux sacrifices » multipliés de ces pauvres filles, au but qu'elles se proposent, » aux avantages qui résulteraient de la création de l'asile, à la » dépense qu'il occasionnerait à l'administration si elle était obli- » gée de faire bâtir elle-même. Elles demanderaient donc, ou une » concession gratuite, ou du moins une acquisition à des condi- » tions plus modérées. Hélas! ne va-t-on pas jusqu'à les menacer » de leur interdire l'entrée principale de leur établissement, » comme si cette entrée ne leur appartenait pas à tous les titres! » Enfin, ne paient-elles pas déjà soixante francs de rente pour le » terrain sur lequel elles ont construit leur *école gratuite?*

» Ainsi : 3° On a placé à côté d'elles, adossé à leur maison » même et à leur pensionnat, l'établissement dit du *Dispensaire* *. » Je n'ajoute rien. Il est vrai que l'administration civile en a interdit » les chants et autres honteuses manifestations. Mais quel voisinage! » et combien de familles désolées d'une pareille mesure n'ont-elles » pas déjà menacé de retirer leurs enfants, si on n'y apportait un » prompt remède! Ne pourrait-on pas plutôt convertir ce local du » Dispensaire en hôpital civil, en lui adjoignant le petit local qui » sert déjà provisoirement à ce miséricordieux usage? Les Sœurs » en seraient ravies, et j'estime que ce serait un grand bien à tous » égards, sans dépenses exagérées.

» J'ai parlé des Sœurs Trinitaires; je dirai un mot des Frères » de Saint-Joseph, nouvellement établis à Oran. J'ai trouvé leur » école en très-bonne voie; le local est bien; avec très-peu de » réparations, il serait encore mieux approprié à son utile desti-

* Les Madelonettes d'Oran.

» nation. M. le Curé d'Oran, qui en fit dans le temps avec moi l'acquisition, est prêt à le céder à l'administration, aux conditions les plus avantageuses, c'est-à-dire sans aucun retour d'argent, pourvu que ce soit à toujours la maison de l'École des Frères, et que, dans la supposition de sa transformation projetée en un autre établissement, il nous fût rendu, à nous, ou à nos ayants-droit.

» Seulement, un Frère instituteur ne saurait suffire à Oran : l'école devient chaque jour trop nombreuse, et il me paraît de toute nécessité d'en obtenir un second sans délai. Le Gouvernement, qui les favorise, n'y trouverait pas de difficultés sérieuses.

» J'ai visité aussi l'École mutuelle. Pourquoi faut-il qu'une mesure récente menace l'un et l'autre de ces établissements ? A toute force, je comprendrais qu'on n'admît que des enfants payants, dans celui des deux qui est le moins populaire selon son institution même ; mais comment peut-on exiger que les Frères reconnus et recommandés par le Gouvernement, aussi bien que le chef de l'autre institution, refusent un élève uniquement parce que les parents n'en seraient pas réduits à l'aumône, à un certificat d'indigence ?

» Combien serait utile à Oran la fondation d'un collége, ou, tout au moins, d'une institution secondaire ! Non seulement Oran, mais la province entière applaudirait justement à une création pareille. C'est un de mes sujets les plus ordinaires de réflexions et d'espérances, que je confie à Monsieur le Gouverneur général. Une autre institution dont le besoin se doit faire sentir, c'est celle d'un bureau de charité ou de bienfaisance, la société des Dames de charité n'ayant pu se soutenir dans ces derniers temps. J'ose espérer que mon vicaire général la relèvera, la développera, suppléant autant que possible, par elle, en attendant, à la fondation dont il s'agit.

» Après Oran, la localité qui m'a le plus intéressé, surtout par » l'état dans lequel j'y ai heureusement trouvé toutes choses, sans » exception, c'est bien certainement Mascara, avec sa charmante » église, son excellent curé, la chapelle de son hôpital, sa fabri- » que, véritable fabrique modèle en Algérie, avec les dispositions » de tous, telles que j'ai pu les apprécier durant un séjour, hélas! » trop court, quoique suffisant, pour que je puisse et doive m'ex- » primer ainsi. J'y ai tout vu, tout examiné de bien près, et n'ai » formé qu'un vœu, c'est que ce qui existait ainsi, ainsi pût con- » tinuer : je l'espère presque autant que le désire.

» Pourtant, un seul prêtre est bien isolé à Mascara ; il com- » mence même à ne pouvoir plus complètement y suffire à son » double travail de desservant et d'aumônier de l'hôpital. Il a essayé » de visiter et a visité plusieurs fois Saïda ; il était attendu avec » impatience à Tiaret : et pourquoi, de temps en temps, et jus- » qu'à ce qu'ils puissent être desservis régulièrement eux-mêmes, » ces deux postes intéressants ne seraient-ils pas en effet visités, » dans certaines saisons de l'année plus particulièrement ? Le bon » curé de Mascara m'a raconté les choses les plus touchantes sur » son apparition à Saïda. Un second prêtre, placé à Mascara » comme aumônier de l'hôpital et auxiliaire du curé, y complé- » terait le parfait ensemble de l'organisation du culte. Il permet- » trait au curé de préparer l'avenir des centres de population, des » établissements de cette partie éloignée de la province ; il le rem- » placerait, en cas d'absence forcée ou de maladie, se forme- » rait à son école, lui épargnerait bien des ennuis et les angoisses » d'une solitude pareille, la possibilité d'être privé sur un lit de » douleur des consolations si souvent prodiguées aux autres, etc.

» Il y a une petite école à Mascara. Un Frère et des Sœurs » de charité y sont désirés. Le nombre des enfants y est assez » considérable pour songer déjà sérieusement à pareils établisse-

» ments ; d'ailleurs, avec les enfants, les Sœurs confondent les » pauvres, les malades, les affligés de toute sorte, dans leur douce » et ardente charité ; et puis, au milieu de ces populations nou- » velles, si étrangement composées, quels exemples salutaires ! » Mascara n'avait pas encore de cloche ; je lui en ai donné une » fort belle, et j'ai approuvé, en tant que je le pouvais toutefois, » le plan presque aussitôt fait du clocher devenu nécessaire. L'église » est, du reste, à peu près pourvue de tout. C'est comme une de » nos bonnes vieilles paroisses de France, en vérité.

» Entre Oran et Mascara, un bel établissement se prépare au » Sig. J'en ai béni le berceau, j'y ai baptisé un enfant ; plus tard, » j'en bénirai l'église ; je l'espère et le crois d'autant plus, que ce » sera bien certainement un des postes les plus heureusement si- » tués, les plus riches d'avenir, grâce au magnifique travail du » barrage.

» En revenant de Mascara, et avant de poursuivre ma visite, » j'ai dû installer un nouveau curé à Mers-el-Kébir, où le genre » de population qui s'y agglomère de plus en plus, qui s'y donne » rendez-vous de tant de pays divers, exige presque nécessaire- » ment un ecclésiastique étranger, un Espagnol de préférence. » L'ancien curé s'en ira desservir le deuxième régiment de la légion » étrangère à Bone. Il attend sa commission du Ministre.

» A Mers-el-Kébir, l'humble chapelle de Notre-Dame-de-Bon- » Secours pourra suffire quelque temps encore ; elle est pourvue » du nécessaire, et la fabrique que j'y ai fait fonctionner enfin, » selon qu'il convenait, m'a paru aussi bien composée que favo- » rablement disposée ; j'en ai été fort content. Il faudrait à cette » chapelle une cloche proportionnée. Les écoles y laissent beau- » coup à désirer, malgré les soins et la sollicitude non moins active » qu'intelligente de M. Avio.

» Quand on construira une église à Mers-el-Kébir, et ce sera

» nécessaire avant longtemps, il est à souhaiter qu'on puisse la » bâtir sur l'emplacement de l'ancien blokaus espagnol, où, au » besoin, en cas de nécessité extrême, elle pourrait bien servir » elle-même de fortification et de citadelle. Dans le village, tel » qu'il est situé, c'est comme impossible.

» Mais, en attendant et déjà, pourquoi ne pas rendre au culte, » après l'avoir réparée, l'ancienne chapelle du fort, facile à re- » connaître, et qui pourrait y être d'une réelle utilité, soit pour » la garnison, les employés, les condamnés, soit même, en cer- » taines circonstances données, pour la population voisine de la » petite ville naissante, et cette foule de marins qui pullulent à » Mers-el-Kébir? Je prie Monsieur le Gouverneur général de ne » pas oublier cette demande, en harmonie, d'ailleurs, avec les » règlements de ces sortes d'établissements et les importants tra- » vaux qui sont projetés, ou même en cours d'exécution dans » celui-ci.

» A Mers-el-Kébir, c'est Notre-Dame-du-Bon-Secours : à » Arzew (Portus Divinus), ce sera Notre-Dame-du-Refuge : du » moins je l'ai promis à ses habitants charmés. N'est-ce pas dans » cet excellent port que chaque jour une foule de bâtiments ex- » posés, battus par la tempête, viennent chercher et trouvent un » refuge assuré?

» J'y ai dit la messe dans une chambre basse du pavillon des » officiers, à laquelle il serait facile d'en joindre une seconde : elle » servirait de sacristie et de pied-à-terre au prêtre qui, de temps » en temps, pourrait visiter Arzew, en attendant qu'une chapelle » y puisse être construite et un desservant attaché. Depuis com- » bien de siècles les saints mystères n'y avaient-ils pas été offerts? » Aussi, rien ne saurait dire la joie des habitants et leur reconnais- » sance pour M. le Gouverneur général, au nom duquel j'ai pres- » que promis que cette pièce, ainsi bénie et sanctifiée, servirait

» de chapelle provisoire. J'y ai laissé une pierre sacrée, et assuré, » autant qu'il était possible, les moyens d'avoir les ornements né- » cessaires. Après cette cérémonie touchante, j'ai eu la consola- » tion de bénir, de réhabiliter quatre mariages, et de faire faire » la première communion à un soldat malade. Les enfants sont » relativement nombreux à Arzew; il y a des familles fort inté- » ressantes. Ce poste ne peut plus demeurer absolument sans se- » cours religieux; tous les quinze jours il pourrait être visité, soit » d'Oran, soit de Mostaganem. Le curé de cette dernière paroisse » de la province l'avait déjà promis pour sa part, cédant aux ins- » tances réitérées des habitants et des autorités locales, et atten- » dri jusqu'au fond du cœur de ce qu'il y avait vu, lors de son » dernier voyage à Oran.

» Pour moi, j'ai rencontré à Arzew des enfants de douze ans » qui ne se rappelaient pas avoir jamais entendu la messe, des » familles qui n'avaient assisté, depuis plus de cinq ans, à aucune » cérémonie religieuse; j'en avais au cœur presque autant de con- » fusion que de douleur.

» Je peux bien employer les mêmes expressions pour faire com- » prendre à Monsieur le Gouverneur général ce que m'a fait » éprouver ma longue visite à Mostaganem, quoique depuis long- » temps le culte y soit établi, y soit censé organisé.

» D'église, il n'y en a point, car je ne donnerai certes ja- » mais ce nom à l'ignoble local si étroit, si délabré, si ouvert aux » intempéries des saisons, si humiliant pour un chrétien et pour » un Français, dans lequel nous sommes relégués en ce moment, » hélas! Et depuis le 24 juin 1839, nous n'avons pas été moins » mal partagés. Partant, aucun zèle jusqu'ici parmi les fabriciens » qui avaient tout abandonné et que j'ai heureusement ranimés, » remis dans la voie où ils m'ont donné l'assurance qu'ils mar- » cheraient désormais sous les auspices de M. le Commissaire

» civil et de concert avec le curé, que j'ai trouvé presque défaillant lui-même ; partant, aucun ornement, ou à peu près, digne d'une ville aussi intéressante ; et, ce qui est mille fois plus déplorable, pas d'offices, de solennités possibles, pas d'instruction parmi les enfants, pas ou presque pas de premières communions. Situation néfaste, digne de larmes amères, à laquelle doivent être apportés les plus prompts et les plus efficaces remèdes : ainsi, la construction, mais immédiate, d'une église, ou, du moins, d'une portion d'église (aucun local ne peut être provisoirement approprié aux besoins du culte à Mostaganem, le seul qui en eût été peut-être susceptible s'étant écroulé avant-hier) ; ainsi, l'établissement d'un Frère ou deux, et de deux ou trois Sœurs de charité.

» Mostaganem a près de 2,500 habitants civils, sans compter sa nombreuse garnison, et il n'y a aucune sorte d'école pour les petites filles ; et, pour les garçons, il n'y a qu'un instituteur provisoirement autorisé, mais dont la conduite mérite le blâme sévère de l'autorité supérieure et nécessitera probablement son renvoi prochain. Pour moi, je me contente de demander de nouveau, avec les plus vives et les plus respectueuses instances, le seul remède que je regarde comme possible et indispensable, la double fondation ci-dessus proposée.

» La seule consolation que j'aie éprouvée à Mostaganem a été la visite de l'hôpital militaire de Matamore, admirablement desservi par l'humble pasteur de la pauvre église de Saint-Jean-Baptiste. Il y manque pourtant au moins une petite chapelle. J'ajouterai la visite au cimetière, le seul complètement et véritablement clos de toute la province, de l'Algérie même, en exceptant peut-être l'ancien cimetière espagnol d'Oran ; celui de Mascara n'est pas encore aussi parfaitement en ordre ; à Arzew, il n'y a pas même un simple fossé de clôture. Aussi, je bénirai

» et consacrerai le cimetière de Mostaganem avec autant de so- » lennité que je le pourrai.

» Mais, à propos du double service de l'hôpital et de la paroisse » d'une ville déjà aussi peuplée, est-ce qu'un second ecclésiasti- » que n'y devient pas nécessaire? Les campagnes voisines, Maza- » gran en particulier, qui compte environ soixante habitants, et » où si facilement on pourrait établir une chapelle, selon le rap- » port qui m'en est fait à l'instant même par mon vicaire général » délégué, et jusques à Arzew, n'exigeraient-ils pas ce vicaire, » cet auxiliaire d'un bon prêtre, dont l'éloignement de l'hôpital » et le reste de son pénible ministère réclament bien aussi impé- » rieusement ce précieux concours, que ne le saurait faire la » position de son confrère de Mascara? Combien, d'ailleurs, il est » triste, et peut-être dangereux, de laisser seul, loin de tout se- » cours personnel, de toute société de ses pareils, un ecclésiasti- » que, quelque pieux, quelque dévoué qu'il soit! Le curé de » Mostaganem demanderait pour lui, ou mieux, pour sa cure, » un jardin voisin de la ville, comme en a déjà obtenu un le curé » de Mascara, et comme il me semblerait bon qu'il en fût accordé » à tous les curés du diocèse, toutes les fois que ce serait possible.

» Je ne vous parlerai pas, Monsieur le Gouverneur général, » de Tlemcen, ni des camps qui en dépendent : je ne les ai pas » encore visités. Mais le titre en est reconnu, le desservant en est » nommé, et c'est un prêtre d'élite. L'appropriation de l'église de » Tlemcen se poursuit activement; j'ai même la confiance que, » dès à présent et en l'état actuel des choses, le desservant pour- » rait partir, aller préparer ma prochaine visite, et je demande » qu'il en soit ainsi. Il est, en effet, plus que temps qu'un poste » comme celui-là, et aussi digne d'intérêt par ses dépendances, » soit enfin pourvu d'un service pareil, destiné à compléter heu- » reusement tous les autres. Je sais, Monsieur le Gouverneur gé-

» néral, ce que vous en pensez, et je suis charmé de m'associer
» à vos excellentes vues, ainsi qu'à tout ce que vous avez pu pro-
» jeter à cette occasion, comme pour tout ce qui fait le sujet de
» cette trop longue lettre.

» Vous en apprécieriez les consciencieux détails, et n'y verrez
» qu'un hommage de plus rendu à votre infatigable persévérance
» dans les efforts que vous n'avez cessé de faire, depuis le com-
» mencement, pour la fondation de la belle et importante province
» où votre glorieuse et chère mémoire vivra toujours.

» Permettez-moi d'y joindre l'hommage de ma reconnaissance
» personnelle et celle du profond respect et de tous les sentiments
» avec lesquels j'ai l'honneur d'être,

» Monsieur le Gouverneur général.

» *Votre très-humble, très-obéissant et très-*
» *dévoué serviteur*,

» † Antoine-Adolphe.
» Évêque d'Alger. »

« Monsieur le Gouverneur général,

» Je dois joindre au rapport que vous m'aviez fait l'honneur de me demander, touchant l'état actuel du culte catholique dans la province d'Oran, l'abrégé des renseignements que j'ai recueillis dans le cours de la visite générale de mon diocèse, que je terminerai plus tard à Tlemcen, et dont l'ensemble vous fera connaitre et apprécier, avec autant d'exactitude que possible, la situation complète de cet important service dans l'Algérie tout entière.

» Je commence tout naturellement par la province d'Alger et de Titterie, et par ma ville épiscopale.

» Je laissai à Alger, lors de mon départ, une population catholique fort considérable; elle est, en effet, d'environ vingt-cinq à trente mille habitants, en y comprenant Bab-Azoun jusqu'à l'Agha, et Bab-el-Oued jusqu'aux hôpitaux du Dey et de la Salpêtrière; et cependant, en édifices religieux, elle ne possède réellement en ce moment que la jolie, mais trop petite église de Notre-Dame-des-Victoires, située à la jonction des rues de Bab-el-Oued et de la Casbah, et dont les magasins sont peu décemment occupés, avec les deux pauvres chapelles de Sainte-Croix de la Casbah et de Saint-Augustin de Bab-Azoun; car les nombreuses chapelles et les oratoires des établissements dont le détail suit, ne peuvent point compter pour le service

» public et ordinaire. Ainsi, la chapelle de l'hôpital du Dey, qui » est beaucoup trop petite pour l'hôpital lui-même ; la chapelle, » plus convenable, mais trop petite aussi, de la Salpétrière ; celle » du Pénitencier du Fort des Vingt-Quatre Heures, qui malheu- » reusement n'est pas encore définitive ; l'oratoire des condamnés » du Fort-Neuf, et l'oratoire des Sœurs de la charité de l'hôpital » civil (cet important établissement n'ayant point encore de cha- » pelle, malgré l'urgence ; il est vrai qu'il n'a pas même encore » d'aumônier) ; ainsi, la chapelle des Sœurs de la Miséricorde, » l'oratoire du Séminaire, celui des prêtres auxiliaires, la cha- » pelle de l'Évêché, ou bien encore celle du consulat d'Espagne, » pour que cette nomenclature soit aussi complète que possible. » Au collége il n'y a ni chapelle, ni oratoire catholique d'aucune » sorte ; seulement, le temple protestant y est établi dans un des » principaux appartements, l'entrée du temple et du collége étant » commune, et cela depuis mon arrivée à Alger.

» Et pour desservir cette population, pour baptiser onze cents » enfants (c'est le chiffre de 1844), pour bénir deux cent soixante- » cinq mariages, pour rendre les derniers honneurs de la religion » à cinq cent cinquante-et-un fidèles ; sans parler des catéchismes » nécessaires à faire dans différentes langues, des offices paroissiaux, » des prônes en différentes langues aussi et à des heures ou en des » localités diverses ; de la visite des malades ; du service de l'hô- » pital civil, je n'ose dire de celui du collége, car ce n'est pas un » service sérieux ; de celui de différentes institutions fort intéres- » santes, le Gouvernement n'a reconnu, jusqu'en septembre dernier, » qu'un curé-chanoine, et par conséquent dans la nécessité de par- » tager son temps entre ses fonctions de chanoine et celles de curé, » et deux vicaires. A cette époque, et malgré mes réclamations » aussi vives et réitérées que légitimes, il n'ajouta qu'un troisième » vicaire. J'avais demandé qu'un quatrième fût accordé, et, vrai-

ment, ce n'était pas assez, la population croissant de mois en mois d'une façon étonnante.

» Mon premier vicaire général, les chanoines ordinaires, le secrétaire de l'évêché (non reconnu) demeurent nécessairement en dehors de ce ministère paroissial, et peuvent tout au plus aider à l'administration du sacrement de pénitence ou prêcher quelques sermons; et quant aux prêtres auxiliaires dont l'institution doit s'appliquer au diocèse tout entier, le nombre en ayant été réduit à trois (*quatre* étaient reconnus depuis *six ans*, et j'en avais demandé *huit* pour 1845, savoir : *quatre* destinés à la province d'Alger, et *deux* à chacune des deux autres provinces), force a été d'en attacher un à l'hôpital de la Salpétrière, qui n'a point d'aumônier reconnu, malgré son importance et ce qui a été accordé à l'hôpital voisin, dit du *Dey*; un second à la visite et au service le moins incomplet possible des nombreux villages et centres de population du Sahel, qui ne pourraient recevoir sans cela aucun secours religieux; et le troisième à un service différent et particulier : le quatrième avait été chargé, jusqu'au moment de sa suppression, du service du Pénitencier, des condamnés au boulet, de la prison militaire et de ce qu'on appelle la prison civile, des marins *, de la société de Saint-François-Régis, etc. Il a dû continuer, quoique non reconnu, c'est-à-dire non indemnisé par l'État; *abandonner des œuvres pareilles, c'eût été commettre une faute grave :* et encore faut-il qu'à chaque départ d'un bâtiment chargé de soldats malades, l'un des trois soit embarqué pour accompagner ces chers voyageurs, selon ma demande et la décision conforme de Leurs Excellences les Ministres de la guerre et de la marine réunis.

* L'année dernière, vers Pâques, quinze cent cinquante condamnés ou marins reçurent la communion de mes mains par ses soins charitables, savoir : huit cents détenus, six cents marins de la marine royale, et le reste de la marine du commerce.

» Les Lazaristes, au nombre de quatre, desservent les Sœurs, » les écoles, et sont chargés de la direction du Séminaire, selon » la convention passée avec eux au ministère de la guerre en 1842. » Trois d'entre eux sont indemnisés par le Gouvernement : il a fallu » que le quatrième fût à la charge du diocèse, aussi bien que » trois autres ecclésiastiques qui ont dû être adjoints, au prix des » plus pénibles sacrifices, aux vicaires et aux prêtres auxiliaires. » Un ancien et vénérable religieux Trinitaire, venu en Afrique il » y a quarante-six ans, dessert la chapelle du consulat espagnol : » trois autres prêtres sont attachés à la cathédrale pour la sacris- » tie et le chœur, ainsi qu'un prêtre syrien de Damas, qui suffit » facilement, d'ailleurs, à l'assistance religieuse de quelques famil- » les arabes catholiques venues de ces lointaines régions ; durant » assez longtemps, il fut, lui aussi, à la charge du diocèse, qui » n'a pas pu continuer.

» En France, pour une ville comme Alger avec ses dépendan- » ces, pour une population de près de trente mille habitants, ce » ne serait pas *trois* vicaires, mais *six* au moins qui seraient re- » connus et accordés par l'État, sinon même plusieurs paroisses » avec un clergé proportionné. Pourquoi ne demanderais-je pas » qu'il en fût ainsi à Alger, où les populations sont en outre si » diverses ? Hélas ! Monsieur le Gouverneur général, je l'ai de- » mandé assez longtemps, avec assez de vivacité ; mes demandes » n'ont pas été favorablement accueillies.

» Je n'ai point compté la cathédrale au nombre des édifices re- » ligieux à notre disposition, les travaux malheureusement en » cours d'exécution, malgré mes réclamations les plus vives, vous » me pardonnerez ces expressions *, ne permettant guère de nous

* Ces travaux coûteront, dit-on, huit cent mille francs. Durant plusieurs années nous ne saurons où nous réfugier. On aura détruit un édifice fort remarquable, bientôt le seul souvenir du passé, le premier édifice dédié à la religion catholique dans l'Algérie française.

» en servir avant plusieurs années, si j'en juge par ce qui se fait
» depuis qu'ils sont commencés; et cependant que d'ordres pres-
» sants continuellement renouvelés, de sommes énormes al-
» louées, etc.!

» Comme vous le savez, Monsieur le Gouverneur général, la
» maison de la Miséricorde sert d'école gratuite pour un très-grand
» nombre de jeunes filles, de salle d'asile pour les plus petits en-
» fants, de maison de pansements, de visites des malades à do-
» micile, de secours de toute sorte distribués à tous et toujours
» par les dignes filles de Saint-Vincent-de-Paul.

» La société essentiellement civilisatrice de Saint-François-
» Régis, destinée à la réhabilitation des mariages, a reçu votre
» haute approbation exprimée en termes énergiques, et, avec elle,
» celle non moins expressive de tous les fonctionnaires éminents :
» elle commence à rendre en Algérie, à la religion, à la morale,
» à la société, d'immenses services que depuis longtemps elle est
» accoutumée à rendre en France. C'est aussi dans un but de ci-
» vilisation que fut fondée la société dite de Saint-Augustin : so-
» ciété purement littéraire, consacrée à la propagation des saines
» doctrines, et qui offre un agréable et utile délassement à un cer-
» tain nombre de jeunes hommes, presque tous employés, soit
» dans les différentes administrations d'Alger, soit dans les plus
» honorables maisons.

» Des catéchismes de persévérance, ou instructions particu-
» lières pour les garçons et les jeunes filles, déjà admis à la com-
» munion, et la société des Dames de Charité, qui a fait tant de
» bien depuis tantôt six ans, complètent l'ensemble de nos insti-
» tutions religieuses à Alger même.

et nous n'aurons pas encore de cathédrale vraie. Avec cinq cent mille francs on eût construit une belle église à Bab-Azoun et conservé celle-ci.

» Le collége est visité une fois par semaine par le curé de la » cathédrale ; c'est tout. Il faudrait un aumônier, une chapelle à » un établissement qui peut devenir fort intéressant, aussi large- » ment doté qu'il l'est de professeurs et assimilé à nos beaux col- » léges de la métropole. Depuis quatre ans et plus, nous récla- » mons inutilement cette nécessité sacrée à tant de titres, et à » laquelle les circonstances ajouteraient certainement une impor- » tance politique que vous apprécierez.

» Les écoles des filles, autres que celles des Sœurs de la cha- » rité, et celles des garçons, autres que le collége, peuvent lais- » ser encore à désirer sous plusieurs points; néanmoins, l'ensem- » ble en est satisfaisant ; elles méritent d'être encouragées. Mais » quel bien ne feraient pas à Alger les Frères des écoles chré- » tiennes, selon que si souvent nous l'avons demandé, et qu'on » nous l'avait promis à une certaine époque ? Nous aurions essayé » pour cette précieuse fondation, comme nous l'avons fait pour » beaucoup d'autres, si nous n'eussions été plus qu'écrasés sous » le fardeau.

» La fabrique d'Alger, parfaitement organisée comme fabrique » paroissiale, manque pourtant d'une constitution de fabrique de » cathédrale, que j'aurais voulu y adjoindre ; ou mieux, la ca- » thédrale n'a point de fabrique particulière, telle que je l'ai vai- » nement réclamée, aux termes du décret de 1809, qui m'en don- » nait le droit. Du reste, elle est convenablement dotée ; elle fonc- » tionne régulièrement.

» La cathédrale provisoire est riche en ornements ; la chapelle » de la Casbah et de Saint-Augustin de Bab-Azoun sont, par » contre, sous ce rapport, dans un dénûment déplorable. Quant » à cette dernière, établie à la hâte dans une des salles du dépôt » des ouvriers, la toiture repose tellement à nu sur les murailles, » qu'on aperçoit, même au-dessus de l'autel, les tuiles qui la com-

» posent. J'ai demandé inutilement qu'au moins, au-dessus du ta-
» bernacle, un plafond en toile fût établi.

» Le cimetière d'Alger est bien éloigné; il est plus que difficile
» de suffire, avec l'exiguïté de notre personnel, au service qu'il
» exigerait. Il est à moitié, mais parfaitement clos de murailles
» depuis un an. S'il l'était tout à fait, je le bénirais, à la consola-
» tion profondément sentie de la population tout entière et d'un
» trop grand nombre de familles de France et de tous les pays.
» J'avais demandé qu'on y construisît au moins un oratoire, qui,
» selon qu'on l'aurait pu disposer (à l'extrémité nord) aurait servi
» en même temps d'église ou chapelle pour la pointe Pescade et
» les pentes de Boudjaréah, situées du côté de la mer; le projet
» fut goûté, malheureusement il n'y fut pas donné suite. M. le
» Maire de la pointe Pescade et celui de Boudjaréah m'ont bien
» souvent poursuivi de leurs instances pour obtenir l'établissement
» du culte parmi leurs administrés. Ils ont fini par former à cet
» égard des projets que je ne puis qu'approuver et bénir du fond
» de mon âme : puissent-ils réussir mieux que je n'ai réussi moi-
» même! Une chapelle serait aussi fort utile dans le centre de
» population qui s'est considérablement accru depuis ces derniè-
» res années en avant du Dey : peut-être, je n'oserais l'affirmer,
» eût-il été possible de combiner toutes choses de façon à con-
» struire un édifice qui satisfît également aux besoins religieux de
» cette population et à ceux de l'hôpital du Dey ?

» L'état des prisons et autres lieux de détention ou d'expiation
» est bien en général; j'en excepte, avec une inexprimable tris-
» tesse, certes l'expression n'est pas trop vive, la prison civile, je
» veux dire le cloaque infect, ainsi appelé, et qui, après avoir pu
» convenir en 1830, est devenu, en 1845, une anomalie aussi in-
» croyable que douloureuse.

» A l'extérieur d'Alger, j'ai déjà eu l'honneur de vous faire re-

» marquer, Monsieur le Gouverneur général, que les deux com-
» munes réunies de la pointe Pescade et de Boudjaréah n'avaient
» ni desservant, ni absolument aucun lieu de prière.

» En sortant par la porte opposée de Bab-Azoun, les villages
» de Mustapha, Hussein-Dey et Kouba, et jusqu'à Birmadrais et
» Birkadem, sont plus heureux, sans être encore, il s'en faut
» certes de beaucoup, convenablement dotés d'édifices religieux.
» Ainsi Mustapha, si riche, si peuplé, si prospère à tous égards,
» n'a pour édifice consacré au culte que la misérable et humide
» galerie supérieure d'un puits à roue, situé au-dessus de la mai-
» son de campagne du Gouverneur général; et encore n'est-elle
» que prêtée depuis plus de quatre ans par M. Lieutaud, notaire;
» mais il n'y a presque pas de possibilité d'y conserver le Saint-
» Sacrement; mais elle a été longtemps adossée à une espèce
» d'hôtellerie qui fait partie des mêmes corps de bâtiments et peut
» à chaque instant recevoir la même destination; mais les ani-
» maux attachés au service du puits en traversent incessam-
» ment le chemin couvert, dont la cloche, jetée en travers, leur
» rend l'accès aussi difficile qu'inconvenant... Je ne passe ja-
» mais devant cet ignoble édifice, que nul, assurément, ne pren-
» drait pour ce qu'il est au fond, sans un sentiment trop légitime
» de douleur et d'humiliation; car je suis évêque et j'aime fran-
» chement le Gouvernement de mon pays: c'est à une petite lieue
» d'Alger.

» Il est vrai que l'hôpital militaire a, c'est-à-dire, aura prochai-
» nement une petite chapelle intérieure, dans laquelle pourront
» être conservées, non peut-être sans quelques inconvénients
» locaux, les espèces sacrées. Il est vrai aussi que sur le terri-
» toire de cette commune, la plus riche de l'Algérie, sans con-
» tredit, les Dames du Sacré-Cœur ont fondé un bel établisse-
» ment: il consiste dans un pensionnat de jeunes demoiselles, sur

» le pied des plus intéressantes institutions de ce genre en France :
» dans une sorte d'externat, destiné plus particulièrement aux en-
» fants des officiers domiciliés en grand nombre à Mustapha, et
» qui ne pourraient suffire aux frais d'une pension entière ; et
» dans une école gratuite d'instruction et de travail pour les pau-
» vres filles des environs, école aussi fréquentée que parfaitement
» tenue. Ces dames ont une jolie chapelle intérieure.

» Il est vrai, enfin, qu'au-dessus du Sacré-Cœur, dans l'an-
» cien consulat de Danemarck et ses magnifiques dépendances,
» vient d'être installé l'établissement non moins magnifique des
» Orphelines de l'Algérie ; elles sont environ deux cents ; et qui
» oserait mesurer, hélas ! le nombre de celles qui peuvent leur
» être, qui leur seront trop tôt ajoutées ? A côté, dans ce qui
» formait une humble propriété distincte, là où je comptais si
» bien — Dieu n'a pas daigné bénir ce projet — recueillir quelques
» uns de mes prêtres devenus âgés ou infirmes, leurs confrères
» malades ou saintement fatigués, là où mes ossements devaient
» reposer parmi les leurs ; à côté de la maison des Orphelines, se
» prépare celle de sevrage et de nourrissage des enfants exposés,
» abandonnés, *trouvés*, le plus souvent sur le seuil de la porte de
» l'église, ou sur le seuil non moins hospitalier des Sœurs ; car,
» à Alger, il n'y a rien qui ressemble aux institutions de France
» à cet égard, et pourtant !... Force a été d'y remédier, selon
» que nous avons pu ; mais, mon Dieu ! il n'y a pas seulement de
» bureau de charité légalement établi en Algérie ; la société des
» Dames de Charité, dont le nombre, qui s'est multiplié avec les
» misères devenues son héritage, dépasse déjà trois cents, en a
» rempli jusqu'ici les fonctions sous mes auspices, s'occupant tout
» à la fois de ces pauvres petites créatures, des orphelines, des
» jeunes filles exposées, des femmes indigentes en couches, des
» pauvres honteux, des convalescents de l'hôpital, etc. A elle, à

» ses dignes présidentes, honneur, reconnaissance, unanime » concerts.

» Il ne m'appartient pas, Monsieur le Gouverneur général, » pour des raisons qui vous sont connues, de vous entretenir, » comme il conviendrait peut-être à d'autres égards, du nouvel » établissement des Orphelines et de son avenir. Pourquoi, sur ce » modèle, sur celui des Orphelins dont il sera bientôt lieu de vous » parler aussi avec détail, ne pas essayer de faire arriver en Al- » gérie, selon que je l'avais demandé, d'y élever, d'y acclimater, » d'y utiliser sous tous les rapports quelques milliers de ces en- » fants recueillis en France dans les hospices des départements, et » qui ne coûteraient pas plus cher à élever ici de la même manière?

» Il a été proposé, j'ose espérer que cette proposition ne rece- » vra pas un accueil défavorable, que deux ou trois nouveaux » prêtres Lazaristes fussent établis à Mustapha dans un local dé- » pendant aussi de l'ancien consulat de Danemarck; l'un d'entre » eux étant chargé de desservir la paroisse, le second l'hôpital » militaire, le troisième les Orphelines et les Sœurs.

» A Mustapha encore, un ancien Frère a ouvert et tient avec » un remarquable succès une école primaire de jeunes garçons: » heureux si, comme les Frères d'Oran, de Philippeville et de Bone, » il pouvait réaliser le projet formé par eux d'ouvrir, en outre, » une école du soir pour les adultes et les ouvriers.

» De fabrique proprement dite, l'état d'abandon où tout ce qui » concerne l'exercice public du culte a été laissé à Mustapha, n'a » pas permis d'en établir une.

» Non loin de ce faubourg d'Alger, je peux bien lui donner ce » nom, soit en tirant vers la *Maison-Carrée*, soit en remontant » vers les collines de Kouba, Hussein-Dey et ses riches campa- » gnes et Kouba réunis sont constitués en paroisse, mais n'ont » point davantage d'église véritable.

» Au mois de septembre dernier, un desservant y a été envoyé : » que serait-il devenu, qu'aurait-il fait, si un généreux habitant » de la seconde de ces localités, intéressante par de longs mal- » heurs, ne lui avait offert, en attendant, un gîte hospitalier, et » pour église un autre appartement converti en chapelle provisoire » à ses frais? Heureusement l'administration intervenait en même » temps et louait pour lui un modeste presbytère. J'ai pourvu en par- » tie, selon que je l'ai pu, l'administration aidant de son côté, à ce que » les premières nécessités du matériel du culte y fussent assurées.

» Une fabrique n'a pu encore y être organisée, mais elle ne tar- » dera pas à l'être. L'école des garçons est bien tenue à Kouba : » elle est seulement, comme la chapelle elle-même, beaucoup » trop éloignée de Hussein-Dey ; malheureusement l'éducation » des filles est à peu près nulle dans les deux communes.

» Un projet de chapelle, dont le devis s'élevait à douze mille » francs environ, avait été préparé pour Hussein-Dey ; les habi- » tants offraient de concourir pour plus d'un tiers aux frais de la » construction : je crains que ce projet ne soit, sinon abandonné, » du moins indéfiniment ajourné, comme tant d'autres du même » genre. Mustapha, Hussein-Dey et Kouba, qui, tous les trois » réunis, forment une population considérable et dispersée fort » au loin, n'ont pourtant qu'un même cimetière commun, mal » situé par conséquent pour une partie, et ne pouvant être béni, » faute de clôture suffisante.

» Si ces premières paroisses sont dans un déplorable état sous tant » de rapports, j'ai hâte, Monsieur le Gouverneur général, de vous » exprimer, et, par vous, au Gouvernement du Roi, ma reconnais- » sance profonde pour la construction de la charmante église de » Birkadem. L'autel en très-beau marbre et de fort bon goût, la » riche garniture de bronzes dorés et la lampe, les beaux tableaux » qui décorent cette chapelle, — car elle est, ou plutôt elle sera bien

» petite dans quelques années comme église d'une localité aussi » favorisée d'ailleurs, et il eût été si facile de la faire plus grande » à peu de frais en la bâtissant ! — ont été donnés ou procurés par » moi-même : elle sert à Birmadrais et à Birkadem réunis ; le vil- » lage de Saoula y est aussi annexé pour les secours spirituels ; » j'espère qu'il sera possible d'y établir prochainement une fabri- » que régulière. L'école commence à prospérer ; ce ne sont pour- » tant encore que de bien faibles commencements.

» Le cimetière n'en est pas défendu suffisamment contre les pro- » fanations et dégradations, trop communes en Algérie dans ces » lieux vénérables et sacrés ; presque aucun d'eux n'y réunissant » les conditions ordinaires religieuses, et je dirai volontiers léga- » les, qu'ils devraient avoir dans la colonie, autant et peut-être » plus que dans la métropole. A Birkadem, le presbytère n'est pas » seulement, comme à Kouba, Mustapha et Alger, un local » provisoirement loué par l'État et plus ou moins approprié à » sa destination exceptionnelle, trop éloigné même à Mustapha » de l'église et de l'hôpital desservis jusqu'à présent par le même » prêtre ; mais c'est un édifice neuf, joint et communiquant au » temple par la sacristie ; le jardin de la cure n'en est pas éloigné : » en un mot, dans cette heureuse paroisse, l'église, le presbytère, » tout est bien, au cimetière près.

» En sortant d'Alger par les nouvelles casernes de la Casbah, » à Elbiar, grâce aussi à un riche et généreux propriétaire, une » chapelle provisoire et un presbytère ont été appropriés aussi par- » faitement qu'il était possible de le faire ; le mobilier en est com- » plet ; il a été fourni par les autres habitants et la famille de » M. Couput, qui tous ont rivalisé de zèle et de piété ; il offre, de » plus, un terrain admirablement situé pour servir de cimetière. » Elbiar n'en possède pas encore, et ceux de Dély-Ibrahim et » d'Alger sont trop éloignés, en vérité.

» Un curé a été placé à Elbiar, il y a quelques mois, et au moment de la bénédiction de la chapelle : ce titre était reconnu depuis longtemps, mais jusqu'alors il avait été impossible, faute de local, de desservir en aucune façon cette belle commune : avec le temps, l'organisation de la fabrique y suivra tout naturellement celle du culte.

» Elle ne le cède guère à celle de Mustapha en précieux établissements ; car c'est à Elbiar que les dames religieuses du Bon-Pasteur ont fondé leur double maison de préservation pour les jeunes filles exposées, et de refuge pour les filles repenties, en » y joignant un humble pensionnat. Pauvres et saintes femmes, » que j'ai dû aider au-delà même de mes forces, et à qui l'Algé- » rie devra une institution éminemment religieuse, morale, sociale, » charitable en tout pays, mais bien autrement, assurément, dans » celui-ci : inutile sans doute de chercher à le faire sentir davan- » tage. Le curé d'Elbiar et moi leur servons provisoirement d'au- » môniers : facilement on annexerait à leur maison une école exté- » rieure de jeunes filles. Il n'y a pas, du reste, d'instituteur » reconnu à Elbiar, et celui que l'administration aide et encourage » n'a pu beaucoup faire jusqu'ici.

» A l'autre extrémité de la paroisse, et en partie sur le territoire » de Dély-Ibrahim, se consomme en ce moment même la fondation » de la maison de mes jeunes clercs et celle de l'établissement » modèle des Orphelins de l'Algérie. C'est un beau local, il est » immense (il contient cent hectares de terrain), bien situé, sa- » lubre autant qu'agréable, qui réunit une centaine de pauvres » orphelins, et en pourra réunir bientôt un bien plus grand nom- » bre : en un mot, cet établissement est tout à fait digne de la » protection intelligente et généreuse de l'administration. L'ac- » quisition de Ben-Aknoun ne coûte rien à celle-ci ; les commen- » cements de cette fondation, qui remonte à près de cinq années,

» me valurent, durant cet intervalle de temps, bien des peines, » bien des chagrins et des épreuves de toute sorte.

» Distribués selon la diversité de leur âge, occupés tour à tour » de leur instruction, de l'apprentissage d'un état ou de la culture » des terres et de tout ce qui s'y rapporte, familiarisés de bonne » heure avec la langue du pays et accoutumés à une vie frugale, » saine, et, autant que possible, de famille, c'est vraiment incal- » culable que le fruit que peuvent retirer d'une pareille institution » ces pauvres enfants, dont les pères succombèrent glorieusement » en face de l'ennemi, ou furent dévorés par les fièvres, par les » angoisses inséparables de la condition de la plupart d'entre eux, » il y a quelque années surtout. Là sont aussi recueillis, à mesure » qu'ils sortent de la maison de nourrissage, les petits abandon- » nés, les enfants trouvés. A considérer avec soin le matériel et » le personnel de cet admirable établissement, la sagesse de ses » règlements, ses premiers résultats, j'oserais dire que bien peu » d'établissements de ce genre en Europe lui pourront être com- » parés avant longtemps.

» Si je lui ai uni une seconde institution qui, à certains égards, » semblerait en devoir être séparée, c'est parce que local, insti- » tuteurs, tout se rencontrait à ma parfaite convenance, depuis » que j'avais retiré de Mustapha le noyau du Petit-Séminaire que » je travaille, avec tant de frais, de soucis et de difficultés, à » former depuis mon arrivée en Afrique. Car, de Petit-Séminaire » proprement dit, je n'en ai pas encore et n'en saurais avoir, » tant que je serai réduit à mes ressources épuisées. Aussi, me » suis-je trouvé bien heureux de pouvoir au moins réunir, sous la » conduite de maîtres éprouvés, une trentaine de jeunes enfants » appartenant à d'honorables familles de mon diocèse, et destinés » à m'assister, ou alternativement, ou tous ensemble, selon la » solennité, soit dans l'office pontifical à Alger, soit dans mes

fréquentes visites des paroisses du Sahel; et c'est pour que tous le sussent et le comprissent, qu'après leur avoir donné ce nom de jeunes clercs de l'évêché, j'ai voulu qu'ils portassent, aux jours de leur gracieux service auprès de moi, des vêtements de même couleur et de même forme que les miens propres, toutes choses proportionnées d'ailleurs. Jusqu'à ce jour cette institution, essentiellement temporaire, a été pour moi d'une nécessité absolue. Alors que j'aurai obtenu la fondation d'un Petit-Séminaire véritable et proprement dit, alors surtout que des ressources suffisantes me seront assurées pour en garantir l'existence, je ne balancerai pas et convertirai sur le champ en Petit-Séminaire la maison de mes jeunes clercs.

» Jusque-là je continuerai, tâchant, à quelque prix que ce soit, de soutenir cette œuvre chérie qui n'est pourtant guère au fond qu'une sorte de maîtrise de ma cathédrale, plus spécialement appropriée à mon service personnel.

» Vous me pardonnerez ces trop longues explications, Monsieur le Gouverneur général; mais je vous les devais, ce me semble, et, par vous, à ceux qui, loin de nous et dans l'impossibilité d'attribuer à une foule de choses leur valeur véritable, se seraient préoccupés de cette œuvre en elle-même ou de sa réunion à celle des Orphelins, dont elle est d'ailleurs, sous tous les autres rapports, entièrement distincte. La chapelle est commune, les nefs séparées. Pour tous les autres exercices, dans tous les autres appartements, il y a division complète.

» Mais, à propos d'éducation ecclésiastique et de séminaire, je ne dois pas oublier, Monsieur le Gouverneur général, de recommander de la manière la plus pressante à votre très-haute et très-favorable médiation, l'œuvre la plus grave, sans contredit, et pour le présent et pour l'avenir, l'œuvre capitale, fondamentale de mon diocèse : je veux dire mon Grand-Séminaire.

» hélas! si chétif encore, et qu'il m'eût été si facile de fonder, de » développer avec d'incalculables avantages pour le bien de la re- » ligion, dans ces pays exceptionnels. Pourquoi n'ai-je point, ou » presque point, été compris et secouru? Et qu'est-ce que c'est, » en vérité, qu'une misérable somme de trois mille francs par an, » *à Alger*, pour l'entretien de mes deux maisons ecclésiastiques » les bourses des élèves, etc.? et cependant, durant plusieurs » années, je n'ai pas reçu davantage du Gouvernement; et c'est » à grand'peine que, pressés par de nouvelles et presque irritantes » sollicitations, ceux qui décidèrent du sort de mes Séminaires » consentirent, en septembre dernier, à doubler cette somme.

» Je ne sache pas pourtant que la deuxième moitié en ait en- » core été payée ce jour (12 janvier 1845) au vénérable supérieur » qui la redemande pour vivre. Toutefois, Monsieur le Gouver- » neur général, comment former un clergé propre à notre mission » difficile? Comment pourvoir peu à peu le diocèse d'Alger de » prêtres spéciaux, acclimatés, connaissant la langue et les mœurs » de leur nouvelle patrie, saintement unis entre eux et à leur évê- » que, leur vrai père, par l'éducation ecclésiastique, sans un Sé- » minaire, un Séminaire véritable et organisé? Les évêques de la » métropole ne peuvent se séparer de leurs sujets d'élite, une fois » leur ordination accomplie. Mais, ne faudrait-il pas uniquement » des prêtres d'élite, encore plus en Algérie qu'en France et dans » le reste de l'Europe?

» C'est un bien grand sujet de méditations, de regrets, me trom- » perais-je en ajoutant, et d'espérances nouvelles, que celui-là. » Pour mes jeunes clercs, l'administration ne donne pas même de » local au diocèse; pour le Grand-Séminaire, celui qu'elle a cru » devoir attribuer aux Lazaristes ne permet pas de recevoir plus de » dix élèves, et encore avec une extrême difficulté. Assurément, » ce ne serait pas trop d'une vingtaine de mille francs par an, du-

» rant un certain nombre d'années, et d'un local quelque peu en
» harmonie avec une semblable destination. Oh! que j'ai souffert
» encore sous ce rapport! Si l'évêché avait d'autres dépendances
» que sa cour de marbre, s'il avait (elle lui fut longtemps promise)
» une maison d'habitation à la campagne, la dernière partie de la
» question serait bientôt tranchée.

» Mais de semblables réflexions prolongées davantage n'ajou-
» teraient rien, Monsieur le Gouverneur général, à l'appréciation
» que vous aurez sûrement faite de ma douloureuse position sur ce
» point capital. Je poursuis donc l'examen, désormais plus facile,
» du reste, de la situation religieuse des belles provinces d'Alger
» et de Titterie. Dély-Ibrahim, qui peut revendiquer une portion
» de Ben-Aknoun, est la quatrième paroisse que j'ai fondée en
» 1839; le Gouvernement la dota, en 1840, d'une fort jolie
» église : je n'en dus pas moins pourvoir, durant deux ans encore,
» à une partie notable de son ameublement : aujourd'hui, église
» et presbytère ne manquent de rien. Le cimetière seul est encore
» en l'état où je le trouvai lors de mon premier voyage à Dély-
» Ibrahim, il y eut six ans hier; et pourtant c'est un état déplo-
» rable : je le crois, au surplus, mal situé, ainsi que le jardin
» attribué à la cure. Le conseil de fabrique, après bien des hési-
» tations et des essais, arrive heureusement à fonctionner régu-
» lièrement.

» Par deux fois, l'école de Dély-Ibrahim a eu de cruelles épreu-
» ves à supporter, soit par l'imprudent prosélytisme d'un renégat,
» honoré à une époque assez éloignée des saintes fonctions d'ins-
» tituteur dans une paroisse où, enquête faite, la grande majorité
» des habitants appartenait à l'Église catholique, soit par l'oubli
» complet de ses devoirs dans lequel était tombé l'un de ses der-
» niers successeurs; en ce moment elle se relève. Mais, pourrais-
» je, Monsieur le Gouverneur général, à propos de ces divisions

» de communion qui, pour la première fois, ont pris ici un ca-
» ractère sérieux, demander quels motifs si graves ont pu déter-
» miner l'administration à placer, *en permanence*, au milieu des
» populations naissantes du Sahel, des ministres, des temples pro-
» testants, les uns rétribués plus largement que le pasteur catho-
» lique, celui de Dély-Ibrahim, par exemple; les autres, élevés
» à grands frais, en face du temple catholique, comme bientôt à
» Douéra, laissant entrevoir ailleurs la fondation de semblables
» établissements, alors que, 1° ces populations sont, en immense
» majorité, catholiques; 2° que ces mêmes rares dissidents sont
» partagés en une foule de communions diverses, et qu'il peut ré-
» sulter des fruits bien amers de cette mise en présence, de cette
» espèce de lutte incessante? Nous en avons déjà recueilli de
» tristes gages. Il y a, du reste, longtemps que ces périlleux essais
» ont été tentés à Dély-Ibrahim, où, certain jour, on me proposa
» officiellement, peu après la consécration de l'église, d'en par-
» tager l'usage avec les protestants du village; étendant même
» d'avance cette proposition incroyable aux temples nouveaux qui
» seraient élevés dans les nouveaux centres de population. Faut-il
» rappeler comment à Oran, à Philippeville, au sein de villes pres-
» que exclusivement catholiques, et là où à peine se groupaient
» quelques disciples d'Églises divisées les unes des autres autant
» que séparées de celle qui fut leur mère à toutes, pareils essais
» ont été renouvelés par l'établissement de ministres protestants et
» la construction d'oratoires, alors que des milliers de fidèles ca-
» tholiques y réclamaient inutilement une église décente? Loin de
» moi assurément l'ombre même d'intolérance religieuse! *Je crois*
» *avoir assez fait connaître depuis six ans l'esprit qui m'anime;*
» *mais il y a loin aussi de la liberté vraie et sincère des cultes et*
» *de ce qui pouvait, ce me semble, être essayé, être préparé sur ce*
» *grave et délicat sujet, à ce qui a été fait*. J'ai déjà signalé l'in-

» concevable présence du temple protestant au sein du collége
» d'Alger ; je n'aurais été que l'interprète du plus grand nombre
» de ceux dont la garde m'est confiée, si j'avais dit en même temps
» combien pouvait paraître déplacé, là où il s'achève, le temple
» remarquable élevé pour les protestants dans la rue et presque
» sur la place de Chartres.

» De Dély-Ibrahim dépendent les villages nouveaux de Ché-
» ragas, d'El-Achour et d'Ouled-Fayet. A ses pieds est Staouëli
» avec sa précieuse fondation, où, depuis quinze mois, tant de
» magnifiques travaux ont été exécutés et se poursuivent par de
» pauvres religieux, dont le quart a déjà glorieusement payé sa
» dette à ce boulevard de civilisation et de foi, sans que cette
» cruelle épreuve ait empêché leurs frères de France d'accourir
» à leur aide en plus grand nombre. Tout l'univers chrétien, qui
» applaudit à leur courageuse entreprise, sait d'ailleurs que, sans
» vous, Monsieur le Gouverneur général, sans l'administration
» supérieure et les secours qu'elle leur a prodigués, ils n'eussent
» pu réussir, en si peu de temps, sur un terrain aussi difficile
» que celui qui leur est échu en partage. Soyez-en béni.

» El-Achour peut, sans trop de difficultés, être desservi par
» le curé de Dély-Ibrahim ; il me paraît presque impossible que
» les Chéragas, Ouled-Fayet surtout, le soient, aussi bien durant
» les ardeurs de l'été que durant les pluies de l'hiver. Il faudrait
» des églises, des chapelles au moins dans ces centres de popu-
» lation, parmi ces pauves gens cruellement déçus à cet égard.
» Je ne sache pas même qu'un terrain ait été réservé à cette fin
» dans leur enceinte. Nous nous sommes servis depuis quelques
» mois, avec l'autorisation de l'autorité compétente, qui s'y est
» prêtée de fort bonne grâce, des blokaus non employés à une
» défense actuelle, pour y célébrer les saints mystères, y réunir
» les enfants, les instruire, suppléer, autant que possible, à

» l'extrême difficulté dont je parle. Mais ce n'est que provisoire, » et bien provisoire et peu digne. Que de misères de toute sorte » pourtant au cœur de ces naissants villages, et que la présence » d'un bon prêtre, la construction d'une humble chapelle, eussent » en grande partie, sinon prévenues, du moins adoucies et con- » solées! Impossible de les visiter une seule fois sans en être aussi » profondément convaincu que contristé.

» A quelque distance de Dély-Ibrahim, sur la gauche, Drariah » a été plus heureux à tous les titres. Il a une charmante église, » sœur de celle de Birkadem, Dély-Ibrahim et Douéra, les qua- » tre uniques construites entièrement à neuf depuis l'occupation » par l'administration civile, et auxquelles il est convenable de » joindre l'ancienne chapelle de la Calle relevée l'année dernière, » et celle que je viens de consacrer à Sétif, ouvrage remarquable » du génie militaire et de l'armée. Un presbytère digne de l'église, » une école bâtie récemment et aussitôt organisée, complètent » l'ensemble des édifices et des institutions de Drariah dont il » m'est permis de m'occuper. Une fabrique y a été aussitôt ins- » tallée. Pourquoi faut-il qu'à cette heure, une chaire, des bancs » destinés à la célébration du service protestant, soient en per- » manence dans l'école? Tout le pays de Kaddous est annexé à » Drariah; c'est bien vaste, et une chapelle au milieu de la com- » mune pourrait bien être nécessaire avant longtemps. Il n'y a que » le cimetière de Drariah qui soit dans un fâcheux état, sans » compter qu'il est beaucoup trop loin du village.

» J'ai parlé de l'église de Douéra; elle est fort jolie, mais en- » core toute nue et par trop petite déjà pour la population de la » nouvelle ville. Que sera-ce en y joignant celle des villages qui » en doivent relever, Baba-Hassen, Crescia, Ouled-Mandil, et » Saint-Jules et Saint-Charles, et le hameau du Pont-du-Cheva- » let, etc.? De la sainte-table à la porte, elle n'a en effet qu'une

» douzaine de mètres. Le presbytère est bien bâti et bien placé :
» l'école des filles, fondée comme par enchantement par le curé
» aidé de l'administration, et tenue par sa sœur, est fort nom-
» breuse. L'école des garçons reprend vie seulement, et, en at-
» tendant la construction du temple protestant mis aux enchères
» sur le prix de trente-huit mille francs, chaire et bancs y sont
» en permanence comme dans celle de Drariah. La portion de
» l'hôpital militaire consacrée aux malades civils du Sahel est par-
» faitement appropriée à sa destination, et l'hôpital lui-même et
» le camp n'ont rien perdu de ce qui les avait depuis longtemps
» placés en première ligne de pareils établissements. Mais à Cres-
» cia, à Baba-Hassen, etc., s'appliquent les douloureuse réflexions
» que me suggéraient tout à l'heure la position, l'état des Chéra-
» gas et d'Oulet-Fayet, et je ne comprends pas comment le curé
» de Douéra pourra sérieusement suffire à cette petite ville, à son
» double hôpital, à toutes ses dépendances, sans être assisté d'un
» vicaire. J'en avais demandé un pour 1845. Je n'ai reçu sur ce
» sujet, comme sur beaucoup d'autres, qu'une silencieuse et triste
» réponse. Je m'occupe en ce moment de la constitution de la
» fabrique. Le curé y a formé comme une sorte de société de cha-
» rité.

» A Sainte-Amélie *, à Saint-Ferdinand, au Marabout d'Aumale,
» à la Consulaire, à Mahelma, pour une immense étendue de ter-
» ritoire et une population disséminée mais considérable, aucun
» édifice religieux n'a été construit : seulement, une chambre d'un
» pavillon dit de la Reine, à Sainte-Amélie, a été provisoirement
» bénie et consacrée au culte. Le nouveau desservant loge aussi

* Le curé de Douéra, qui en a fait le triste relevé, porte à cinquante-deux le chiffre des personnes de tout âge mortes dans moins d'une année dans le nouveau village de Sainte-Amélie, et il n'y a de desservant installé que depuis bien peu de temps. Heureusement il a pu lui-même, durant trois mois, en consoler et bénir un grand nombre.

» dans ce pavillon. Mais, à Saint-Ferdinand, il n'y a que le blokaus ou la tour des Gendarmes, et à Mahelma, si bien bâti, si bien pourvu de tout, dont les maisons charmantes couronnent tant de beaux travaux au cœur du Sahel, il n'y a pas même cette humiliante ressource. De fabrique, d'école, il n'y a encore à Sainte-Amélie que des ébauches bien imparfaites, qu'une organisation à peine naissante, la création du titre du desservant étant d'une date fort récente.

» Plus loin, c'est Douaouda, où il n'y avait pas moins de cent quinze enfants à la fin de l'été: combien depuis qui sont remontés vers Dieu! C'est le nouveau village du Massafran, c'est Koléah lui-même, ville et camp, encore si peu décemment pourvus sous le rapport religieux; c'est Fouka et sa colonie militaire; et, pour toutes ces localités, un seul pauvre corridor mauresque à Koléah, bien nu, bien humide, large au plus de trois mètres, situé au fond de la cour de la misérable maison décorée du nom de presbytère, l'intérieur de l'autel servant de coffre et de sacristie.

» Écoles, fabrique, autres services religieux et moraux, tout est encore bien incomplet et bien défaillant, sinon tout à fait en retard à Koléah. Combien des Sœurs n'y seraient-elles pas nécessaires pour l'éducation des jeunes filles, le soin des pauvres, l'hôpital civil! Le cimetière en est hideux. Je n'ai pu retenir mes larmes en y allant prier, accompagné jusqu'auprès de ses immondes brousailles par le prêtre vénérable qui devait y reposer lui-même si peu de jours après.

» Un projet d'église a été proposé pour Koléah: je crains qu'il ne soit trop dispendieux et qu'il ne soit ni exécuté, ni même approuvé: à moins que l'administration ne prenne enfin le parti si souvent et si sagement conseillé, à mon avis, du moins. Je veux parler de plans qui seraient très-soignensement élaborés.

» étudiés et définitivement approuvés, pour être exécutés au fur
» et à mesure que besoin et possibilité se rencontreraient, faisant
» chaque dix ou douze ans un tiers de chacune de ces belles, de
» ces solides constructions, et la part déjà bâtie servant, en atten-
» dant, au culte, à ses premières et plus indispensables nécessités.
» Construire à trop grands frais des édifices religieux, en Algérie,
» ce n'est pas possible; n'y faire que de mesquines églises et les ren-
» dre impropres à leur destination avant peu d'années, quoique
» leur construction revienne à un prix fort élevé, c'est possible;
» hélas! c'est ce qui s'est fait ou à peu près jusqu'ici, mais c'est une
» bien coûteuse et peu opportune façon d'agir.

» De Koléah et de Douéra à Blidah et à la ceinture de l'Atlas,
» au-delà de l'immense plaine qui se déroule au pied des coteaux
» du Sahel, il n'y a pas une seule église; car Bouffarik, malgré
» l'ancienneté de sa fondation, ses quinze cents habitants et ses
» trop célèbres malheurs, n'en a pas. *Beni-Mered* et sa double
» colonie, *Joinville*, *Montpensier* et *Dalmatie* n'en ont pas non
» plus, et semblent avoir été complètement oubliés sous ce rap-
» port.

» Qui donc ne connaît l'énergie, la fréquence de mes réclama-
» tions au sujet de la misérable hutte en planches à demi-pour-
» ries qui nous fut donnée à Bouffarik (en 1840), à la place de
» l'humble chapelle en pierres que nous y possédions et qui fut
» convertie en commissariat civil, sans même que nous fussions
» consulté? Bâtie en 1833 ou 1834, cette ancienne ambulance
» d'indigènes est aujourd'hui dans le plus indécent état qui se
» puisse imaginer; elle est située d'ailleurs sur la route si fré-
» quentée d'Alger à Blidah et dans la position la plus capable d'en
aire ressortir l'inconvenance. J'ai souvent menacé de l'inter-
re, et je m'y verrai forcé si, enfin, une nouvelle, une véri-
église ne s'élève bientôt à Bouffarik. Mieux vaut mille fois

» ne pas célébrer du tout extérieurement le culte catholique, que
» de le célébrer d'une manière aussi honteuse.

» Elle n'est ni carrelée, ni pavée, ni planchéiée, et ne le fut
» jamais. Donc elle est toute remplie de trous, et partant de
» boue ou de poussière. Le vent y pénètre de toutes parts. L'an-
» née dernière, des réparations furent promises : on se borna à
» changer de place la porte d'entrée et à la transporter d'une
» extrémité à l'autre, remettant fort mal en ordre les planches
» qui formaient le sanctuaire, nécessairement changé de place à
» son tour. Aussi, les unes sont-elles grossièrement barbouillées
» de gris, les autres de bleu; celles-ci sont polies, les autres
» n'ont pas été rabotées. Derrière l'autel il y a un réduit appelé
» sacristie, mais forcément abandonné, soit à cause de l'humi-
» dité, soit à cause des reptiles et autres animaux qui y four-
» millent. C'était presque un marais que cet emplacement; et le
» bas des planches étant pourri, leur livre un trop facile passage.
» Au-dessus se trouve une sorte de colombier; je ne sais mieux à
» quoi comparer ce qui s'est appelé clocher jusqu'ici. Encore si
» la cloche pouvait y être suspendue! mais elle est attachée à
» l'un des madriers qui supportent la charpente, dans l'intérieur
» même. J'oubliais de dire qu'en même temps qu'on transportait
» la porte, ou peu après, on abattait le tiers de la misérable ba-
» raque, pour réparer la toiture des deux autres tiers avec les
» tuiles encore en état, et des planches les moins mauvaises
» raccommoder le corps-de-garde de la milice, si je suis bien
» informé. Triste séjour pour un prêtre, logé cependant conve-
» nablement depuis trois ans, mais où fabrique, école, parois-
» siens, sont complètement découragés de l'abandon dans lequel
» ils ont été laissés. J'en aurais depuis longtemps retiré le curé,
» si le nombre des malades et celui des morts n'avaient été malheu-
» reusement fort considérables cette année. Cette paroisse est

» pourtant dédiée à saint Ferdinand, et un prince à jamais
» regrettable y avait projeté la construction d'une chapelle qui
» devait être consacrée sous l'invocation de son illustre patron :
» de ses dons une partie du mobilier fut fournie dans les premiers
» temps ; mais elle périt presque toute par l'incroyable état de ce
» local, dont aucune description n'égalerait la triste réalité.

» A Blidah, c'est une ancienne mosquée, la plus grande de la
» ville, au moment où M. le maréchal Valée me fit l'honneur de
» m'écrire la lettre suivante, trop belle pour ne pas être littéra-
» lement transcrite ici :

« Du quartier-général à Blidah, 4 novembre 1840.

» Monseigneur,

» Je me suis empressé, à mon retour de Médéah, de m'occuper de
» la nouvelle colonie de Blidah ; je l'ai trouvée en voie de prospérité :
» elle sera bientôt, je l'espère, une seconde Philippeville.

» J'ai pensé, comme je le devais, à donner à ses habitants les moyens,
» généralement désirés, de pouvoir remplir les devoirs de leur religion,
» et j'ai affecté au culte catholique une mosquée, la plus belle de la
» ville. Cette mosquée, employée en ce moment comme magasin, a
» reçu sa nouvelle destination, à la grande satisfaction des indigènes ; je
» donne des ordres pour que le minaret soit immédiatement surmonté
» d'une croix qui, annonçant le règne de la religion chrétienne, consta-
» tera, mieux que toute autre chose, l'occupation définitive.

» Vous aurez, Monseigneur, à désigner un ecclésiastique pour des-
» servir cette nouvelle église, et à pourvoir aux objets nécessaires à
» l'exercice du culte *.

» Veuillez agréer, etc.

» *Le maréchal gouverneur général de l'Algérie,*
» *Signé* Ch. Valée. »

* Singulière obligation officielle, il faut en convenir.

» Durant longtemps Blidah et sa belle église, consacrée depuis » 1842 par sept évêques réunis, furent à peu près oubliés. Je » dus pourvoir, en conséquence, à la presque totalité des frais » d'établissement du culte, à l'existence même du desservant, et, » deux ans plus tard, y faire exécuter des travaux considérables, » urgents, dont je n'avais pu obtenir l'autorisation en temps utile : » aussi furent-ils laissés à ma charge, quoiqu'ils excédassent la » somme de quatre mille francs, et que, cette même année, une » portion considérable du budget du culte ne fût pas employée » selon sa sainte destination, malgré mes réclamations incessantes.

» Aujourd'hui, l'église de Saint-Charles de Blidah est en aussi » bon état que possible ; seulement, bâtie, comme tous les édi- » fices de la ville, après le dernier tremblement de terre qui fut » affreux, elle n'est pas plus solide qu'eux ; elle est d'ailleurs trop » au-dessous du niveau du sol, et par conséquent extrêmement » humide, et, d'ici à quelques années, force sera de la remplacer » par un véritable temple chrétien. A côté de l'église est l'hôpi- » tal, desservi provisoirement par le curé, autant, toutefois, que » le lui permettent d'un côté son ministère paroissial, proportionné » au nombre fort considérable des habitants, et, de l'autre, » l'obligation de ne pas laisser sans secours les quatre villages » créés depuis deux ans ou plus récemment encore aux environs » de Blidah : l'un d'eux, celui de Beni-Mered, n'en est pas éloi- » gné de moins d'une lieue et demie. Évidemment, un seul prêtre » ne suffit plus. J'avais demandé qu'en 1845 il lui fût donné un » vicaire chargé plus spécialement du soin et de la visite des vil- » lages : je ne l'ai pas obtenu. Peut-être ne sera-t-il pas refusé » cette année, après les mesures de faveur dont Blidah vient » d'être l'objet. L'église est pourtant à peu près pourvue de tout » ce qui convient dans ces commencements, et sa fabrique fonc- » tionne sans trop d'irrégularité.

» L'instituteur envoyé à Blidah, il y a près de trois ans, y » exerce modestement, mais utilement, ses intéressantes fonctions. » Quant aux jeunes filles, il y a bien peu de secours pour elles. » Des Sœurs de charité pour l'école et l'assistance des malades » seraient bien utiles, je devrais dire nécessaires, à Blidah. Le » cimetière n'a pas pu être béni, et toujours pour les mêmes » tristes motifs.

» Médéah, Milianah, Teniet-el-Haad, Boghar, m'ont vive- » ment intéressé : Médéah, par sa jolie mosquée convertie en » église et si fraichement décorée, si riche d'ornements, de vases » sacrés, de tout ce qui constitue le matériel du culte, et aussi » par son merveilleux développement, par l'admirable union de » tous. Les rapports de la garnison et du curé me rappellent » Mascara; je ne sais mieux dire. L'école, qui se tient encore au » presbytère (on disposait pour elle le porche de l'église), est » peu considérable. Cette gracieuse église est menacée d'une ruine » prochaine, trop semblable en cela à la plupart des édifices » mauresques de ces villes ravagées par la guerre. La fabrique » de l'église de Médéah n'a pas dû encore être organisée. C'est » un beau pays que celui-ci, et la religion est venue le bénir de » bonne heure. A Médéah, comme partout, je fus accueilli de » la façon la plus cordiale. Je confirmai, j'exerçai toutes les » fonctions de mon ministère pastoral ; je bénis même, avec des » circonstances fort touchantes, le khalifa d'*El-Aghouat*.

» Milianah n'a eu jusqu'ici pour église qu'une sorte de construc- » tion provisoire bien pauvre, bien peu digne de son auguste » destination, mais possédant à peu près le nécessaire, bien située » d'ailleurs, chère à toute la population et desservie par un excel- » lent curé. Je peux dire de lui, de ses rapports avec la garnison » surtout, ce que je disais il n'y a qu'un instant de son confrère » de Médéah. Durant quelque temps, la mosquée, qui sert de

» théâtre, avait dû être transformée en église; on y a renoncé, à
» ce qu'il paraît. Plaise à Dieu qu'un temple plus en harmonie
» avec l'avenir de Milianah lui soit donné!

» L'école s'y fait aussi au presbytère, bien peu importante,
» bien dans l'enfance encore. Chose étonnante! les jeunes filles
» y ont trouvé plus de ressources; par les mêmes motifs qu'à
» Médéah (zône militaire), la fabrique de l'église de Milianah
» n'a pas dû être organisée avant cette année. Le service des
» hôpitaux militaires, dans ces deux villes, a été des plus péni-
» bles jusqu'à ce jour, à cause de la multiplicité des locaux ser-
» vant provisoirement à cet usage sacré; désormais, après la
» construction prochainement terminée de leurs beaux hôpitaux,
» il le sera beaucoup moins. Faut-il ajouter que leurs cimetières
» ne sont pas en meilleur état que ceux du reste de l'Algérie?
» Hélas! combien cet état est triste!

» Je désirais savoir quel genre de service ecclésiastique il serait
» possible d'établir déjà, soit à Teniet-el-Haad, soit à Boghar.
» postes les plus avancés des deux subdivisions, déclarés perma-
» nents; j'ai dû les visiter. A Teniet-el-Haad, près de la forêt
» des Cèdres, j'ai admiré ce qui avait pu être fait en si peu de
» temps et à cette distance. J'ai célébré la messe sur la Grande-
» Place, au milieu de la garnison en armes et de la population
» naissante; j'y ai baptisé un petit enfant, le premier-né du vil-
» lage. J'ai visité et consolé les malades. En route, au milieu des
» bois, nous avions rencontré un soldat mourant, et nous avions
» pu lui donner les derniers secours de la religion. Transporté à
» l'hôpital de Teniet-el-Haad, grâces aux soins dont il a été
» aussitôt entouré, il a pu échapper à une mort regardée d'abord
» comme certaine.

» J'ordonne au curé de Milianah de visiter de temps en temps
» Teniet-el-Haad; il lui sera facile d'y trouver un humble local

» pour célébrer les saints mystères et l'abriter ; ce sera surtout » dans la saison des maladies qui ont sévi cruellement sur la petite » colonie l'été dernier, et nul n'avait pu y venir consoler ceux qui » souffraient. Deux jours lui suffiront pour arriver, et ces visites, » fussent-elles encore plus rares, n'en seront pas moins fort utiles » et prépareront peu à peu l'établissement prochain du culte à » Teniet-el-Haad.

» En me rendant avec quatre ou cinq cavaliers par les monta- » gnes de Teniet à Boghar, je m'arrêtai un instant sur les ruines » de Thaza, encore aussi désolées que le lendemain du jour où » elles furent renversées par nos armes ; j'y priai sur les tombes » recouvertes d'un épais gazon d'un nombre assez considérable de » pauvres prisonniers, qui moururent à Thaza parmi d'affreuses » douleurs. Je l'avais promis à Bouffarik, au milieu de leurs » compagnons attendris, un jour d'échange.

» Boghar, comme vous le savez, Monsieur le Gouverneur » général, est loin d'avoir encore, sous certains rapports, l'im- » portance de Teniet-el-Haad ; j'y trouvai quelques malades que » je bénis avec bonheur ; j'y priai pour eux et pour ceux qui re- » posent sous les remparts. J'admirai à Boghar ce qui frappe » d'admiration à chaque pas dans ces pays nouvellement occupés, » ce que l'émir y avait projeté, ce que nous y avons fait. Situé à » peu près à même distance de Médéah, que Teniet de Milianah, » Boghar sera aussi visité de temps en temps par celui qui en est » le pasteur le moins éloigné : que le Seigneur l'y accompagne de » l'abondance de ses bénédictions !

» J'avais traversé, pour aller de l'Oued-Ger à Milianah, la belle » route de Cherchell qui contourne les flancs du Zacchar, en re- » montant d'*Aquæ Calidæ*, mais je n'avais pu retourner cette fois » à l'ancienne *Julia-Césarée*, honorée, après tant de siècles et de » révolutions de toute sorte, du titre épiscopal d'Alger. Tout y est

» bien ; la ville nouvelle prospère ; la mosquée devenue église de
» Saint-Paul suffit encore ; ses ornements, ses offices, aussi con-
» venablement célébrés que fréquentés, attestent la vigilance, la
» sollicitude et la piété de son pasteur. L'hôpital, ancienne mos-
» quée soutenue par quatre-vingt-dix-neuf colonnes de granit an-
» tique, est desservi par lui avec le même zèle ; il s'est occupé
» particulièrement du soin, de l'éducation des enfants ; encore
» une fois, tout est bien ; tout, je l'espère avec fondement, ira de
» mieux en mieux à Cherchell. Les presbytères de Médéah, de
» Milianah, de Blidah même, ne peuvent être que provisoires,
» tels qu'ils sont. Celui de Cherchell, au contraire, est aussi bien
» qu'il est possible de le désirer. Le cimetière n'en est pas moins
» remarquable.

» De Cherchell, pour achever la visite de la province, il faut
» remonter jusqu'à Dellys, qui n'a ni église, ni curé, où aucun
» exercice du culte n'a pu être organisé. J'avais demandé un des-
» servant pour cette localité, qui promet de devenir intéressante et
» qui est trop éloignée de toute possibilité de secours religieux
» étrangers : ma demande n'a pas été accueillie. Il me paraît tout
» à fait temps d'y pourvoir. Je ne voudrais, certes, *imposer* l'action
» de mon ministère à personne au monde, pas même au plus petit
» enfant ; mais aussi je ne voudrais pas qu'une seule personne, pas
» même cet enfant, le *réclamât* jamais inutilement. Il n'y a pas, au
» surplus, pour une population nouvelle, de gage plus vrai, plus
» significatif de stabilité et d'avenir que l'établissement du culte
» de ses pères dans sa seconde patrie ; et il n'est pas jusqu'aux in-
» digènes sur lesquels cette haute mesure d'ordre, de politique
» intelligente, de sagesse et de justice, ne fasse une impression
» salutaire et profonde.

» Bougie a toujours sa trop petite église, bien propre, bien
» décemment ornée, et qu'il serait facile d'agrandir à peu de frais ;

» elle a si peu coûté ! Il est fâcheux qu'elle soit trop éloignée de » l'hôpital, dont le service assidu, dans certaines saisons surtout, » est extrêmement pénible pour le curé qui remplit, comme la » plupart de ses confrères en Algérie, le double ministère de des- » servant de la paroisse et d'aumônier de l'hôpital. Le presbytère » est mieux placé. Rien de plus paisible, de plus uniforme assu- » rément que Bougie et son existence concentrée dans l'enceinte » de ses blokaus. Vienne le jour où une route nécessaire reliera » cette ville autrefois florissante à Sétif et à ses riches plateaux, » et le culte, comme tout le reste, y devra recevoir un accroisse- » ment proportionné. Aujourd'hui, depuis longtemps, tout lan- » guit à Bougie. Cependant son modeste desservant a bien obtenu, » ce me semble, autant qu'il était possible d'obtenir ; c'est, sous » le rapport de l'ordre, de la bonne tenue, même de la fabrique, » une des paroisses les plus avancées du diocèse.

» Tel est, Monsieur le Gouverneur général, l'état actuel de la » province d'Alger et de Titterie, sous le rapport religieux.

» Je poursuis en abordant à Gigelly, sur les confins de la pro- » vince de Constantine.

» Gigelly a eu des commencements difficiles ; nous avons dû » lui venir en aide, selon la mesure de nos forces diminuées à » proportion qu'elles étaient divisées. Par deux fois, nous fûmes » obligés de renoncer à cette utile mais trop laborieuse entreprise, » jusqu'à ce qu'enfin la construction d'une chapelle, servant tout » à la fois d'église paroissiale et d'oratoire pour l'hôpital, nous ait » permis d'établir, de régulariser complètement toutes choses à » Gigelly. En ce moment le curé y est décemment logé. Trois » Sœurs de la Doctrine chrétienne y sont installées pour l'éduca- » tion des jeunes filles, le soin des malades, l'asile des plus petits » enfants. Le curé dessert l'hôpital ; il ne lui manque plus qu'une » bonne école de garçons et une fabrique, que la position excep-

» tionnelle de son église n'a pas permis d'organiser encore. Avec » la soumission des peuplades voisines, tout grandira et prospérera » à Gigelly. Hélas! combien de braves soldats y moururent dans » les premiers temps, sans que leur mort fût consolée, honorée, » par la religion! Pourquoi faut-il qu'aujourd'hui même l'état du » cimetière où ils reposent ne permette pas de le bénir solen- » nellement et d'y sanctifier leurs fosses?

» En allant de Gigelly à Philippeville, on aperçoit au loin la » mosquée de Collo, qui ressemble si parfaitement à un de nos » pélerinages maritimes de France, que je serais presque tenté » d'en parler plus longuement. Je n'ai touché à Collo qu'une fois, » en 1843; c'était pour bénir et accompagner un convoi de bles- » sés dans les combats des Kabyles.

» Philippeville, toute française, toute chrétienne, et justement » fière de son nom, n'a pas encore d'église proprement dite : le » magasin, singulièrement construit, qui en sert aujourd'hui, n'en » est pas une. Cependant il est préférable mille fois à celui où, » durant trop longtemps, le culte fut honteusement relégué. La » première pierre de l'église fut bénie et posée en septembre 1840. » D'ailleurs, j'ai été satisfait de ce que j'ai trouvé à Philippeville. » Le zèle du curé et de son vicaire ont suffi, quoique bien diffici- » lement jusqu'à ce jour, au service de l'hôpital, qui est fort con- » sidérable et beaucoup trop éloigné, et de la chapelle des Sœurs. » Un desservant aumônier de l'hôpital (aux honoraires insuffisants » de douze cents francs) vient d'être attaché à cet établissement, » qui mérite davantage. Il a une fort jolie chapelle, la plus belle, » la plus complète assurément, avec ses ornements, de toutes les » chapelles d'hôpitaux militaires en Algérie, sans en excepter » ceux d'Alger, encore bien mesquinement dotés. Celle des Sœurs » de la Doctrine chrétienne, dont l'établissement en général est » remarquable, ne peut servir qu'à ces saintes filles, à leurs pen-

» sionnaires, aux très-nombreuses enfants qui fréquentent leur » école et leur asile ; elles visitent aussi et pansent les pauvres » malades, et desservent le commencement d'hôpital civil qui leur » est voisin.

» Il y a à Philippeville un Frère de Saint-Joseph-du-Mans qui » vient d'ouvrir une école depuis longtemps désirée. Dès le com» mencement, la fabrique fut bien organisée et n'a cessé d'être » bien conduite ; il est facile d'en juger par ce qu'elle possède en » ornements, vases sacrés de toutes sortes, etc. Le deuxième » cimetière est aussi en bon état. Le premier, béni par moi en » 1839, quand je bénis les fondations de la ville elle-même, fut. » hélas! trop tôt rempli. Il n'y a que le presbytère attenant à » l'église, et presque tout en bois comme elle, qui en soit bien » peu convenable. Au-devant et à quatre poteaux se trouve ap» pendue une belle cloche qui ne devrait pas être là.

» Stora, qui compte déjà un bon nombre d'habitants, sans y » comprendre les marins qui en fréquentent le port et l'établisse» ment des condamnés, réclame une chapelle. L'année dernière, » nous dûmes croire un instant qu'il allait en jouir ; on avait » commencé ; on n'a pas continué. Alternativement, le curé de » Philippeville, son vicaire et le desservant de l'hôpital pourraient » apporter à cette population, qui en serait avide, les secours et » les bénédictions qu'apporte partout où elle passe la religion de » celui dont la vie tout entière a été résumée dans ces paroles : » *Pertransiit benefaciendo.*

» J'ai eu à Philippeville un chagrin trop amer pour que je ne » l'indique pas au moins. J'y ai vu commencer une mosquée avant » l'église! On peut dire qu'il n'y a pas de Musulmans à Philippe» ville. Jamais les tribus voisines n'y avaient possédé de temple. » Mais il vaux mieux me contenter d'avoir laissé entrevoir ce » trop légitime et trop profond sujet d'affliction. Plus tard, je

» devais passer à côté des ouvriers qui relevaient la mosquée du » vieil Arsew, avant d'avoir bâti la chapelle du nouveau. Je de- » vais entendre à Mascara les vifs reproches adressés par le com- » mandant supérieur à l'aga d'El-Bordgi, qui avait laissé trans- » former en écurie la belle mosquée nouvellement restaurée par » nous sur la route de Mostaganem.

» La fondation des Sœurs de Philippeville dut nous coûter » d'assez grands sacrifices, ou mieux, nous ne fûmes guère que » le délégué d'un saint prêtre du diocèse de Nancy, qui, depuis, » est allé recevoir la récompense de ses bonnes œuvres. Aujour- » d'hui, elle peut se suffire.

» En passant à Saint-Antoine, à une lieue de Philippeville, en » côtoyant le village Valée au-dessus du Saf-Saf, j'ai regretté » l'abandon complet de ces populations que ne peuvent visiter » qu'à de trop longs intervalles le curé de Philippeville ou son » vicaire; aucun signe n'y annonce, du reste, une fondation chré- » tienne.

» A El-Arrouch, je bénis et posai la première pierre de l'église » de Saint-Henri : j'y remarquai la ferme militaire, les fondations » du nouveau village, l'admirable façon d'agir de son comman- » dant, le colonel Pessard. Quelquefois, à l'occasion de leurs » voyages, les prêtres de Constantine, ou des ecclésiastiques » étrangers, empêchèrent les habitants d'El-Arrouch et sa garni- » son de trop s'apercevoir de l'absence totale jusqu'ici d'établis- » sements religieux ; il est vrai que ce ne fut guère qu'un camp » avant cette époque. Cette réflexion s'applique aux *Toumiettes* » abandonnées et au *Smendou*.

» La capitale de la province était pourvue d'un curé six semai- » nes après mon arrivée en Afrique, ainsi que d'une belle église, » l'ancienne mosquée du palais des beys. Aujourd'hui, on y a » commencé d'indispensables réparations : un des murs principaux

» a été relevé ; le minaret a dû être abattu ; il sera remplacé par » un clocher chrétien destiné à recevoir l'horloge et la cloche de » l'église, assez étrangement placée en ce moment dans la cour » qui précède.

» Constantine a un curé, un vicaire, un aumônier de l'hôpital » militaire, un hôpital civil desservi par les Sœurs de la Doctrine » chrétienne, un pensionnat et une école tenus par les mêmes » excellentes Filles. Force a été de démolir leur premier établis- » sement et de les transporter, avec l'hospice, qui ne comptera » pas moins de soixante lits, dans l'ancienne et magnifique maison » de *Sala-Bey*.

» Les Sœurs, suivant leurs usages et leurs règles, visitent et » pansent à Constantine les malades à domicile, autant indigènes » que chrétiens, et le bien qu'elles n'ont cessé d'y faire, parmi » les premiers surtout, depuis le commencement, est merveilleux.

» Le cimetière, béni autrefois par moi, lors de ma première » visite (en 1839), a dû être augmenté ; il est fort éloigné, mais » en assez bon état. Un hameau s'élève au Pont-d'Aumale ; à en » juger par son heureuse position et par ses commencements, il » ne tardera pas à avoir besoin d'un oratoire que desservira de » temps en temps un des prêtres de la ville.

» La chapelle de l'hôpital militaire n'est que provisoire. J'ai » bien souffert quand j'ai vu renverser, à côté de ce superbe éta- » blissement, les restes d'un ancien temple chrétien échappé à » tant de révolutions et de siècles écoulés. Pourquoi n'en eût-on » pas fait la chapelle du nouvel hôpital? Afin de préserver d'un » pareil sort, malgré la sollicitude de l'administration, l'inscription » célèbre qui rappelle, sur un roc du Rummel, en avant des rem- » parts, l'illustre mémoire des martyrs de Cyrtha en 259, Jacques, » Marien et leurs glorieux compagnons, j'ai consacré de nouveau, » aux acclamations de toute la population et parmi de guerrières

» fanfares, au milieu des troupes réunies et de leurs braves chefs, » ce monument de leur triomphe et celui de notre foi, déjà » consacré par leur sang : ce fut une magnifique cérémonie. Une » barrière provisoire en bois défend en ce moment l'approche du » rocher trop longtemps menacé et déjà mutilé par la mine.

» L'évêque, le chapitre, le peuple d'Eugubio (Ombrie), dé» positaires des restes sacrés des martyrs depuis plus de quatorze » siècles, non seulement ont consenti à partager avec nous ces » riches dépouilles, mais ont projeté d'élever à nos communs » patrons et protecteurs un monument de leur piété, au pied du » rocher lui-même.

» Je résume tout ce j'ai trouvé à Constantine dans ces quelques » paroles : *Aussi bien qu'il était possible de le souhaiter*. Du reste, » c'est ainsi depuis six ans. Seulement, j'ai éprouvé certaines » craintes pour l'école des garçons confiée durant trois ans à des » Frères, et jusqu'ici très-florissante ; elle a été subitement remise » entre les mains d'un instituteur ordinaire dont je n'ai pu appré» cier les qualités. Puisse-t-il succéder dignement à ses modestes » et habiles devanciers ! La façon dont il a été pourvu pendant » longtemps aux frais du culte à Constantine, empêchait l'orga» nisation d'une fabrique régulière. Les obstacles cessant, avec » eux disparaîtra l'irrégularité.

» A trente-cinq lieues de Constantine, je n'aurais certes jamais » cru trouver une église aussi remarquable à tous égards que » celle de Sétif. Je la consacrai, avec toute la solennité possible, » sous l'invocation de sainte Monique, le jour même de la Tous» saint. Elle a trois nefs ; elle est supportée par les colonnes de » l'ancienne église catholique de *Sitifis-Colonia*, pavée avec les » dalles du temple de Diane, ornée de peintures, de sculptures » sur pierres du meilleur goût et d'un travail exquis, d'incrusta» tions chrétiennes des premiers temps, et tout entourée de

» bas-reliefs non moins gracieusement exécutés sur genevrier et » sur cèdre. Trente-deux panneaux ainsi décorés et du même tra- » vail composent cette boiserie, unique assurément en son genre. » Elle est due, ainsi que l'autel, tout à fait en harmonie avec » elle, ainsi que les bénitiers, les fonts baptismaux, les pein- » tures, etc., au 19e léger et à ses habiles ouvriers, sous la » direction du capitaine, commandant le génie, Champahnet. De » l'autel coule la fontaine qui alimente la ville nouvelle : le pres- » bytère est attenant, la sacristie entre deux. J'ai baptisé un » grand nombre d'enfants à Sétif ; j'y ai béni un mariage, consolé » les malades, et remis, à cause du mauvais temps, à une nou- » velle visite la bénédiction solennelle du cimetière, dans lequel » seront alors transférés et réunis les restes de quelques officiers » tués glorieusement aux environs, et ensevelis, selon qu'il fut » possible de le faire, en face de l'ennemi.

» Durant trois jours, ce fut une fête continuelle ; jamais je » n'oublierai ces moments si pleins de charme pour tous. Avant » de repartir, j'allai bénir à une lieue de distance, et auprès des » Fontaines, les fondations, tracées le matin même, du village » de Saint-Antoine de Sétif. Depuis mon retour, ou mieux mon » passage à Alger, j'ai pu envoyer à Sétif un desservant nouvel- » lement reconnu. Je lui ai donné quelques ornements indispen- » sables, et suis aussi embarrassé pour le reste, qui ne l'est pas » moins, que je ne le fus dans la plupart des fondations succes- » sives dont j'ai eu l'honneur de vous entretenir, Monsieur le Gou- » verneur général : déjà on réclamerait un Frère, des Sœurs, dans » cette localité, maintenant digne du plus vif intérêt. J'ai trouvé » à Sétif des restes d'antiquités chrétiennes d'un grand prix.

» A trente-cinq lieues aussi environ, mais dans une autre di- » rection, *Bathna* ne tardera pas à exiger un service religieux » approprié à sa situation. Déjà une fois le saint Sacrifice a été

» offert à *Biskara* ; et, si l'occupation par des troupes françaises
» doit en être permanente, laissera-t-on ces cinq cents hommes
» sans aucun, absolument aucun secours religieux possible ? Je
» ne puis encore, moi, formuler que des vœux ; ils ne sauraient
» être plus ardents.

» A vingt lieues de Constantine, en remontant vers l'est, après
» avoir prié devant la muraille encore debout de la façade de
» l'église chrétienne d'*Announah*, et avoir visité en passant le
» nouvel établissement des bains de *Hamman-Maskoutin*, l'an-
» cien camp de Medjiez-Amar, je confirmai à Ghelma un certain
» nombre de petits enfants, à qui je fis faire aussi la première
» communion. C'était dans une pauvre masure, augmentée d'une
» tente tissée par les femmes d'une tribu voisine, servant alter-
» nativement d'école et d'église, comme celui de mes vicaires
» généraux qui s'était dévoué à cette double œuvre excellente
» servait alternativement de maître d'école et de curé depuis trois
» mois. La cérémonie n'en fut que plus touchante ; elle fit sur
» tous une impression profonde. Déjà auparavant (l'année pré-
» cédente), j'avais célébré à Ghelma le saint Sacrifice en l'hon-
» neur de *saint Possidius*, évêque de l'ancienne Calame au
» moment de sa destruction, dans une des salles nouvelles de
» l'hôpital militaire. J'avais baptisé plusieurs enfants. Puis, j'avais
» demar[illegible] pour église les ruines assez bien conservées d'un édi-
» fice [illegible] ne semblait en avoir servi dans les temps anciens, et,
» avec [illegible]anes restaurées, un desservant. Je n'ai obtenu que
» celui-[illegible]. la promesse de la construction prochaine d'une église
» véritable, avec la certitude de pouvoir, dès ce mois de janvier,
» envoyer à Ghelma son nouveau pasteur, à qui logement et
» chapelle provisoires seraient assurés. L'hôpital en est fort beau,
» tous les établissements militaires aussi ; il y a, dans leur enceinte
» et dans les jardins de la garnison, de magnifiques plantations

» dues au général Duvivier, et à l'ombre desquelles je célébrai, » au milieu même de son bataillon, le service funèbre du brave » commandant Du Bouzet. Le village s'annonce sous d'heureux » auspices ; c'est un si riche pays ! Il faudra nécessairement, après » l'installation du curé à Ghelma, une école pour les enfants » relativement nombreux. Le cimetière serait bien, s'il était mieux » clôturé.

» En avant de la nouvelle Calame, je visitai des ruines qui » pourraient bien être celles de *Suthul*, tant cherchées depuis » quelques années. Je voulais aller prier sur celles du berceau de » saint Augustin, récemment découvertes à Soukaras, *Tagaste* » des anciens, et à Madaure, *Madaouraous* des Arabes : cepen- » dant, comme ce n'eût été qu'une course de pieuse curiosité, je » revins sur mes pas, et de Philippeville à Bone, par trois jours » de marche dans les montagnes et les plaines immenses qui les » séparent, je pus *pratiquer* la profonde sécurité dont jouissent » ces belles contrées. A *Nech-Meya*, entre Ghelma et Bone, je » n'avais trouvé, quelques jours auparavant, que deux ou trois » cabanes, et à Dréan, plus voisin de Bone, que les restes de » l'ancien camp avec des hôtelleries. Il est triste de traverser de » pareils pays et de n'y pas rencontrer d'autres établissements » français à qui le sol, le caractère des habitants, tout enfin » semblerait promettre prompt et prospère accroissement.

» Et à Bone même, occupé depuis tant d'années, si complète- » ment transformé à tous autres égards, combien il est doulou- » reux de ne pas trouver d'église ! Il y a bien un local consacré » au culte, un clergé nombreux et dévoué, un curé, un vicaire, » un desservant-aumônier de l'hôpital, un vicaire général rési- » dant, des Sœurs, des Frères, de précieux ornements ; mais ce » local est peu décent, pour n'employer que des expressions mo- » dérées, humide et insalubre à l'excès, et d'une telle exiguïté,

» qu'il est tout à fait insuffisant, et que depuis trop longtemps » c'est sur ce point une étrange clameur.

» Il y a deux ans, les habitants de Bone voulurent construire » eux-mêmes une église : leur élan fut comprimé, et un état de » choses réellement incroyable jusqu'alors, ne cessa de subsister » depuis, plus incroyable encore. Cependant plus du tiers de la » population chrétienne accomplissait, en 1844, le devoir pascal, » et la garnison a été jugée assez importante pour avoir un » aumônier particulier.

» Je compte pour rien, à certains égards, la chapelle des » Sœurs de la Doctrine chrétienne, qui peut à peine suffire aux » besoins intérieurs de leur communauté, et du berceau d'hôpital » civil qu'abrite le même toit. C'est lui-même un établissement » fort important que celui des Sœurs, si l'on en juge par le nom- » bre d'enfants qu'il renferme et le bien qu'il opère ; mais il est, » d'un autre côté, dépourvu de dépendances essentielles; par » exemple, de cour ou jardin, et, par suite, dans l'été surtout, » la santé des maîtresses et des élèves est perpétuellement com- » promise. Comme leurs Sœurs de Gigelly, de Philippeville et de » Constantine, les Filles de la Doctrine chrétienne de Bone visi- » tent de plus et pansent les malades à domicile; elles sont aidées » dans l'accomplissement de leur sainte mission par les Dames de » la Société de Charité.

» Le Frère de Saint-Joseph destiné à Bone, et qui était arrivé » en septembre, n'a pu cependant ouvrir son école que le pre- » mier de ce mois. Plusieurs autres écoles et même une sorte » d'institution secondaire existent simultanément dans cette bonne » et chère ville. A l'hôpital, il y a une chapelle mortuaire.

» La création du titre d'aumônier du deuxième régiment de la » légion étrangère m'a souvent fait demander pourquoi pareille » faveur ne serait pas accordée au premier régiment ; pourquoi,

» même, chaque brigade au moins de nos braves troupes françaises
» ne jouirait pas de l'heureuse exception octroyée, si mes souvenirs
» sont fidèles, par l'ordonnance qui supprima dans le temps les
» aumôniers ordinaires des régiments.

» A la prise de la Smala, un prêtre avait pu accourir; à Isly,
» il ne manquait qu'un de ses confrères pour bénir les drapeaux
» avant la bataille, et la fosse des glorieux morts après la victoire.
» Oh! combien de fois ne l'ai-je pas demandé?

» La fabrique de Bone a été pendant longtemps assez irrégu-
» lièrement administrée; aujourd'hui, c'est mieux. Le cimetière
» sera bientôt entouré de murailles et pourra être béni.

» A Hippone, j'ai élevé, avec les évêques de France, un mo-
» nument à saint Augustin. Il fut consacré en octobre 1842, avec
» la plus magnifique solennité. Cependant, il souffre de l'intem-
» périe des saisons, des torrents de l'hiver et des feux de l'été; je
» n'ai pu encore le couvrir convenablement. A ses pieds sont les
» ruines importantes dites des *Citernes*. Vous venez, Monsieur
» le Gouverneur général, d'en céder la jouissance à l'évêché d'Al-
» ger, et, en conséquence, un projet du plus haut intérêt, conçu
» depuis déjà longtemps, a commencé à recevoir quelque exécu-
» tion. Puisse-t-il s'accomplir dans sa sainte et patriotique pléni-
» tude, et la basilique de la *Seconde-Paix* recevoir dans son en-
» ceinte, sous la garde de ses prêtres vigilants, les restes encore
» dispersés de tant d'illustres personnages de l'ancienne Afrique
» chrétienne, découverts et recouvrés en partie après ceux d'Au-
» gustin et de Monique! Que ce serait donc un beau, un glorieux
» monument, et tout à fait digne de la France, que celui-là!

» Plus loin, c'est l'ancien parc aux bœufs avec ses vestiges sa-
» crés. Grâce à vous, ils ne sont plus souillés par leur immonde
» présence. Nous seront-ils bientôt restitués?

» Enfin, à Hippone encore, et dans l'atelier des condamnés,

» assis sur la seconde colline que baigne la Seybouse, à fleur de » ses anciens quais, aussi souvent qu'il le peut, mon vicaire général va célébrer la messe, instruire et consoler ces infortunés » dont les travaux excitent partout autant de reconnaissance et de » sympathie que d'admiration en Algérie.

» Je n'ai point à parler du presbytère de Bone, propriété par- » ticulière du curé, ni de celui de Constantine, qui n'est que pro- » visoire; celui de la Calle est neuf, car c'est par la Calle, extrême » frontière, qu'il est temps désormais de terminer cette longue vi- » site. J'y ai donné la communion à une centaine de ces mêmes » intéressants condamnés, appliqués à la construction bientôt ache- » vée du bel hôpital destiné aux Frères de Saint-Jean-de-Dieu, » je veux dire qui doit être desservi par eux; on préparait leurs » cellules.

» A la Calle, j'ai béni un mariage qui a été béni de tous en » même temps, et dont la pieuse célébration a été suivie des fruits » les plus consolants. J'y ai confirmé, visité les malades, et, l'an- » née dernière, j'en avais consacré, sous l'invocation de saint » Cyprien, la petite église à peine relevée, et qui longtemps servit » de chapelle à l'ancien établissement français de la pêche du » corail. Le curé fait l'école dans son presbytère, et tout m'a sem- » blé en bonne voie dans cette petite localité. La fabrique elle- » même est aidée par la piété des habitants et des nombreux pê- » cheurs qui, chaque année, viennent par milliers gagner sur ces » rivages l'existence la plus misérable en vérité, et par conséquent » la plus digne des consolations de la religion, qui les bénit à leur » départ des baies de Naples et de Toscane ou de Sardaigne. Le » cimetière seul de la Calle est en aussi mauvais état qu'au com- » mencement, sans clôture véritable et sans cesse profané par les » animaux.

» A quatre lieues en arrière et parmi les sables de la conque de

» l'ancien Bastion de France, j'en ai retrouvé l'église encore de-
» bout ; seulement la voûte a été renversée. Aidé de marins et de
» soldats, des efforts de mes compagnons de voyage, je pus dé-
» broussailler le sanctuaire, et, le 21 novembre, y célébrer la
» messe, durant laquelle je renouvelai mes promesses cléricales,
» selon un touchant usage, et reçus celles de mes prêtres atten-
» dris. Le *Domine salvum fac regem* retentissait, mêlé au bruit
» des flots et au chant des litanies de la Sainte-Vierge, là où, le
» matin encore, criaient et glapissaient les hyènes et les chacals.
» Je ne peux guère estimer ces choses ; mais je croirais volontiers
» que, plus tard, quelque nouvel établissement se formera dans
» cette petite baie, et j'ai osé promettre à ces ruines qui tressail-
» laient, qu'elles seraient bien autrement consolées un jour. Dieu
» le fasse bientôt lever sur elles et sur la Calle !

» Du haut de la dune qui domine la conque du Bastion et le
» lac Jaballa, et d'où la vue se perd au loin sur les forêts des au-
» tres lacs, je faisais remarquer aux spahis qui m'accompagnaient,
» quelques-uns depuis Sétif, que c'était là autrefois l'unique pro-
» priété de la France, et encore temporaire et chancelante : et
» nous disions avec transport, et ils répétaient avec nous : « *Et*
» *maintenant !* »

» Au moment où je trace ces lignes d'une main fiévreuse, à
» bord du *Phare*, Monsieur le Gouverneur général, j'entrevois à
» l'horizon, fuyant derrière le navire, le cap Ténez, et je m'aper-
» çois, heureusement à temps, qu'en ayant l'honneur de vous ren-
» dre compte ce matin de la situation religieuse de la province
» d'Alger, j'ai oublié ce point fort intéressant pourtant, mais dont
» la situation est équivoque entre deux grandes provinces.

» Or, au 1er mai 1843, sur l'emplacement de Ténez et sur celui
» d'Orléansville, située à douze lieues dans l'intérieur, aux bords du
» Chéliff, des fèves fleurissaient, l'orge commençait à monter en

» épis. Aujourd'hui, il y a quinze cents habitants civils à Ténez,
» de beaux établissements militaires déjà construits ou en construc-
» tion ; une ville française existe avec ses rues, ses places, ses
» magasins, et d'admirables travaux viennent de la doter d'eaux
» aussi salutaires qu'abondantes. A ses côtés, au fond de la fertile
» vallée qu'arrose le ruisseau divisé, la vieille Ténez semble re-
» naître sous les auspices de son héritière. Dans les deux j'ai reçu
» même accueil. J'avais visité en grande pompe et conduit par le
» caïd, à travers les rues balayées, la mosquée de la ville musul-
» mane et ses colonnes, débris humiliés d'autres temples. Je cé-
» lébrai nos mystères sacrés sur la place d'armes de la ville chré-
» tienne, bénissant des mariages, baptisant des enfants... Touché
» de l'abandon où était ce peuple déjà si nombreux, et en parti-
» culier l'hôpital, la jeunesse des deux sexes, je laissai au milieu
» d'eux un des prêtres qui me suivaient, lui donnant pour pre-
» mière église ma tente de voyage, surmontée de sa croix et de
» son bâton pastoral, ouvrage remarquable des ouvriers du train
» des équipages.

» Peu après s'élevait une église décente, en bois, et des plans
» étaient promis pour une église définitive. Désormais donc à Té-
» nez l'hôpital sera visité, les enfants seront bénis, les mariages
» sanctifiés, les malades consolés, les morts honorés. La croix
» pousse ses racines au milieu de la ville française et jusque dans
» les entrailles à demi-cachées encore de la cité romaine ; elle n'en
» sera pas plus arrachée que la victorieuse épée qui l'enfonça,
» qui la façonna. L'Église de l'antique *Cartenna* reverra de beaux
» jours.

» Il n'y a pas encore de fabrique établie à Ténez, pas encore
» de cimetière décent, pas encore d'école de filles, à peine une
» de garçons. On y demande à cris des Sœurs pour l'école, le soin
» de malades. Je crois pouvoir en envoyer deux aussitôt mon ar-

» rivée à Alger. J'ai dû de nouveau pourvoir ici aux premières » nécessités d'installation du culte, *le budget de 1844 n'ayant alloué pour l'église, le presbytère, les frais du culte, le curé lui-même, que cinq cents francs!* Désormais j'ose espérer que le » titre sollicité par moi avec instance de desservant de Ténez ne » nous sera plus refusé.

» Orléansville, moins considérable que Ténez comme établis- » sement civil, a bien un desservant reconnu: mais d'église, de » chapelle, d'organisation quelconque du culte, il n'y a rien. J'y » baptisai un assez grand nombre d'enfants, lors de mon dernier » voyage dans le Chéliff, et engageai l'ecclésiastique résidant à » Ténez, et qui est destiné à Orléansville, à y faire, en attendant, » les plus fréquentes visites qu'il lui serait possible: mais ce n'est » pas assez. Inutile d'ajouter que, sous le rapport de l'instruction » des enfants, c'est encore forcément le même abandon: que le » cimetière n'en est pas en meilleur état que celui de Ténez, etc.

» C'est à Orléansville que nous avions fait, peu auparavant, de » merveilleuses découvertes: un bas-relief représentant un évê- » que qui baptise; plusieurs pierres tumulaires de martyrs: les » vestiges d'une chapelle sur l'emplacement de l'hôpital actuelle- » ment en construction: une sorte d'autel, ordinairement placé » en Afrique dans les cimetières des chrétiens et parmi les sépul- » tures des martyrs; et enfin une admirable mosaïque, riche et » précieux reste d'une basilique du troisième ou quatrième siècle, » dont elle formait le magnifique pavé. Elle a environ quarante » pas de longueur sur vingt-huit de largeur, les trois nefs réu- » nies. La place de l'autel, à l'orient, élevée d'un mètre au-des- » sus du sol, est indiquée par l'agneau percé d'une flèche et un » filet rempli de poissons. Deux inscriptions trouvées en dehors » m'ont fait croire d'ailleurs qu'elle devait être dédiée aux apôtres » saint Pierre et saint Paul, dont elles contiennent les noms écrits

» en toutes lettres. A l'autre extrémité subsiste encore intact le
» mausolée d'un de ses vénérables pontifes, orné des plus intéres-
» santes figures symboliques.

» Au milieu, et dans une belle rosace, une autre inscription,
» comme toutes les autres en mosaïque même, rappelle la date
» précise, le jour où, suivant ses expressions, *les fondements de*
» *cette basilique furent posés* *. Après de longs et pénibles travaux,
» fouillant à l'extérieur, pour ne rien gâter de ce travail exquis et
» miraculeusement conservé, et pénétrant sous l'inscription du
» mausolée par les fondations du temple, j'ai retrouvé le caveau,
» des fragments considérables du cercueil muni de ses plaques de
» plomb et de ses clous, quelques vestiges de vêtements décom-
» posés et les ossements de *Réparatus*. C'était au commencement
» de ma visite pastorale, le 19 juillet dernier, à cinq heures du
» matin, quatorze cent huit années, jour pour jour, après sa
» mort et sa sépulture ! Je venais de célébrer la messe au-dessus,
» d'y faire plusieurs baptêmes. Ce fut encore une belle et atten-
» drissante cérémonie, à laquelle la population civile, l'armée,
» les indigènes eux-mêmes prirent une part joyeuse et unanime :
» les troupes étaient sous les armes, la musique mêlait ses fanfa-
» res aux cantiques sacrés, le canon tonnait. J'ai recueilli avec
» soin tout ce que renfermait le caveau, dans un cercueil du même
» bois que le premier (bois de noyer) revêtu de plomb en dedans ;
» dressé et fait dresser tous les procès-verbaux nécessaires, munis
» du sceau de l'Évêché et de celui des autorités locales, comptant
» bien restituer un jour ce trésor à la basilique restaurée. Car elle
» est précisément au milieu du quartier civil ; et n'est-il pas im-
» possible d'abandonner, de laisser honteusement se dégrader,
» comme il commence, hélas ! à l'être déjà, ce magnifique mo-

* Le douzième jour des kalendes de décembre de l'an de la Province 285.

» nument dont la conservation, à travers tant de siècles et de vi-
» cissitudes, a quelque chose de prodigieux ? N'est-il pas aussi
» impossible, d'ailleurs, de ne pas bâtir bientôt une église dans une
» localité intéressante à tant de titres, et dont le nom est cher à
» la patrie autant que glorieux ? Depuis quinze mois, les fonds
» nécessaires ont été demandés..... Puissent-ils être enfin obtenus
» et employés !

» Pardonnez-moi cette dernière expression, Monsieur le Gou-
» verneur général ; mais elle m'est arrachée par ce qui se renou-
» velle si tristement pour nous depuis quelques années, et dont
» il me reste à vous entretenir. Chaque budget, en effet, nous
» alloue, pour constructions surtout, des sommes importantes,
» tout en n'accueillant pas favorablement certaines propositions
» qui nous sembleraient dignes d'un meilleur sort. — Vous avez
» pu vous en convaincre. — Mais ne nous étant communiqué qu'à
» une époque extrêmement avancée (septembre ou octobre même),
» ou bien nous ne pouvons, aussitôt que nous en aurions eu le
» droit financier, développer notre personnel ; ou bien une très-
» notable portion de ces fonds, prête à retomber, faute d'emploi,
» dans les caisses de l'État, reçoit tout à coup, à notre détriment,
» une destination étrangère. Ainsi pour Philippeville, quatre-vingt
» mille francs ont-ils été alloués depuis quatre ans, et l'église
» n'est pas commencée ! ainsi pour Bouffarik, la façade de l'Évê-
» ché dans le temps, la cathédrale, Oran, Mostaganem, etc.
» Pour ces deux dernières villes les sommes allouées n'étaient sans
» doute point fort considérables, mais avec elles on eût com-
» mencé.

» Oserai-je, enfin, Monsieur le Gouverneur général, deman-
» der pourquoi, à mesure que les besoins se sont multipliés de
» toutes parts, que le travail est devenu plus considérable ou plus
» difficile, il a été proposé par l'administration de réduire du

» tiers le traitement des ecclésiastiques obligés de desservir à » la fois une paroisse et un hôpital, rendant ainsi leur condition » moins favorable que celle des desservants ordinaires, diminuant » d'ailleurs leur traitement à proportion qu'étant plus éloignés, il » leur devenait plus difficile aussi de subsister : et cela, malgré » les engagements pris et auxquels je ne sache pas qu'aucun d'eux » ait manqué ? Pourquoi la misérable somme de mille francs, qui » nous était allouée depuis quatre ans, pour compenser les rations » que nous ne recevons pas et subvenir à une partie des frais de » voyage de ces mêmes prêtres et des miens, vient d'être réduite » à six cents francs, alors qu'elle semblait devoir être nécessaire- » ment augmentée ? Pourquoi, malgré les réclamations les plus » vives, les plus réitérées, hélas ! et les plus pénibles, et alors » que le nombre des malheureux qui l'assiégent nuit et jour a plus » que triplé et quadruplé depuis son arrivée, le traitement de l'é- » vêque d'Alger est demeuré toujours si évidemment au-dessous » du fardeau qui lui a été imposé ? Pourquoi, à mesure qu'un titre » est créé, qu'une paroisse est fondée, il n'est alloué aucun, ou » à peu près aucun fonds pour premier établissement, de manière » à ce que forcément cette création deviendrait illusoire dans le » moment et pour longtemps, si l'évêque ne pourvoyait d'une » façon ou d'autre aux frais indispensables d'établissement du » culte, ornements, vases sacrés, etc., comme en ce moment à » Ghelma, Tlemcen, etc. ? Oh ! que de douloureuses questions » de ce genre pourraient se succéder ici ! Mais c'est assez.

» Je me serais reproché, Monsieur le Gouverneur général, de » ne pas mêler, avec une noble franchise envers vous, cet épan- » chement si douloureux d'ailleurs pour moi, aux détails qui pré- » cédaient et qui auront dû vous faire connaître exactement, con- » sciencieusement, l'état actuel du culte dans l'Algérie entière. » Il me resterait peut-être maintenant une dernière tâche, non

» moins grave, à remplir. Ce serait, après ces mêmes détails, » l'appréciation morale de cet état de choses, tel qu'il se révèle à » moi-même aujourd'hui, et la franche exposition de mes pen- » sées, de mes espérances, de mes convictions dans un avenir » plus éloigné sans l'être trop.

» Seul, en effet, j'ai pu ainsi visiter complètement mon dio- » cèse, après l'avoir étudié, après l'avoir vu naître; car, au 6 » janvier 1839, quand je m'assis pour la première fois sur mon » siége épiscopal, il n'y avait à Alger qu'une seule église, des- » servie par un aumônier de régiment (M. l'abbé Montéra), à » qui l'Afrique, redevenue chrétienne, devra une impérissable » reconnaissance; à l'hôpital civil, les Sœurs de Saint-Joseph-de- » l'Apparition: à côté de l'église, leur école, leur asile qui s'ou- » vrait au moment où je débarquai, leurs pansement et visite des » malades et des pauvres. — A Bone, pour chapelle, la moitié » du pitoyable local actuel; trois ou quatre Sœurs de Saint- » Joseph, récemment établies, et un aumônier de régiment » (M. Banvoy), digne confrère de celui d'Alger. — A Oran, la » même chapelle (ancien sanctuaire d'un monastère de religieuses » espagnoles) et un vieillard qui mourut peu après; à Dély-Ibrahim » et dans l'école qui servait aussi de prêche, on avait dit la messe: » un prêtre auxiliaire nouvellement arrivé avait apparu à Bouffarik, » au camp supérieur de Blidah, non encore occupé, à Bougie » même un instant... C'était tout.

» Je l'ai vu naître, dis-je, je l'ai vu se développer jour par » jour, fondation par fondation, parmi bien des difficultés et » d'inexprimables tribulations de cœur et d'esprit, inséparables de » la position qui m'avait été faite. Donc, seul je peux le connaître » ainsi à fond, avec ses soixante et quelques prêtres, ses cent » trente Sœurs de Charité, ses églises et chapelles de toute sorte, » ses différentes et nombreuses institutions religieuses; et par con-

» séquent, en apprécier la vie, si je peux m'exprimer ainsi, sa
» vie vraie, actuelle, palpitante. Aucune autorité, quelque émi-
» nente qu'elle puisse être, ne saurait entrer à ce point dans ses
» entrailles profondes : ni l'autorité militaire, dont ce n'est pas la
» mission, ni l'autorité civile, qui n'a même point partout d'ac-
» tion, de représentants, comme à Bougie, à Gigelly, à Médéah, à
» Milianah, à Ghelma, à Sétif, Ténez, Orléansville, Mascara, Tlem-
» cen, etc., ni l'autorité judiciaire, occupée d'autres soins et tout
» aussi restreinte. Nul n'a pu voir autant, d'aussi près, entrer
» en pareil contact de cœur, d'intelligence avec les âmes de tous
» et leurs incommensurables misères en cet étrange pays. Pélerin
» parmi les indigènes, fêté par eux, respecté, ne laissant que de
» pacifiques traces des pas qui s'appuyaient sur mon bâton de pas-
» teur, si faible et si fort ; admis jusqu'à l'intimité du foyer do-
» mestique, j'oserais presque aller jusqu'à protester aussi, en cet
» endroit si délicat, que je pourrais, au moins autant que tout
» autre de ceux auxquels la Providence m'associa, sonder, péné-
» trer, ce qui, par intervalles ou dans certaines contrées, se re-
» mue au fond de leurs âmes étonnées, déconcertées et presque
» défiantes du Prophète qui laisse le chrétien régner sur elles, et
» confiantes en celui-ci qui a déjà tant fait, qui médite de faire
» tant pour elles, les confondant justement dans les embrasse-
» ments de la victoire et de la paix, après avoir courbé leurs ef-
» forts impuissants sous son invincible épée.

» Mais tout ceci serait peut-être bien difficile à dire. Ne serait-
» ce pas d'ailleurs plutôt le sujet d'un rapport d'un autre genre ?
» Tout au plus les statistiques ci-jointes pourront-elles vous en
» donner quelque idée : et si vous le désirez cet autre rapport, je
» l'essaierai.

» En attendant, Monsieur le Gouverneur général, veuillez ex-
» cuser ce trop long travail, sa forme si imparfaite, et agréer le

» nouvel hommage du respect et de tous les sentiments avec les-
» quels j'ai l'honneur d'être

» *Votre très-humble, très-obéissant et très-*
» *dévoué serviteur.*

» ✝ ANTOINE-ADOLPHE,
» Évêque d'Alger.

» A bord du *Phare*, le 14 janvier 1845. »

A SA SAINTETÉ

LE PAPE GRÉGOIRE XVI.

Très-Saint Père,

Après avoir eu l'honneur d'adresser à Votre Sainteté, le 9 décembre dernier, ma démission du siége épiscopal d'Alger, je crus devoir ajouter qu'aussitôt qu'il me serait possible de le faire, je joindrais à cet acte, si important pour mon Église et pour moi, un rapport détaillé de l'état de toutes choses dans le diocèse que j'allais bientôt cesser d'administrer.

Permettez, Très-Saint Père, que, profitant de quelques jours moins agités, j'essaie d'accomplir cette promesse et ce devoir. Je le ferai avec autant de simplicité que de confiance, car je dois à votre paternité la vérité tout entière et sur tout.

Ces détails expliqueront d'ailleurs, de plus en plus, au Pape,

comment j'ai été forcément amené à cette douloureuse et désormais inévitable extrémité.

Il sait déjà, et il n'oubliera pas, en quel état se trouvait l'Afrique française, sous le rapport religieux, au moment où, en 1839 et le 6 janvier, j'en pris possession spirituelle : il y avait pourtant alors huit années et plus que la France y dominait.

Ce jour, 29 janvier 1846, je laisse le diocèse d'Alger constitué et organisé, autant que l'ont permis les circonstances difficiles qu'il avait plu à Notre-Seigneur de me réserver, dans la profondeur de ses desseins sur mon Église et sur moi.

Il est divisé en trois provinces ecclésiastiques principales, avec une subdivision que la situation de l'une d'entre elles a rendue indispensable.

Chacune de ces provinces est administrée, sous la haute direction de l'évêque, par un vicaire général délégué : il en est de même de la subdivision qui leur est adjointe.

Ces provinces sont celles d'Alger, de Constantine et de Bone réunies, d'Oran et Tlemcem : partie de la province d'Alger a été annexée à la province de Titerie, pour former la subdivision confiée à mon quatrième vicaire général : le cinquième a été plus spécialement chargé de la surveillance du service des hôpitaux militaires et des colonnes expéditionnaires.

Deux de ces vicaires généraux seulement sont reconnus *à ce titre* par le Gouvernement français, et reçoivent de lui un traitement annuel de 3,600 fr. : deux autres, choisis parmi les chanoines titulaires de mon église cathédrale, ont reçu de moi les provisions spirituelles de grands vicaires, et du même Gouvernement une indemnité de 1,200 fr. par an, qui, réunis aux 2,400 francs du traitement ordinaire du canonicat, rendent, sous ce rapport, leur situation parfaitement semblable à celle des deux premiers de ces coopérateurs fidèles. Le cinquième, pris également

parmi les chanoines, n'a point été favorisé de la même manière par le budget de l'État : il ne jouit que de son traitement capitulaire de 2,400 fr., ce qui n'est pas assez, cette même somme étant déjà insuffisante pour ses confrères les chanoines. J'ai dû agir de la sorte, Très-Saint Père, pour suffire à un service aussi exceptionnel que celui du diocèse d'Alger : j'y étais d'ailleurs autorisé par une décision bienveillante de Votre Sainteté. Un seul des chanoines vicaires généraux ne réside point habituellement à Alger.

Le plus ancien de ces vénérables frères a été honoré, il y a un an et demi, du titre de camérier secret surnuméraire du Pape. Ce fut à cette époque, ou environ, que je reçus moi-même de sa béatitude le privilége de faire porter devant moi une croix pontificale, *ad instar archiepiscoporum*, privilége étendu à tous mes successeurs par un surcroît de faveur paternelle.

Après ces premières indications, je commence tout naturellement par Alger, et ce qui concerne la province ecclésiastique d'Alger proprement dite.

Il y a déjà plusieurs années, Très-Saint Père, que mon chapitre a reçu de son évêque des règlements et statuts soumis depuis à votre suprême approbation : ils ont paru à tous ici ne pas être peut-être tout à fait indignes de cette sanction auguste. Par suite de ces statuts, et conformément à leur esprit encore plus qu'à la lettre même, l'office capitulaire a été institué, et sa célébration se poursuit avec autant de régularité que permettent d'en avoir et le nombre encore trop exigu des chanoines (il n'est que de six, en y comprenant même trois vicaires généraux et l'archiprêtre), et les besoins du reste du service ecclésiastique à Alger, ou auprès de la personne de l'évêque. Il est temps que le vénérable chapitre qui a bien mérité de la religion en Algérie soit complété : je n'ai certes pas négligé de demander

cet acte de justice et de piété. La cure est dite réunie au chapitre dans l'église cathédrale ; mais elle n'est encore dans le vrai qu'une simple succursale, le Gouvernement n'ayant pas jugé à propos d'instituer jusqu'à présent en Algérie de cures proprement dites.

Le service paroissial de la cathédrale embrasse celui de toute la ville et de ses faubourgs ; la population n'en est guère, assure-t-on, au-dessous de 40,000 âmes ; et pour y suffire, je n'ai pu obtenir jusqu'à ce jour, indépendamment du chanoine-archiprêtre, dont les occupations se multiplient avec ce double titre et celui d'aumônier du collége, que trois vicaires, dont deux demeurent avec lui dans un bien modeste presbytère, et le troisième réside au faubourg *Bab-Azoun* La fabrique de saint Philippe entretient sur ses fonds particuliers un quatrième vicaire, ainsi que deux prêtres adjoints pour les langues étrangères, ces derniers subsistant en outre d'une certaine part du casuel. Le prêtre-sacristain, le chantre du chapitre, l'organiste et les chanoines aident d'ailleurs, selon qu'il leur est possible de le faire, pour les confessions et le reste.

Dans le faubourg *Bab-Azoun*, qui devrait à lui seul former une paroisse, depuis longtemps et toujours inutilement sollicitée par moi, il y a une chapelle fort peu convenable par sa situation bruyante, et par sa forme, autant que par l'exiguïté du local. N'ai-je pas été récemment forcé de la convertir jusqu'à dix fois et plus en hôtellerie ou dortoir improvisé de pauvres colons, par suite d'une déplorable imprévoyance ? Je n'ai pu obtenir jusqu'ici, en outre de cette chapelle, que la réserve d'un terrain destiné à la construction d'une église véritable. On avait promis, il y a deux ans, que ce serait bientôt ; mais cette promesse a eu le sort d'un trop grand nombre d'autres, comme Sa Sainteté le verra plus loin.

Dans le haut de la ville, se trouve une troisième église ou chapelle dédiée à la sainte Croix de Notre-Seigneur, et ornée, à ce titre, de pieuses stations offertes par un soldat du régiment renommé des Zouaves (elle servait auparavant de mosquée à la porte même de la casbah du Dey ; ses murs étaient ombragés, en 1830, par un figuier aux rameaux duquel nos guerriers entrant vainqueurs trouvèrent encore suspendues les têtes sanglantes de plusieurs chrétiens. Il fut abattu, et de ses restes j'ai fait façonner des croix. Cette chapelle est desservie, d'une manière nécessairement trop insuffisante, par un prêtre surnuméraire auxiliaire qui demeure dans le bas, bien loin de ces quartiers, et qui a d'ailleurs la charge d'un autre important service.

D'église cathédrale proprement dite, je n'en ai pas encore, le service du chapitre de la paroisse étant installé dans l'église de Notre-Dame-des-Victoires, au quartier *Bab-el-Oued*, laquelle est extrêmement petite relativement à une pareille réunion, et à la nécessité où nous sommes de diversifier * et multiplier les instructions et les catéchismes pour les différentes populations qui composent cette immense paroisse. A *Bab-Azoun*, la chapelle est sous l'invocation de saint Augustin.

Quant à l'édifice qui servait d'abord de cathédrale et que Sa Sainteté célébra dans sa magnifique bulle d'institution de l'évêché d'Alger, il y a plusieurs années qu'on y a commencé et entrepris des réparations et constructions qui ont été mal conçues et mal conduites, de telle façon qu'on a fini par le démolir à peu près tout entier, par défaire même ce qu'on avait d'abord reconstruit, et qu'en définitive, après beaucoup de temps écoulé, d'énormes sommes dépensées, de souffrances et de privations de toute sorte éprouvées par nous et par la population catholique

* En cinq langues, le français, l'italien, l'espagnol, l'allemand et le maltais.

de la ville, on ne sera parvenu à doter la capitale de l'Algérie que d'une église fort ordinaire, et pas du tout d'une cathédrale; elle ne sera pas même plus capable de contenir les fidèles que le premier temple, à cause de la suppression des tribunes de celui-ci. Il est bien fâcheux que les plans ne nous en aient jamais été communiqués sérieusement, malgré nos réclamations aussi instantes et continuelles que légitimes, et que notre intervention, si naturelle pourtant, n'ait pas pu davantage être accueillie; il n'est pas moins déplorable de penser que, durant plus de trois années de travaux, ces mêmes plans n'ont jamais été bien arrêtés.

On aura donc détruit un monument remarquable, un temple extrêmement gracieux, le premier qui fut consacré à la religion chrétienne dans l'Afrique devenue française, un précieux souvenir du passé; et de tant de sacrifices de toute sorte il ne sera pas résulté d'autres fruits!

Pourquoi ne pas laisser intacte cette jolie église, et, avec une portion des sommes énormes qu'aura englouties cette désastreuse opération, ne pas construire sur un autre emplacement une belle, une vraie cathédrale? Pourquoi avoir constamment repoussé la proposition si souvent faite par l'évêque d'Alger de convertir en cathédrale la belle mosquée dite *de la Pêcherie*? C'eût été si facile à tous égards! Et combien de fois n'offrit-il pas de se charger de cette négociation avec le Muphti lui-même? Il alla, dans une circonstance mémorable, jusqu'à s'engager à couvrir avec son peuple les frais de cette transformation. Bâtie en forme de croix latine et dans de vastes proportions, non loin de l'emplacement consacré dans les temps antiques par la basilique chrétienne d'Icosium, et par un architecte qui sanctifia ainsi son esclavage, et, suivant une tradition, paya de sa tête cette forme quasi-prophétique de l'avenir, la mosquée

de la Pêcherie eût satisfait à toutes les conditions désirées, eût réalisé tous les vœux, et sa conversion en cathédrale d'Alger n'eût rencontré aucun obstacle sérieux.

Notre-Dame-des-Victoires, ou mieux Saint-Philippe, est du reste complétement muni de tout ce qui est nécessaire à la célébration des saints offices, et convenable à leur pompe sacrée : sa fabrique a aussi pourvu jusqu'à présent à l'exercice du culte à Saint-Augustin de Bab-Azoun et à Sainte-Croix de la Casbah.

Le relevé suivant des fonctions exercées à Notre-Dame-des-Victoires dans l'année 1844 (c'est le seul que j'aie sous les yeux en ce moment) donnera à Sa Sainteté quelque idée de ce service, et de la nécessité pour le Gouvernement d'augmenter enfin le personnel sur lequel il pèse : Deux cent soixante-cinq mariages, onze cent et quelques baptêmes, cinq cent cinquante-et-une sépultures.

Indépendamment de ce personnel et de celui du chapitre, j'ai obtenu pour l'hôpital civil, il y a trois mois seulement, un aumônier titulaire et reconnu. Malheureusement le nombre des prêtres auxiliaires, qui était de quatre en 1839, et que j'avais supplié en 1844 l'administration de porter à huit, à cause de l'urgence de leur service et de son extension dans le diocèse entier, a été au contraire diminué l'année dernière, et n'est plus en tout que de trois. L'un d'eux est en ce moment attaché au curé de *Blidah* avec les pouvoirs spirituels de vicaire; le second dessert un territoire voisin de la ville, et est en outre attaché à ma personne en qualité de secrétaire; j'ai confié l'aumônerie d'une communauté intéressante au troisième.

Sans l'assistance de cinq autres ecclésiastiques surnuméraires non indemnisés par le Gouvernement, il eût été dès longtemps, et, de plus en plus, il serait impossible de desservir la Casbah, l'hôpital militaire de la Salpêtrière, les ateliers des condamnés,

le Pénitencier, les prisons civile et militaire, et de suffire au service organisé à bord des bâtiments de la marine royale, aux convois des paquebots chargés du transport des malades, et à une foule d'œuvres excellentes et particulières, telles que celle de Saint-François-Régis par exemple. Ils ont une chapelle au cœur de la ville, attenante à leur bel établissement, complètement fondé en dehors de l'administration et sans qu'il lui ait coûté aucune dépense. Cette chapelle est dédiée à saint François-Xavier. Rien de plus utile que l'institution de ces excellents ouvriers, sur le compte desquels le Pape est, au surplus, suffisamment informé.

Les prêtres auxiliaires, proprement dits, étaient destinés à remplacer les ecclésiastiques malades ou absents et en congé, à aider ceux qui seraient trop surchargés de travail, à visiter les villages et nouveaux centres de population privés des secours ordinaires, à accompagner les colonnes expéditionnaires, à préparer mes visites pastorales, etc. Je n'ai jamais pu comprendre qu'au lieu de développer, avec ces besoins de toute sorte, une institution de ce genre, le Gouvernement ait été conduit, par je ne sais quelle fatale impulsion, à diminuer le nombre de ces utiles, de ces indispensables auxiliaires, alors précisément qu'il ne m'accordait aucun titre ordinaire nouveau, et qu'il laissait une armée plus nombreuse et quarante mille habitants civils de plus à ma charge, à mes ressources personnelles épuisées, plus qu'épuisées, hélas! il le savait, et je l'avais bien assez fait connaître *.

Un prêtre syrien de Damas, un vénérable religieux Trinitaire, le secrétaire de mon évêché, non reconnu comme tel, et MM. les Prêtres de la Mission ou de Saint-Lazare, complètent le clergé

* Mémoire au Roi en son conseil (1844-45), dont ce rapport n'est guère qu'une répétition et une solennelle confirmation.

de la ville même d'Alger. Ces derniers, qui ne le cèdent certes à personne en zèle apostolique, ni par les services qu'ils ont rendus et rendent chaque jour à mon église, sont principalement chargés du Séminaire et des soins spirituels des Sœurs de Saint-Vincent-de-Paul et des enfants qu'elles élèvent ou dirigent; le nombre de ces dernières n'est guère au-dessous de cinq cents jeunes filles.

Quant au Séminaire, il est pénible pour moi, Très-Saint Père, de faire connaître l'extrémité à laquelle j'ai été réduit, je peux bien ajouter, et à laquelle se trouve encore réduit mon diocèse, en l'endroit de cette fondation, la plus essentielle de toutes, et que Votre Sainteté avait appelée de ses vœux les plus ardents et les plus empressés, au moment où Elle érigeait ce siége épiscopal.

Je n'ai, en effet, pour Séminaire diocésain qu'une misérable maison dont la chapelle est formée par une espèce de corridor aussi humide qu'obscur, et qui peut à grand'peine contenir dans son enceinte entière dix élèves avec leurs pieux directeurs... Je ne sais même si cette trop étroite habitation n'offre pas, pour leur santé, à certaines époques de la saison d'été, de véritables périls. Il n'y a, au surplus, ni cour qu'on puisse ainsi appeler, ni jardin, ni espace quelconque qui puisse être employé à un utile et indispensable délassement.

Pendant les quatre ou cinq premières années de mon épiscopat, le Gouvernement n'alloua, en tout, pour subvention annuelle, à ce Séminaire et à l'institution correspondante du Petit-Séminaire, qu'une somme plus misérable que le local, trois mille francs! Depuis un an et demi, il a consenti, sur nos instances presque désespérées, à nous accorder le double de cette somme. Mais qu'est-ce que c'est, en vérité, pour la fondation d'un Séminaire à Alger? et où un Séminaire était-il plus nécessaire, dès le premier

jour, qu'à Alger et dans l'établissement d'un pareil diocèse? Ah! ce n'est pas moi qui n'en ai point été convaincu, ou qui ai négligé de le faire sentir ou comprendre ici et à Paris: j'en ai le cœur net devant Dieu et devant les hommes, devant ceux qui ont pu connaître, à cet égard comme à tant d'autres, l'activité et l'énergie de ma correspondance.

Pour fonder, pour essayer de fonder un Petit-Séminaire, j'ai dépensé en sept années cent mille francs, et ai souffert les plus tristes contradictions, jusqu'à ce que j'aie enfin été obligé d'y renoncer, à peu près sans résultats. La frayeur occasionnée en France, le Saint-Père n'oubliera pas ma franchise, par une Société célèbre et chère à tous les titres à l'Église de Dieu, frayeur qui traversa les mers, je ne sais en vérité pourquoi, y a été pour beaucoup: je dirai pour tout, mais non de ma part assurément.

Que ne me coûta pas aussi le Séminaire diocésain, heureusement si intéressant dans son humilité, grâces à ces mêmes messieurs de Saint-Lazare? J'avais osé espérer qu'ils pourraient y adjoindre nos plus jeunes clercs; sans refuser à nouveau cet éminent service, la proposition que j'en ai dû faire n'a pu encore être agréée de leur vénérable supérieur général.

Les Sœurs de Saint-Vincent-de-Paul, qu'ils dirigent, desservent l'hôpital civil et sa succursale, le dépôt des ouvriers et des colons, les salles d'asile, les écoles gratuites de filles, et ont, de plus, établi une maison de secours et de pansements sous le céleste nom de la *Miséricorde.* Elles sont, dans la ville seule, au nombre de trente Sœurs. Inutile d'ajouter qu'elles font ici le même bien que partout où les disperse la Providence.

Leur chapelle principale, à la Miséricorde, offre une ressource précieuse pour les enfants et même pour quelques pieux fidèles, dans l'extrême pénurie de local où nous sommes tous.

A l'hôpital, elles n'ont qu'un oratoire, ce superbe établissement n'étant point doté d'une chapelle et ayant été complètement négligé à cet égard par l'administration. Que de fois, pourtant, je le lui ai rappelé !

Faut-il, Très-Saint Père, citer à Votre Sainteté un déplorable exemple des dispositions de certaines personnes, même haut placées, envers la religion, ses ministres ou ses saintes pratiques, ou plutôt de leur funeste ignorance et des préventions qui en sont la conséquence, sur un point aussi essentiel ! Je le ferai avec courage, en transcrivant textuellement, entre autres documents, celui qui suit :

« DIRECTION DE L'INTÉRIEUR.

» Alger, le 10 novembre 1845.

» *A Madame la Supérieure des Sœurs de Saint-Vincent-de-Paul, à l'hôpital civil d'Alger.*

» MADAME LA SUPÉRIEURE,

» L'Algérie doit être avant tout le pays de la tolérance, en matière » de religion. Toutes les sectes chrétiennes, tous les cultes les plus » opposés s'y rencontrent. Les hôpitaux, surtout, doivent être un champ » neutre pour toutes les dissidences religieuses, etc.

» On a pu autoriser, sans danger aucun, dans quelques hôpitaux de » France, le placement de l'image du Christ ; mais ici il ne saurait en » être de même. Aussi, j'ai l'honneur de vous prier d'inviter les Sœurs » sous vos ordres à faire enlever des salles les signes du culte extérieur » qui pourraient s'y trouver encore. Toute prière publique doit y être » également interdite.

» J'espère que ces observations de ma part suffiront pour faire cesser

» un état de choses regrettable sous bien des rapports, et qui nuit essentiellement au bon ordre de l'établissement. »

Je dois ajouter qu'à Paris, et sur mes réclamations aussi énergiques que soudaines, cette incroyable mesure n'a pas été approuvée. C'est dans le même esprit, et sous l'empire des mêmes préoccupations, que, partout où la religion catholique se trouve comparée aux sectes qui s'en sont séparées, ou même à d'autres cultes, sa condition est habituellement la plus défavorable. Je n'aurai que trop d'occasions de le faire remarquer au Pape, à qui je serais coupable de ne pas signaler cette affligeante et fatale tendance.

Le collége est voisin de l'hôpital. Il n'a pas d'aumônier véritable et reconnu. Seulement, le chanoine-archiprêtre a été admis jusqu'ici à faire, dans les salles ou classes, quelques instructions religieuses aux élèves. Durant de trop longues années, le culte protestant fut célébré dans un de ses appartements, l'entrée du temple et du collége étant commune. A la dernière solennité de la Nativité de Notre-Seigneur, il a été transféré dans le bel édifice construit à Alger, pour nos Frères séparés, aux frais de l'administration.

Ce collége est unique en Algérie : pour le développer et le faire prospérer, le Gouvernement n'a reculé devant aucune dépense, devant aucun sacrifice. Nul autre établissement d'instruction publique du deuxième degré n'a été toléré, même dans les provinces. Je n'oserais pourtant affirmer qu'il puisse offrir, à des familles vraiment chrétiennes, les plus sacrées, les plus indispensables de toutes les garanties, malgré de récentes améliorations. Je dirai seulement que l'Université s'étend et s'établit en Algérie, sans doute telle qu'elle existe en France, et, selon moi, au prix de plus d'un grave, d'un capital inconvénient. Qu'on lise plutôt

les lignes suivantes que je crois devoir extraire textuellement d'une dépêche adressée, le 3 juin 1840, par Son Excellence M. le Ministre de la guerre à M. le Ministre des cultes, chargé par moi d'appuyer une de mes demandes de Séminaire :

« MONSIEUR ET CHER COLLÈGUE,

» Vous m'avez fait l'honneur de me communiquer une lettre de » Mgr l'Évêque d'Alger, sur la nécessité et les moyens de former, dans » son diocèse, un Petit-Séminaire... »

Ici, Son Excellence motive son refus sur le petit nombre encore nécessaire d'ecclésiastiques employés en Algérie. Elle ajoute :

« Ce personnel suffira probablement durant quelque temps, et ne peut » s'accroître que lentement avec le chiffre de la population catholique, » *la seule dont le clergé ait à s'occuper*, etc.

» Il n'y aurait peut-être aucun inconvénient grave » (daigne-t-elle dire en terminant) « à laisser à M. l'Évêque le soin de réunir, *à ses frais*, un » petit nombre de jeunes enfants dans une école, pourvu que le carac- » tère de l'établissement n'en fit pas une institution rivale du collége. On » devrait donc s'entendre préalablement sur les moyens de garantir l'af- » fectation spéciale de l'institution projetée, *l'observation des règles » prescrites en France étant encore plus importante en Algérie.* »

Indépendamment des charitables soins que les pauvres reçoivent des Sœurs de Saint-Vincent-de-Paul à Alger, ils sont puissamment secourus par une Société de dames, fondée par moi en 1839, et qui ne compte pas moins de trois cents membres. La Société de Saint-François Régis y prospère; j'en dirai autant de la Société de Saint-Augustin, moins connue et plus

lente à se développer ; de l'Association des maîtres entrepreneurs et ouvriers italiens, qui ont choisi pour leurs intercesseurs et leurs patrons les bienheureux Jacques et Marien de Constantine ; de l'Archi-Confrérie pour la conversion des pécheurs, et des catéchismes de persévérance.

Au Consulat d'Espagne, à l'Évêché, deux oratoires, ouverts à quelques personnes, complètent la nomenclature de ces saintes fondations. Durant plus de six années, à la porte de ce dernier, des distributions de pain, parfois de vêtements, furent faites aux indigents de toute nation, de tout culte, avec autant de régularité et aussi abondamment qu'il fut en notre pouvoir, souvent même au-delà.

J'ai voulu procurer aux jeunes garçons des secours analogues à ceux que les jeunes filles reçoivent des Sœurs qui les élèvent. Il eût fallu des Frères de la Doctrine chrétienne. Je n'ai pu suffire aux frais, et l'administration s'est contentée de paroles bienveillantes, souvent écrites ou répétées, mais inefficaces. Quelle pierre angulaire pourtant de l'édifice qu'elle entreprit de construire elle a ainsi négligée !

Ce n'est pas seulement dans la ville que ces excellentes Sœurs et leurs dignes Pères exercent leur charitable zèle et leur ministère apostolique. A *Mustapha-Pacha*, commune extrêmement riche et peuplée, qui commence aux portes d'Alger et s'étend fort loin, les Lazaristes ont une seconde maison, et les Sœurs de Saint-Vincent un troisième et magnifique établissement, celui des Pauvres Orphelines. Le nombre des enfants recueillies et actuellement adoptées dans cette institution fondée par l'évêque en 1839, et, en partie, avec une paternelle offrande de Votre Sainteté, est de deux cent vingt et plus. J'écrirai plus tard au Pape, et lui soumettrai des explications délicates et importantes à l'occasion de cette fondation.

J'aurais dû, peut-être, énumérer plus tôt les diverses œuvres de la Société des Dames de charité qui, à cette institution des Pauvres Orphelines, ont joint, en effet, sous mes auspices, une foule d'intéressantes œuvres de bienfaisance et de piété. Je me bornerai ici à rappeler celle des enfants exposés, trouvés, et placés par elles en nourrice, pour lesquels elles projetèrent aussi une maison commune de nourrissage et de sevrage. L'administration n'ayant, pas plus à cet égard qu'à tant d'autres, pris en considération les premières propositions de l'évêque sur un sujet qui en paraissait pourtant bien digne sous tous les rapports, force fut, en attendant, d'y pourvoir ainsi à tout prix. Il doit exister sur tout ceci de curieux documents au Ministère de la guerre, émanant de celui qui trace ces lignes avec tant d'émotion dans ce moment solennel ; il en possède aussi, à son tour, qui ne seraient pas moins tristement curieux à consulter.

Des trois prêtres Lazaristes établis à *Mustapha*, l'un remplit les fonctions de curé de la paroisse de Sainte-Marie, un second celui d'aumônier d'un hôpital militaire situé à peu de distance, le troisième sert d'aumônier spécial de la Providence des Orphelines.

J'avais préparé, non loin de là, une maison de repos pour mes prêtres malades ou fatigués, un asile pour les précoces infirmités ou la vieillesse honorée de ceux que Dieu couronnerait d'ans et de travaux ; je devais y reposer un jour parmi eux, au pied de l'humble et gracieux sanctuaire de Notre-Dame-de-Verdelais ; j'avais planté sur cette colline, que baigne la mer, les croix d'un beau calvaire. La translation des orphelins et certaines exigences dérangèrent tous ces pieux et touchants calculs : ce fut encore une œuvre peu comprise d'abord, et plus tard sacrifiée.

Au-dessous des Orphelines, prospèrent d'une façon admirable la communauté des dames du Sacré-Cœur-de-Jésus, le nombreux

externat gratuit, l'ouvroir qu'elles y ont heureusement annexés, leur pensionnat en plein développement. J'ai prononcé leur nom chéri et vénéré ; c'est assez pour Sa Sainteté, qui les honore d'une si paternelle protection dans leur triple fondation de Rome. Celle-ci fut une de celles auxquelles j'attachai justement le plus d'importance dès mon arrivée à Alger.

Le Pape croirait difficilement, si Dieu permettait qu'il pût entrevoir ce beau pays, qu'il n'y ait pas encore, en 1846, d'église à Mustapha-Pacha ; il est vrai que depuis 1830 l'administration n'a construit en tout que quatre églises ou chapelles de villages, et, dans les villes, aucune.

Ici, Très-Saint Père, nous nous servons, nous nous sommes servis durant six ans, d'un ignoble local, au sujet duquel j'écrivais au Roi en son conseil, le 14 janvier 1845 :

« Mustapha, si riche, si peuplé, si prospère à tous égards, n'a, pour » édifice consacré au culte, que la misérable et humide galerie supé- » rieure d'un puits à roues, situé précisément au-dessus de la ravissante » maison de campagne du Gouverneur général, et encore n'est-elle que » prêtée depuis plus de quatre ans par M. Lieutaud ; mais il n'y a presque » pas de possibilité d'y conserver le Saint-Sacrement ; mais elle a été » longtemps adossée à une espèce d'hôtellerie qui fait partie des mêmes » corps de bâtiments, et peut, à chaque instant, recevoir la même des- » tination ; mais les animaux attachés au service du puits en traversent » incessamment le chemin couvert, passage dont la cloche, jetée en » travers, leur rend l'accès aussi difficile qu'inconvenant. Je ne passe » jamais devant cet édifice, que nul, assurément, ne prendrait pour ce » qu'il est au fond, sans un sentiment trop légitime de douleur et d'hu- » miliation, car je suis évêque, et j'aime franchement mon pays. C'est » à une petite lieue d'Alger. »

Hélas ! j'écrivais en vain ; depuis, une boucherie a été placée

dans l'ancienne hôtellerie ; une salle de bal rustique en est à peine séparée, et, à la porte même de l'entrée de cette prétendue église, une habitation peu convenable lui a été adossée, le mur étant mitoyen. Je l'aurais interdite depuis longtemps, si j'avais pu remédier d'une façon quelconque à l'inconvénient très-grave d'une pareille suppression.

Un ancien Frère a ouvert et dirige à *Mustapha* une école intéressante.

Je voudrais parler du cimetière, mais il est si éloigné et en si triste état, comme, au surplus, tous ceux de l'Algérie à peu près, malgré mes continuelles et pressantes observations, que je n'ose le faire selon qu'il conviendrait peut-être.

A l'autre extrémité de la ville, du côté du faubourg *Bab-el-Oued*, il n'y a ni église ni chapelle. Celles des deux hôpitaux militaires du Dey et de la Salpétrière ne peuvent même suffire à ces deux importants établissements hospitaliers. L'un d'eux a un aumônier reconnu; c'est l'un des trois seuls qui aient encore pu recevoir cette faveur dans toute l'Algérie, et elle n'est même pas fort ancienne.

J'avais demandé qu'un oratoire convenable y fût adjoint : il aurait pu servir pour l'hôpital du Dey, et pour tout le quartier, qui est fort peuplé; aucune suite n'a été donnée à cette prudente demande. J'avais aussi bien instamment sollicité la construction d'une chapelle à peu près semblable, à l'extrémité du cimetière européen, qui est à quelque distance de ces hôpitaux et beaucoup trop loin de la ville. C'eût été tout à la fois une chapelle funéraire, dans laquelle un service approprié eût pu être établi pour le cimetière, et comme une église paroissiale pour les habitants de la commune de la *Pointe-Pescade*. Alors, le cimetière général eût été béni, à l'unanime consolation de la population d'Alger; il ne l'est point, car je n'ai pas dû procéder à cette cérémonie sacrée à

tant de titres, avant qu'il ne fût complètement fermé de murs, et que la division *légale* des différents cultes, réclamée souvent par moi, n'eût été obtenue ; j'y avais droit cependant au nom de mon peuple.

Un autre cimetière existait depuis des siècles aux portes d'Alger. Il avait reçu un nom cher à tous : c'était le *cimetière des Consuls !* Une tradition touchante raconte qu'il fut le prix de la rançon d'un saint prélat confesseur du héros de Lépante, et qui mourut avec joie dans les fers, en assurant à ses compagnons d'infortune cet asile suprême. Il avait donné, pour payer ce coin de terre, les innombrables pièces d'or et d'argent prodiguées par Sa Majesté Catholique à l'avide bacha, et qui en recouvraient la surface, prix deux fois sacré de sa délivrance et de son héroïque mort ! Dans ces derniers mois, on a dû transférer les ossements de ceux qui y furent ensevelis, avec ou après lui, dans le cimetière général, à cause des menaçants ravages de la mer en cet endroit. J'avais demandé à y présider ; je voulais qu'un humble monument consacrât leur mémoire, et en particulier la sienne... Aucune réponse ne fut faite à ma demande répétée, et la religion ne fut pas admise à honorer leurs dépouilles. J'écris ces choses sans amertume, quoique avec une douleur profonde et que vous partagerez, Très-Saint et bienheureux Père ; je les écris par devoir. Un mandement préparé par moi en cette touchante circonstance a même été retenu et gardé, pour ne pas dire enseveli lui-même parmi tant d'autres pièces dont la publication, qui pourrait devenir aussi quelque jour un devoir, révélerait d'étranges détails en vérité.

La commune de Boujareiah, qui est desservie par le secrétaire de mon évêché, n'a point d'église, pas plus que celle de la Pointe-Pescade qui est à ses pieds. Seulement, un des principaux habitants y a transformé en oratoire une espèce de petite grange.

et il a été pourvu au surplus selon qu'il a été possible. Mais ce n'est pas un service complet, quelque pénible qu'il soit pour celui qui en est chargé, et il est nécessairement fort précaire.

Entre la commune de *Mustapha-Pacha* et de *Boujareiah* s'étend celle d'*El-Biar*, l'une des plus riches et des plus belles du pays ; elle a un desservant reconnu, mais n'a pas plus d'église et de presbytère que les précédentes ; et le ministère du prêtre, à qui j'en ai confié la direction, serait dérisoire sans la piété du maire d'*El-Biar*, qui a offert un oratoire et un logement dans sa propre maison ou y attenant, le zèle de ses administrés lui étant venu en aide pour le mobilier, et l'évêque, là comme partout, pour le reste.

C'est à *El-Biar* que se trouvent situés le monastère des Dames de la Charité du Bon-Pasteur, et l'institution des jeunes garçons orphelins.

Le monastère du Bon-Pasteur est divisé en deux, formant tout à la fois une maison de refuge pour les pauvres filles ou femmes repenties, et une maison de préservation pour un grand nombre de jeunes filles exposées. Oh ! combien cette double et miséricordieuse fondation était nécessaire dans un semblable pays ! Sa Sainteté connaît, apprécie et bénit, à l'ombre de son trône paternel à Rome, les religieuses du Bon-Pasteur et leur institut, comme celui du Sacré-Cœur. Pourquoi le Gouvernement n'a-t-il aidé en rien cette précieuse fondation ? Que cela lui eût été facile, et que d'angoisses il nous eût épargnées, que de dépenses aussi ! Qui croirait, et c'est vrai toutefois, qu'il y eut un moment où il fut sérieusement question de l'empêcher ?... Après avoir servi moi-même d'aumônier au Bon-Pasteur, pendant près de deux ans et à cette distance d'Alger, j'ai enfin pu convenablement assurer le service religieux et la direction de cette chère maison.

Les orphelins, après bien des vicissitudes et d'énormes frais

supportés par moi durant de longues années, y sont désormais solidement établis dans une propriété fort considérable ; Ben-Aknoun appartient à leur charitable supérieur et à ses confrères. C'est une fondation des plus remarquables, qui est appelée à faire un grand bien ; elle sert déjà de maison paternelle à plus de cent de ces pauvres enfants.

Immédiatement après, commence la paroisse des saintes Perpétue et Félicité de *Delhy-Ibrahim ;* un hôpital civil de cent lits, deuxième succursale de celui d'Alger, y fut adjoint l'année dernière. De ce village relève et dépend celui des *Chéragas*, qui n'en est éloigné que d'une petite lieue. L'église de *Delhy-Ibrahim* n'est pas mal, sauf sa forme intérieure qui n'est pas assez religieuse : c'est la première bâtie par les Français en Algérie. Le presbytère est aussi fort décent. Quant au cimetière, il est comme celui d'*El-Biar,* encore une fois, comme celui de presque toutes les paroisses et villes ou villages de l'Algérie, et, certes, ce n'est pas faute d'instances de ma part. Aux *Chéragas,* il faudrait un oratoire, et le curé de *Delhy-Ibrahim* y binerait.

Ce fut à l'occasion de la construction de l'église de *Delhy-Ibrahim* qu'il me fut officiellement proposé, dans le temps, de partager toutes les églises ou chapelles du diocèse avec les protestants. Je fis à cette proposition une réponse épiscopale que je crois devoir faire connaître au Pape ; elle sera jointe à ces notes avec quelques autres documents importants.

On y avait placé dans les commencements un instituteur renégat ; ce ne fut qu'à grand'peine que je parvins à obtenir son éloignement. Un oratoire protestant a été établi à *Delhy-Ibrahim*, et un ministre ou pasteur attaché à cet oratoire, avec un traitement d'abord égal et bientôt supérieur à celui du curé catholique. Ayant demandé au moins l'égalité, à cause de la fâcheuse impression que cette différence commençait à produire sur le

peuple, il me fut répondu que j'oubliais sans doute que le ministre protestant avait une famille... Je n'ose transcrire de pareils détails. Le curé, qui a pour famille tous ceux qui souffrent autour de lui, dessert aussi, et gratuitement, l'hôpital civil.

Depuis quelque temps, le pasteur dissident a transféré sa résidence à *Douéra*, au centre du Sahel ou massif d'Alger, un beau temple y ayant été construit par le Gouvernement pour ses rares ouailles, qui appartiennent, au surplus, à bien des communions différentes. De là, il visite les villages environnants, dont la salle d'école lui sert ordinairement de prêche, avec plus ou moins d'inconvénients sous des rapports très-essentiels. Encore, aurait-on dû m'accorder, ce que j'avais cru devoir m'empresser de solliciter, que sa chaire ne demeurât pas en permanence au milieu de ces salles d'école; par exemple, à *Saint-Eugène de Drariah*, situé à l'est du village précédent, et dont ressortissent *El-Achour* où un blockaus sert d'oratoire, et *Kaddous* où réside le maire.

Drariah possède une petite église, la deuxième construite par l'administration, un presbytère et une école. La première pierre de cette église fut posée en 1842, au mois de novembre, par sept évêques réunis, au retour des mémorables cérémonies d'Hippone. Le cimetière en est moins négligé que celui des communes voisines, mais il est trop éloigné et n'a pas de clôture; une belle croix en fer y a été placée, et bénie par moi en juillet dernier.

En continuant toujours vers l'est, c'est *Byrkhadem*, *Kouba* et *Hussein-Dey*, et plus loin la *Maison-Carrée* et *le Fondouck*.

Byrkhadem, dont la fondation fut décidée à Mugnano d'une manière que je ne crains point d'appeler miraculeuse, est dans la plus gracieuse situation. J'ai fait ce que j'ai pu pour en orner l'église, qui est la troisième de construction française, et que je consacrai, assisté de trente prêtres, sous l'invocation de sainte Philomène, au retour de mon pélerinage à son tombeau. J'y ai placé

trois beaux tableaux dont deux de prix, des statues, une très-riche garniture d'autel en bronze doré, etc. J'avais aussi orné celle de *Delky-Ibrahim;* j'ai orné, pour parler avec plus d'exactitude, la plupart des églises ou chapelles du diocèse; mais non avec la même richesse et le même soin que réclamaient les insignes faveurs obtenues de Dieu par l'intercession de l'illustre héroïne. L'autel en est fort élégant; c'est en grande partie une pieuse offrande de Sa Majesté le Roi de Naples, à l'occasion de la naissance d'une princesse, sa fille, qui avait reçu au baptême le nom de Philomène. Le presbytère est attenant à la jolie église, et il en est digne, ainsi que l'école dont la construction s'achève en ce moment au-devant du presbytère. De *Byrkhadem* relèvent *Byr-Madreis* et *Saoula;* il a été promis qu'un ancien blockaus serait mis, dans ce dernier village, à la disposition du curé de Sainte-Philomène.

Kouba et *Hussein-Dey* sont réunis et forment une très-importante paroisse. Malheureusement elle n'a ni église, ni presbytère; c'est, comme à *El-Biar*, une chapelle domestique qui sert d'oratoire. Il y a longtemps néanmoins que les habitants d'*Hussein-Dey* se sont réunis pour couvrir une partie des frais de construction d'une chapelle plus convenable à cette population qui s'accroît tous les jours. Leur offre est demeurée jusqu'ici sans résultats, aussi bien que celles faites auparavant par plus d'un propriétaire de *Mustapha-Inférieur;* ce que je n'ai jamais pu m'expliquer du reste.

Au-dessous, et en avant de la *Maison-Carrée*, un hameau s'est formé peu à peu sur les rives insalubres de l'Arratch : impossible de le secourir encore, sinon en passant, en allant visiter de temps en temps le *Fondouck.* Ce dernier centre de population est considérable; au mois de juin 1845, quand je le visitai pour la première fois depuis le deuxième essai de sa fondation, il ne comptait pas moins de six cents habitants nouvellement accourus

d'Europe, et des Provinces Rhénanes en particulier; hélas! bien près de deux cents sont morts depuis! et je n'avais pu obtenir, en dépit de mes importunes instances, qu'ils eussent une église, une chapelle, un oratoire quelconque; et, sans l'admirable dévouement de quelques-uns de mes prêtres, que seraient devenus ces infortunés? Car, le *Fondouck* est bien à sept ou huit lieues d'Alger, et, sous ce rapport fondamental, il avait été complètement oublié, délaissé par une administration dont je ne jugerai pas les intentions, mais dont l'imprévoyance tout au moins a dû être bien amère à cette population délaissée. Je dirai tout, en racontant qu'un soir le prêtre auxiliaire surnuméraire, que j'y avais envoyé, n'ayant ni pain, ni gîte, fut rencontré, à une heure déjà tardive, par une patrouille de gendarmerie, gisant dans les environs; ces braves gens en furent profondément émus, et lui offrirent leur lit de camp et leurs frugales provisions, qu'il accepta avec autant d'émotion. Je demande au Pape la permission d'abréger ce que j'aurais à confier à son cœur paternel au sujet du *Fondouck*, et de plus d'une fondation de ce genre.

Dans le sud d'Alger, à trois lieues environ de *Delhy-Ibrahim*, à *Saint-Antoine de Douéra*, se trouve la quatrième et dernière église ou chapelle construite par l'administration civile. Ce n'est guère vraiment qu'une chapelle, car elle n'a pas plus de douze mètres de longueur du sanctuaire à la porte. Dans quel état cette petite ville ne fut-elle point durant les années précédentes; quelle misérable part y avait été faite à la religion!

Douéra a quinze cents habitants civils, un établissement militaire avec un beau camp, et un double hôpital militaire et civil: quatre ou cinq villages en dépendent, *Crescia*, *Baba-Hassein*, *Ouled-Mendil*, les *Quatre-Chemins*, *Saint-Jules*. Un vicaire y est absolument nécessaire, ces hameaux étant fort éloignés les uns des autres, et les chemins pour la plupart fort difficiles.

Depuis plus de deux ans je l'ai demandé, j'en ai démontré la nécessité; tout a été inutile; seulement, à *Baba-Hassein* et à *Crescia*, deux tours de défense ont été provisoirement transformées en oratoires.

Entre *Delhy-Ibrahim* et *Douéra*, dans le nord, *Sainte-Amélie* a un desservant, mais pas d'église. A peine une salle m'y a-t-elle été donnée pour chapelle; deux cabinets attenants, qu'on ne peut atteindre qu'en la traversant, remplacent le presbytère. Il dessert aussi *Maëlma*, village considérable, et où le temple du Seigneur a été pareillement oublié.

Non loin sont *Saint-Ferdinand, Ouled-Fayet*, et, vers l'ouest, *Zéralda;* près de ce dernier hameau et au-dessous d'*Ouled-Fayet*, c'est Notre-Dame de *Staouëli*, avec son admirable monastère et ses soixante religieux. Je suis trop ému pour en parler ici selon qu'il faudrait. *Saint-Ferdinand* et le village précédent n'ont ni desservant, ni oratoire; des tours pareilles à celles de *Baba-Hassein* et de *Crescia* ont pourtant été provisoirement cédées dans l'intention d'y suppléer; un prêtre auxiliaire surnuméraire devra les visiter, ainsi qu'il avait coutume de le faire dans les commencements.

Les Pères de *Staouëli* pourront se charger de Saint-Bernard de *Zéralda*, et de Notre-Dame-de-la-Délivrance de *Sidi-el-Ferruch*, où de précieuses découvertes se font en ce moment même. J'en envoie au Pape l'intéressante relation, faite par moi à la hâte, mais avec une extrême fidélité, à la fin de cette complète nomenclature du diocèse que je remets entre ses mains.

Vers l'ouest, et à près de quatre lieues, *Koléah*, petite ville merveilleusement située, et les deux villages de *Fouka* et *Douaouda* n'ont pour chapelle qu'un méchant corridor du presbytère qui est lui-même quasi une ruine, et quel cimetière! Et il y a un établissement militaire de quelque importance, un double hô-

pital, une population qui devient considérable ! Les larmes me gagnent quand j'y veux songer, et quand je rappelle, en même temps, mes incroyables et stériles efforts pour y remédier.

Que dire au Pape de Saint-Ferdinand de *Bouffarick* ? L'extrait suivant du rapport au Roi du 14 janvier 1845, et copie de ma lettre du mois de novembre dernier, demeurés sans effet comme sans réponse, et, certes, elle n'en valait pas moins la peine ! seront la meilleure expression de ce qui existe comme de ce que j'ai éprouvé, de ce que j'éprouve encore au sujet de cette lamentable situation tant de fois signalée au Gouvernement de mon pays.

J'écrivais donc :

« Qui ne connait l'énergie et la fréquence de mes réclamations au » sujet de la misérable hutte en planches à demi-pourries qui nous fut » donnée à *Bouffarick* (en 1840), à la place de l'humble chapelle en » pierres que nous y possédions, et qui fut convertie en commissariat » civil, sans même que nous fussions consulté? Bâtie en 1833 ou 1834, » cette ancienne ambulance d'indigènes est aujourd'hui dans le plus » indécent état qui se puisse imaginer ; elle est située d'ailleurs sur la » route si fréquentée d'Alger à *Blidah*, et dans la position la plus ca- » pable d'en faire ressortir l'inconvenance. J'ai souvent menacé de » l'interdire, et je m'y verrai forcé si, enfin, une nouvelle, une véri- » table église ne s'élève bientôt à *Bouffarick*. Mieux vaut mille fois ne » pas célébrer du tout extérieurement le culte catholique, que de le » célébrer d'une manière aussi honteuse.

» Elle n'est ni carrelée, ni pavée, ni planchéiée, et ne le fut jamais. » Dom, elle est toute remplie de trous, et partant de boue et de pous- » sière suivant la saison. Le vent y pénètre de toute part. L'année der- » nièr des réparations furent promises : on se borna à changer de » plac porte d'entrée, et à la transporter d'une extrémité à l'autre. » rem t fort mal en ordre les planches qui formaient le sanctuaire. » néces ment changé de place à son tour. Aussi, les unes sont-elles

» grossièrement barbouillées de gris, les autres de bleu ; celles-ci sont
» polies, les autres n'ont pas été rabotées... Derrière l'autel, il y a un
» réduit appelé sacristie, mais forcément abandonné, soit à cause de
» l'humidité, soit à cause des reptiles et autres animaux qui y fourmil-
» lent : c'était presque un marais que cet emplacement, et le bas des
» planches étant pourri leur livre un trop facile passage. Au-dessus
» se trouve une sorte de colombier à demi ruiné : je ne sais mieux
» à quoi comparer ce qui s'est appelé clocher jusqu'ici. Encore si la
» cloche pouvait y être suspendue ! mais elle est placée dans l'inté-
» rieur, à côté du confessionnal, et attachée à l'un des madriers qui
» supportent la charpente. J'oubliais de dire qu'en même temps qu'on
» transportait la porte, ou peu après, on abattait le tiers de cette
» misérable baraque pour réparer la toiture des deux autres tiers avec
» les tuiles encore en état, et, des planches les moins mauvaises,
» raccommoder le corps de garde de la milice, si je suis bien informé.
» Triste séjour pour un prêtre, logé cependant assez convenablement
» depuis trois ans, mais où fabriciens, instituteur, paroissiens sont com-
» plétement découragés de l'abandon dans lequel ils ont été laissés en
» ceci. J'en aurais depuis longtemps retiré le curé, si le nombre des
» malades et celui des morts n'avaient été fort considérables cette année
» encore, etc. — 14 janvier. »

Et, le 2 décembre, un an environ après cette lamentable description :

« Monsieur le Directeur,

» J'ai visité dans tous ses pénibles détails l'église de Bouffarick : je
» veux parler de celle qui sert actuellement au culte, et qui longtemps
» encore y sera affectée, les travaux de la nouvelle commençant à peine.
» Or, de cette visite qui était pour moi un devoir grave, il est résulté
» pour moi aussi l'obligation non moins grave de demander de nouveau
» certaines réparations extrêmement urgentes, à défaut desquelles cette

» prétendue église sera et demeurera *interdite* à partir du 20 décembre » courant.

» Ces réparations sont :

» 1° *La peinture, au moins à une couche, de tout le sanctuaire et de* » *l'autel ;*

» 2° *Le blanchissage à la chaux de l'intérieur et de l'extérieur ;*

» 3° *La peinture des portes et des fenêtres à une couche au moins :* » *jamais elles n'en reçurent aucune ;*

» 4° *Des vitres placées à ces dernières : il n'y en a pas du tout ;*

» 5° *Le nivellement du terrain de l'intérieur de l'église et de la* » *sacristie ;*

» 6° *La réparation des planches du sanctuaire et du marche-pied de* » *l'autel qui est enfoncé.*

» Le tout ne se montera pas à une somme considérable, et est devenu » tellement urgent, tellement indispensable que, sans cela et à aucun » prix, il n'est plus possible de tolérer, dans ce local, le service sacré, » qui trop longtemps y fut célébré.

» L'église étant interdite, j'autoriserais cependant M. le Curé à célé- » brer la messe dans une dépendance de son presbytère, et à y garder » la réserve pour les malades, ou pourvoirais d'autre façon aux secours » spirituels auxquels ceux-ci ont droit.

» Je suis avec respect, etc.

» *Signé :* ✝ Antoine-Adolphe,
» Évêque d'Alger. »

Quant à la nouvelle église commencée dernièrement, le chœur et le sanctuaire en seront certainement à refaire ; j'ai vainement aussi proposé d'y remédier à temps. Ce sont des hommes qui, fort honorables du reste, n'en ont pas moins oublié toutes les pratiques publiques de la religion, et ne fréquentent jamais ou à peu près nos temples saints, qui en général sont appelés à faire les plans de ces édifices en Algérie, ou à en poursuivre l'exécu-

tion ; et cela sans le moindre concours du clergé, tout à fait en dehors de sa surveillance. Il n'y a rien dès-lors de vraiment bien surprenant dans leurs perpétuelles déceptions, dans la construction bizarre des confessionnaux, par exemple, ou des fonts baptismaux, ou des autels... ; mais combien c'est donc étrange et triste ! Je dois ajouter, au sujet de *Bouffarick* et des mesures annoncées par moi, que *quarante jours de plus* s'étant écoulés sans qu'on daignât prendre en considération ces graves et sacrées menaces, je les fais exécuter aujourd'hui même, avec une douleur inexprimable.

Après *Bouffarick*, où, malgré les traces encore empoisonnées d'une fièvre destructrice, et parmi ses ravages, on n'avait pas craint d'installer, hélas ! mieux que le Saint des Saints, une maison de prostitution ; à trois lieues, *Blidah* grandit tous les jours, en s'entourant d'une riche ceinture de villages. Ainsi à *Mered*, à *Joinville*, à *Montpensier*, à *Dalmatie*, et jusqu'à *Souma*.

Cependant, *Blidah*, qui a bien dans sa circonscription cinq ou six mille habitants catholiques avec une garnison considérable, un hôpital militaire de trois cents lits, un hôpital civil de cent cinquante : *Blidah*, qui est dotée d'un tribunal de première instance, qui est chef-lieu de sous-direction, n'a jusqu'ici qu'un desservant à douze cents francs de traitement annuel. J'ai fatigué depuis fort longtemps le Gouvernement de mes plaintes, de mes supplications, de mes reproches même à ce sujet ; tous se sont réunis à moi, et rien n'a pu être encore obtenu. Il faudrait au moins trois bons ouvriers pour cette moisson, pour cette ville intéressante et ses cinq villages.

Elle a pour église une mosquée donnée en 1840 par un illustre maréchal, et consacrée en 1842, le jour de saint Charles, son patron, par sept évêques français. Mais, que de dépenses elle nous coûta dans les premiers temps, soit pour la subsistance du curé

que le Gouvernement ne voulut pas reconnaître, soit pour l'appropriation de l'église ! Plus tard, des réparations indispensables y ayant été faites, à mes frais, d'urgence, et parce que les plus fâcheux inconvénients pouvaient et allaient nécessairement résulter de l'abandon dans lequel l'administration l'avait laissée malgré mes réclamations habituelles, je ne pus jamais en obtenir le remboursement, pas même une faible indemnité… Et pourtant, cette même année, plus de cent mille francs du budget ecclésiastique de l'Algérie recevaient une destination différente, tout à fait étrangère à mon diocèse sous le rapport religieux ! Que de fois ceci ne s'est-il pas renouvelé, sous le titre élastique de *virement* de fonds !

Je ne sais, par exemple, ce qui adviendra, ou est advenu pour l'année 1845 déjà écoulée depuis un mois ; car ce jour, 29 janvier 1846, le budget du matériel du culte, des fabriques et autres dépenses ecclésiastiques de ce genre, ne nous a pas encore été signifié pour cette même année 1845, ne nous est pas seulement indiqué *.

J'ai dit, en commençant, que la fabrique de la cathédrale entretenait un quatrième vicaire ; j'aurais parlé plus exactement en disant que, le jour de Quasimodo, en 1844, elle vota cet entretien dont la nécessité lui était démontrée ; or, elle ne sait pas encore, à la veille du carême de 1846, si son vote a été favorablement accueilli ou non. Que d'autres fausses dépenses, que de froissements divers et d'inconvénients de toute sorte n'en résulta-t-il pas trop souvent ! et que de pénibles et curieux détails pourrait donner, à ce sujet, celui qui fut sacrifié à ces accidents, je ne veux point dire autrement, que nul n'aurait pu prévoir, et que beaucoup croiraient à peine ailleurs que dans cet infortuné pays !

* Le 22 juillet, jour de mon départ, on m'assurait qu'on ne le connaissait pas davantage.

Blidah est la dernière paroisse de la province ecclésiastique d'Alger proprement dite : *Médéah*, *Mouzaya* même, *Milianah*, *Cherchell*, *Ténez*, *Orléansville*, et, dans l'est, *Delhys* et *Bougie* avec leur territoire, formant la subdivision principale mentionnée au commencement de ces pages abrégées.

A *Mouzaya* se trouvent des mines de cuivre importantes, pour l'exploitation desquelles cent cinquante à deux cents ouvriers sont réunis ; un village est d'ailleurs commencé au-dessous, près du camp des réguliers de l'Émir, au bois des Oliviers. Il n'y a encore pour cette population, déjà nombreuse, ni desservant, ni chapelle, l'administration ne s'en étant point occupée, et la compagnie de l'exploitation des mines n'ayant formé jusqu'ici que de pieux projets. De temps en temps, le curé de *Médéah*, qui en est le plus voisin, les visite.

En avant des premières galeries, à la source du *Bou-Roumi*, ou du Père-Chrétien, comme disent les Arabes de ces montagnes, sous des ombrages gracieux, et dans les flancs profondément creusés d'un roc immense, existait une antique retraite ou ermitage que la tradition regardait comme ayant en effet servi de refuge à de pieux cénobites, et, en témoignage, on voyait encore naguère au-dessus de l'ouverture, dans le vif du rocher, deux croix bien distinctes taillées avec efforts. Aussi l'armée, battant des mains, après un héroïque passage du *Téniah* qui le domine, avait-elle appelé ce plateau du vieux nom de sa croix ! En 1843, et le 8 août, j'y avais célébré les saints mystères en mémoire de ma première communion ; en 1845, et au mois d'août aussi, j'y voulus repasser. Les beaux lauriers-roses, le figuier touffu, la vigne sauvage avaient été coupés, déracinés, et l'entrée de la Grotte du Chrétien bouchée, ou à peu près, par un énorme four à chaux, à l'usage de l'exploitation de la mine... Et les croix, déjà calcinées par les ardeurs béantes du four, s'en allaient ou devaient bientôt

s'en aller en poussière... Douloureuses préoccupations, parfois, que celles de l'industrie !

Médéah, capitale de la province militaire de *Titterie*, et, comme *Blidah*, occupée par une brigade de l'armée, dut à l'administration passagère de Monseigneur le duc d'Aumale sa jolie mosquée changée en église, et son humble presbytère. Le desservant de Saint-Henri de *Médéah* joint à la visite de *Moazaya* celle de *Boghar* qui en est pourtant éloigné d'environ vingt lieues : il donne aussi des soins assidus à la garnison et à l'hôpital militaire de sa résidence habituelle.

Ainsi fait celui de *Milianah*, à vingt lieues de *Médéah* et de *Blidah*. Seulement, il n'a, lui, qu'une ruine pour presbytère, et une sorte de baraque pour église : et *Téniet-el-Haad*, qu'il visite de loin en loin, n'en est pas à moins de vingt-cinq lieues. Durant l'été, il ne doit pas oublier non plus l'établissement thermal d'*Aquæ Calidæ*, à quatre lieues environ de *Milianah*. Dans toutes ces localités, c'est le même humiliant abandon des cimetières... Que serait-ce sans la présence et les soins de ces bons et dignes prêtres ? Le saint Sacrifice y fut offert par moi, pour la première fois, le 11 août 1843, en avant de la redoute française, au pied des rochers du *Zacchar*, au milieu d'une pompe solemelle extrêmement touchante ; c'était pour honorer la mémoire de tant de braves qui, à une autre époque, avaient trouvé la mort au sein de ces remparts désolés.

Téniet-el-Haad a une nombreuse garnison, un bel hôpital, un commencement intéressant de colonie civile. Il lui eût fallu un desservant : il n'a pas été donné : pourquoi, du moins, ne pas attacher comme en France, comme partout, comme le veulent les règlements eux-mêmes, pourquoi ne pas attacher un aumônier à chaque établissement hospitalier considérable ? Il est telle petite ville de France, pourvue d'ailleurs d'un desservant ordinaire, où,

pour un établissement de quelques lits à peine, il y a de plus un aumônier ; et à *Téniet*, *Delhys*, dans une foule d'endroits en Algérie, il n'y a ni desservant, ni aumônier. Ici, tous les services qui concernent les hôpitaux militaires sont aussi exactement et parfaitement pourvus que dans la métropole, davantage peut-être à certains égards, à l'exception toutefois du plus pressé, du plus sacré, du plus nécessaire de tous.

Et ces aumôniers auraient partout pu desservir les centres de population qui, naturellement et forcément, se groupent auprès des postes, des camps permanents, dans les localités importantes dotées de ces mêmes hôpitaux : *sic* à *Tiaret*, *Saïda*, *Orléansville*, *Djemma-Ghazaouat*, *El-Arrouch*, *Bathna*, *Biscara*, etc. Que, dans aucun hôpital, nul ne puisse inutilement réclamer les secours de l'art et du dévouement de nos généreux médecins, c'est bien, c'est indispensable ; mais aussi, que nul ne soit exposé à y réclamer, en vain, les secours plus nécessaires encore et plus précieux de la religion.

En redescendant, sur les bords de la mer, les soins religieux sont moins difficiles à administrer : et, cependant, dans cette même province ou subdivision principale, que d'affligeantes exceptions ! Car, si *Cherchell* ou l'ancienne *Julia-Césarée*, dont je porte le titre épiscopal, ne manque heureusement de rien sous ces importants rapports, ayant une église (ancienne mosquée), un presbytère tout à fait convenable, un cimetière suffisamment clos et entretenu, avec un atelier de condamnés, un magnifique hôpital, et, par-dessus tout, un excellent curé, que dire de *Ténez*, d'*Orléansville* et de *Delhys* ?

Il est vrai qu'un digne confrère du curé de *Cherchell* dessert *Ténez* depuis tantôt deux années ; mais il n'a pour église qu'une baraque en bois dont l'histoire serait fort curieuse. Que Sa Sainteté me permette de nouveau de copier quelques pages du rapport

au Roi ! J'ose espérer qu'elles intéresseront le Pape. Je n'ajouterai qu'un mot, c'est que, depuis cette année écoulée, je n'ai rien obtenu davantage. J'ai seulement reçu du ciel, propice à un de mes vœux les plus ardents, deux admirables filles, deux sœurs Ursulines que j'ai placées à *Ténez*, où elles opèrent un très-grand bien : je ne parlerai pas de la précieuse mosaïque d'*El-Essnam ;* elle a été, dit-on, plus qu'abandonnée. L'été dernier, j'y accourais avec l'intention de la faire ensevelir de nouveau sous une couche épaisse de terre ; la guerre me surprit non loin du *Chéliff*.

J'écrivais donc au Roi le 14 janvier 1845 :

« Au 1er mai 1843, sur l'emplacement de *Ténez* et sur celui d'*Orléans-» ville*, situé à douze lieues dans l'intérieur, aux bords du *Chéliff*, des » fèves fleurissaient, l'orge commençait à monter en épis. Aujourd'hui, il » y a quinze cents habitants civils à *Ténez*, de beaux établissements mili-» taires déjà construits ou en construction ; une ville française existe avec » ses rues, ses places, ses magasins, et d'admirables travaux viennent de » la doter d'eaux aussi salutaires qu'abondantes. A ses côtés, et au fond de » la fertile vallée qu'arrose le ruisseau divisé, la vieille Ténez semble re-» naître sous les auspices de son héritière. Dans les deux j'ai reçu même » accueil. J'avais visité en grande pompe, et conduit par le Kaïd à tra-» vers les rues balayées, la mosquée de la ville musulmane et ses colon-» nes, débris humiliés d'autres temples ! Je célébrai, le lendemain, nos » mystères sacrés sur la place d'Armes de la ville chrétienne, bénis-» sant des mariages, baptisant des enfants... Touché de l'abandon où » était ce peuple déjà si nombreux, et en particulier l'hôpital, la jeunesse » des deux sexes, je laissai au milieu d'eux un des deux prêtres qui » me suivaient, lui donnant pour première église ma tente de voyage, » surmontée de sa croix et de son bâton pastoral, ouvrage remarqua-» ble des ouvriers du train des équipages.

» Peu après s'élevait une église décente quoique en bois, et des plans » étaient promis pour une église définitive. Désormais donc à *Ténez* l'hô-» pital sera visité, les enfants seront bénis, les mariages sanctifiés, les

» malades consolés, les morts honorés. La croix pousse ses racines au
» milieu de la ville française et jusque dans les entrailles à demi cachées
» encore de la cité romaine; elle n'en sera pas plus arrachée que la vic-
» torieuse épée qui l'enfonça, qui la façonna, et l'Église de l'antique *Car-*
» *tenna* reverra de beaux jours.

» Il n'y a pas encore de fabrique établie à *Ténez*, pas encore de cime-
» tière décent, pas encore d'école de filles, à peine une de garçons. On
» y demande à cris des Sœurs pour l'école, le soin des malades. Je crois
» pouvoir en envoyer deux aussitôt mon arrivée à Alger. J'ai dû pourvoir
» ici, comme en tant d'autres lieux, aux premières nécessités d'installa-
» tion du culte, *le budget de 1844 n'ayant alloué pour l'église, pour le*
» *presbytère, les frais du culte, pour le curé lui-même, que cinq cents*
» *francs!* Désormais j'ose espérer que le titre, sollicité par moi avec ins-
» tance, de desservant de *Ténez* ne nous sera plus refusé. »

J'ai dit, et je dois répéter, que je me trompai. Hélas! cette espérance si légitime ne s'est pas plus réalisée que la plupart de celles qu'énumérait, à chacune de ses pages, ce curieux rapport, deux fois curieux à consulter aujourd'hui.

En revenant sur mes pas, lors de l'invasion du *Chéliff*, je fis une perte qui me fut extrêmement sensible. J'avais en ma possession une belle pierre antique, gravée en creux des deux côtés, et propre, une fois convenablement montée, à faire un anneau pastoral. Je devais, peu après, la faire ainsi orner et préparer pour mes successeurs; elle me paraissait avoir été sanctifiée, dans les temps anciens, par ce même usage.

D'un côté, elle représentait une colonne surmontée d'un coq, et accompagnée d'une lance et d'une éponge au bout d'une pique; sur l'autre face était figurée une croix contre laquelle était appuyé Notre-Seigneur, en manteau d'*Ecce Homo*, d'une main découvrant ou montrant son cœur, de l'autre conviant à venir à lui tous ceux vers lesquels il la tenait miséricordieusement étendue.

C'était un travail remarquable et d'une haute antiquité : il avait été trouvé parmi les ruines et aux environs de la basilique de Réparatus, à *Orléansville*. Aujourd'hui, il est au fond des mers, et dans leurs abîmes sans retour : j'ai pardonné à celui qui l'y précipita par défaut d'attention, dans des circonstances d'ailleurs fort singulières.

Si je n'avais craint de fatiguer Sa Sainteté par de trop longs détails, j'aurais ajouté aux pages extraites du rapport au Roi, et qui sont relatives à *Ténez*, celles qui faisaient connaître, il y a un an, la situation déplorable de toutes choses à *Orléansville*. Je ne le ferai pas, espérant que le Pape daignera parcourir ce rapport dont un exemplaire accompagnera les notes présentes, à l'intelligence desquelles il est presque nécessaire, comme à leur tour elles l'expliquent et le corroborent elles-mêmes. Loin de s'améliorer, la situation de la ville du *Chéliff* est plus affligeante encore, en ce qui touche à ses intérêts sacrés. En revenant de *Cherchell* à Alger par terre, il y a quelques mois, je visitai, pour la deuxième fois, des ruines extrêmement chères à la religion. Je ne parle pas seulement d'une basilique retrouvée par nous à *Julia-Césarée*, et dont les vestiges vénérables n'ont pas plus excité l'attention et la sollicitude de l'administration que les belles mosaïques de celle de Réparatus, mais, et plus particulièrement, des sacrés débris de *Tipaza*, et du *tombeau de la Chrétienne*.

Le Pape n'apprendra pas sans un vif intérêt que, facilement encore, on reconnaît l'église de *Tipaza* l'héroïque, et le forum où furent traînés ses admirables confesseurs, ceux-là mêmes qui, après avoir courageusement défié les fureurs des hérétiques, confessèrent, avec non moins d'éclat par leur prodigieuse parole que par leurs corps mutilés et leurs langues arrachées, l'immuable foi de l'Église romaine. Mais qui ne connaît ces merveilleux récits ? J'offris un jour le sacrifice de l'Agneau, leur victorieux rémuné-

rateur, sur les colonnes renversées du temple immortalisé par leur mémoire. Un peu plus loin, Arcadius, après avoir vu couper, l'une après l'autre, toutes les articulations de son corps, et, avec elles, tous ses membres, leur avait adressé, avant de consommer son incomparable martyre, le discours divin qui, à lui seul aussi, est bien un témoignage et comme une démonstration de la divinité de sa foi.

Au-devant du monument connu par toutes ces contrées sous le nom de *tombeau de la Chrétienne*, et sur sa face nord, je récitai le *Credo* au pied d'une grande croix en pierre, d'un seul morceau, et de douze pieds de hauteur au moins. Qu'il est donc à regretter que le Gouvernement, qui, en France, dépense, si parfaitement du reste, des sommes considérables pour la conservation, pour la restauration de certains monuments bien moins anciens et bien moins intéressants pour la plupart, soit, en Algérie, plus qu'indifférent à ceux que nous foulions à chaque pas sous nos pieds étonnés! Et que de fois cette douloureuse réflexion devrait revenir sous ma plume, si je n'avais à traiter de plus graves questions!

Pas plus que *Ténez* et *Orléansville*, *Delhys*, à l'autre extrémité de la province, n'est pourvu d'église et de desservant. Celui qui, en ce moment, en visite la population, n'est pas reconnu. C'est cependant une localité d'avenir, et déjà considérable en réalité par le nombre de ses habitants civils et par sa garnison: elle est, au surplus, trop éloignée de tout poste déjà pourvu, pour en être secourue même temporairement. Combien de fois depuis sa fondation, et récemment à l'occasion de la mission qu'y remplissait exceptionnellement un de mes prêtres destiné à en devenir un jour le pasteur, de concert avec la commission consultative de la nouvelle colonie, j'ai conjuré qu'on prît en considération un état de choses aussi sérieux pour les gouvernants que pour les gou-

vernés ! Faut-il ajouter que, si on n'y a pas encore bâti d'église chrétienne, on y a construit une mosquée musulmane ?

Bougie a été moins disgraciée que sa voisine : car, dès mon arrivée en Afrique, et dans les premiers mois de 1839, j'ai pu y organiser le service divin à peu près tel qu'il s'y célèbre et exerce encore aujourd'hui, et ce n'est pas mal, eu égard à sa situation, au chiffre et à la nature de sa population. La chapelle en est trop petite, et ce serait justice que de l'agrandir quelque peu. Le curé de *Bougie* est en même temps aumônier de l'hôpital et de la garnison. La chapelle servait primitivement de salle de spectacle pour les soldats. Elle est dédiée à Saint-Joseph ; on a aussi retrouvé et délaissé dans son enceinte d'intéressants vestiges du christianisme.

Ici finissent et la province d'Alger et sa subdivision ; un peu plus loin commence, à *Gigelly* (l'ancienne *Igilgilis Colonia*), la belle province de Constantine et de Bone. C'est un séjour difficile pour un prêtre que celui de *Gigelly*, à cause de l'éloignement trop souvent prolongé, et même, parfois, de l'absence de toute communication, auxquels il est exposé sur cette rade périlleuse. Il dessert, du reste, comme un très-grand nombre de ses confrères, la ville, la garnison et l'hôpital militaire, la chapelle de cet établissement hospitalier servant aussi d'église paroissiale. Durant quelques mois, une fondation des Sœurs de la Doctrine chrétienne dut être essayée à *Gigelly*. Des circonstances très-graves en firent avorter les commencements ; difficilement ces projets seraient repris aujourd'hui.

Il est bon, à propos de ce double service des paroisses et des hôpitaux réunis si souvent rappelé, de faire connaître à Sa Sainteté à quelle occasion il fut régulièrement établi, et à quelles conditions dictées par le Gouvernement lui-même, selon une dépêche ci-annexée et plus honorable pour mon clergé que tout ce que j'aurais pu dire moi-même à ce sujet.

Qui donc alors aurait pu imaginer qu'un peu plus tard ces belles et touchantes paroles recevraient, de la part de la même administration, le plus cruel démenti ? en un mot, qu'une indemnité aussi légitime, aussi sacrée, serait prise sur le modeste traitement de ces hommes dévoués, qui serait diminué d'autant, et que même, pour quelques-uns, restitution d'une portion de ce qu'ils avaient reçu par le passé serait ordonnée, que le nombre des morts, plus considérable qu'en France, serait ignominieusement supputé, etc. ? Ah ! certes, je n'ai pas cessé de représenter, et de toute façon, à qui de droit, ce que pouvait avoir d'odieux et d'injuste ou ce calcul incroyable, ou cette suppression de traitement pour un service plus pénible, et, en vérité, je ne peux comprendre comment de pareilles réclamations n'ont pas été écoutées, ou, du moins, favorablement accueillies. J'en peux bien dire autant de celles qui avaient pour but la reconnaissance de quelques titres d'aumôniers pour l'armée d'Afrique, pour les principales colonnes expéditionnaires. L'ordonnance royale qui, après 1830, crut devoir supprimer cette belle et patriotique autant que chrétienne institution, ne statua-t-elle point, dans les articles suivants, que chaque brigade conserverait un aumônier attaché ? Or, en Algérie, combien de brigades ne sont-elles pas dispersées, et presque constamment en face de l'ennemi ? Et pourtant pas un seul, pas un seul aumônier n'a été reconnu, malgré tout ce que j'ai pu écrire et demander à ce sujet ! Et il n'a fallu rien moins que ma déclaration nette et précise, en 1841, pour décider quelques chefs d'armée, en dehors du Gouvernement proprement dit, à tolérer de temps en temps la présence d'un prêtre dévoué auprès de leurs colonnes en expédition ! J'avais déclaré que, si on persistait à refuser tous les autres, le lendemain je partirais moi-même pour la guerre : je l'aurais fait. Une royale mère obtint aussi, en de mémorables circonstances, que ses généreux fils ne

fussent pas exposés à être privés, au moment d'une mort glorieuse devant les hommes, des divins secours de la foi qui seule immortalise devant Dieu, de ces secours que réclamait, avec une si amère tristesse, parce qu'il ne les pouvait recevoir, le général Caraman succombant à Constantine aux atteintes d'un mal effroyable. Mais combien d'autres mères désirèrent et demandèrent inutilement ce qui n'avait pu être refusé à celle de ces augustes princes!

Et quel dédommagement ont-ils reçu, les hommes intrépides qui me représentèrent? En ce moment, celui qui depuis trois mois et demi n'a pas quitté un instant la colonne du gouverneur général, n'a-t-il pas été obligé d'abandonner un service fort important à Alger, pour courir à cette rude, mais si noble vie? Et que serait-il advenu, comment aurait-il pu accomplir sa courageuse tâche, si je ne lui avais prêté moi-même, le jour du départ, mes bagages, mon manteau de campagne, et jusqu'à mon propre et unique cheval de selle!

« *Si la patrie a le droit de dire à ses dignes enfants :* Donnez-moi,
» dévouez-moi votre vie; *et s'ils ne peuvent la lui refuser, s'ils la lui*
» *donnent avec transport, ils ont bien droit, à leur tour, de lui répondre :*
» Donnez-nous le pain du corps et de l'âme, *et elle ne peut le leur*
» *refuser davantage.* »

Ces admirables paroles sont extraites d'une pièce remarquable, adressée, il y a trois ans, au Gouvernement, par un corps entier, un des principaux corps de l'armée en Afrique. Que de dépenses bien moins nécessaires pourtant et comme prodiguées! Et, toutefois, il semble, aux yeux de la plupart, qu'il ne saurait y avoir d'autres motifs de refus d'une proposition aussi éminemment sage et utile, que cette prétendue économie. Ce serait trop coûteux pour le budget de l'État que la reconnaissance de cinq ou six pauvres prêtres... Ah! malheur, si c'était vrai! et, si ce n'est pas exact,

quelles raisons alléguer pour justifier aux yeux de tant de familles, et devant la patrie, et devant la religion, un aussi inqualifiable et injuste refus? Que, d'un côté, ce semble mesquin, et, de l'autre, que c'est inique et amer!

Très-Saint Père, j'ai vu naître *Philippeville*, j'en ai béni le berceau, en avril 1839, avec la plus magnifique solennité. C'est une cité toute française, toute chrétienne; elle porte le nom du Roi. Aucun musulman n'y est né, et, pour ainsi parler, n'habite dans son enceinte. Aujourd'hui, sa population a bien atteint cinq mille âmes. Non loin d'elle, s'élèvent *Stora*, avec son port et son atelier de condamnés, *Valée*, *Danrémont* et *Saint-Antoine*. *Philippeville* a un superbe hôpital militaire, un commencement d'hospice civil, des Sœurs de la Doctrine chrétienne, des Frères de Saint-Joseph, de belles écoles desservies par elles et par eux, des salles d'asile, etc.; et pourtant, cet hôpital, qui reçoit jusqu'à six ou sept cents malades, et parfois davantage, n'a pas d'aumônier reconnu; ces divers centres de population n'ont aucun secours assuré par l'administration qui les fonda, et c'est à deux prêtres seulement, le curé et le vicaire, qu'est imposé ce travail évidemment au-dessus, non de leur zèle, mais de leurs forces *.

J'ajoute, avec un sentiment profond de douleur et d'humiliation, que *Philippeville* n'a pas même encore d'église véritable, quoique j'aie posé, en 1840, la première pierre de celle qu'on y devait bâtir, et pour laquelle, chaque année depuis, des fonds considérables ont été alloués, mais non employés selon leur sainte destination... *Philippeville* n'a pas d'église, et pourtant l'administration y a déjà fait construire une mosquée, de telle façon que le premier édifice religieux élevé par nous, au sein d'une ville

* L'impression de ce travail n'était pas terminée en 1846 que déjà, en effet, l'un des deux y avait succombé.

uniquement chrétienne et française, c'est un temple à Mahomet... Très-Saint Père, je craindrais, si je continuais, de me laisser aller, comme trop souvent depuis le commencement de cette impolitique autant qu'impie construction, aux trop légitimes sentiments qui ont soulevé et qui oppressent encore mon cœur d'évêque ; le vôtre y suppléera.

J'aime mieux ajouter que, ces jours-ci, le *Moniteur* de la colonie annonçait la prochaine édification du temple catholique : il est plus que temps de réparer un aussi étrange oubli, dirai-je pour reprendre avec calme le grave entretien que vous me permettez d'avoir aussi intime avec votre paternité dans cette suprême circonstance.

Aucun des villages voisins ou dépendants de *Philippeville* n'a donc été pourvu d'oratoire, ou de lieu quelconque de prières. Une chapelle avait été commencée à *Stora*, il y a environ dix-huit mois. Je n'ai pu et ne peux m'expliquer pourquoi l'administration en fit suspendre, puis indéfiniment remettre, les travaux, fort peu coûteux au surplus. Le curé de *Philippeville* et son digne vicaire n'en visitent pas moins, autant qu'ils le peuvent, ces mêmes villages ou hameaux, poussant même parfois leurs apostoliques excursions jusqu'au camp d'*El-Arrouch*, qui en est à six bonnes lieues, et au village de ce nom, pareillement dépourvus l'un et l'autre jusqu'ici de toute fondation religieuse, de tous secours spirituels réguliers. En 1839, j'y baptisai, sous une tente et parmi des torrents de pluie, le premier-né du camp. En 1844, je bénis l'enceinte du village et posai la première pierre de son église future, au moment où Mgr le duc d'Aumale quittait le gouvernement de la province ; ce fut et c'est encore tout jusqu'à ce moment.

Et pourtant, hélas ! il s'est passé à *El-Arrouch*, cet automne, quelque chose de ce que je racontais au Pape avec une si légi-

time tristesse à l'occasion du *Fondouck* : la population civile, à peine installée, en a été cruellement décimée. Oh ! que, dans ces occasions néfastes, la religion adoucirait, consolerait d'angoisses et d'infortunes ! Avec quels cris de douleur et de désespoir n'est-elle pas invoquée ; avec quels saints et touchants transports ses moindres secours maternels ne sont-ils pas accueillis ? Que de fois j'en fus le témoin en Algérie, et que de fois aussi je me surpris réfléchissant, avec une sorte de terreur sacrée, sur l'effroyable responsabilité assumée, à cet égard, par des personnes fort honorables du reste, mais qui n'en soupçonnaient pas les divins et imminents périls, parce qu'elles avaient, au fond, comme perdu la foi elles-mêmes !

C'est là, Père, père de tous, le plus intime secret et l'explication de tant de fatales mesures, de tant d'opiniâtres obstacles à chaque pas rencontrés par l'évêque d'Alger, dans la fondation laborieuse et trop peu connue de son Église. Prions ensemble pour eux ! Jusqu'à mon dernier soupir, jusqu'au dernier mouvement de mes lèvres et au dernier battement de mon cœur, je le ferai, Père. J'ai trop souffert, pour que je ne le fasse pas.

A huit lieues d'*El-Arrouch*, sur la route de Constantine, il existe un commencement d'établissement auprès du camp de *Smendou* : puisse-t-il être plus favorisé, sous ce rapport, ainsi que tous ceux dont on dit que la fondation se prépare ! puisse mon successeur trouver de plus intelligentes dispositions à cet égard, et un concours plus vrai, plus empressé ! C'est dans ce but surtout que j'ose, avec quelque courage de cœur, porter ces tristes détails à vos pieds mille fois bénis. Je me féliciterais, s'il en était ainsi d'y avoir succombé.

En avant de Constantine, le hameau d'*Aumale* annonce, à l'extrémité de son beau pont, la proximité d'une grande et importante cité. En Europe, le clocher du village, et les hautes tours

des églises de la capitale de la province, attesteraient la foi de leurs habitants : ici, rien, sinon, à Constantine même, le grêle clocher en bois qui a remplacé l'élégant minaret, prêt à s'écrouler, de la mosquée du palais d'Achmet, devenue église catholique.

Elle était fort convenable il y a sept ans ; l'année dernière, on y a exécuté des travaux qui la déparent singulièrement, qui en rendent les abords, et même la situation, plus que déplacés. C'est dans cette église que se trouve la remarquable chaire offerte par les indigènes au premier curé de Constantine.

A l'hôpital militaire, qu'on prendrait volontiers pour un ouvrage romain, et sous l'humble toit des Pères, il y a deux chapelles ou oratoires. Les Sœurs en auront un troisième avec le temps, comme en possèdent déjà leurs maisons de Philippeville et de Bone.

Un curé, un vicaire, un aumônier reconnu pour l'hôpital militaire, desservent la ville, ses établissements religieux, sa nombreuse garnison et ses hospices. Sa Sainteté n'a pas oublié que, si ce furent les Arabes qui fondèrent l'hospice civil de Constantine en 1839, ce fut Elle qui lui donna son premier mobilier avec son nom béni de *Grégoire*. Souvent, l'un de ces trois ouvriers apostoliques accompagna les colonnes expéditionnaires de l'Est. Ce sont, d'ailleurs, d'excellents collaborateurs, que je n'ai pas besoin de faire connaître au Pape et apprécier de Sa Sainteté autrement qu'en lui rappelant leurs frères d'Alger et de Rome.

Ce fut, au surplus, toujours ainsi à Constantine. Mes premiers prêtres, les premières Sœurs que j'y établis moi-même, au commencement de 1839, y avaient merveilleusement préparé ce qui depuis y a été heureusement opéré. Peut-être même aurions-nous dû attendre d'autres résultats de ces consolantes prémices, auprès des indigènes surtout ? Mais je reviendrai sur ce délicat sujet.

Je demande plutôt au Pape, en ce moment, la permission de

recommander à sa paternelle intervention ce que j'ai déjà dû lui faire connaître à l'égard des aumôniers des colonnes expéditionnaires. Ces jours derniers, à ce que j'apprends, des centaines de nos braves ont succombé dans une affreuse tempête, au sein des montagnes dont on aperçoit presque les cimes sauvages du haut du roc de l'antique Cirta, et nul n'était avec eux au milieu de ces neiges homicides... comme, en septembre dernier, nul n'était à *Djemma-Ghazaouat*, au marabout de *Sidi-Brahim*, pour mourir avec leurs généreux frères. Nul, en ce moment, n'est sous la tente des trois cents captifs du *Riff*. Cependant l'émir, dans une circonstance que j'ai peut-être, plus que tout autre, le droit de rappeler sans avoir à en rougir, m'avait donné, par écrit, la promesse, et il l'eût tenue, d'accueillir favorablement celui de mes prêtres que j'enverrais auprès des nouveaux prisonniers qui pourraient tomber entre ses mains dans ses éternels combats, et de lui laisser exercer, dans leur plénitude, ces fonctions, sacrées toujours, et dans le malheur bien plus *.

A trente-cinq lieues environ de Constantine, au-delà de ses immenses et fertiles plateaux, l'ancienne capitale de la troisième des Mauritanies, *Sitifis Colonia*, se relève de ses ruines après un sommeil de près de quatorze siècles. Plus heureuse que la plupart de nos cités nouvelles, elle a déjà son temple, son presbytère, son pasteur qui, lui aussi, est tout ensemble curé de la paroisse, aumônier de la garnison, de la brigade et de l'hôpital militaire.

Elle est charmante cette église due à un général religieux, parfaitement compris et secondé par ceux qui servaient sous ses or-

* Hélas ! quelle catastrophe eût pu être épargnée peut-être par là, si ce que j'apprends, en relisant ces lignes, est véritable !

(Mai 1846.)

dres, et, en particulier, par le capitaine commandant le génie, et par le 19e léger. Pavée avec les dalles du temple de Diane, enrichie de sculptures sur pierre, sur bois de cèdre et de genevrier, et tout entourée de gracieuses boiseries, elle repose sur les belles colonnes de l'ancien temple catholique de *Sétif*. De dessous l'autel jaillit la source vive qui alimente la ville entière; au devant, et dans les murs de la façade, sont des incrustations d'antiquités chrétiennes. Je l'ai consacrée, avec effusion de joie, et aux acclamations de tous, le jour de Tous-les-Saints, en 1844, sous le vocable de sainte Monique.

Parmi une foule de curieuses découvertes, sans cesse renouvelées à *Sétif*, j'en dois mentionner deux qui m'ont paru moins indignes d'être signalées au Pape. Ce furent d'abord trois pierres d'assez grande dimension, et sur lesquelles avaient été gravées, du temps de Bélisaire probablement, ces prophétiques paroles que nous avons redites avec transport : *Non jucundasti inimicos meos super me*, etc. Malheureusement, ces pierres, *qui plaisaient aux serviteurs de Dieu*, ont été transportées en France : n'eût-il pas mieux valu les placer avec honneur au frontispice du temple nouveau? Sur une médaille en bronze parfaitement conservée, de l'empereur Constantin-le-Jeune est un calice entièrement semblable à ceux dont nous usons nous-mêmes aujourd'hui; au-dessus, se trouve figurée une hostie qu'on dirait dessinée d'hier, et, autour de ces symboles sacrés, on lit expressément : *Xti seculi felicitas*... Ah! que sa félicité advienne à ce peuple!

Toute cette belle province est semée de ruines; parmi les principales, j'aurais dû rappeler au Pape les remparts de Constantine encore teints du sang des martyrs, et gardant, avec leurs noms glorieux écrits en l'an 259, la croix qui deux fois en orne la mémoire; sans moi, les rochers, réduits en poudre par la mine, allaient s'abaisser avec leurs trophées. Je les ai consacrés de

nouveau, munis d'une barrière, et j'avais promis que j'y transporterais en triomphe les ossements, retrouvés et partagés à Eugubio, de Marien, de Jacques, d'Antonia, d'Agapius et de leurs vaillants compagnons; mais il eût fallu être aidé.

N'avais-je pas vu s'en aller aussi en poussière sur le mont voisin de Bellone, le *Mansourah* des Arabes, les vieilles catacombes de Cirta, et, sur sa Casbah, les gigantesques bases de ses temples, même celui, le moins ravagé de tous jusque-là, qui attestait encore la piété du grand Constantin : la croix gravée sur l'arc de la porte, et les chapiteaux des colonnes encore à leur place, m'en avaient pourtant fait désirer et demander la conservation avec instances.

Puissent les quelques vestiges qui seront retrouvés à *Biskara*, et les débris entassés de Lambèse, à *Bathna*, ne pas éprouver ce triste et humiliant destin! Deux fois, le courageux aumônier de l'hôpital de Constantine y alla déjà; ce fut lui qui célébra aussi les SS. Mystères jusque dans *Biskara* du désert, et dont les pieds foulèrent le pavé de *Sidi-Okba*. Deux de ses Frères auraient dû, devraient y être à demeure avec leurs importantes garnisons; ils ont été souvent réclamés depuis le premier jour de l'occupation permanente : désormais il est comme inutile d'ajouter, et ce fut inutilement.

Entre Constantine et *Sétif*, une grotte récemment découverte sera encore moins exposée à ces mutilations, sur lesquelles les arts pleurent aussi bien que la religion, à cause de son éloignement des routes ordinaires et de la situation fort escarpée du rocher dans les flancs duquel elle s'enfonce. Ce ne fut point un temple : nul n'y souffrit la mort pour la foi : aucune dépouille sainte ne l'enrichit. Mais, évidemment, elle servit jadis de retraite aux fidèles persécutés à outrance; et, comme dans de sacrés dyptiques, ils y inscrivirent, à mesure qu'ils apprenaient leur bien-

heureux trépas, les noms d'une foule de leurs frères demeurés ou tombés au pouvoir des tyrans et des bourreaux, et immolés. Ils sont écrits en rouge, ces noms vénérables; chacun d'eux est accompagné du souhait abrégé de la bénédiction du Seigneur dans la paix : *Benedicat eum Dominus in pace*, et de la glorieuse épithète, constamment répétée, et que je trace avec frémissement de foi, *mactatus;* le roc fidèle en a conservé les vestiges avec leur pourpre.

De Constantine, en regagnant, par l'est de la Numidie, les rivages de la mer qui, par cette route, en sont distants d'une quarantaine de lieues, ce sont presque partout les mêmes traces romaines et chrétiennes. A *Announah*, la croix est encore gravée sur le frontispice d'un temple, ornée d'un *alpha* et d'un *oméga*. A *Ghelma*, l'ancienne *Calama* de Possidius; aux eaux Tibilitaines, où je posai de petites fleurs sur mes yeux en mémoire de l'évêque Prœjectus, et de la translation des reliques du bienheureux Étienne; à *Soukaras*, l'ancienne *Thagaste*; à *Madaourous*, la Madaure de saint Augustin; à *Tébessa*, près des frontières de Tunis, il est possible, il est presque facile de relire les pages sacrées, à *Calama* surtout. J'ai cru y avoir retrouvé une église à demi conservée; non loin, et sur une pierre remarquable, étaient honorés les noms des martyrs Vincent et Clément; d'autres ont imaginé que je me trompais pieusement; et, en définitive, ce n'est pas dans son enceinte que sera placé le temple nouveau; en attendant qu'il s'élève, nous n'avons guère qu'une grange pour oratoire. Du reste, les établissements militaires de *Ghelma* sont fort beaux, son hôpital et ses remparts aussi; la population civile en augmente rapidement; et la religion présidait naguère à l'inauguration de son pont sur la *Seybouse*. Elle y refleurira bientôt, j'en ai la confiance, à moins que de sévères enseignements ne soient aussitôt perdus.

En suivant la voie romaine de *Calama* à *Hippone*, j'ai cru retrouver une église chère à saint Augustin, et dont il parle avec complaisance. Elle était dès-lors célèbre par ses cryptes sanctifiées ; de pieux pélerins y avaient apporté de la terre, de la poussière sacrée, à leur retour de Jérusalem et du jardin du Seigneur ; d'éclatants miracles avaient rayonné sous l'obscurité de cette voûte. Aujourd'hui, elle sert tout à la fois, ou tour à tour, de repaire aux bêtes sauvages, d'étable aux bestiaux des Arabes des environs. J'y suis entré avec émotion, et, agenouillé au fond des cryptes, j'y ai prié, comme la veille aux eaux Tibilitaines, *ad aquas Tibilitanas*.

Mais c'est déjà Bone, Très-Saint Père, et, en avant de son pont romain, en face de l'*Edough* (le *Pappua* des anciens), c'est sa sœur aînée, sa mère trop longtemps découronnée ; elle commença de nouveau à resplendir, quand de nouveau la droite de son Augustin se leva sur ses débris pour les bénir ; quand son image vénérée en gravit la double colline ; quand, sur les gazons épais qui en recouvrent les ruines, auprès de l'arcade encore debout de sa basilique de la Paix, et à l'ombre de ses oliviers séculaires, sept évêques venus des Gaules y tinrent, en 1842, le dernier concile dont je joins ici les actes authentiques ; avec eux étaient réunis les députés d'un certain nombre d'autres illustres églises.

Quels jours, Très-Saint Père ! qu'ils présageaient au moindre de ces évêques de différentes destinées, ce semblait du moins ! Il ne lui appartient pas de redire ces choses merveilleuses ; elles appartiennent à l'histoire. Mais il doit répéter combien il lui fallut d'efforts, même pour arriver à bâtir le trop modeste monument d'Hippone, et pour obtenir que le parc aux bœufs de l'administration fût enfin ôté, après six ans d'immonde séjour, du milieu de ces jardins célèbres, de l'enceinte même de la basilique

augustinienne. Il avait d'autres projets connus de Votre Sainteté et approuvés par Elle, car elle s'y était associée avec empressement.

Après les restes d'Augustin, il avait retrouvé ceux de quarante environ des principaux, des plus illustres des héros de la foi dans les jours anciens, et sur cette même terre sanctifiée alors par tant de sang versé, par tant de lumières et de vertus : c'est Perpétue, c'est Eugène, c'est Cyprien, c'est Monique, c'est Julie, c'est Marien, etc. A la fin d'une retraite ecclésiastique, de sainte et douce mémoire, à Alger, en 1843, leurs noms furent même publiquement invoqués dans ces magnifiques projets, et par tous ses prêtres rassemblés.

Ces ossements bienheureux, il avait obtenu qu'ils fussent fraternellement partagés, par les antiques et hospitalières églises qui en étaient providentiellement enrichies, avec l'Église renaissante d'Afrique. Il voulait les rapporter, les placer à Hippone dans la basilique de la Paix restaurée; en confier la garde aux disciples fidèles de son illustre prédécesseur; y joindre le berceau de son séminaire, l'asile de ses prêtres chargés d'ans, de vertus et de travaux, le centre ardent et fécond de la mission arabe, désormais courageusement tentée sous leurs auspices, et à tout prix. Il avait appelé à son secours quelques-uns de ses frères dispersés au loin, et ils avaient commencé à répondre à son appel, non point suffisamment encore pourtant.

Pourquoi ces grandes et belles choses n'ont-elles rencontré dans sa propre patrie qu'indifférence ou incrédulité ? Pourquoi, même à genoux, et le visage prosterné dans la poussière d'Hippone, et le bras de saint Augustin à la main, n'a-t-il pas pu être exaucé ou compris, ou, tout au moins, laissé libre d'agir ? Et que d'amers détails il doit supprimer en ceci comme en tout le reste !

Encore, si les pierres vivantes de la ville nouvelle, si ses dis-

ciples bien-aimés de Bone n'avaient pas été plus oubliés, plus délaissés peut-être que le reste de ses églises et de son troupeau! Malgré quinze années d'une pacifique occupation; malgré les plus pressantes instances de sa part et de celle des principaux de ce peuple chéri; malgré ses sacrifices personnels, la cession d'un terrain précieux et l'offre qui déjà commençait à se réaliser de la construction d'une église par la population entière de Bone qui s'en était profondément émue..., Bone n'a rien, n'a qu'une misérable chapelle dans laquelle on entre avec humiliation... et, pourtant, c'est une intéressante cité à tous les titres; elle possède un gouverneur particulier; on y a construit un magnifique hôpital, installé un tribunal civil, une sous-direction de l'intérieur, exécuté des travaux de toute sorte bien moins importants et moins pressés!

Il était toutefois impossible que le patronage d'Augustin et la présence de sa droite y fussent complètement et à tous égards stériles. Aussi, Très-Saint Père, apprendrez-vous avec ravissement de cœur, car je vous dois tout, joies et tristesses, que, malgré tant d'obstacles et de cruelles déceptions, c'est bien la part davantage bénie de l'héritage que vous m'aviez donné et que je vous restitue avec tant de sentiments divers. Il y a un excellent esprit parmi la population à Bone et une remarquable piété. Un curé, un vicaire, un aumônier de la légion étrangère espagnole en composent le modeste clergé, sous la direction d'un de mes vicaires-généraux résidant avec le titre d'archidiacre de Saint-Augustin d'Hippone. Adieu, rivages chéris!

J'allais oublier les Sœurs de la Doctrine chrétienne et les Frères de Saint-Joseph qui, par leurs immenses travaux, ne contribuent pas peu aux précieux résultats que j'énumérais tout à l'heure avec complaisance parmi les épanchements de mon cœur attendri.

A vingt lieues de Bone et à *La Calle*, près des ruines de *Ta-*

barca, finissent de ce côté l'Algérie et le diocèse d'Alger. Une garnison peu nombreuse, et une colonie civile qui ne l'est pas même autant, sont établies à *La Calle*, ancien siége de la compagnie française pour la pêche du corail sur les côtes de Barbarie ; mais, dans l'été, et durant toute la saison de cette pêche justement célèbre, des centaines de barques, italiennes pour la plupart, y abordent, et, en y séjournant, en font un des postes les plus intéressants de tout cet immense littoral.

On a relevé, peut-être sans assez de soins, la chapelle de l'ancienne compagnie, brûlée, pour la deuxième fois, par les Turcs en 1829. Je l'ai consacrée et dédiée à saint Cyprien, martyrisé non loin de ces rochers. J'y ai fait, en même temps, une ordination ; j'en avais fait une aussi sur les ruines d'Hippone. Un hôpital civil considérable était en construction à *La Calle* lors de ma dernière visite ; il devait être desservi par quinze Frères de Saint-Jean-de-Dieu, dont déjà quelques-uns s'étaient rendus sur les lieux ; j'ai vu commencer leurs cellules. Il paraît que le Gouvernement abandonne ces utiles travaux suspendus depuis, sinon même les projets qui s'y rattachaient, et qui n'étaient pas moins utiles assurément.

A quatre lieues en deçà, et là où fut le bastion de France, j'honorai, l'année dernière, les restes d'une ancienne église française, à laquelle j'osai promettre, en écrivant au Roi, de nouveaux jours de prospérité. Je ne sais si je me suis trompé : mais je sais bien qu'avec la prospérité de la religion, au nom de laquelle j'élevais la voix, serait bien réellement fondée celle de ces diverses colonies, et que, sans elle, on bâtit sans fondements solides.

La province d'Oran, théâtre de sanglants combats, et perpétuellement tourmentée par les agitations de nos guerres, n'offrit pas, dans les temps anciens, d'aussi beaux, ou du moins d'aussi

nombreux spectacles de cette même foi, et des vertus qu'elle enfanta toujours, comme toujours l'intarissable fontaine verse ses ondes rafraîchissantes. Les Romains l'occupèrent d'ailleurs moins complètement que la partie orientale des Mauritanies et la Numidie ; dans ces derniers âges, au contraire, la catholique Espagne y fonda presque un empire.

Sous le rapport religieux, le seul dont je devais m'occuper en Algérie, et bien le seul aussi dont je me sois jamais entretenu, la province d'Oran a pourtant été aussi parfaitement pourvue de secours que l'ont permis, ici encore, les préoccupations fatales, ou les obstacles trop souvent signalés par moi. Oran même est une ville importante; elle ne compte guère moins de douze mille habitants catholiques; elle est le siége du gouvernement des provinces de l'ouest; elle a un tribunal, une sous-direction de l'intérieur et des travaux publics, etc. D'église elle n'avait pas néanmoins, mais pas du tout, il y a un an ou à peu près, si ce n'était la chapelle des Sœurs de la Sainte-Trinité, et ce qui restait du chœur d'une ancienne chapelle de religieuses espagnoles, à demi-renversée, en 1792, par un effroyable et trop célèbre tremblement de terre.

Aujourd'hui, on a commencé, après six ans des instances les plus vives de ma part et continuellement renouvelées, à relever cette ancienne église qui sera consacrée sous l'invocation de saint Louis, roi. Et, en attendant, à l'autre extrémité de la ville, on nous a donné une petite mosquée, ornée par la piété des habitants, et bénie par moi sous les auspices de saint André, apôtre: je joignis à cette belle solennité l'ordination d'un diacre.

Il faudrait, en outre, une chapelle au quartier florissant de la marine; des offres généreuses, suivies d'une abondante souscription, furent faites inutilement, il n'y a pas fort longtemps encore, par les habitants presque en masse. L'hôpital militaire d'Oran a

un aumônier titulaire reconnu ; c'est le troisième et dernier de l'Algérie. La paroisse est desservie par un curé et deux vicaires, dont l'un doit être nécessairement espagnol ; ce n'est point assez. Je leur ai adjoint provisoirement un prêtre auxiliaire surnuméraire non reconnu, et par conséquent non subventionné par l'État. Un chanoine vicaire général délégué réside à Oran, et administre la province.

L'établissement religieux le plus remarquable de la ville et de la province, peut-être même de toute l'Algérie, c'est celui des Sœurs Trinitaires d'Oran, où tout se trouve rassemblé, pensionnat, demi-pensionnat, écoles primaires de divers degrés, écoles gratuites, salles d'asile, soins des pauvres et des malades, hospice de femmes infirmes, orphelines recueillies... Je déclare avec bonheur qu'il y a autant d'excellent esprit dans cette chère maison, et autant de bien opéré, qu'il y a d'œuvres diverses ; j'ajoute que cette même inappréciable fondation, comme celles du Sacré-Cœur, du Bon-Pasteur et plusieurs autres, a été consommée entièrement en dehors de l'administration, et sans son concours ; plus tard, néanmoins, elle contribua, pour une trop faible part, à son laborieux développement. Je n'ose pas dire qu'à une époque assez rapprochée, un de ses représentants fut sur le point d'en compromettre la prospérité, en plaçant à ses côtés, dans une maison à murs mitoyens, le dégoûtant dispensaire d'Oran et ses infâmes recluses.

A quelque distance des Sœurs Trinitaires, l'école des Frères de Saint-Joseph réunit aussi un très-grand nombre d'enfants. Ce fut le curé d'Oran, aidé de son évêque, qui acheta dans le temps et naguère donna la maison où ils sont établis. Elle serait bien autrement prospère, et avec elle ses Sœurs de Philippeville et de Bone, si, par une inexplicable contradiction, le Gouvernement, qui les favorise d'ailleurs, ne s'opposait inexorablement à ce que

nul autre que des enfants tout à fait indigents et munis d'un certificat aussi nécessaire qu'humiliant, ne puisse être admis dans ces trois écoles de Frères, les seules qu'il ait encore autorisées en Algérie. En vérité, ne dirait-on pas qu'il a, tout auprès et à foison, ou tout au moins suffisamment, et surtout de parfaitement sûrs établissements d'instruction publique dans toutes ces contrées? Mon Dieu! quelle responsabilité devant vous!

Sa Sainteté aura remarqué, dans la division du diocèse d'Alger en trois grandes provinces ecclésiastiques, le classement des divers ordres religieux principaux que Dieu y appela sous mes auspices. Ce fut à M. le maréchal Valée, à qui je dois tant de reconnaissance à tous les titres, et, en particulier, pour m'avoir éclairé dès le commencement sur certaines dispositions, déjà plus que singulières, d'une autre administration envers la religion, que je dus aussi cette idée, et son immédiate réalisation, de confier chacune de ces mêmes provinces à un ordre religieux de femmes différent, afin de ne pas rendre trop onéreuses, pour les communautés mères, des charges aussi considérables et aussi multipliées avec le temps en Algérie, et de suffire, d'ailleurs moins difficilement, à tant d'établissements.

Avant mon arrivée en Afrique, une pieuse congrégation de Sœurs y avait commencé le bien immense continué et opéré depuis par celles qui leur succédèrent plus tard. Je lui devais ici, Très-Saint Père, ce public et éclatant témoignage, et je le lui rends du fond du cœur. Pourquoi donc sa vénérable supérieure et fondatrice ne comprit-elle pas, dès le commencement, l'esprit et l'urgence de cette haute mesure d'ordre et de sagesse; et dut-elle quitter cette espèce d'héritage de charité et de bonnes œuvres qu'elle croyait ne pouvoir partager avec d'autres? Mais, ces choses tant délicates et pénibles dans leur temps, aujourd'hui si heureusement et si complètement évanouies, moins une juste et impérissable gra-

titude. Sa Sainteté se les peut rappeler aisément ; car ce fut à ses pieds, et sous ses auspices, qu'elles se consommèrent enfin, et avec l'assentiment du Gouvernement français, qui avait cru devoir intervenir.

Autour d'Oran naissent et commencent à fleurir plusieurs villages : c'est *Karguenta*, *la Séniah*, *Miserghin*, *Sidi-Chami*... Je ne dois pas dire *fleurissent*, car la sève vitale y est comme tarie, aucun édifice religieux n'y existant, aucun secours spirituel n'y étant assuré à leurs infortunées populations, si ce n'est la visite, aussi souvent réitérée que possible, malgré leur éloignement, du surnuméraire auxiliaire d'Oran. Mes plaintes, mes supplications n'ont guère plus été comprises ou écoutées dans l'ouest que dans le reste de l'Algérie ; puissent-elles obtenir enfin, dans cette occasion suprême, ce qui me fut refusé jusqu'ici, à moi, et préserver sans retard la fondation de *Saint-Denis-du-Sig*, par exemple, d'une aussi inconcevable et déplorable indifférence, d'une aussi flagrante injustice !

A *Mers-el-Kébir*, le port d'Oran, il y a un atelier considérable de condamnés, et, au-dessous, un grand village : la rade très-sûre en est de plus fréquentée par un nombre considérable de vaisseaux et de marins de toutes nations. En vain j'ai demandé que l'ancien oratoire espagnol du Fort, qui sert d'écurie très-peu nécessaire, fût restitué à sa première et sainte destination, ne fût-ce que pour les ateliers des condamnés ; la croix du fronton gît encore aux environs.

Un magasin, loué d'abord par de pieux habitants, sert tout à la fois d'église et de presbytère à Notre-Dame de Bon-Secours de *Mers-el-Kébir*. C'est un titre reconnu par le Gouvernement et convenablement pourvu.

A six lieues dans l'est, et à Notre-Dame-de-Refuge d'*Arzew*, il n'y a encore rien, à l'exception d'une baraque promise pour

chapelle : et, cependant, quelle intéressante population, sous le rapport religieux, que celle de ce port et de sa nouvelle ville : que de consolations j'y ai goûtées dans mes trop rares visites, alors que j'y exerçai moi-même avec bonheur toutes les fonctions du ministère pastoral ! Qui croirait, toutefois, qu'à une lieue à peine, sur les ruines de l'antique *Arsenaria*, et pour quelques sauvages Bédouins qui n'en ont guère tenu compte à l'administration, elle vient de faire bâtir une belle mosquée, peut-être avec les pierres deux fois outragées de quelque ancienne basilique chrétienne ? Le matin même du jour où je la visitai avec une indicible surprise, je venais de célébrer les saints mystères dans une caserne.

Elle en a fait autant, du reste, à dix lieues plus loin, à *El-Bordji*, où les Arabes ont poussé le mépris jusqu'à transformer en écurie le temple que des mains françaises et chrétiennes venaient d'élever à leur culte, et la haine jusqu'à prêcher bientôt après, du haut du minaret, la guerre sainte de l'islamisme : peu s'en fallut que je n'en entendisse moi-même les accents éclatants.

Il est vrai de dire qu'à *El-Bordji* il n'y a pas de population chrétienne ; mais à *Mazagran*, à *Mostaganem*, qui n'en sont pas fort distants, il y a des chrétiens ; il y en a beaucoup même à *Mostaganem*, près de trois mille, sans y comprendre les troupes de la brigade... Ne me demandez pas cependant s'il y a une église. Hélas ! quel exemple ! quelle dérision plutôt des choses les plus sacrées ! et cela, depuis juin 1839, et après tant d'instances, de supplications, de réclamations de toute sorte ! A *Mazagran*, c'est sous un figuier aux rameaux touffus, qu'à de rares intervalles j'offris le saint Sacrifice.

Et, néanmoins, Mostaganem a, de plus, un vaste hôpital militaire à peu près oublié, mais uniquement sous ce rapport, comme tous les autres établissements de ce genre, sinon de l'humble

prêtre qui le dessert en sus de son ministère ordinaire, et qui use sa vie plus tôt que son courage parmi les difficultés incessantes de sa position [*].

Toutefois, je dois féliciter, et je le fais bien sincèrement, ceux qui dotèrent cette ville de son beau, de son remarquable cimetière; il forme une heureuse exception dans toutes ces contrées.

Mascara, l'ancienne capitale de l'Émir, et dont les figuiers mariés aux vignes ombragèrent son berceau, a, au contraire, une fort jolie et décente église (l'ancienne mosquée de *Bou-Maza*), parfaitement meublée et pourvue de toutes choses, ainsi que la chapelle très-convenable aussi de l'hôpital militaire. Il ne manque plus à *Mascara* que des Sœurs et des Frères depuis longtemps désirés et sollicités. Saint Pierre est le patron de l'église principale; sainte Marie, la patrone de la chapelle. Si le curé de cette résidence avait un vicaire, ou l'hôpital un aumônier, *Tiaret*, *Saïda* et le reste des postes ou camps de la subdivision seraient autrement visités et secourus qu'il n'est possible de le faire aujourd'hui, avec un seul prêtre, trop isolé d'ailleurs, comme un trop grand nombre de ses confrères, ce qui n'est pas moins pénible que périlleux.

Enfin, à Saint-Michel de *Tlemcen*, à trente-cinq lieues d'Oran et vers le Maroc, une ancienne synagogue a été métamorphosée en église; un desservant a été donné à la population civile, à la brigade de l'armée et à l'hôpital du *Méchouar*. C'est, de ce côté, le poste le plus éloigné, et par conséquent le plus difficile.

En allant y établir le culte, selon l'expression consacrée par l'usage administratif, j'y reçus le plus touchant accueil. Sur ma route, aux pieds des collines que baigne la *Miqué*, j'avais rencon-

[*] Il est mort de fatigue, en effet, peu de jours après la rédaction et l'envoi de ce mémoire.

tré, prêt à partir pour de nouveaux combats, un bataillon de chasseurs d'Orléans à jamais célèbre désormais; et, sur les instances de son digne et héroïque commandant et de ses officiers, j'avais célébré sur la montagne, aux premiers feux d'un soleil d'été, ces mystères si doux et si formidables qui émeuvent toujours profondément en pareilles circonstances... Il y avait trois ans et plus que ces braves n'y avaient pu assister; il ne devaient plus y assister jamais!

Car c'était le huitième bataillon, avec son commandant *Froment-Coste*, avec son capitaine *de Géreaux*, son lieutenant *Chappedelaine* et leurs généreux compagnons... Pressentaient-ils secrètement leur prochain et à jamais glorieux trépas? ou bien, avais-je moi-même comme une mystérieuse inspiration? Je ne sais; mais, tous étaient attendris jusqu'aux larmes, au moment où, après quelques ardentes paroles versées de mon cœur, j'appelai sur eux, d'une voix profondément altérée, les bénédictions du Seigneur Dieu des armées. Ils m'accompagnèrent au loin; et, moi-même, je ne pouvais m'arracher du milieu de cette poignée de héros que j'embrassais pour la dernière fois au nom de la religion, de la patrie et de leurs familles... Puissent ces quelques fleurs de regrets et de prières les consoler un jour, Sa Sainteté permettant que de pareils documents reçoivent une désirable et salutaire publicité!

Je crois avoir déjà dit qu'à l'extrême frontière maritime de l'ouest, *Djemma-Ghazaouat*, où allaient mourir ces braves, n'avait encore reçu aucun commencement d'institution religieuse quelconque, de la part de l'administration; pas même de bienveillantes promesses en réponse à mes sollicitations épiscopales. C'est trop loin d'Oran et de Tlemcen pour en attendre quelque assistance; à peine si le desservant de Saint-Michel pourrait suffire, dans l'intérieur, à la visite, même semestrielle, de *Sebdou* et du reste des établissements militaires de ces contrées éloignées autant que belliqueuses.

J'ai fini, Très-Saint Père, c'est-à-dire, j'ai brièvement esquissé et placé sous les yeux de votre bienheureuse Paternité l'abrégé de ce qui existe, ce jour, dans le diocèse de *Julia-Césarée* ou d'Alger.

Je l'ai fait aussi complètement, aussi consciencieusement que je l'ai pu, et il est facile de s'apercevoir, à la manière dont ces pages importantes ont été rédigées, qu'il avait plu à Dieu de donner à ma plume quelque chose de la rapidité de celui qui écrit avec vélocité, car ce sera en moins de deux jours que je les aurai terminées à l'ombre des palmiers de Staouéli, si, jusqu'à la fin, il daigne bénir ce travail.

Permettez-moi de le résumer, avec elles, en quelques lignes; je veux dire les résultats auxquels j'ai pu si difficilement parvenir en ces sept années mémorables. Car, des obstacles semés de toutes parts sous mes pas, de ces douloureuses et perpétuelles difficultés, et de ceux de qui elles émanèrent, c'est assez... aucuns diront peut-être que c'est même trop; je ne le crois pas, moi, dans la position qui m'a été faite, et des tristes hauteurs de laquelle j'élève ainsi ma voix vers vous pour la première et la dernière fois. Je ne crois pas avoir trahi, volontairement du moins, les sacrés devoirs de ma charge pastorale, quoique je succombe enfin sous le fardeau; loin de moi, de trahir davantage, devant Dieu et devant vous, les devoirs non moins sacrés de la vérité!

Et puis, avant de finir, Très-Saint Père, je répondrai dans le même esprit, avec la même confiance, et, je l'espère, avec la même exactitude et le même calme, à certaines questions que je n'ai fait qu'effleurer trop légèrement, ou que je n'ai pas encore soulevées, et qu'il me semble justement que Votre Sainteté est en droit de connaître et de m'adresser. Ainsi, touchant la mission confiée à l'évêque d'Alger et à son clergé auprès des indigènes;

ainsi, touchant les mœurs de mon peuple et de mes prêtres ; ainsi encore, touchant les causes réelles de la détermination si extraordinaire que je viens de prendre, et à l'occasion de laquelle j'ai, malgré la plus extrême répugnance, entrepris de vous révéler, Très-Saint Père, tant d'étranges détails. Il est possible que, si Votre Sainteté les eût connus plus tôt, tels que je les lui expose enfin aujourd'hui, elle eût prévenu cette détermination, en m'obtenant les moyens de combattre, jusqu'à la consommation de ma vie, le bon combat de la foi pour lequel ses mains sacrées m'avaient armé.

Après les avoir communiquées au Gouvernement français, encore plus en détail, ces choses si graves, et les lui avoir, chaque jour pour ainsi dire, courageusement rappelées, je voulus, il y a un an, les réunir en faisceau à peu près comme en ce moment, et les lui représenter de nouveau. Je le fis, Très-Saint Père, selon le rapport souvent cité, et ainsi que Votre Sainteté ne s'en convaincra que trop en le parcourant après ces notes.

J'avais espéré que ma situation, mieux connue, serait moins défavorablement appréciée. Je communiquai à plusieurs, qui me semblaient pouvoir beaucoup, ces tristes et intéressants documents. Hélas! répéterai-je toujours, loin d'améliorer cette poignante et désolée situation, en vérité, je crois qu'elle en fut aggravée.

Quoi qu'il en soit, Très-Saint Père, quand j'abordai pour la première fois aux rivages de l'Afrique française, le 1er janvier 1839, il n'y avait dans tout ce pays :

Qu'une église à Alger, et deux misérables chapelles à Bone et à Oran ;

Des Sœurs de Saint-Joseph à Alger et à Bone ;

Deux bons ouvriers, encore à Alger et à Bone ;

Un auxiliaire zélé, accouru depuis peu pour se joindre à eux ;

Un vieillard épuisé, à Oran ;

Et quelques réfugiés, religieux ou prêtres séculiers, chassés des îles Baléares ou de la Péninsule espagnole par les tempêtes révolutionnaires.

C'était tout.

Or, au 1er janvier 1846, je laisse :

Environ soixante églises ou chapelles et oratoires divers, et, à mes frais en grand nombre pourvus dans les commencements d'une foule d'objets utiles, plusieurs même des objets les plus indispensables à l'établissement ou à l'exercice du culte :

Seize établissements religieux ;

Quatre-vingt-onze prêtres, en y comprenant les dix prêtres de Notre-Dame-de-Staouëli ;

Environ cent quarante Sœurs de différents ordres ;

Des Frères, un séminaire, d'excellentes maisons d'éducation, des orphelins, des orphelines, des refuges ; de saintes et précieuses associations, des sociétés de charité, de saines doctrines :

Un chapitre constitué avec ses dignités, son office régulier :

Un diocèse organisé sur de vastes et prudentes proportions, et déjà distribué et administré de manière à faciliter plus tard, peut-être en un temps peu éloigné, il eût été mieux de le faire plus tôt, sa distribution en trois évêchés.

Ce diocèse, je l'ai vu naître, se développer jour par jour, instant par instant ; cent fois je l'ai visité, depuis la régence de Tunis jusqu'à l'empire de Maroc, dans lequel même j'ai pu pénétrer en 1843.

J'ai interrogé les ruines des églises qui par milliers avaient fleuri sur cette même terre ; j'en ai exhumé tous les monuments que j'ai pu y rencontrer, et, plus que des monuments, les ossements des pontifes et des martyrs ; j'ai recherché, depuis Gibraltar jusqu'au fond de la Sicile, et en Portugal, et en Espagne, et dans les Gaules, ma patrie, et sur tous les rivages de l'Italie, dans les

îles de la Méditerranée, célèbres par l'ancienne hospitalité des Saints, les traces de ceux qui furent et les premiers apôtres, et les plus pures gloires de l'Afrique; j'ai pu les retrouver pour la plupart, et, avec elles, leurs sacrées dépouilles. J'avais obtenu et je préparais leur retour que d'autres plus heureux pourront consommer. J'ai même rapporté, avec une pompe et des circonstances qui rappelaient les temps antiques, les restes du plus illustre d'entre eux, de celui qui, selon une expression magnifique redite en 1842 par tous les échos d'Hippone qui tressaillaient, *fut illustre parmi les illustres, et saint parmi les saints.* J'aurais voulu faire davantage; je n'ai pas pu.

Ce n'est pas le labeur que j'ai récusé; je me suis arrêté, non vaincu, mais brisé par les obstacles les plus étranges, et contre lesquels je n'avais pas cessé de me débattre depuis le premier jour presque de mon épiscopat, non peut-être sans quelque courage et quelque dévouement.

Pauvre à mon arrivée, je me retire plus que pauvre; mais ni vous, Très-Saint Père, ni le Gouvernement de mon pays, ne fût-ce pour lui que comme un acte de haute justice, ne pourriez permettre que ce fût aux dépens et périls du plus humble de mes frères, ou du plus proche de mes amis.

Et, jusqu'au dernier, jusqu'au suprême battement de mon cœur toujours épiscopal, je l'espère, et vous ne cesserez de le demander avec moi à Dieu, je continuerai pour eux tous, pour cette chère Église dans l'enfantement de laquelle je succombe, de supplier le Seigneur, le Père de toute miséricorde et de toute bénédiction, sous la bure et dans le mystérieux exercice de la pénitence que j'ai choisie pour mon impérissable héritage.

Mais, qu'ai-je donc fait, depuis sept ans, pour annoncer l'Évangile de Dieu aux infidèles vers lesquels j'avais été envoyé, moi et mon clergé, aussi bien que vers les domestiques de la foi?

Père, je sais bien, et toute l'Église, qui s'en est émue à votre voix dans de solennelles circonstances, sait bien assez aussi ce que vous vouliez, ce que vous attendiez de nous, vous, suprême pasteur des âmes,

Quand, rappelant, dans les bulles d'institution de l'évêché de *Julia-Césarée*, les anciennes splendeurs de l'Afrique chrétienne, vous exprimiez, par les plus touchantes paroles, le désir et l'espoir de les voir reparaître, de voir bientôt de nouvelles églises ajoutées à celle que vous en établissiez la tige féconde;

Quand vous compariez les jours mauvais, qui s'évanouissaient, de la domination des infidèles et des barbares, aux jours nouveaux qui se levaient, et à la clarté sacrée desquels l'Évangile de la paix pourrait être, allait être prêché, avec une apostolique liberté, à ces tribus innombrables encore assises dans les ténèbres de l'infidélité et de la mort ;

Quand, vous adressant plus particulièrement au Gouvernement français et au nouvel évêque, vous rendiez à l'un de magnifiques actions de grâces, accompagnées de pontificales supplications: excitant l'autre, encore à vos pieds mille fois bénis, par les plus puissants encouragements, par les plus tendres et les plus ardentes exhortations : *Prends ta faulx*, lui écriviez-vous, à ce jeune moissonneur, *et entre rigoureusement dans ta vigne*, etc.

Vous souvient-il, bienheureux Père, de cet entretien suprême, au moment de son départ de la ville éternelle, quand, une seconde fois, alors qu'il vous disait avec une émotion profonde : *Vado piscari*, vous lui imposiez vos mains vénérables, et lui répétiez : Va donc, et avance-toi jusque dans la plus haute mer : *Duc in altum?*

Ce que vous me disiez, sous toutes les formes, Père Saint, ce que vous m'envoyâtes faire dès le commencement, je le crus en ce temps-là possible... et encore aujourd'hui, quoique évidemment

plus difficile, je ne le regarde pas comme impossible : ce ne serait pas un langage d'évêque.

Mais il eût fallu, sinon être aidé, encouragé, favorisé d'une manière quelconque par le Gouvernement de mon pays, du moins ne pas être perpétuellement contrarié, traversé, soupçonné, empêché indirectement, directement même parfois, sur ce point capital. Mieux, oh ! oui, mieux eût valu mille fois pour un évêque missionnaire, et le premier évêque d'Alger ne pouvait pas ne pas l'être, la cangue sous laquelle prêchent encore les apôtres dont la parole n'est pas liée, ou le fer sous lequel ruissela toujours féconde avec leur sang la semence des chrétiens, selon ce que répétèrent les premiers les vieux échos de cette terre, à la voix de son Tertullien.

Sachez, Père, puisqu'il faut que vous le sachiez, et que je secoue enfin une responsabilité qui ne doit plus peser sur moi, et, avec elle, les ardents charbons qu'elle allume ; sachez, par des détails dont le langage a une vertu que n'égaleraient pas les plus expressives paroles ;

Sachez donc que j'ai été prévenu officiellement que je n'étais chargé que des chrétiens romains ; et que je ne devais pas oublier que, sur nul autre, je n'avais de juridiction *(sic)* ;

Sachez qu'une autre fois, il me fut ordonné de réprimander sévèrement un de mes prêtres, parce qu'il avait poussé l'imprudence jusqu'à dire à un Arabe, avec lequel il échangeait quelques discussions religieuses, que le mahométisme était absurde : il avait, m'écrivait-on officiellement à cette occasion, et en me rappelant cette même expression, il avait violé un des articles de la capitulation signée par le vainqueur d'Alger, en 1830, sur les ruines fumantes de *Sultan-Calassi*, d'après lequel on devait respecter la religion des indigènes *(sic)* ;

Sachez que, plus tard, un prêtre auxiliaire, qui me devait

arriver des montagnes de la Syrie, fut menacé d'être arrêté s'il mettait le pied sur le rivage de Philippeville, parce qu'il savait et parlait l'arabe, et qu'il était possible (je le crois bien!) qu'il fût tenté de parler de religion aux Arabes (*sic*) ;

Sachez que défense fut sur le point de m'être faite de laisser apprendre l'arabe à mes jeunes clercs ou à leurs frères aînés : elle l'eût été, en vérité, si aucuns l'eussent osé ;

Et, pour tout dire en un mot, car ces détails me font mal, sachez, Père, que, dès 1839, des ordres, que j'ai vus, que j'ai touchés de mes mains, avaient été donnés de surveiller de la façon la plus particulière et la moins bienveillante tout ce que je ferais à ce sujet... Il fallait, portaient ces dépêches, incroyables quand on les compare à vos admirables bulles et lettres pontificales, et qu'un illustre guerrier, dans son énergie militaire, appelait d'un nom qu'elles méritaient bien, mais que je n'oserais écrire ; il fallait qu'il essayât de se bien pénétrer de tout ce qu'il avait fallu d'efforts pour réaliser en six mois ce qui était commencé, etc.

Et moi, j'écrivais, peu de temps après, à celui qui m'avait mandé que le clergé ne devait s'occuper que de la seule population romaine ou catholique :

« Monsieur le Ministre,

» Je ne puis admettre une exclusion qui très-certainement m'eût
» empêché, eût empêché tout autre prêtre d'accepter ma belle et diffi-
» cile mission. Puisque l'occasion s'en présente, je dois rappeler les
» expressions solennelles de la bulle d'érection de l'évêché d'Alger
» accueillie avec tant de bonheur en France et en Afrique, il y aura
» tantôt deux ans, et répéter qu'à cet égard un évêque peut *seul* appré-
» cier et vraiment connaître l'étendue de sa mission, non moins que les

» célestes pouvoirs, les rigoureux devoirs qui l'accompagnent et en sont
» la suite.

» Oh! combien, Monsieur le Ministre, combien il est pénible de voir
» qu'en France et dans l'Afrique française, et par conséquent chez une
» nation chrétienne, et après un acte semblable à celui de l'institution
» d'un pareil évêché, toutes les fois qu'il peut s'agir de la colonisation
» de l'Algérie, tous parlent de toute espèce de moyens et de plans, et
» pas un seul des effets pourtant assez connus du Christianisme!... Bien
» plus, pourquoi faut-il qu'une sorte de défiance s'attache, sans qu'on
» s'en doute, et, pour ainsi dire, naturellement de la part d'un grand
» nombre, aux espérances, aux efforts, aux progrès de la religion
» chrétienne?

» Des chrétiens, des Français se sont faits musulmans; en pleine mos-
» quée ils ont apostasié, et ils sont interprètes haut placés, correspon-
» dants de journaux graves : ces indignes apostasies n'ont soulevé
» aucunes réclamations; et nous, nous ne pourrions, nous ne devrions
» nous occuper que des seuls catholiques! etc.

» Juin 1840. »

J'ai copié textuellement; depuis, le langage ne changea de part ni d'autre.

Peut-être devrais-je rappeler ici, et à cette même occasion, ce que je n'ai pas dû taire à Sa Sainteté à l'égard des protestants, dont pourtant près de deux mille sont revenus, en Algérie, au giron de leur véritable mère par mes soins, et surtout par ceux de mes apostoliques coopérateurs. Mais, avant ce jour, nul ne l'a su, excepté Elle; de quel voile, en effet, n'a-t-il pas fallu cacher ce prosélytisme? Si je le déchire aujourd'hui, c'est qu'il en est temps.

L'arrivée d'un évêque fit, en 1839, une impression profonde sur les populations indigènes, qui ne tardèrent pas à le voir accourir vers elles, sur tous les points, et dans les dispositions qu'il

venait de puiser dans votre sein, auprès des cendres émouvantes des saints Apôtres.

Dans les provinces de l'est, en particulier, se manifestèrent aussitôt les plus favorables symptômes, qui ne furent pas tout à fait sans fruits bénis, ne fût-ce, avec quelques fervents néophytes, que le nombre, dès-lors considérable, et de beaucoup accru depuis, d'enfants baptisés *in extremis?* Un instant, je pus presque prévoir et espérer d'éclatantes conversions à la foi!

Mais, avec les flots de la population européenne, croissaient les plus délicats, peut-être, et les plus périlleux des obstacles.

Mais, il fallait pouvoir suffire à d'incommensurables dépenses: et, dès cette époque, selon que je ne l'ai que trop facilement démontré en très-haut lieu (au mois de septembre dernier), *forcément*, l'évêque d'Alger, même avec la plus sévère parcimonie pour lui-même, était endetté d'une somme considérable chaque année à partir de la première... Pourtant, il recevait alors environ 16,000 fr., en y comprenant certaines dépenses de ses prêtres en voyage. Que fut-ce quand, depuis, une part de cette même somme lui eut été retranchée!

Mais, surtout et avant tout, il eût fallu pouvoir se jeter résolument au milieu de ces populations étonnées, et qui déjà cédaient aux élans de la charité chrétienne, toujours et partout la même victorieuse... Hélas! pour ajouter encore un triste détail, combien de fois, au contraire, n'entendis-je pas répéter que, si un de mes prêtres était convaincu d'avoir fait le catéchisme à deux ou trois Arabes, on saurait bien le faire embarquer immédiatement pour France?

Quelle agitation ne produisit pas dans le temps un échange célèbre de prisonniers, ainsi que l'admirable voyage d'un de mes vicaires généraux qui en couronna la consommation de tant de dévouement et de charité? Peu s'en fallut, vraiment, que celui

qui l'avait conçu et opéré le premier ne fût regardé comme un conspirateur, un ennemi de la patrie... Et, dans l'étrange préoccupation de quelques-uns, qui ne sait que le mot, trop curieux pour être effrayant, de conseil de guerre, fut prononcé ?

J'envoie au Pape un échantillon de mes lettres aux indigènesences temps beaucoup trop peu connus : plus d'un en seront surpris, s'ils lisent jamais ces quelques lignes dont je conservai heureusement une copie authentique. Que serait-ce si je pouvais transcrire de royales expressions et certaines dépêches qui me furent adressées ?

Et, il y a quatre mois à peine, la veille de la scène de *Sidi-Brahim*, alors qu'un autre de mes meilleurs prêtres accourait vers l'émir au péril de sa tête, on sait dans quelles saintes dispositions, quelle agitation nouvelle dans quelques esprits supérieurs du reste ! Quelles mesures aussitôt arrêtées en France, après son retour forcé, pour le surveiller, l'empêcher de jamais retourner en Algérie ! Et qui peut prévoir ce qui lui serait finalement advenu, sans la haute et providentielle inspiration du plus illustre de nos guerriers, sans sa toute-puissante intervention, de la part de ceux qui ne craignaient pas de dire : « *que, n'était sa soutane, deux balles l'eussent déjà couché...* » dans son lit de gloire ; ou de la part de ceux qui leur ressemblaient dans cette inintelligence de la mission d'un prêtre, pour employer des expressions qui trompent l'émotion que j'en éprouve encore.

Des Sœurs, des prêtres fervents, au moins le silence et la neutralité, si j'ose ainsi m'exprimer, de la part de l'administration : d'abondants secours, et, par eux, les moyens de réaliser en œuvres la charité dont l'effusion coule du cœur et des lèvres... Avec de tels divins instruments, on eût pu beaucoup ; encore aujourd'hui, beaucoup on pourrait : qu'on essaie donc !

Car, que parler de neutralité ici ? Est-ce qu'un Gouvernement chrétien peut être neutre en pareille entreprise ?

Voulez-vous donc exterminer ce malheureux peuple ? Non, je le sais.

Voulez-vous plutôt le civiliser, le rapprocher de vous, l'unir à vous, le fondre en vous ? — Oui, je le sais encore.

Mais, au nom du ciel, au nom de vos intérêts les plus chers, au nom de tant de sang et d'or versés déjà ; puisque ce peuple est avant tout, et par-dessus tout, profondément religieux, et que le christianisme a bien assez fait ses preuves depuis dix-huit cents ans et plus, encore une fois, essayez-en donc auprès de lui, mais franchement, mais à la saint Louis, qui vous le crie et vous bénira du sein de son tombeau de Carthage, du haut des cieux qu'il conquit à ce prix.

Sinon, laissez-nous faire, ou renvoyez-nous, et faites-vous musulmans vous-mêmes, si vous le voulez ; car, sans cet abîme comblé d'opposition de votre foi et de la leur, vous n'en ferez point un seul peuple avec vous ; et, en ceci, il n'y a rien au monde de plus mortel que l'indifférence, ou plutôt c'est la mort même. Ah ! pardonnez... soyez, soyez plutôt, redevenez chrétiens, et qu'avec vous, ils le soient ! En vérité, de bonne foi, les concevriez-vous Français et non pas chrétiens ? Pour moi, non : et je crois les connaître autant que vous.

Et pourtant, Très-Saint Père, dans les discours solennels comme dans les épanchements d'une intimité si douce d'ailleurs, à la tribune, dans toutes sortes de livres et de publications quelconques où cette question de l'avenir de l'Algérie est traitée, examinée, débattue, tournée et retournée de toutes façons, pas une seule fois Dieu n'intervient, ne paraît être bon à quelque chose, et même possible ! Son nom n'y est pas une fois unique prononcé.

D'armée, d'agriculture, de commerce, d'industrie, de civilisation, colonisation, systèmes restreints ou étendus, combinaisons de toute sorte, rien n'est oublié, sinon toujours Dieu, Jésus-Christ

et sa Croix, qui s'allia plus d'une fois pourtant, en plein soleil, à la charrue et à l'épée, même des plus habiles et des plus vaillants.

Aucuns soupçonnent, dit-on, que peut-être, cependant, il pourrait devenir nécessaire de prendre l'Évangile d'une main et de l'autre le glaive, en leur donnant à choisir, pour en finir. comme parlent ceux-là... Ils ne savent pas de quel esprit ils sont, dirait le Maître.

Et, quant à ceux qui, ajoute-t-on, commenceraient à comprendre qu'après avoir épuisé tous autres moyens on pourrait bien recourir à la prédication du Sauveur Jésus, ils ne s'aperçoivent pas qu'ils ont, en ceci, le sens renversé, aussi bien que l'ordre des moyens qu'ils suggèrent.

Et vous, Père Saint, excusez ce ruisseau de paroles et d'émotions qui s'en va déborder dans votre âme sublime de vicaire de ce divin Jésus. Mais, c'est vrai ! Et, si quelqu'un osait dire qu'il y a au moins de l'exagération de ma part, je lui répondrais devant vous qu'il n'y en a pas plus dans ma bouche qu'il n'y a d'amertume dans mon cœur... Évêque démissionnaire, et sur le seuil entr'ouvert de Notre-Dame de *Staouëli*, j'écris comme écriraient les morts : la Vérité.

Et encore, si ce n'était qu'à l'occasion de ces peuplades indigènes que cette sorte de systématique indifférence gouvernementale, pour user des expressions les plus modérées, eût été employée, et presque glorifiée... Mais, hélas ! même à l'égard des Européens, des colons anciens et nouveaux, même dans la fondation d'établissements purement chrétiens, que d'étranges et fatales aberrations aussi ! et presque, en vérité, quels démentis donnés à l'histoire, à l'expérience de toutes les nations, quel défi jeté à Dieu ! Comme s'il était possible au fond de s'en passer... Vous bâtissez sans ciment, et avant que les siècles n'aient bruni le faîte de votre édifice, quelque habiles que vous soyez d'ailleurs, et quelque indestructible

qu'il vous paraisse, il se sera affaissé sur lui-même... Peut-être déjà ne faut-il pas aller chercher plus loin la cause de tant d'efforts d'un côté, et, de l'autre, de si chétifs résultats ?

Mais, j'en ai presque trop dit depuis quelques heures, Très-Saint Père, pour que ceci ne vous soit pas déjà une démonstration aussi logique que douloureuse. Aussi, parmi ces pauvres villages et hameaux, que de déceptions, que de misères de toute sorte ! et qu'il serait lamentable le tableau, peint sur les lieux mêmes, de ce que j'ai su, vu, touché de mes mains frémissantes, depuis *Baba-Aly* en 1839, jusqu'à *El-Arrouch* en 1845, ou depuis *Mazagran* jusqu'au *Fondouck*, et entre deux, et au-delà, et en deçà !

Je ne le tracerai pas ; je ne l'esquisserai point même ce tableau: la fatigue et l'émotion m'arrachent enfin ma plume ; et je préfère en consacrer les derniers efforts à ce que Sa Sainteté doit désirer encore plus de connaître à part : je veux dire les mœurs de mon clergé, de mon peuple, ce qui prépara et amena ma dernière résolution.

Beaucoup ont parlé et tous les jours parlent des mœurs de ce peuple, quelques-uns même, naguère, des mœurs de ce clergé : et ces discours n'ont que trop d'échos en France.

Or, qu'il eût été tout ce qu'on en a pu raconter, soit dans de sérieux écrits, soit le sarcasme ou le rire léger à la bouche, le peuple primitif de l'Algérie française, et celui qui, peu à peu, s'y adjoignit providentiellement, la tâche de son premier évêque n'en eût exigé, après tout, que de plus opiniâtres efforts, un plus courageux dévouement, plus de ces sacrifices qu'il ne put pas calculer dans son cœur ; — les résultats vrais, consciencieux qui précèdent, n'en seraient eux-mêmes que plus dignes d'attention et d'indulgence.

Mais pourquoi, Très-Saint Père, en admettant volontiers, pour être toujours vrai, que certains de ces reproches fussent fondés, et combien il eût été prodigieux qu'il n'en fût pas ainsi pour plu-

sieurs en semblables circonstances ? pourquoi ne pas reconnaître aussi tout ce qu'il y a pu avoir, tout ce qu'il y a eu d'éléments utiles de civilisation et de réels progrès dans l'énergie, dans la constance, dans le caractère principal de cette même population trop peu connue, et trop mal appréciée par conséquent ?

Autant que tout autre, plus que personne peut-être, j'ai pu la juger, moi, son évêque et son ami le plus dévoué ; car, qui plus que cet évêque entra en un pareil contact d'âme, d'intelligence et de cœur avec elle et parmi toutes les classes qui la composaient, d'une extrémité de l'Algérie jusqu'à l'autre ?

Eh bien ! Très-Saint Père, je déclare à Votre Sainteté, et ma bouche austère aurait en horreur une flatterie quelconque, comme elle eût abhorré tout mensonge, que, plus j'ai réfléchi, et je l'ai fait souvent, mon Dieu, je ne faisais guère autre chose que réfléchir ainsi, prier pour elle, la recevoir ou la visiter ! je déclare que plus j'ai réfléchi sur cette société naissante, et plus je l'ai estimée dans mon esprit et chérie dans mon cœur. Depuis quelques années, en particulier, que de bonnes, que d'excellentes familles ne nous sont-elles pas venues rejoindre des meilleures contrées de l'Europe ? J'en attesterais au besoin les milliers de recommandations, aussi touchantes qu'honorables, qu'elles apportèrent à nos pieds, en venant nous demander de bénir leur nouvelle existence.

Ce n'est pas à la surface seulement, et comme en passant, selon que le firent, pour la plupart, ceux qui l'ont jugée autrement, mais au fond, et jusque dans ses entrailles, qu'il faut l'étudier et apprendre à la connaître, non point telle qu'elle peut paraître à la superficie, mais telle qu'elle est dans sa vie la plus vraie.

Je ne sais si c'est à cause de cette espèce d'exil, de leur éloignement d'une première patrie, ou bien à cause des incommensurables épreuves de celle-ci, ou par la perpétuelle crainte de périlleuses

maladies... mais, en Algérie, et dans l'armée, et parmi la population civile elle-même, il semble qu'il y ait bien plus de besoin de foi, d'espérances, de consolations religieuses que partout ailleurs, au moment suprême surtout.

Et je ne doute pas un instant que, plus favorisé sous les rapports essentiellement colonisateurs et sociaux, moins maltraité, devrais-je dire plutôt à la fin de ces pages consciencieuses, on eût obtenu d'éclatants succès avec ce même peuple ; et il en sera ainsi, supposé que le passé serve enfin d'utile enseignement à l'avenir, que plus de secours moraux lui soient partout assurés, que l'enfance en particulier en soit moins délaissée.

Un escadron ou un bataillon ferait pourtant beaucoup plus, après tout, qu'un moine, ou un prêtre, ou une religieuse, ai-je souvent entendu murmurer, et c'était de bonne foi, j'en conviens... Erreur fatale ! Avec les premiers vous pourriez vaincre, et vous vaincriez, vous surtout ; avec les seconds, et avec eux seuls, et ce qu'ils vous apporteraient de divins trésors, vous fonderiez, vous civiliseriez.

Tant que les Français tiendront le canon de leurs fusils braqué sur nous, me disait, il y a déjà longtemps, un Arabe de beaucoup de sens, *nous tiendrons notre tête courbée, mais non pas nos âmes ; car, il n'y a que l'âme qui puisse dompter l'âme et l'incliner.* »

Votre cœur paternel, Très-Saint et Bienheureux Père, tressaillera d'une douce joie en lisant ce que je lui raconte des mœurs de mon peuple. Aussi bien, une portion considérable de cette population appartient à l'Italie, au Piémont, à la Toscane, aux États de Votre Sainteté ; et qui ne sait tout à la fois combien tendrement vous la chérissez déjà, et que vous ne la chéririez pas à ce point, si elle en était autant indigne ?

Quant à mon clergé, je me bornerai à dire au Pape :

1° Que nul de ceux que j'ordonnai parmi ses membres ne s'en montra depuis indigne :

2° Qu'il dut m'être, et qu'il me fut en effet extrêmement difficile de le composer dans les circonstances semblables à celles qui m'ont éprouvé, soit à cause des ecclésiastiques de différentes langues que je dus convier à mon œuvre européenne, soit à cause des obstacles apportés à leur vocation, si éminemment chère et précieuse à toutes les églises pourtant, par certains vénérables évêques, pour quelques autres, et toujours sans doute les meilleurs; soit à cause de l'hospitalité sacrée à trop de titres que je dus accorder à d'autres, qui se réfugiaient vers nous loin des fureurs ou des agitations de leur infortunée patrie; soit enfin à cause de la difficulté d'acclimatation pour plusieurs, et de l'influence, dont on ne saurait bien se rendre compte ailleurs, d'un pareil climat;

3° Que si, trompé par des apparences qui en séduisirent d'autres que l'évêque d'Alger, qui, après tout, ne les avait pas ordonnés et éprouvés avant leur ordination, je fus parfois exposé à compter parmi mes prêtres quelques hommes moins purs, ou moins fidèles, je fus assez heureux néanmoins pour parvenir à leur faire quitter, le plus tôt que ce fut possible, une moisson qui ne devait pas être la leur.

Aujourd'hui, Très-Saint Père, en me recueillant de plus en plus profondément, et, dans le calme religieux de l'âme, repassant un à un devant Dieu, avec deux des principaux d'entre eux, tous et chacun de mes coopérateurs actuels, j'affirme qu'à l'exception de trois ou quatre, moins réguliers à certains égards, et qui peuvent avoir davantage besoin de veiller sur eux, je n'en ai pas trouvé un seul que j'eusse à renier absolument, ou dont j'aurais sérieusement à rougir, si sur eux tous une enquête m'était demandée même par vous; et ils ne sont pas moins de quatre-vingt-onze, leur évêque et tous les religieux y compris.

C'est assez, Très-Saint Père, et pour votre paternité, et pour ces chers et bien-aimés frères, et pour leurs amis, et leurs ennemis s'ils en pouvaient avoir.

J'ajoute seulement qu'il est impossible d'être plus satisfait que je ne le suis, sous les rapports essentiels des mœurs et de la vertu, de tous mes jeunes séminaristes sans exception. Il y a peut-être au monde plus d'une vieille église qui serait jalouse d'un semblable témoignage de la bouche et du cœur de son évêque en pareilles circonstances.

Heureux sera celui qui, à la place du leur, en deviendra bientôt le premier pasteur et le père, en même temps qu'un plus digne modèle! En tout le reste je le lui cède d'avance, car *il faut qu'il croisse et que je diminue*; en estime et en affection pour mon peuple et pour mon clergé, jamais!

Peut-être, Très-Saint Père, au lieu de déduire maintenant et plus longuement, à Votre Sainteté, ce qui concerne ma position personnelle, l'origine de la résolution que je viens de prendre, et qu'au besoin je renouvellerais entre vos mains sacrées, vaudrait-il mieux la supplier de ne pas dédaigner de parcourir les notes ci-jointes, et qui, dans un premier moment, naïve expression de ce que j'éprouvais, durent être communiquées à d'autres, sur ce même grave sujet, mais par moi toujours. Je le crois, et m'en réfère avec candeur à ce travail qui, par ses répétitions obligées, pourrait fatiguer un autre qu'un Père; il est désormais connu de tous ici.

Seulement, je dirai au Pape, en substance, sans plus de retard, que cette position, dont je viens de l'entretenir si longuement, et désormais trop facile à comprendre, datant déjà des premiers jours de mon épiscopat et n'ayant fait que s'aggraver nécessairement chacun des jours de ces sept années, j'ai dû enfin accomplir une résolution prise et méditée depuis longtemps aussi, et que j'ai regardée comme un devoir non moins sacré que pénible.

Il y a dix-huit mois que, de jour en jour, et, pour ainsi dire, d'heure en heure, j'étais sur le point de faire ce que je fis le neuf décembre dernier sans plus d'hésitation, et non, dit-on, sans quelque courage.

Ce qui me fait surtout spécifier au Pape cette époque, c'est qu'alors, et sous des rapports essentiels, mes prévisions les plus sages durent être complètement déconcertées, mes œuvres fondamentales exposées à un péril imminent, sans qu'il y ait eu trop d'imprudence de ma part; toutes ressources, même les plus assurées jusqu'à ce moment, m'ayant manqué à la fois, et sans retour depuis.

J'ajouterai que si, ce jour même, une main généreuse achevait ce que celle de Sa Sainteté vient de commencer avec un si miséricordieux empressement, je ne rétracterais pourtant point, supposé qu'il en pût être temps encore, cette résolution profondément consciencieuse, à moins que cette position, faussée et périlleuse dans son principe, ne fût enfin et convenablement modifiée : car, encore une fois, je ne sache pas que ce soit le travail que j'aie récusé.

Bien plus, et si un nouvel évêque d'Alger, quel qu'il fût, pouvait, avant d'avoir courbé sa tête sous le joug du Seigneur, parcourir ces dernières pages, il en ferait autant que celui qui les trace avec non moins d'indépendance que de calme, et dans des vues qui lui semblent aussi nettes et aussi pures que la conviction avec laquelle il s'exprime est inexorable.

Et maintenant, Père, ce que j'ai pourtant commis de fautes durant ces difficiles et laborieuses années, je le confesse humblement devant vous et devant mes frères ;

Soit que j'aie agi par imprudence, par faiblesse, ou par quelque autre humaine infirmité ;

Vous suppliant d'user d'une indulgence d'autant plus grande

envers moi que, les connaissant mieux désormais, vous m'estimeriez plus coupable, et, par conséquent, plus digne de votre tendre commisération.

Eux aussi, ces frères bien-aimés quels qu'ils soient, les eussé-je même involontairement blessés ou contristés, me pardonneront de cœur, et ne me refuseront pas plus que vous l'assistance fraternelle de leurs prières et de leur souvenir devant Dieu, dans la profondeur sacrée de la solitude où il est temps que j'aille enfin commencer une vie nouvelle, mais qui ne leur appartiendra pas moins sans mesure ; à une autre condition, je ne l'eusse certes pas choisie.

Après les avoir tendrement embrassés dans la charité de Notre-Seigneur, Père, je remets leurs âmes entre vos mains.

Je n'ai plus qu'une parole suprême à laisser tomber de mes lèvres prêtes à se fermer pour tous discours humains : je me recueille de plus en plus devant Dieu, en l'adressant, avec une émotion égale à ma conviction, au gouvernement de mon pays.

Elle était véritable, il y a trois mille ans, elle l'est aujourd'hui encore, et elle le sera toujours, car elle fut inspirée de Dieu : *Nisi Dominus ædificaverit domum, in vanum laboraverunt qui ædificant eam.*

J'ai dit : Père, murez à jamais ma bouche.

De Notre-Dame de la Trappe de Staouëli, en Afrique,
le 29 janvier 1846.

† Antoine-Adolphe DUPUCH,
Évêque démissionnaire d'Alger.

www.ingramcontent.com/pod-product-compliance
Ingram Content Group UK Ltd.
Pitfield, Milton Keynes, MK11 3LW, UK
UKHW022108190726
13855UKWH00002B/710

AF493971

ERPÉTOLOGIE
GÉNÉRALE
OU
HISTOIRE NATURELLE
COMPLÈTE
DES REPTILES,

PAR A.-M.-C. DUMÉRIL,

MEMBRE DE L'INSTITUT, PROFESSEUR DE LA FACULTÉ DE MÉDECINE, PROFESSEUR ET ADMINISTRATEUR DU MUSÉUM D'HISTOIRE NATURELLE, ETC.

EN COLLABORATION AVEC SES AIDES NATURALISTES AU MUSÉUM,

FEU G. BIBRON,

PROFESSEUR D'HISTOIRE NATURELLE A L'ÉCOLE PRIMAIRE SUPÉRIEURE DE LA VILLE DE PARIS;

ET A. DUMÉRIL.

PROFESSEUR AGRÉGÉ DE LA FACULTÉ DE MÉDECINE POUR L'ANATOMIE ET LA PHYSIOLOGIE.

ATLAS

RENFERMANT 120 PLANCHES GRAVÉES SUR ACIER.

PARIS.

LIBRAIRIE ENCYCLOPÉDIQUE DE RORET,

RUE HAUTEFEUILLE, 12.

1854.

EXPLICATION MÉTHODIQUE

DES 120 PLANCHES FORMANT L'ATLAS

DE

L'ERPÉTOLOGIE GÉNÉRALE.

I, Généralités relatives à l'Organisation des Reptiles.

1.° CHÉLONIENS.

PLANCHE I.

Squelette de *Cistude d'Europe* ou *Commune* . . T. II p. 220
1. Tête de la même vue en arrière . . . . T. I, p. 25
2. Id. vue de profil . . . . id.
3. Id. vue en dessus . . . . id.
4. Id. vue en dessous. . . . . . . id.

PLANCHE II.

Squelette de *Chélonée Caouane* . . . . T. II, p. 552
1. Tête de la même vue de profil . . . . T, I, p. 25

PLANCHE III.

Carapace, Sternum et Bassin de *Chéloniers*.
1. Carapace de Tortue Potamite ou Fluviatile, (Trionyx), *Cryptopode chagriné*. T. I, p. 29, 368 et T. II, p. 501
2. Sternum du même Cryptopode.
3. Id. de Tortue de mer ou Thalasssite, (Chélonée) . . . . T. I, p. 376 et 377
4. Sternum de Cistude.

Les lettres suivantes indiquent les différentes pièces dont ces plastrons se composent, et d'après la nomenclature de Etienne Geoffroy Saint-Hilaire.

a, Entosternal, (pièce impaire).
bb, Episternal, (pièces paires).
cc, Hyosternal, (id.).
dd, Hyposternal, (id.).
ee, Xiphisternal, (id.).

5. Partie postérieure d'une Carapace de *Chélyde Matamata* (Tortue de marais ou Elodite Pleurodère . . . . T. I, p. 37 et 378
a, Plastron; *b*, Ischion; *c*, Ilion; *d*, Pubis; *e*, Cavité cotyloïde pour l'articulation avec le fémur.

2.° SAURIENS.

PLANCHE IV.

Squelette de *Caïman à museau de Brochet*. (Voyez, en outre, pl. 25 et 26). . . . . . T. III, p. 75

1. Sternum et son prolongement abdominal avec ses cartilages . . . . T. I, p. 30

PLANCHE V.

1. Squelette de *Lézard vert* . . . . T. V, p. 210
2. Id. de *Dragon frangé* . . . . T. IV, p. 448
   a, Les côtes qui soutiennent la peau formant ce que l'on nomme les aîles. T. I, p. 27 et. . T. II, p. 607
3. La tête du Dragon vue en dessus . . . . . . T. IV, p. 448

PLANCHE VI.

1. Squelette du *Caméléon ordinaire* . . . . . . T. III, p. 204

2 et 3. Tête du *Caméléon à nez fourchu*, dépouillée des parties molles, vue de profil et en dessus. (Voyez, en outre, pl. 27, fig. 3) . . . . T. III, p. 233

PLANCHE VII.

Squelette, Sternums et Bassins de *Sauriens Serpentiformes* ou *Urobènes* . . . . T. II, p. 610

1. *Chirote cannelé*. (Squelette entier) . . . . T. V, p. 474
2. Sternum du même . . . . T. V, p. 473
3. Id. de Bipède (*Ophiode strié*) . . . . T. V, p. 788
4. Id. de *Pseudope* de *Pallas* ou *Sheltopusik*. T. V, p. 417
5. Id. d'*Ophisaure ventral* . . . . T. V, p. 423
6. Id. d'*Orvet fragile* ou *commun* . . . . T. V, p. 793

Sur chacune de ces pièces, les lettres suivantes indiquent :

a, le sternum ; *bb*, les clavicules ; *cc*, les os coracoïdiens ; *dd*, les omoplates.

7. Bassin de Bipède (*Ophiode strié*) . . . . . T. V, p. 788
8. Id. de *Pseudope* de *Pallas* ou *Sheltopusik*. T. V, p. 417
9. Id. d'*Ophisaure ventral* . . . . T. V, p. 423
10. Id. d'*Orvet fragile* ou *commun* . . . . . T. V, p. 793

Sur chacune de ces pièces, les lettres suivantes indiquent :

a, la colonne vertébrale; *bb*, les os du bassin ; *c*, l'avant-dernière côte à laquelle le bassin est attaché par l'une de ses extrémités; *dd*, les membres postérieurs en rudiment.

3.° OPHIDIENS.

PLANCHE VIII.

1. Squelette de *Couleuvre à collier*. T. VI, p. 76 et T. VII, p. 535

2 et 3. Vertèbre dorsale de la même, vue par ses faces antérieure et postérieure. T. I, p. 23 et T. VI, p. 77

4, 5 et 6. Rudiment de membres postérieurs de *Boa* et de *Rouleau*. . . . . T. VI, p. 84 et 364

Voyez, en outre, les planches LXXV, LXXVI, LXXVII et LXXVIII représentant la tête dépouillée de ses parties molles et le système dentaire des types des principales familles de l'ordre des *Ophidiens*.

4.° BATRACIENS ANOURES.

PLANCHE IX.

1. Squelette de *Grenouille commune* . . T. VIII, p. 62 et 343
   a, le sternum de la même.
2. Squelette de *Dactylèthre du Cap.* (Voyez, en outre, pl. XCII, fig. 1 et 1 *a*.) . . . . T. VIII, p. 765
   b, le sternum du même.

5.° BATRACIENS URODÈLES.

PLANCHE X.

1. Squelette de *Salamandre tachetée, commune* ou *terrestre* . . . . T. VIII, p. 91 et T. IX, p. 52
2. Squelette de *Sirène Lacertine.* T. VIII, p. 95 et T. IX, p. 193
3. La tête, les premières vertèbres et les bras de la même, au double de leur grandeur naturelle, vus de profil . . . .

4 et 5. Vertèbre dorsale, vue en arrière et en avant . . . . T. I, p. 24

Voyez, en outre, les planches CI, CII et planche CVII, fig. 2, représentant la tête dépouillée de ses parties molles et le système dentaire des types d'un certain nombre de genres du sous-ordre des *Batraciens Urodèles.*

II. Étude zoologique des Reptiles.

1.° CHÉLONIENS OU TORTUES EN GÉNÉRAL.

PLANCHE XI.

Exemples de Carapaces de Chéloniens pour indiquer les nombres différents de plaques cornées qui les recouvrent, la position relative de ces plaques, suivant les espèces et les noms par lesquels on les désigne.

A. *Cistude d'Europe.* (Voyez, en outre, pl. I). T. II, p. 220
B. *Tortue bordée* . . . . T. II, p. 37
C. *Chélonée caouane* . . . . T. II, p. 552
D. *Pentonyx du Cap* . . . . T. II, p. 390
E. *Tortue actinode* . . . . T. II, p. 66
F. *Chélodine de Maximilien* . . . . T. II, p. 449

Les mêmes numéros se rapportent sur chaque figure aux parties semblables.

1 à 5. Plaques vertébrales ou médianes du disque.

6 à 9. Plaques costales ou latérales du disque.

6 *a*. Plaque costale additionnelle ou supplémentaire. On ne la voit que sur la carapace des deux espèces de Thalassites dites Chélonées caouanes, qui ont ainsi quinze plaques au disque et non pas treize seulement, comme tous les autres Chéloniens.

10 à 22. Plaques du limbe ou marginales, et en particulier :

10. Plaque nuchale; elle manque dans certaines espèces.

11. Plaque caudale ou sus-caudale, tantôt unique, tantôt double.
12. Plaques marginales antérieures ou margino-collaires.
13 et 14. Plaques margino-brachiales.
15 à 19. Plaques margino-latérales.
20 à 22. Plaques margino-fémorales.

PLANCHE XII.

Plastrons de différents Chéloniens destinés à faire connaître les différences qu'on y remarque relativement au nombre et à la disposition des plaques.

A. *Cinosterne scorpioïde* . . . . T. II, p. 363
B. *Emyde caspienne* . . . . T. II, p. 235
C. *Chélonée caouane* . . . . T. II, p. 552
D. *Chélodine de la Nouvelle-Hollande* . . . T. II, p. 443
E. *Emyde à lignes concentriques*. . . . . T. II, p. 261
F. *Platémyde radiolée*. . . . . T. II, p. 412

1. Plaque gulaire simple ou double, suivant les genres et même les espèces.
1 *a*. Plaque inter-gulaire. Elle ne se rencontre que chez certaines espèces et elle est alors située soit en avant, soit en arrière des plaques gulaires.
2. Plaques humérales.
3. id. pectorales.
4. id. abdominales.
5. id. fémorales.
6. id. anales.
7. id. axillaires.
8. id. inguinales.
9 à 13. Plaques sterno-latérales. On ne les trouve que chez les Thalassites.

I.re FAMILLE. CHERSITES OU CHÉLONIENS TERRESTRES.

PLANCHE XIII.

1. *Tortue sillonnée ;* 1 *a*, son sternum tronqué . T. II, p. 74
2 et 2 *a*. *Pyxide arachnoïde*, vue en dessus et en dessous . . . . T. II, p. 156
Le texte indique, par erreur, pl. XIV, fig. 1.

PLANCHE XIV.

1 et 1 *a*. *Homopode aréolé*, vu en dessus et en dessous . . . . T. II, p. 146
Le texte indique, par erreur, pl. XIII, fig. 2 et 3.
2. *Cinixys de Home ;* 2 *a*, son sternum. . . . T. II, p. 161

II.e FAMILLE. ÉLODITES OU TORTUES PALUDINES.

I.re SOUS-FAMILLE. CRYPTODÈRES.

PLANCHE XV.

1. *Emyde ocellée ;* 1 *a*, son sternum . . . . . T. II, p. 329
2. *Cistude d'Amboine ;* 2 *a*, son sternum . . . . . T. II, p. 215

PLANCHE XXIV.

1. *Chélonée de Dussumier*, (du groupe des Chélonées caouanes); 1 *a*, la tête vue de profil. . T. II, p. 557
Cette figure n'a pas été citée dans le texte.
2. *Sphargis luth*; 2 *a*, le sternum; 2 *b*, tête d'un jeune individu . . . . T. II, p. 560

2.° SAURIENS OU LÉZARDS.

I.re FAMILLE. CROCODILIENS OU ASPIDIOTES.

PLANCHE XXV.

Têtes de *Caïman à museau de Brochet*, vues en dessus et de profil; 1 et 2, dans l'âge moyen; 3 et 4, dans le jeune âge. (Voyez, en outre, planche IV, pour le squelette). . . . . T. III, p. 75

PLANCHE XXVI.

1. *Caïman à museau de Brochet*; 1 *a*, la tête et le cou du même, vus en dessus. . . . . T. III, p. 75
2. *Gavial du Gange*. Profil de la tête. . . . . . T. III, p. 134
La planche XXV et la fig. 1 de la planche XXVI n'ont pas été citées dans le texte.

II.e FAMILLE. CAMÉLÉONIENS OU CHÉLOPODES.

PLANCHE XXVII.

1. *Caméléon verruqueux* . . . . T. III, p. 210
2. Tête et langue du *Caméléon du Sénégal* . . . T. III, p. 221
3. Tête du *Caméléon à nez fourchu*, vue en dessus. T. III, p. 233

III.e FAMILLE. GECKOTIENS OU ASCALABOTES.

PLANCHE XXVIII.

1. *Platydactyle des Seychelles*; 1 *a*, l'un des doigts vu en dessous. . . . . T. III, p. 310
2. *Platydactyle Cépédien*. La main entière et 2 *a*, l'un des doigts vu en dessous. . . . . T. III, p. 301
3. *Platydactyle d'Egypte*. La main entière et 3 *a*, l'un des doigts vu en dessous . . . . T. III, p. 322
4. *Platydactyle à gouttelettes*. La main entière et 4 *a*, l'un des doigts vu en dessous . . . . . T. III, p. 328
5. *Platydactyle homalocéphale*. La main entière et 5 *a*, l'un des doigts vu en dessous. (Voyez, en outre, planche XXIX) . . . . T. III, p. 339
6. *Platydactyle de Leach*. La main entière et 6 *a*, l'un des doigts vu en dessous. . . . . T. III, p. 315
7. *Hémidactyle Oualien*. La main entière et 7 *a*, l'un des doigts vu en dessous. . . . . T. III, p. 350
8. *Hémidactyle à écailles trièdres*. La main entière et 8 *a*, l'un des doigts vu en dessous . . . . . T. III, p. 356
Les figures 2, 3, 6 et 8 de cette planche XXVIII n'ont pas été citées dans le texte.

PLANCHE XXIX.

PLANCHE XXX.

PLANCHE XXXI.

PLANCHE XXXII.

PLANCHE XXXIII.

PLANCHE XXXIV.

1. *Gymnodactyle marbré;* 1 *a*, bout de l'un des doigts et l'ongle très-amplifiés . . . . T. III, p. 426
Cette figure n'est pas indiquée dans le texte.
2. *Sténodactyle tacheté.* (Voyez, en outre, planche XXXIII, fig. 8.) . . . . T. III, p. 434

IV.ᵉ FAMILLE. VARANIENS OU PLATYNOTES.

PLANCHE XXXV.

1. *Varan de Bell* . . . . T. III, p. 493
2. *Varan nébuleux*; la tête et 3, les écailles dorsales. . . . . T. III, p. 483
4. *Varan du Nil.* Ecailles dorsales . . . . . . T. III, p. 476
5. *Varan de Picquot* . . . . T. III, p. 485

PLANCHE XXXVI.

1. *Héloderme hérissé ;* 1 *a*, la tête vue en dessus . T. III, p. 499

V.ᵉ FAMILLE. IGUANIENS OU EUNOTES.

I.ʳᵉ SOUS-FAMILLE. PLEURODONTES.

PLANCHE. XXXVII.

1. *Urostrophe de Vautier.* . . . . T. IV, p. 78
2. *Norops doré*, et la tête grossie vue en dessus . T. IV. p. 82
Cette planche n'est pas mentionnée dans le texte.

PLANCHE XXXVIII.

1. *Aloponote de Ricord* . . . . T. IV, p. 190
Le texte renvoie, par erreur, à la pl. XXXVII.

PLANCHE XXXIX.

1. *Léiosaure de Bell ;* 1 *a*, la tête vue de profil. T. IV, p. 242
2. *Proctotrète signifère* . . . . T. IV, p. 288
Cette planche n'est pas mentionnée dans le texte.

PLANCHE XXXIX *bis*.

1. *Trachycycle marbré.* . . . . T. IV, p. 336
2. *Tropidogastre de Blainville :* 2 *a*, ses écailles dorsales grossies et 2 *b*, les écailles ventrales également grossies . . . . T. IV, p. 330
Cette planche n'est pas citée dans le texte.

Voyez, pour compléter les Iguaniens Pleurodontes, la planche XLIV, représentant l'*Holotropide de Lherminier*, t. IV, p. 261.

II.ᵉ SOUS-FAMILLE. ACRODONTES.

PLANCHE XL.

1. *Istiure de Lesueur ;* 1 *a*, écailles grossies . . T. IV, p. 384

PLANCHE XLI.

1. *Lophyre tigré* . . . . T. IV. p. 421

PLANCHE XLI *bis*.

1. *Grammatophore de Decrès*; 1 *a*, la tête vue de profil; 1 *b*, le dessous des cuisses; 1 *c*, écailles dorsales grossies . . . . T. IV, p. 472
2. *Agame épineux*. . . . . T. IV. p. 502
et non pas, p. 499, comme la planche l'indique par erreur.

Cette planche n'est pas mentionnée dans le texte.

PLANCHE XLII.

1. *Phrynocéphale à oreilles*: 1 *a*, la tête vue de profil; 1 *b*, les écailles carénées . . . . . . T. IV, p. 524

Le texte renvoie, par erreur, à la planche XL.

2. *Doryphore azuré* . . . . T. IV, p. 371

PLANCHE XLIII.

1. *Léiolépide tacheté* . . . . T. IV. p. 465
2. *Anolis à écharpe*. La main; 3 le pied vu en dessus et 4 vu en dessous. . . . . T. IV, p. 157

Ces figures 2, 3 et 4 qui ne sont pas indiquées dans le texte, se rapportent à un *Iguanien Pleurodonte*.

PLANCHE XLIV.

1. *Holotropide de Lherminier* . . . . T. IV, p. 259

Cet Iguanien appartient à la sous-famille des *Pleurodontes*

PLANCHE XLV.

1. *Chlamydosaure de King* . . . . T. IV, p. 441

PLANCHE XLVI.

1. *Lophyre dilophe*, sous le nom de *Tiaris*. . . . T. IV, p. 419

VIe VIIe ET VIIIe FAMILLES. — LACERTIENS OU AUTOSAURES. — CHALCIDIENS OU CYCLOSAURES. — SCINCOÏDIENS OU LÉPIDOSAURES.

PLANCHE XLVII.

1. *Gerrhosaure à deux bandes* (Chalcidien), 1 *a* et 1 *b*, la tête vue en dessus et en dessous. T. V, p. 375

PLANCHE XLVIII.

1. *Lézard de Delalande* (Lacertien).

2. La tête vue en dessus; 3 le cou vu en dessous. . . . . T. V, p. 241

PLANCHE XLIX.

1. *Neusticure à deux carènes* (Lacertien).
2. Dessous de la tête et du cou ; 3 la tête de profil, avec la bouche ouverte pour montrer la langue ; 4 dessous des cuisses . . . . T. V, p. 64

La planche renvoie, par erreur, au tome IV.

PLANCHE L.

1. *Tropidolopisme de Duméril*, sous le nom de *Scinque de Duméril.* (Scincoïdien de la Sous-Famille des *Saurophthalmes*). . . . . T. V, p. 743

1 *a*, la tête vue en dessus

PLANCHE LI.

1. *Aporomère piqueté de jaune* (Lacertien).
a, la tête en dessus et *b*, de profil ; *c*, ouverture de la narine ; *d*, face inférieure des cuisses ; *e*, écailles dorsales . . . . T. V, p. 72

Cette planche n'est pas indiquée dans le texte.

PLANCHE LII.

1. *Grand Améiva* (Lacertien) . . . . T. V, p. 117
a, la tête en dessus ; *b*, la tête et le cou en dessous ; *c*, face inférieure des cuisses et de l'origine de la queue ; *d*, deux pores fémoraux grossis.

Cette planche n'est pas citée dans le texte.

PLANCHE LIII.

1. *Ophiops élégant* (Lacertien) . . . . T. V, p. 257
1 *a*, la tête de profil et 1 *b*, vue en dessus ; 1 *c*, gorge et dessous de la mâchoire inférieure ; 1 *d*, face inférieure des cuisses ; 1 *e*, dessous d'un doigt postérieur, dans le but de montrer les carènes de sa face inférieure, qui constituent l'un des caractères essentiels d'un certain nombre des Lacertiens appartenant au groupe des Pristidactyles.
2. *Erémias linéo-ocellé.* Tête de profil . . . . T. V, p. 314
3. *Erémias à points rouges.* Tête de profil . . . T. V, p. 297

Cette planche n'est pas citée dans le texte.

PLANCHE LIV.

1. *Scapteire grammique.* (Lacertien) . . . . . . T. V, p. 283
1 *a*, la tête de profil ; 1 *b*, dessous de la tête et du cou ; 1 *c* et 1 *d*, doigts antérieurs et postérieurs grossis pour montrer leur dentelures latérales, qui constituent l'un des caractères essentiels d'un certain nombre des Lacertiens du groupe des Pristidactyles.
2. Pied d'*Acanthodactyle* (Lacertien) appartenant

au même groupe des Pristidactyles à doigts carénés sur leurs faces latérales . . . . T. V, p. 265
3. Pied de *Lézard vert*, pour montrer la disposition des doigts qui n'ont ni carène inférieure, ni dentelures latérales dans le groupe des Lacertiens Léiodactyles . . . . T. V, p. 210

PLANCHE LV.

1. *Hystérope de la Nouvelle-Hollande.* (Scincoïdien de la sous-famille des Ophiophthalmes). . T. V, p. 828
1 *a*, la tête vue en dessus ; 1 *b*, extrémité du tronc, origine de la queue et membres postérieurs.

PLANCHE LVI.

1. *Tribolonote de la Nouvelle-Guinée.* (Chalcidien) ; *a*, la tête en dessus et *b*, de profil, avec la bouche ouverte, pour montrer la langue . . T. V, p. 366

PLANCHE LVII.

1. *Tropidophore de la Cochinchine.* (Scincoïdien de la sous-famille des Saurophthalmes) ; 1 *a*, la tête de profil, avec la bouche ouverte, pour montrer la langue ; 1 *b*, la tête vue en dessus. . T. V, p. 556
2. *Diploglosse de la Sagra.* (Scincoïdien de la sous-famille des Saurophthalmes). Tête de profil, avec la bouche ouverte, pour montrer la langue . . . . T. V, p. 602
3. *Sphénops bridé.* (Scincoïdien de la sous-famille des Saurophthalmes). La tête de profil . . . T. V, p. 578
4. *Scinque officinal* ou des *Pharmacies.* (Scincoïdien de la sous-famille des Saurophthalmes). La main vue en dessus. . . . . T. V, p. 564

PLANCHE LVIII.

1. *Acontias peintade.* (Scincoïdien de la sous-famille des Saurophthalmes) ; *a*, la tête vue de profil ; *b*, la bouche ouverte, pour montrer la langue ; *c*, plaques céphaliques . . . . T. V, p. 802

3.e OPHIDIENS OU SERPENTS.

PREMIER SOUS-ORDRE :

OPOTÉRODONTES DITS SCOLÉCOPHIDES.

Une seule planche est consacrée à ce premier sous-ordre, c'est la 60.e ; on en trouvera l'explication après celle de la 59.e

DEUXIÈME SOUS-ORDRE :

AGLYPHODONTES DITS AZÉMIOPHIDES.

PLANCHE LIX.

Tête et queue de chacune des espèces des quatre genres de la famille des *Upérolissiens.* (Voyez,

en outre, pl. LXXVI, fig. 1, pour la disposition du système dentaire) . . . . T. VII, p. 150

1 et 1 *a*. *Rhinophis des Philippines* . . . . . . T. VII, p. 154

2 et 2 *a*. *Uropeltis des Philippines*. . . . . . T. VII, p. 161

3 et 3 *a*. *Colobure de Ceylan*. . . . . T. VII, p. 164

4 et 4 *a*. *Plectrure de Perrotet* . . . . T. VII, p. 167

PLANCHE LX.

Cette planche se rapporte au premier sous-ordre des Ophidiens, les *Opotérodontes*. (Voyez, en outre, pl. LXXV, fig. 1, 1 *a* et 2, 2 *a*, pour la disposition du système dentaire des *Epanodontiens* ou *Typhlopiens* proprement dits et des *Catodoniens* . . . . , . . . T. VI, p. 228 et 331

1. *Typhlops réticulé*; 2, 3 et 4 la tête vue en dessus, en dessous et de profil; 5, dessous de l'extrémité postérieure du corps. . . . . T. VI, p. 282

Les neuf planches suivantes, LXI-LXIX se rapportent au deuxième sous-ordre ou celui des *Aglyphodontes* ou *Azémiophides*. Il faut y joindre, pour compléter la série de figures relatives à ce sous-ordre, les cinq planches LXXIX-LXXXIII et de plus, pour la disposition du système dentaire, les fig. 3 et 4 de la pl. LXXV et la pl. LXXVI.

PLANCHE LXI.

1. *Python de Séba*. (Famille des *Holodontiens*); 2, 3 et 4, la tête vue en dessus, en dessous et de profil; 5, œil, avec les plaques dont il est entouré. . . . . T. VI, p. 400

PLANCHE LXII.

1. *Pituophis Mexicain*, représenté sous la dénomination provisoire de *Anasime Mexicain*, qui n'a pas été conservée, (famille des *Isodontiens*). T. VII, p. 236

2, 3 et 4, la tête vue en dessus, en dessous et de profil; 5 et 6, pointe de la queue vue en dessus et en dessous.

PLANCHE LXIII.

1. *Xénoderme Javanais*; (famille des *Achrocordiens*); 2 et 3, la tête vue en dessus et en dessous; 4, écailles du tronc. . . . . T. VII, p. 45

PLANCHE LXIV.

1. *Calamaire de Linné*. (Famille des *Calamariens*); 2 et 3, la tête vue en dessus et en dessous; 4, extrémité postérieure du corps vue en dessous T. VII, p. 63

PLANCHE LXV.

1. *Calopisme abacure*, représenté sous la dénomination provisoire de *Hydrops abacure* (Famille

des *Isodontiens*) ; 2, 3 et 4, la tête vue en dessus, en dessous et de profil. . . . . T. VII, p. 342

PLANCHE. LXVI.

1. *Herpétodryas de Bernier*, représenté sous la dénomination provisoire de *Élaphre de Bernier*, (Famille des *Isodontiens*) ; 2, 3 et 4, la tête vue en dessus, en dessous et de profil . . . . . . T. VII, p. 211

PLANCHE LXVII.

1. *Dipsadomore Indien*, représenté sous la dénomiuation provisoire de *Amblycéphale bucéphale* (Famillle des *Leptognathiens*); 2 et 3, la tête vue en dessus et de profil ; 4, la bouche ouverte ; 5, dents sus et sous-maxillaires; 6, région anale et face inférieure de l'origine de la queue. . . . T. VII, p. 470

PLANCHE LXVIII.

1. *Hélicops de Leprieur*, représenté sous la dénomination provisoire de *Uranops sévère* (Famille des *Diacrantériens*) ; 2, 3 et 4, la tête vue en dessus, en dessous et de profil. . . . . . . T. VII, p. 750

PLANCHE LXIX.

1. *Hétérodon de Madagascar*, représenté sous la dénomination provisoire de *Léiohétérodon de Sganzin* (Famille des *Diacrantériens*) ; 2, 3 et 4, la tète vue en dessus, en dessous et de profil . . . . T. VII, p. 776

TROISIÈME SOUS-ORDRE.

OPISTHOGLYPHES DITS APHOBÉROPHIDES.

Les cinq planches suivantes, LXX à LXXIV, se rapportent à ce troisième sous-ordre. Il faut y joindre, pour compléter la série de figures relatives à cette grande division de l'ordre des *Ophidiens*, la planche LXXXIV et de plus, les figures 1 et 2 de la planche LXXVII, montrant la disposition du système dentaire.

PLANCHE LXX.

1. *Sténorhine de Fréminville* (Famille des *Sténocéphaliens* ; 2, la tête vue en dessus . . . . T. VII, p. 868

PLANCHE LXXI.

1. *Langaha* ou *Xiphorhynque crête de coq* (Famille des *Oxycéphaliens*) ; 2, 3 et 4, la tête vue en dessus, en dessous et de profil . . . . T. VII, p. 806

PLANCHE LXXII.

1. *Rhinosime de Guérin* (Famille des *Scytaliens*) ; 2, la tête vue de profil ; 3, os maxillaire supérieur, palatin, ptérygoïdien et transverse du

côté droit vus par-dessous, pour montrer la disposition du système dentaire. . . . . T. VII, p. 991

PLANCHE LXXIII.

1. *Tomodonte quatre-raies*, représenté sous la dénomination provisoire de *Eudrome flancs-linéolés* (Famille des *Anisodontiens*); 2, 3 et 4, la tête vue en dessus, en dessous et de profil. T. VII, p. 936

PLANCHE LXXIV.

1. *Erythrolampre très-beau* (Famille des *Sténocéphaliens*); 2, 3 et 4, la tête vue en dessus, en dessous et de profil. . . . . T. VII, p. 851

Les quatre planches suivantes : LXXV à LXXVIII, représentent les principales dispositions du système dentaire dans les cinq sous-ordres ou grandes divisions de l'ordre des *Ophidiens*.

OPOTÉRODONTES ET AGLYPHODONTES.

PLANCHE LXXV.

1. *Typhlops réticulé*; 1 *a*, machoire inférieure. (Voyez en outre, planche LX.) . . . . T. VI. p. 282
2. *Sténostome deux-raies*; 2 *a*, mâchoire inférieure . . . . T. VI, p. 331
3. *Python molure* . . . . T. VI, p. 417
4. *Xiphosome canin* . . . . T. VI, p. 540

Cette planche n'est pas citée dans le texte.

AGLYPHODONTES.

PLANCHES LXXVI.

1. *Plectrure de Perrotet* (Voyez, en outre, pl. LIX, fig. 4 et 4 *a*, pour la conformation de la tête et de la queue des Upérolissiens) . . . . T. VII, p. 167
2. *Plagiodonte Hélène* (Plagiodontiens) . . . T. VII, p. 170
3. *Lycodon aulique* (Lycodontiens) . . . . . . T. VII, p. 369
4. *Tropidonote vipérin* (Syncrantériens). . . . T. VII, p. 560
5. *Xénodon géant* (Diacrantériens) . . . . . . T. VII, p. 761

OPISTHOGLYPHES ET PROTÉROGLYPHES.

PLANCHE LXXVII.

1. *Euroste de Dussumier* (Platyrhiniens). Voyez, en outre, pl. LXXXIV, pour l'animal entier . . T. VII, p. 951
2. *Psammophis ponctué* (Anisodontiens). . . . T. VII, p. 896
3. *Bongare demi-anneaux* (Conocerques). . . T. VII, p. 1271
4. *Naja-Baladine* (Conocerques). . . . . . . T. VII, p. 1293

PROTÉROGLYPHES ET SOLÉNOGLYPHES.

PLANCHE LXXVIII.

1. *Hydrophide pélamidoïde* (Platycerques); 1 *a*, os maxillaire supérieur, palatin, ptérygoïdien et transverse du côté droit vus par dessous, pour montrer la disposition du système dentaire T. VII, p. 1345

PLANCHE LXXIX.

PLANCHE LXXX.

PLANCHE LXXXI.

PLANCHE LXXXII.

PLANCHE LXXXIII.

PLANCHE LXXXIV.

QUATRIÈME SOUS-ORDRE.

PROTÉROGLYPHES dits APISTOPHIDES.

FAMILLE DES CONOCERQUES.

PLANCHE LXXV *bis*.

1. *Furine beau-dos*; 1 *a*, la tête vue en dessus . T. VII, p. 1241
2. *Trimérésure porphyré*, la queue vue en dessous . . . . T. VII, p. 1247

PLANCHE LXXVI *bis*.

1. *Alecto panachée*; 1 *a*, la tête vue en dessus. . T. VII, p. 1254
2. *Alecto couronnée* ; la tête vue en dessus . . T. VII, p. 1255

Cette planche n'est pas indiquée dans le texte.

FAMILLE DES PLATYCERQUES.

PLANCHE LXXVII *bis*.

1. *Aypisure fuligineux*; 2, la tête vue en dessus; 3, portion du tronc vue en dessous . . . . T. VII, p. 1327
4. *Aipysure lissé*; la tête vue en dessus . . . T. VII, p. 1326

CINQUIÈME SOUS-ORDRE.

SOLÉNOGLYPHES dits THANATOPHIDES.

FAMILLE DES VIPÉRIENS.

PLANCHE LXXVIII *bis*.

Têtes des Vipériens cornus.

1. *Vipère ammodyte* . . . . T. VII, p. 1414
2. *Id. hexacère* . . . . T. VII, p. 1416
3. *Céraste d'Egypte* . . . . T. VII, p. 1440
4. *Id. lophophrys* . . . . T. VII, p. 1444
5. *Id. de Perse* . . . . T. VII, p. 1443

PLANCHE LXXIX *bis*.

1. *Echidnée heurtante* . . . . T. VII, p. 1425

Têtes des deux Vipères communes de France.

2. *Pelias berus*. (La petite Vipère) . . . . . T. VII, p. 1395
3. *Vipère commune* ou *Aspic* . . . . T. VII, p. 1406

PLANCHE LXXX *bis*.

1. *Échidnée du Gabon*; 2 et 3, la tête vue en dessus et en dessous . . . . T. VII, p. 1428

PLANCHE LXXXI *bis*.

1. *Échide à frein*; 2, la tête vue en dessous . . T. VII, p. 1449
3. *Échide carénée*, la tête vue en dessous . . . T. VII, p. 1448

FAMILLE DES CROTALIENS.

PLANCHE LXXXII *bis*.

1. *Bothrops alterné*; 1 *a*, la tête vue de profil. . T. VII, p. 1512

Le texte, par erreur, indique la pl. LXXXII.

2. *Trigonocéphale piscivore* (la tête vue en des-

sus), représenté sous la dénomination provisoire de *Trigonocéphale cenchris* . . . . . T. VII, p. 1491

PLANCHE LXXXIII *bis*.

1. *Atropos Mexicain* ; 2, la tête vue en dessus. . T. VII, p. 1521
3. *Atropos pourpre* ; la tête vue en dessus. . . T. VII, p. 1519

PLANCHE LXXXIV *bis*.

Têtes de *Crotales* vues en dessus.

1. *Crotale durisse*. . . . . T. VII, p. 1466
2. *Id. horrible* . . . . T. VII, p. 1472
3. *Id. rhombifère* ou *Diamant*. . . . . T. VII, p. 1470
4. *Id. à taches confluentes* . . . . T. VII, p. 1475
5. *Id. à triples taches* . . . . T. VII, p. 1479

4.° BATRACIENS OU GRENOUILLES ET SALAMANDRES.

PREMIER SOUS-ORDRE.

PÉROMÈLES ou BATRACIENS SANS MEMBRES.

FAMILLE UNIQUE. OPHIOSOMES OU CÉCILOÏDES.

PLANCHE LXXXV.

1. *Siphonops annelé;* 1 *a*, la tête et le cou vus de profil ; 1 *b*, la bouche ouverte pour montrer la langue, les dents et les orifices internes des narines; 1 *c*, l'extrémité terminale du corps vue en dessous . . . . T. VIII, p. 282
2. *Cécilie lombricoïde* ; la tête vue de profil ; 2 *a*, la bouche ouverte pour montrer la langue, les dents et les orifices internes des narines. . . T. VIII, p. 275
3. *Cécilie à ventre blanc*, les écailles. . . . T. VIII, p. 276
4. *Rhinatrème à deux bandes*, 4 *a*, les écailles. T. VIII, p. 289

DEUXIÈME SOUS-ORDRE.

ANOURES ou BATRACIENS SANS QUEUE.

1.re FAMILLE. RANIFORMES OU GRENOUILLES.

PLANCHE LXXXVI.

1. *Grenouille du Malabar* ; 1 *a*, la bouche ouverte, pour montrer la langue et les dents . . T. VIII, p. 365
2. *Pseudis de Mérian*, la bouche ouverte, pour montrer la langue et les dents . . . . T. VIII, p, 327
3. *Grenouille à bandes* sous le nom provisoire de *Strongylope à bandes*, la bouche ouverte, pour montrer la langue et les dents . . . . . . T. VIII, p. 389
4. *Oxyglosse lime*, la bouche ouverte, pour montrer la langue . . . . T. VIII, p. 334
5. Figure destinée à faire comprendre l'expérience relative à l'électricité animale et qu'on trouve expliquée. . . . . T. VIII, p. 102

PLANCHE LXXXVII.

1. *Pyxicéphale de Delalande;* 1 *a*, la bouche ouverte, pour montrer la langue et les dents; 1 *b*, l'un des pieds vu en dessous . . . . . . T. VIII, p. 445
2. *Cystignathe de Bibron*, sous le nom provisoire de *Pleurodème* de Bibron; 2 *a*, la bouche ouverte, pour montrer la langue et les dents. T. VIII, p. 410
3. *Cycloramphe fuligineux*, la bouche ouverte, pour montrer la langue et les dents . . . . T. VIII, p. 454
4. *Cystignathe ocellé*, la bouche ouverte pour montrer la langue et les dents . . . . . . T. VIII, p. 396

Voyez, en outre, pour compléter la série des figures relatives à la famille des *Raniformes*, la planche XCVII.

II.e FAMILLE. HYLÆFORMES OU RAINETTES.

PLANCHE LXXXVIII.

1. *Limnodyte rouge*, sous le nom provisoire de *Ranhyle rouge*; 1 *a*, l'une des mains vue en dessous . . . . T. VIII, p. 511
2. *Litorie de Freycinet:* 2 *a*, l'une des pattes postérieures . . . . T. VIII, p. 504

PLANCHE LXXXIX.

1. *Rhacophore de Reinwardt;* 1 *a*, l'un des pieds vu en dessous . . . . T. VIII, p. 532
2. *Hylode de la Martinique*, sous le nom de *Hylode de Saint-Domingue;* 2 *a*, la bouche ouverte, pour montrer la langue et les dents. T. VIII, p. 620

PLANCHE XC.

1 et 1 *a*. *Dendrobate à tapirer*, variété figurée sous le nom provisoire de *Hylaplésie de Cocteau* vue en dessus et en dessous . . . . . T. VIII, p. 652

2. *Phylloméduse bicolore*, la tête vue de profil, avec la bouche ouverte, pour montrer la langue; 2 *a*, la même vue de face, pour montrer les dents palatines; 2 *b*, l'une des mains; 2 *c*, l'un des pieds vu en dessous . . . . T. VIII, p. 629

Voyez, en outre, pour compléter la série des figures relatives à la famille des *Hylæformes*, les planches XCVIII et XCIX.

III.e FAMILLE. BUFONIFORMES OU CRAPAUDS.

PLANCHE XCI.

1. *Crapaud de Leschenault*; 1 *a*, la bouche ouverte, pour montrer la langue; on constate sur cette figure l'absence des dents maxillaires et palatines . . . . T. VIII, p. 666
2. *Rhinophryne à raie dorsale;* 2 *a*, l'un des pieds vu en dessous . . . . T. VIII, p. 758

Voyez, en outre, pour compléter la série des

figures relatives à la famille des *Bufoniformes*, la planche C.

IV.ᵉ FAMILLE DES PIPÆFORMES OU BATRACIENS ANOURES PHRYNAGLOSSES.

PLANCHE XCII.

1. *Dactylèthre du Cap ;* 1 *a*, la bouche ouverte. T. VIII, p. 765
2. *Pipa américain*, la tête vue en dessus ; 2 *a*, l'une des pattes de devant ; 2 *b*, l'une des pattes postérieures . . . . T. VIII, p. 773

TROISIÈME SOUS-ORDRE.

URODÈLES OU BATRACIENS A QUEUE.

PREMIÈRE SECTION : ATRÉTODÈRES.

I.ʳᵉ FAMILLE. SALAMANDRIDES.

PLANCHE XCIII.

1. *Onychodactyle de Schlegel;* 1 *a*, la tête vue de profil ; 1 *b*, la bouche ouverte, pour montrer la langue et les dents ; 1 *c*, extrémité de deux doigts grossie, pour mieux montrer les ongles. . . . . T. IX, p. 114
2. *Géotriton brun* ou *de Savi*, la bouche ouverte pour montrer la langue et les dents . . . . T. IX, p. 85

   Voyez, en outre, une meilleure représentation de ce système dentaire, pl. CII, fig. 1.
3. *Salamandre tachetée*, la bouche ouverte, pour montrer la langue et les dents. . . . . . T. IX, p. 52

   Voyez, en outre, pour une meilleure représentation de ce système dentaire, pl. CI, fig. 1.
4. *Ambystome à bandes*, sous le nom fautif de *Amblystome*, la bouche ouverte, pour montrer la langue et les dents . . . . T. IX, p. 107

   Voyez, en outre, pour une meilleure représentation de ce système dentaire, pl. CI, fig. 6.

PLANCHE XCIV.

La première figure se rapporte à la troisième famille ; 2 *Salamandrine à lunettes;* 2 *a*, la bouche ouverte, pour montrer la langue et les dents . . . . T. IX, p. 69

3. *Triton à crête*, la bouche ouverte, pour montrer la langue et les dents . . . . T. IX, p. 131

   Voyez, en outre, pour une meilleure représentation de ce système dentaire, la pl. CII, fig. 2 et 3.
4. *Pléthodonte brun*, la bouche ouverte, pour montrer la langue et les dents. . . . . . . T. IX, p. 85

   Voyez, en outre, pour une meilleure représentation du système dentaire, pl. CI, fig. 3.

   Voyez aussi, pour compléter la série des figures relatives à cette famille, les sept planches CI à CVII.

DEUXIÈME SECTION : TRÉMATODÈRES.

II.ᵉ FAMILLE. PROTÉÏDES OU PHANÉROBRANCHES.

PLANCHE XCV.

1. *Sirédon ou Axolotl de Harlan*; **1 *a***, la bouche ouverte . . . . T. XI, p. 181
2. *Ménobranche latéral*, la partie antérieure de l'animal vue de profil; **2 *a*** la bouche ouverte. T. IX, p. 184

PLANCHE XCVI.

1. *Sirène lacertine*, jeune âge, figurée sous le nom de *Sirène striée*; **1 *a***, la tête et la partie antérieure du corps vues de profil. . . . . . T. IX, p. 193
2. *Protée anguillard*, la tête vue de profil; **2 *a***, la bouche ouverte, pour montrer la langue et les dents . . . . T. IX, p. 186
3. La troisième figure se rapporte à la troisième famille.

III.ᵉ FAMILLE AMPHIUMIDES OU PÉROBRANCHES.

Il faut rapporter ici la première figure de la planche XCIV, laquelle représente :

1. *Ménopome des monts Alleghanys* et **1 *a***, la bouche ouverte pour montrer la langue et les dents . . . . T. IX, p. 205

Il faut, de plus, rapporter ici la troisième figure de la planche XCVI, laquelle représente la bouche de l'*Amphiume*, ouverte pour montrer la langue et les dents. . . . . T. IX, p. 203

Voyez, en outre, pour compléter la série des figures relatives à la famille des *Amphiumides*, la pl. CVIII.

La planche suivante se rapporte à la première famille du sous-ordre des *Anoures*, celle des *Raniformes*.

PLANCHE XCVII.

1. *Scaphiope solitaire*; **1 *a***, la bouche ouverte; 1 *b*, l'un des pieds. . . . . T.VIII, p. 473
2. *Pélobate brun*, l'un des pieds . . . . . . T.VIII, p. 477
3. id. *cultripède*, l'un des pieds . . . . T.VIII, p. 483

Cette planche n'est pas indiquée dans le texte.

Voyez, en outre, pour compléter la série des figures relatives à la famille des *Raniformes*, les pl. LXXXVI et LXXXVII.

Les deux planches suivantes se rapportent à la famille des *Hylæformes* et avec les planches LXXXVIII, LXXXIX et CX, elles complètent la série des figures relatives à cette famille.

PLANCHE XCVIII.

1. *Rainette à bourse mâle*; **2**, la femelle qui porte la poche ou bourse cutanée. . . . . T.VIII, p. 598

Cette planche n'est pas indiquée dans le texte.

PLANCHE XCIX.

1. *Hylode large-tête.* Espèce non décrite dans l'erpétologie générale, mais dans un mémoire de A. Duméril sur la famille des *Hylæformes*, *(Ann. des Sciences nat.*, 3.ᵉ série, t. XIX, p. 135 et suivantes.*)*
2. Le tronc vu en dessous, pour montrer le disque cutané; 3, la bouche ouverte, pour montrer la langue et les dents; 4, la main vue en dessous.

La planche suivante se rapporte à la famille des *Bufoniformes* et avec la planche XCI, elle complète la série des figures relatives à cette famille.

PLANCHE C.

1. *Phrynisque noirâtre* . . . . T. VIII, p. 723
2. id. *austral* . . . . T. VIII, p. 725
3. id. *tête blanche*. . . . .
4. Variété du *Phrynisque austral.*

Ces deux dernières figures représentent des Batraciens qui ne sont pas décrits dans l'Erpétologie, où l'on ne trouve pas, d'ailleurs, l'indication des deux premières figures.

Les sept planches suivantes se rapportent à la section des *Batraciens Urodèles Trématodères*, et en particulier à la première famille, celle des *Salamandrides.* Elles complètent, avec les planches XCIII et XCIV, la série des figures relatives à cette famille.

PLANCHE CI.

Têtes de Batraciens Urodèles dépouillées de leurs parties molles.

1. *Salamandre terrestre* ou *tachetée* . . . . . T. IX, p. 52
2. *Pleurodèle de Waltl.* . . . . T. IX, p. 72

Voyez, en outre, la planche CIII, représentant l'animal entier.

3. *Pléthodonte brun* . . . . T. IX, p. 85
4. *Bolitoglosse Mexicain* . . . . T. IX, p. 94

Voyez, en outre, la planche CIV représentant l'animal entier et une variété.

5. *Ellipsoglosse à taches* . . . . T. IX, p. 99
6. *Ambystome à bandes*. . . . . T. IX, p. 107

Voyez, en outre, la planche CV, où est représentée une variété de cette espèce.

PLANCHE CII.

Têtes de Batraciens Urodèles, dépouillées de leurs parties molles.

1. *Géotriton brun ou de Savi* . . . . T. IX, p. 112

2 et 3. *Triton à crête*, en dessous et en dessus. . T. IX, p. 131

4. *Triton ponctiqué*. . . . . T. IX, p. 152

Voyez, en outre, une représentation de l'animal entier, pl. CVI, fig. 3.

5 et 6. *Euprocte de Poiret*, en dessous et en dessus T. IX, p. 160
Voyez, en outre, une représentation de l'animal entier, pl. CVII, fig. 1.

PLANCHE CIII.

1. *Pleurodèle de Waltl* . . . . T. IX, p. 72
Voyez, en outre, pour le système dentaire, pl. CI, fig. 2.

2. *Salamandre de Corse;* la bouche ouverte, pour montrer les dents . . . . T. IX, p. 61

PLANCHE CIV.

1. *Bolitoglosse Mexicain;* 1 *a* et 1 *b*, le pied et la main; 2, variété du même . . . . T. IX, p. 94
Voyez, en outre, pour le système dentaire de ce dernier, pl. CI, fig. 4.

PLANCHE CV.

1. *Ambystome à bandes.* Variété . . . . T. IX, p. 107

PLANCHE CVI.

1. *Triton marbré* . . . . T. IX, p. 135
2. *Triton recourbé* . . . . T. IX, p. 151
3. *Triton poncticulé* . . . . T. IX, p. 152
Voyez, eu outre, pour le système dentaire, pl. CII, fig. 4.

PLANCHE CVII.

1. *Euprocte de Poiret*; 1 *a* et 1 *b*, la main et le pied . . . . T. IX, p. 160
Voyez, en outre, pour le système dentaire, pl. CII, fig. 5 et 6.

2. *Triton symétrique*; la tête dépouillée de ses parties molles et vue en dessus. . . . . . . T. IX, p. 155

La planche suivante, avec la 1.re figure de la pl. XCIV et avec la 3.e figure de la pl. XCVI, complète la série des figures relatives à la 3.e famille des *Batraciens Urodèles*, celle des *Amphiumides* ou *Pérobranches*.

PLANCHE CVIII.

1. *Amphiume pénétrante* ou à *deux doigts;* 1 *a*, la tête vue de profil; 1 *b*, le cloaque. . . . . T. IX, p. 203
2. *Amphiume à trois doigts;* la tête vue en dessus et 2 *a*, vue de profil . . . . T. IX, p. 203

Amiens. — Imp. de Duval et Herment, place Périgord, 3.

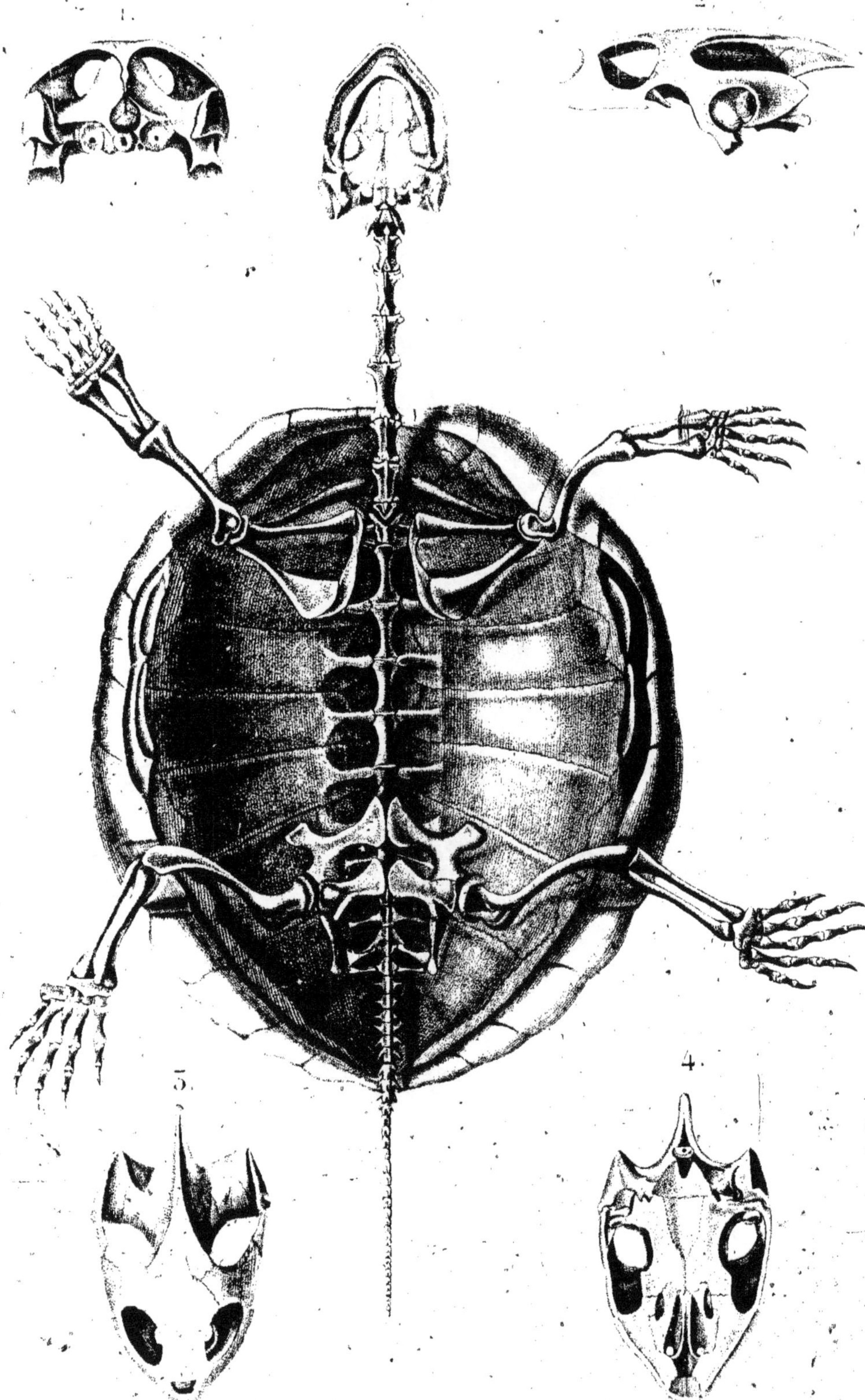
1.
2.
3.
4.

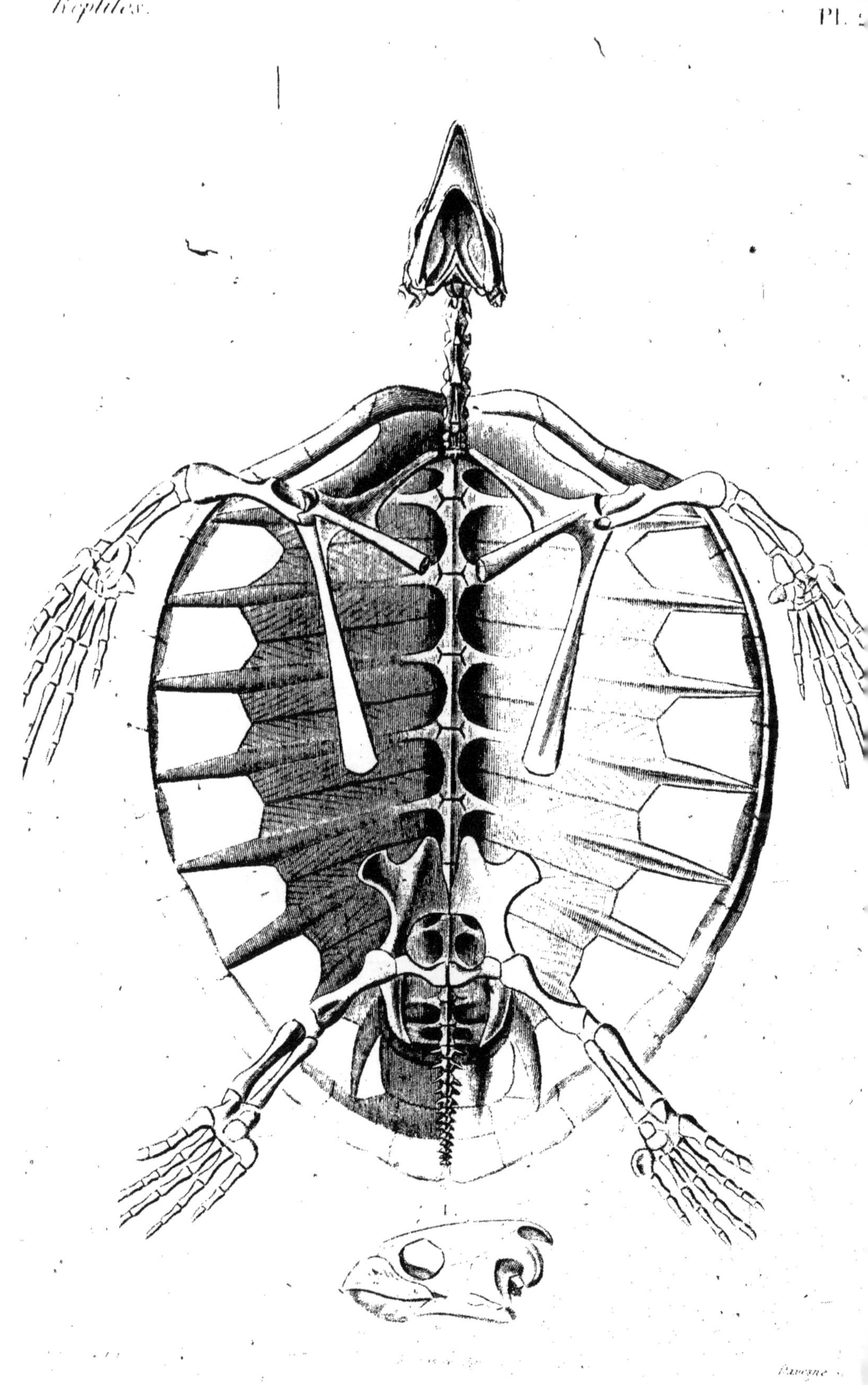

Reptiles.
PL.

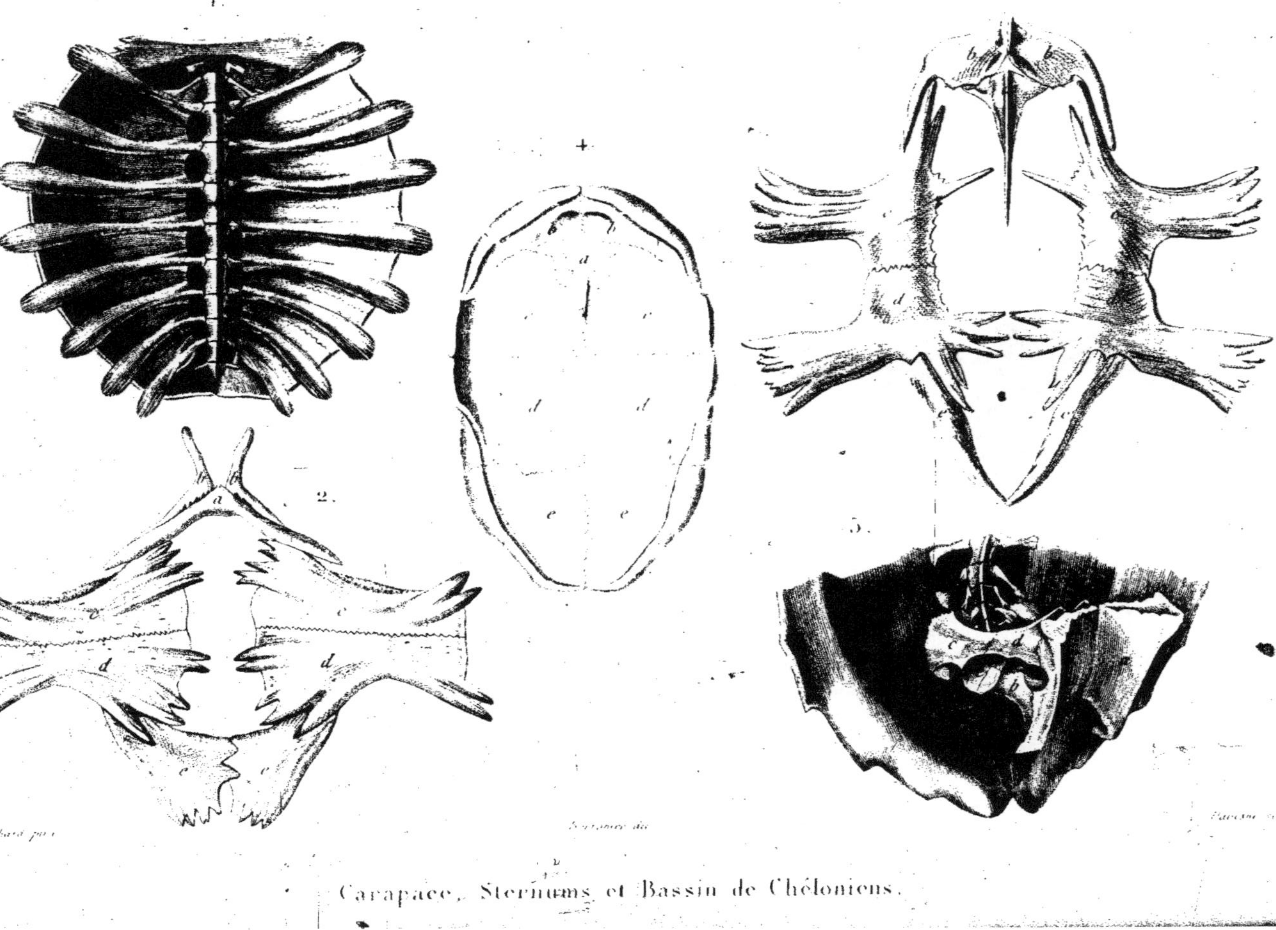

Carapace, Sternums et Bassin de Chéloniens.

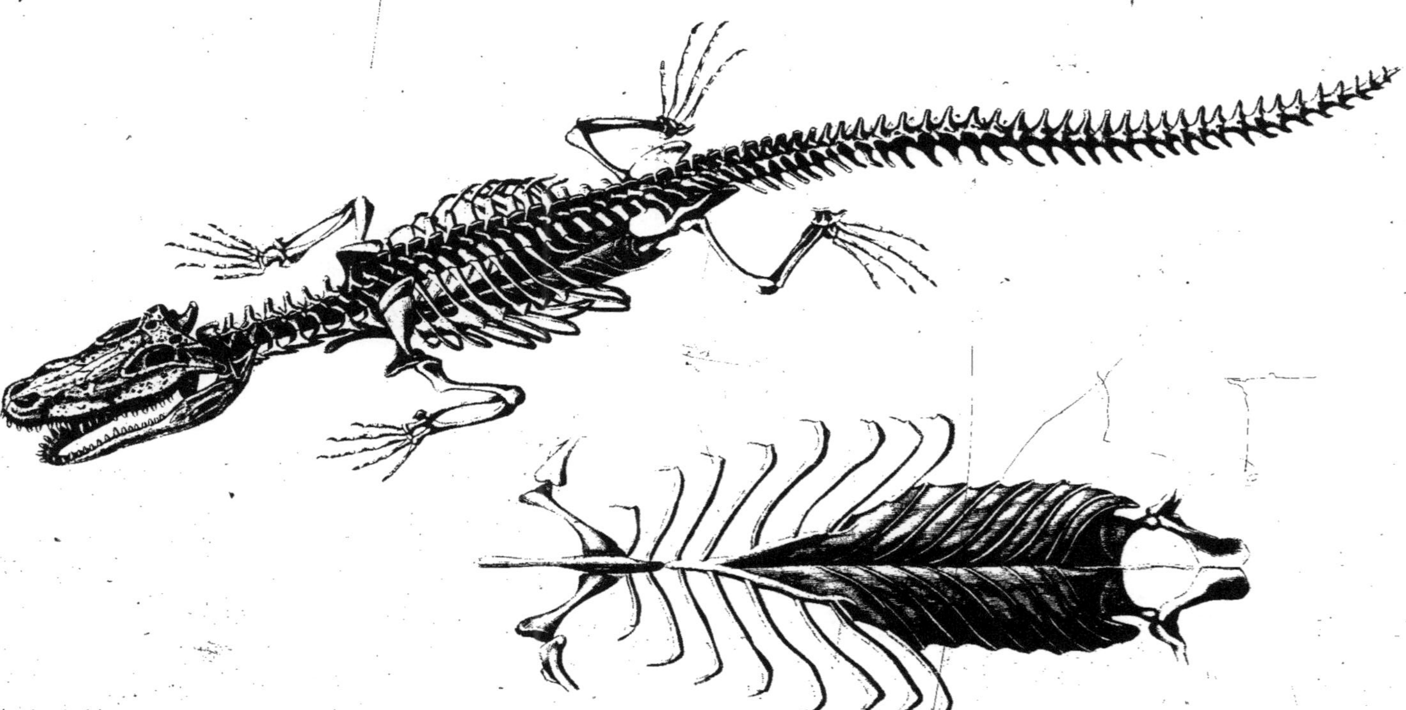

E. Blanchard del. *Borromée dir.* *Mme Fournier sc.*

Caïman à Museau de Brochet.

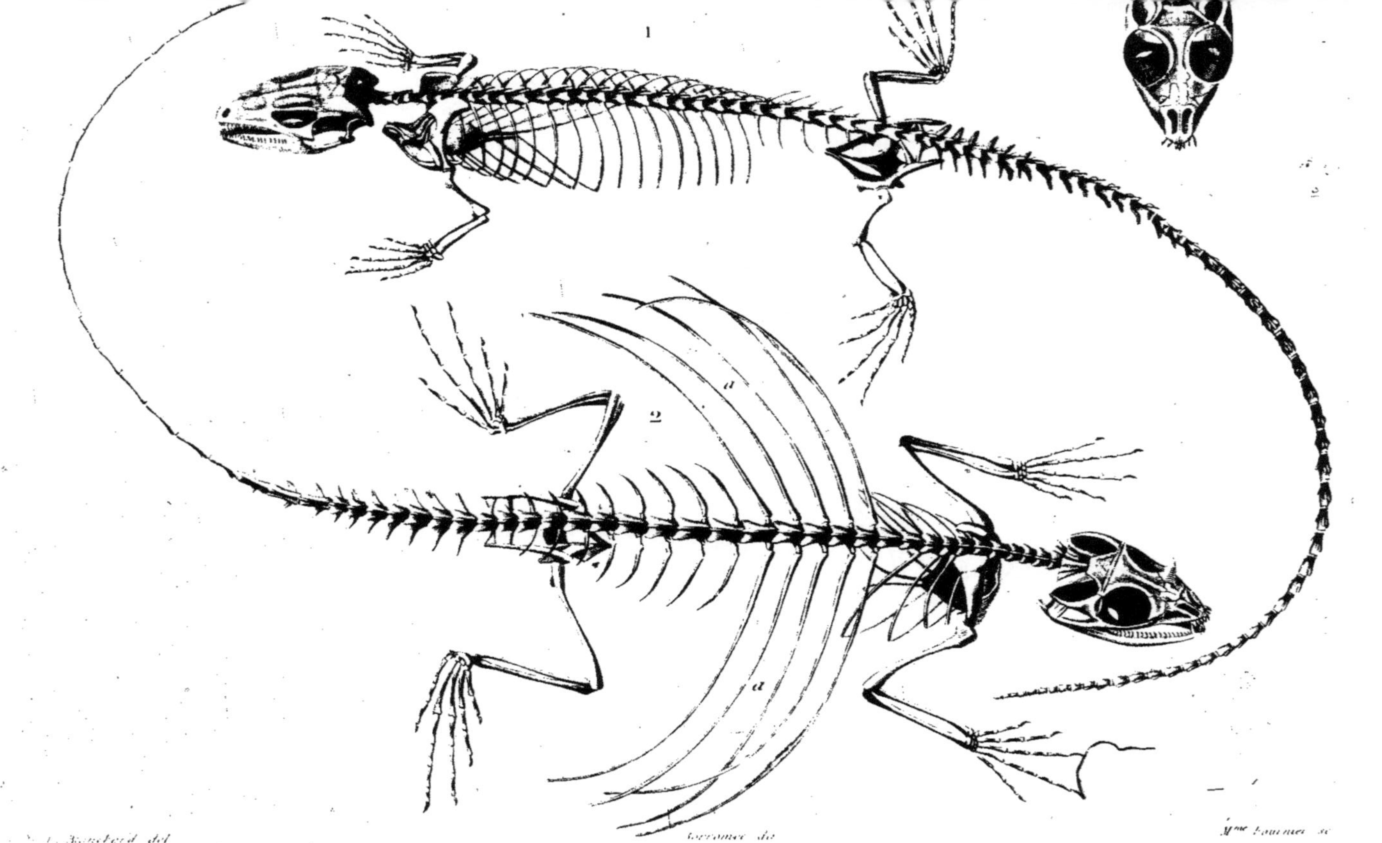

1. Lézard vert piqueté. 2. Dragon frangé.

1.

2.

3.

Prevost del. Bar. mée dir. Breton sc.

Caméléon ordinaire et têtes du Caméléon nez fourchu.

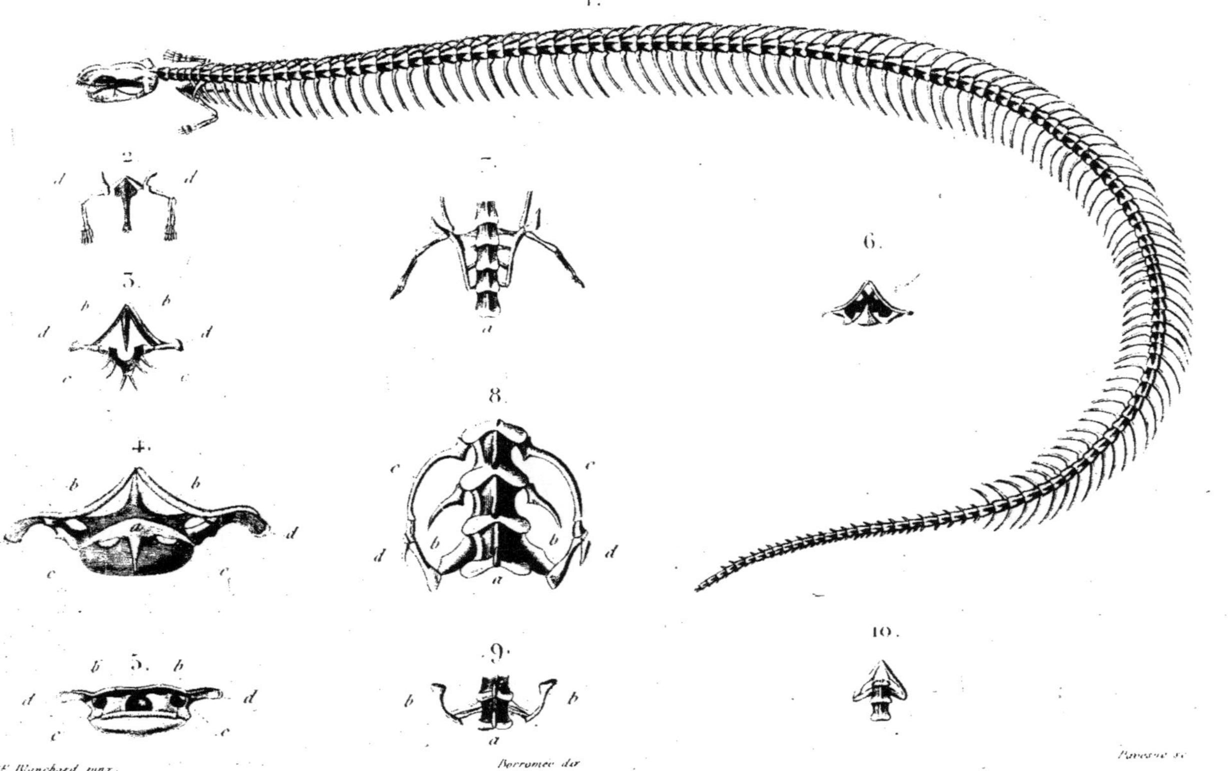

Squelette, Sternums et Bassins de Sauriens urobènes.

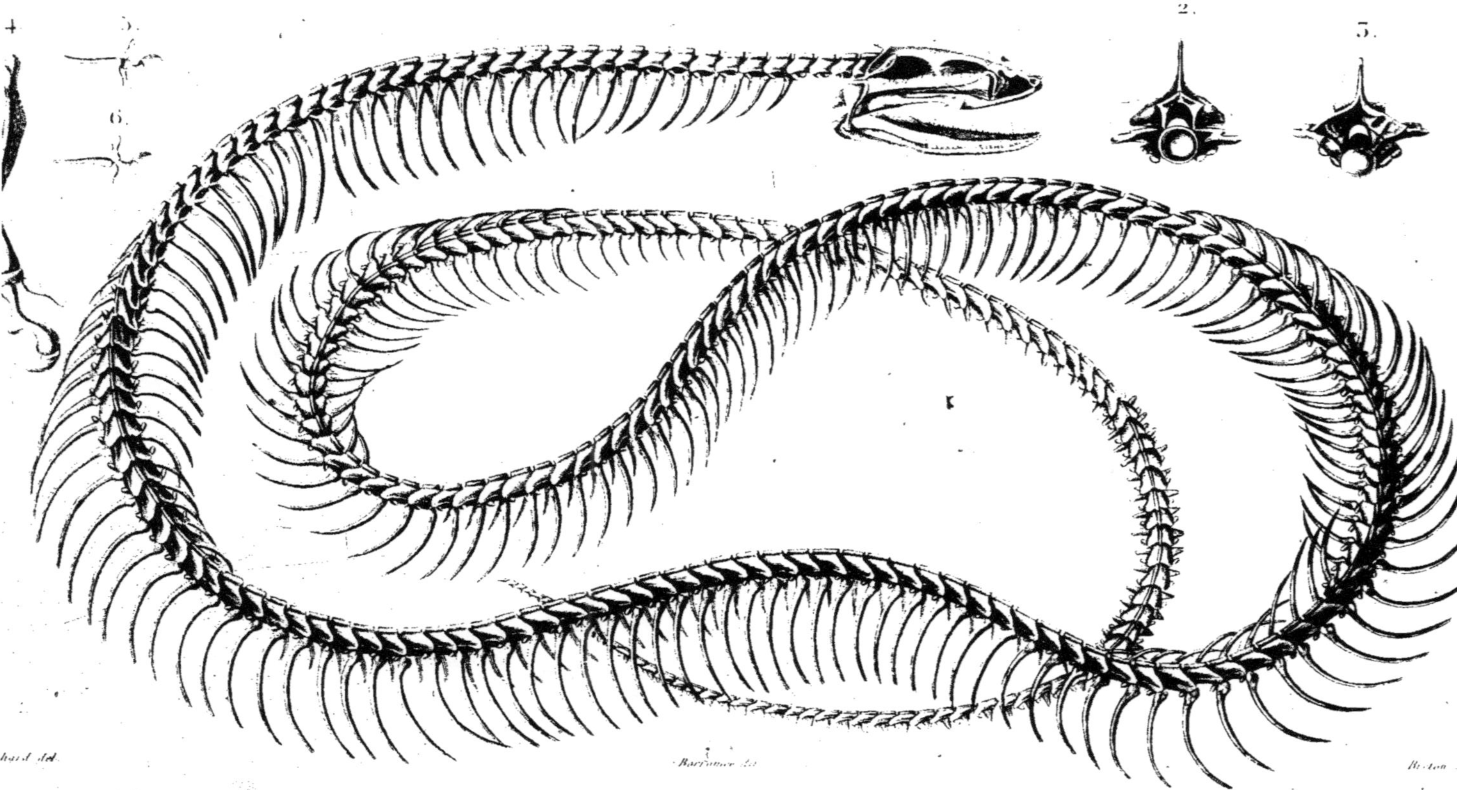

Couleuvre à collier et membres postérieurs d'ophidiens.

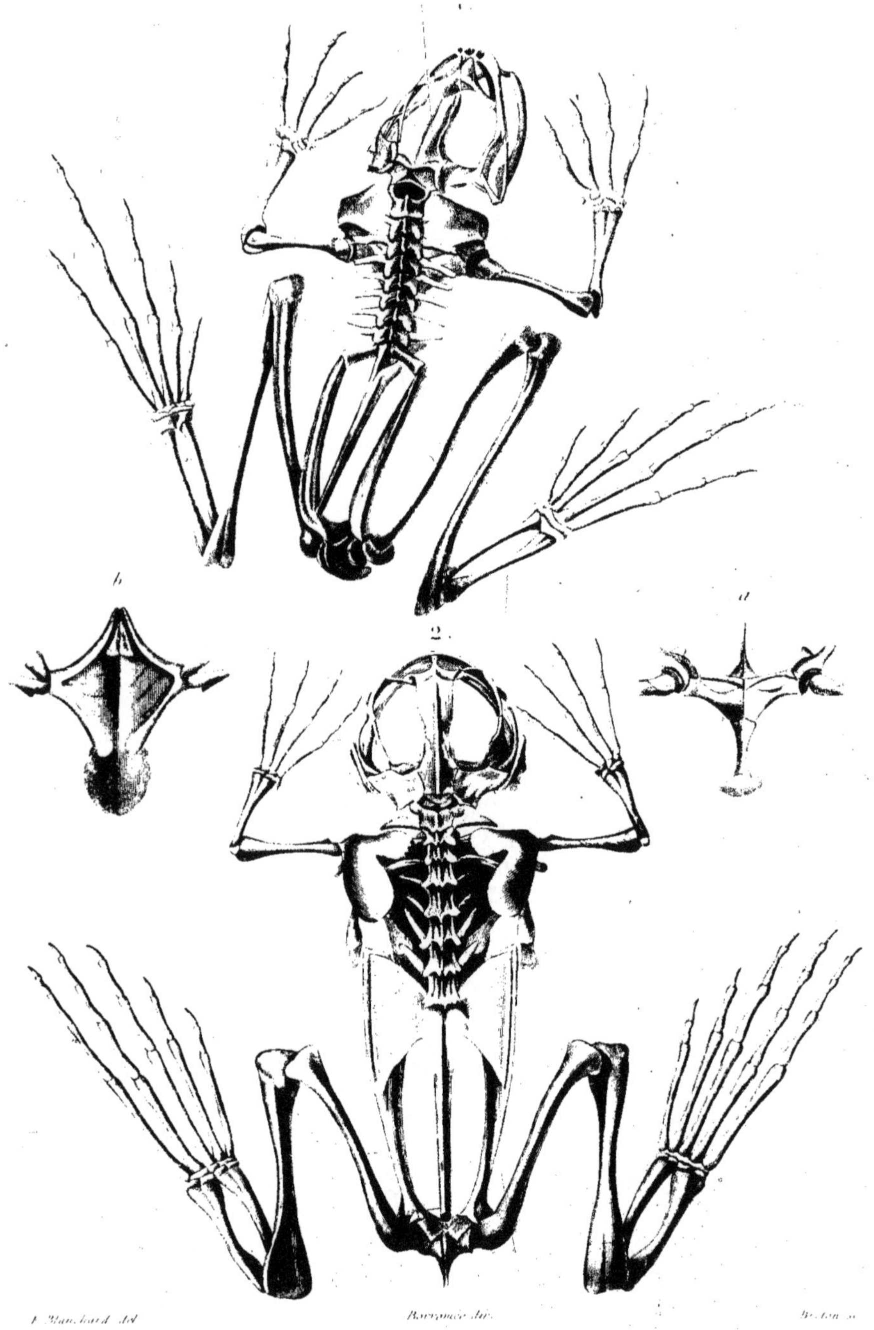

E. Blanchard del. Borromée dir. Becton sc.

1. Grenouille commune. 2. Dactylèthre de Delalande.

3. 4. 5.

1

2

F. Blanchard del. Bocourt dir.

1. Salamandre commune. 2. Sirène Lacertine.

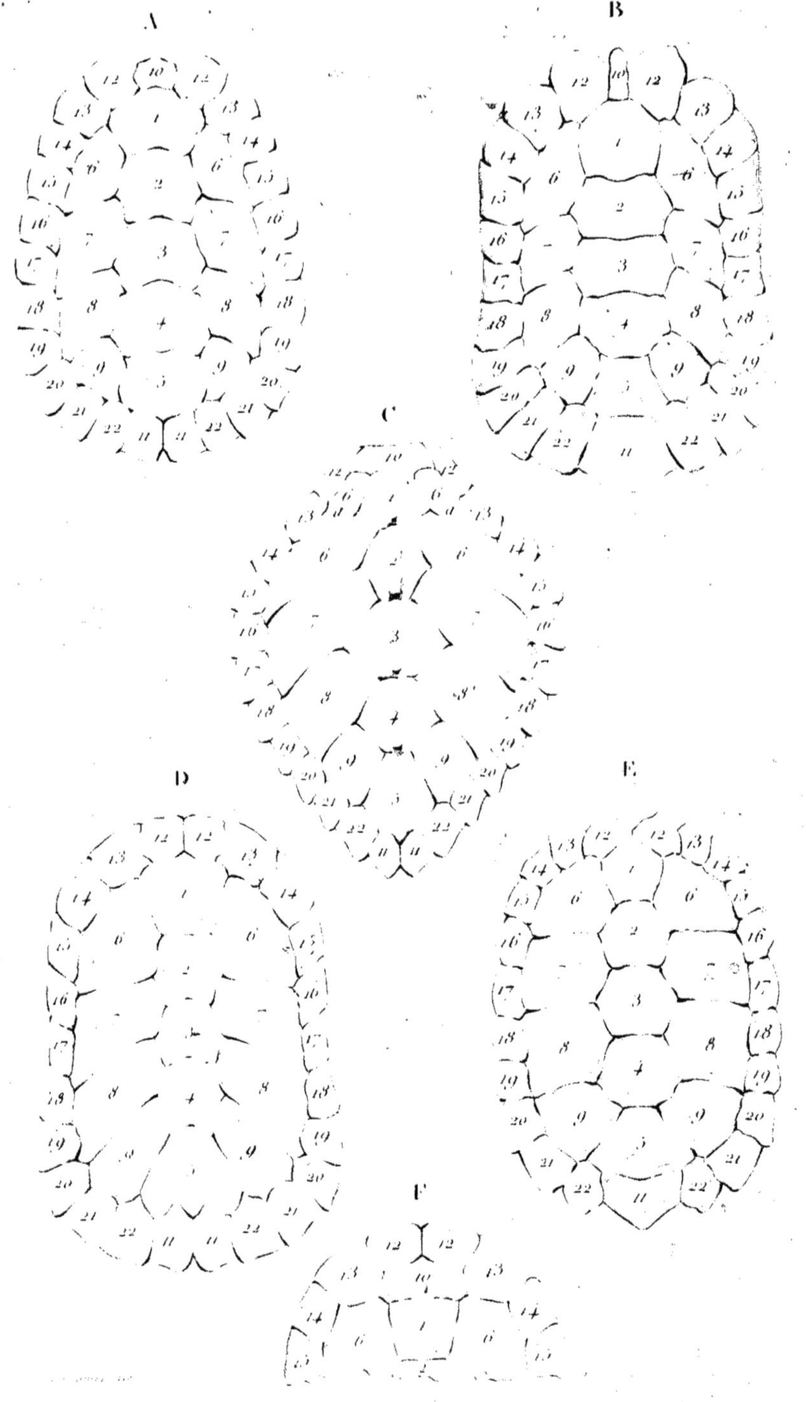

CARAPACES de

A. Emyde d'Europe — D. Pentonyx du Cap.

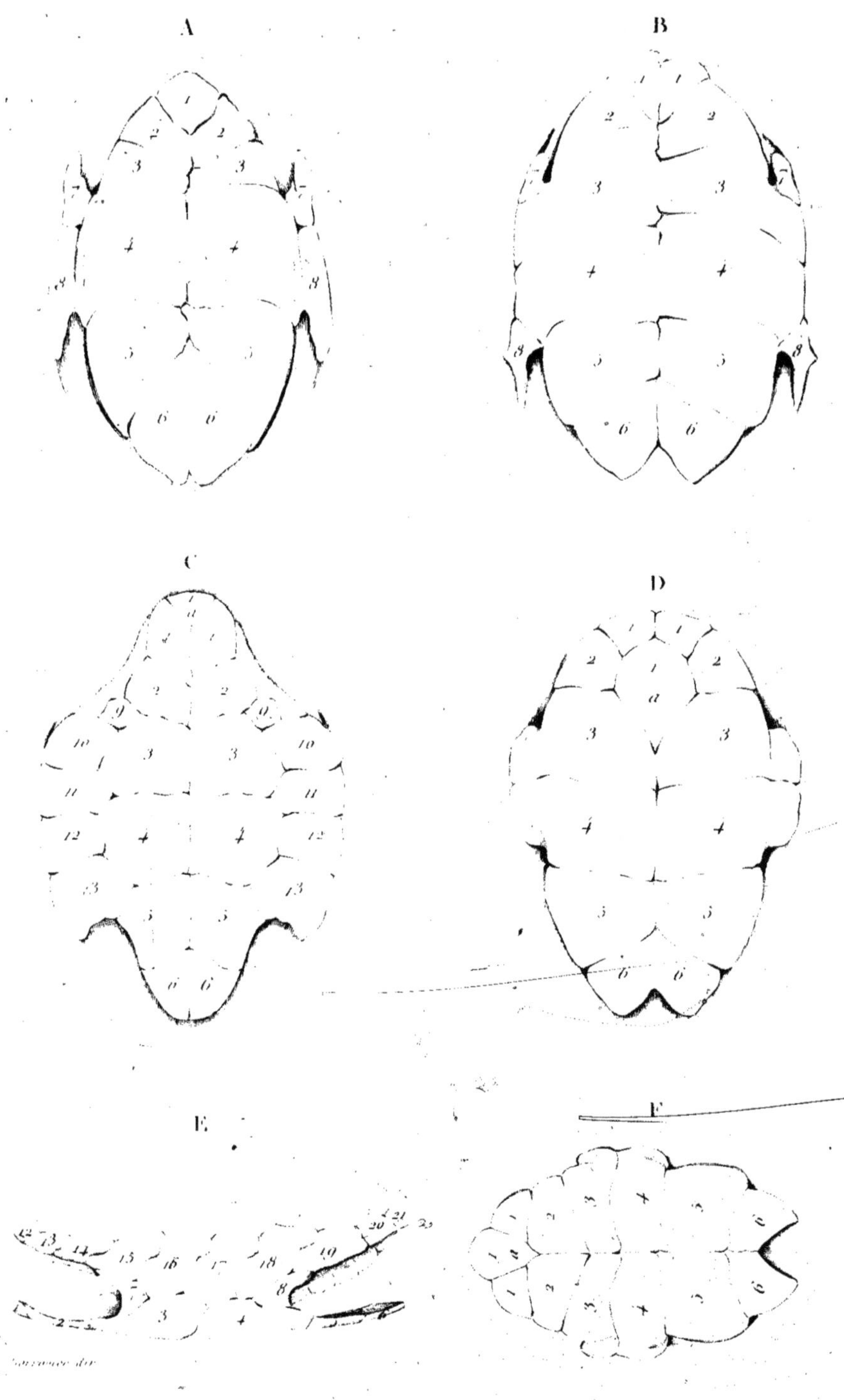

PLASTRONS de

A Cinosterne Scorpioïde. D Chélodine de la Nouvelle Hollande.

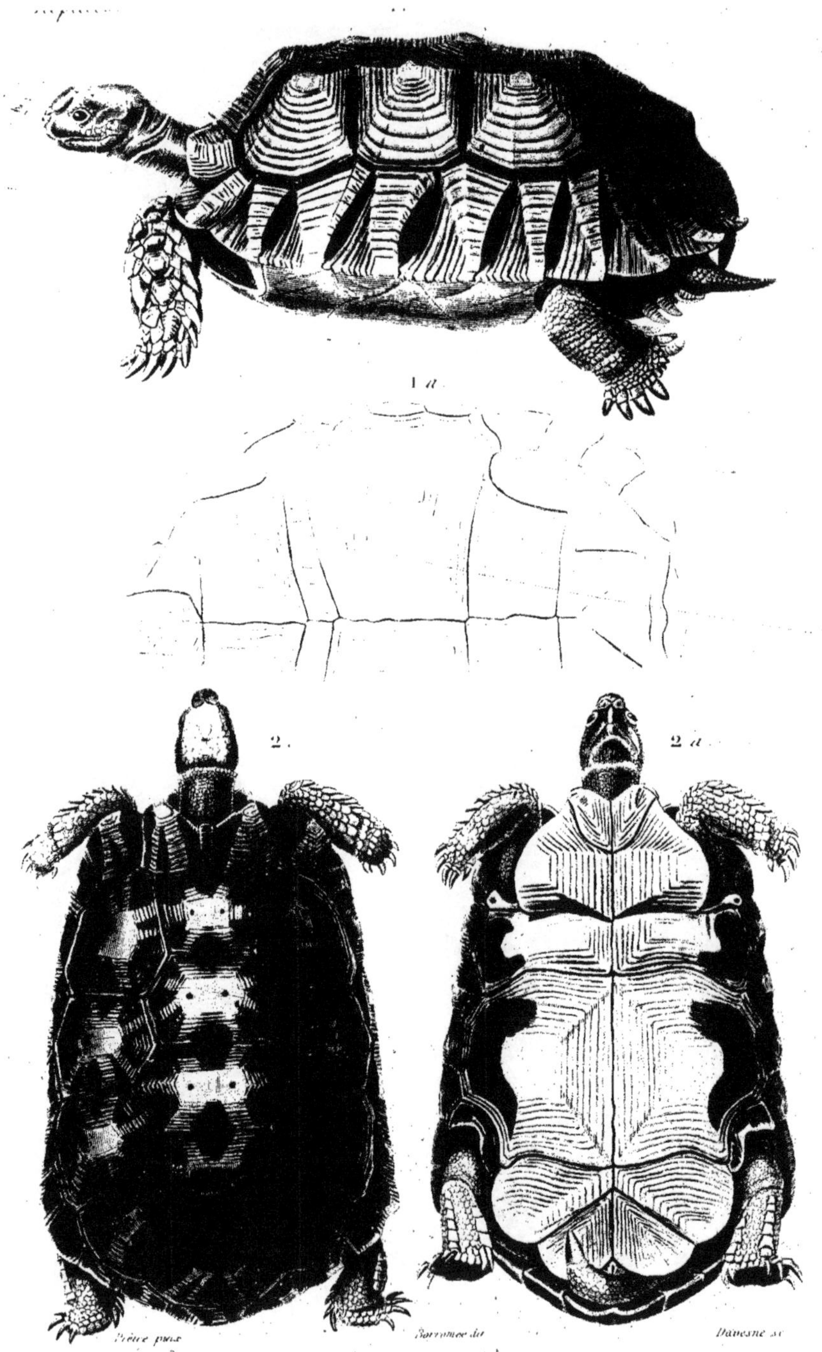

1. Tortue sillonnée. *Testudo sulcata.* N° 7, pag. 74, 2e Volume.

1 a son Sternum tronqué.

2. Pyxide arachnoïde. *Pyxis arachnoides.* N° 1, pag. 156, 2e Vol.

2 a la même vue en dessous.

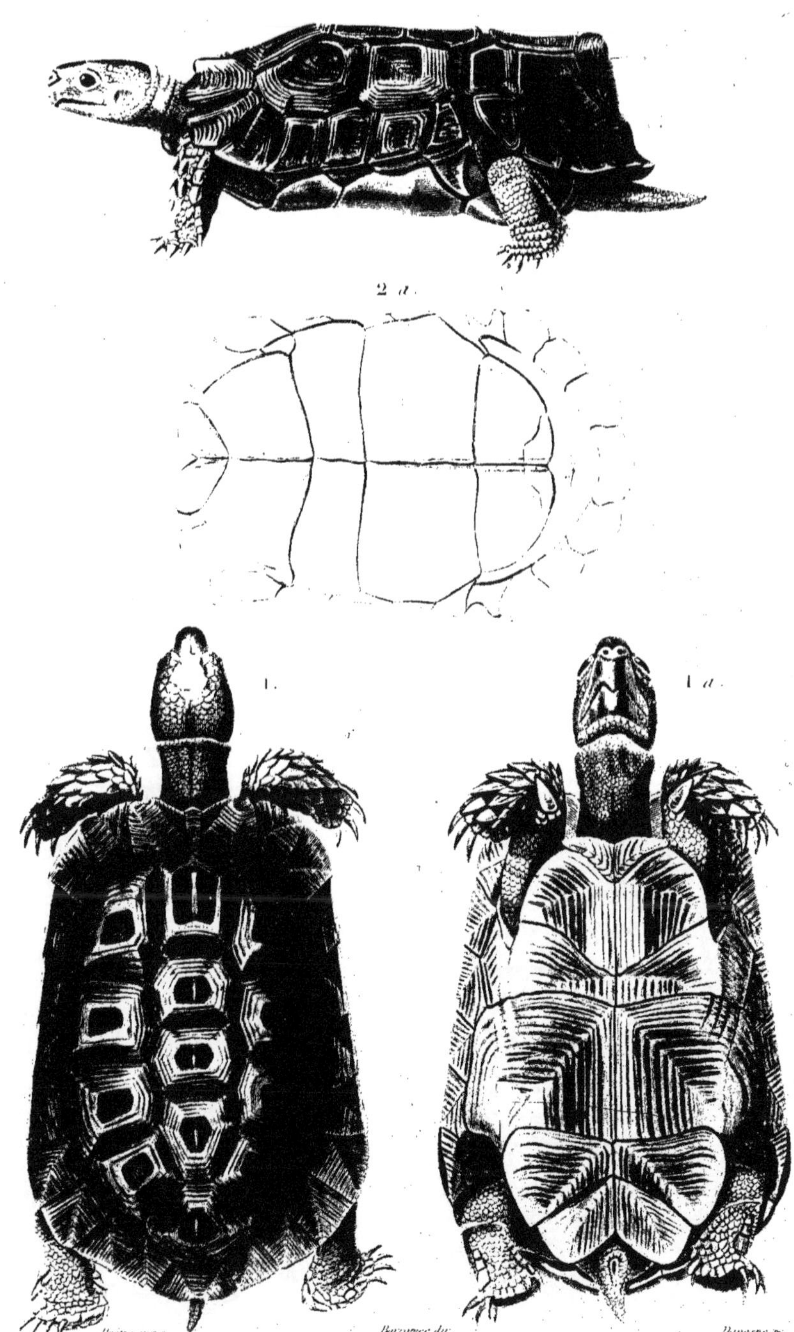

1. Homopode aréolé. *Homopus areolatus.* N°1, pag. 146, 2e Vol.

1 a. le même vu en dessous.

2. Cinixys de Home. *Cinixys homeana.* N°1, pag. 161, 2e Volume

2 a. son Sternum.

1 a

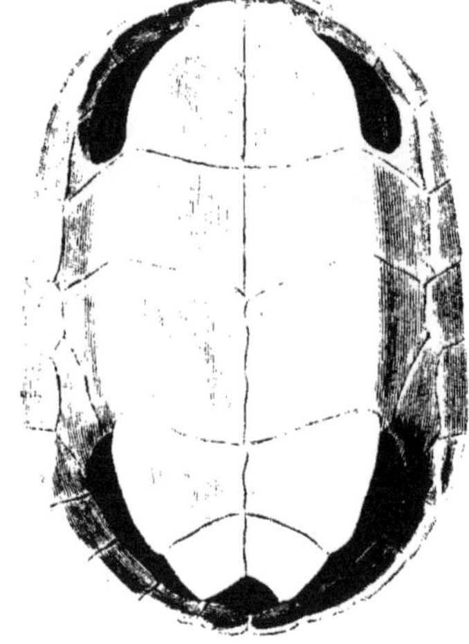

2 a.

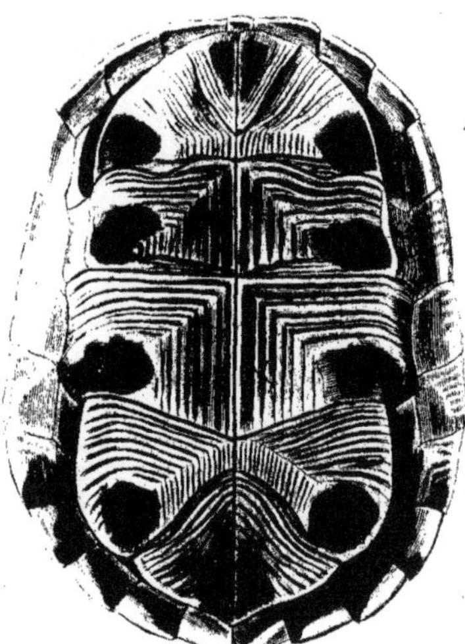

2.

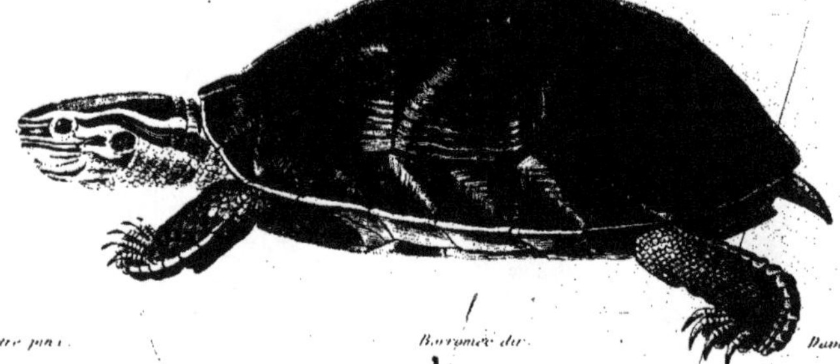

Prêtre pinx. *Borromée dir.* *Dauesne sc.*

1. Emyde ocellée. *Emys ocellata. N.° 32, pag. 329, 2.e Volume.*

1 a. son Sternum.

2. Cistude d'Amboine. *Cistuda amboinensis. N.° 2, pag. 215, 2.e Vol.*

2 a. son Sternum.

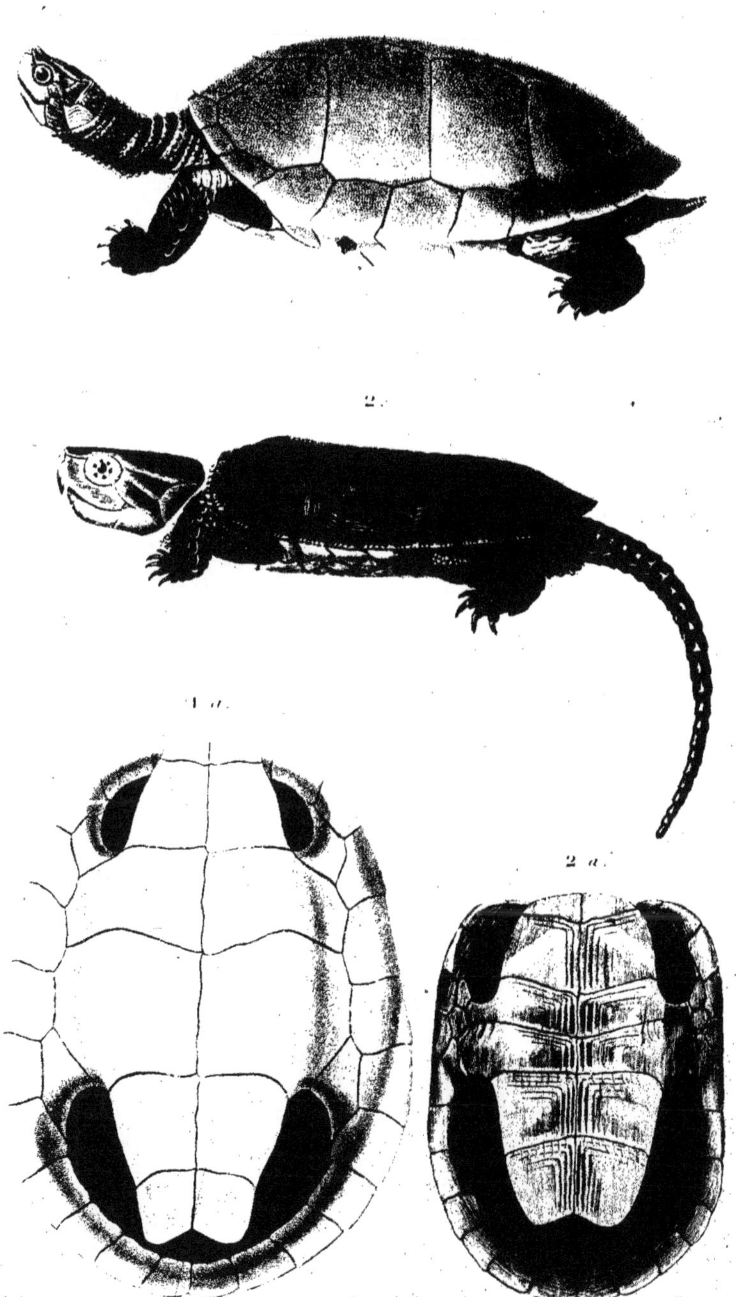

2.

1 a.

2 a.

Prêtre pinx. Borromée dir. Forget sc.

1. Tétronyx de Lesson. *Tom. 2, pag. 338, N.º 1.*

1 a. son Sternum.

2. Platysterne mégacéphale. *Tom. 2, pag. 344, N.º 1.*

2 a. son Sternum.

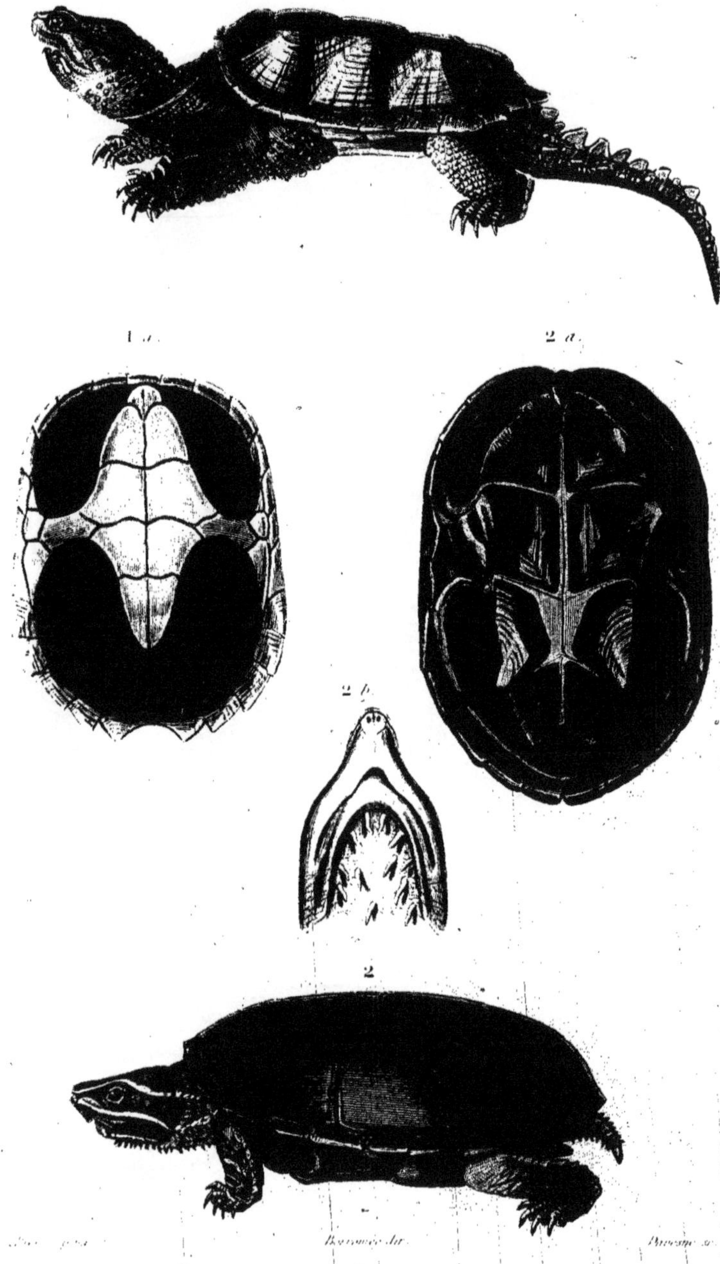

1. **Emysaure serpentine**. *Tom. 2, pag. 350, N° 1.*

1 *a*. son Sternum.

2. **Staurotype musqué**. *Tom. 2, pag. 358, N° 2.*

2 *a*. son Sternum. 2 *b*. sa tête vue en dessous.

1 *a*.

2 *a*.

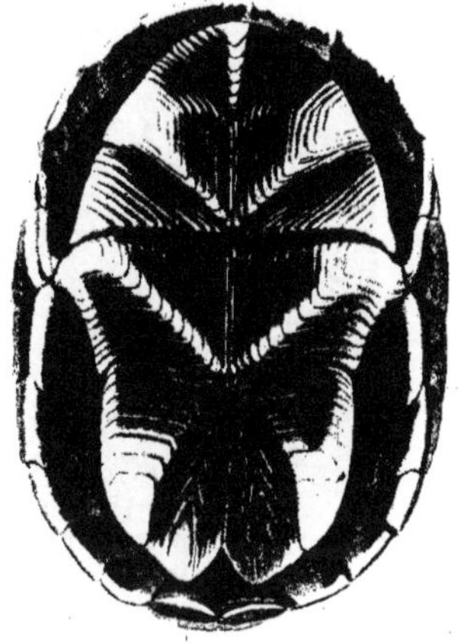

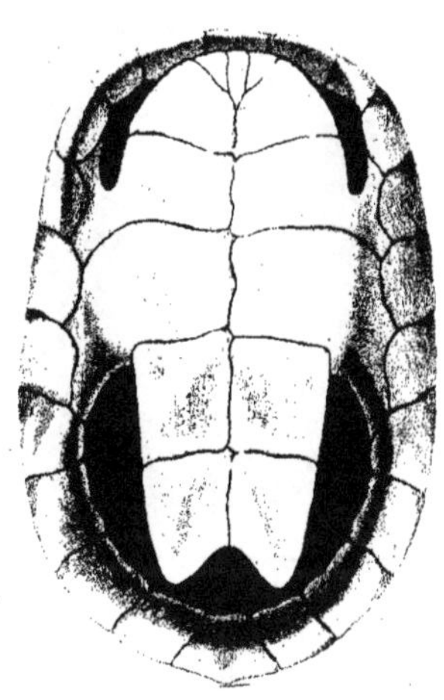

2.

Prêtre pinx. *Bocourt del.* *Forget sc.*

1. Cinosterne de Pensylvanie. *Tom. 2, pag. 367, N° 2.*

1 *a*. son Sternum.

2. Peltocéphale tracaxa. *Tom. 2, pag. 378, N° 1.*

2 *a*. son Sternum.

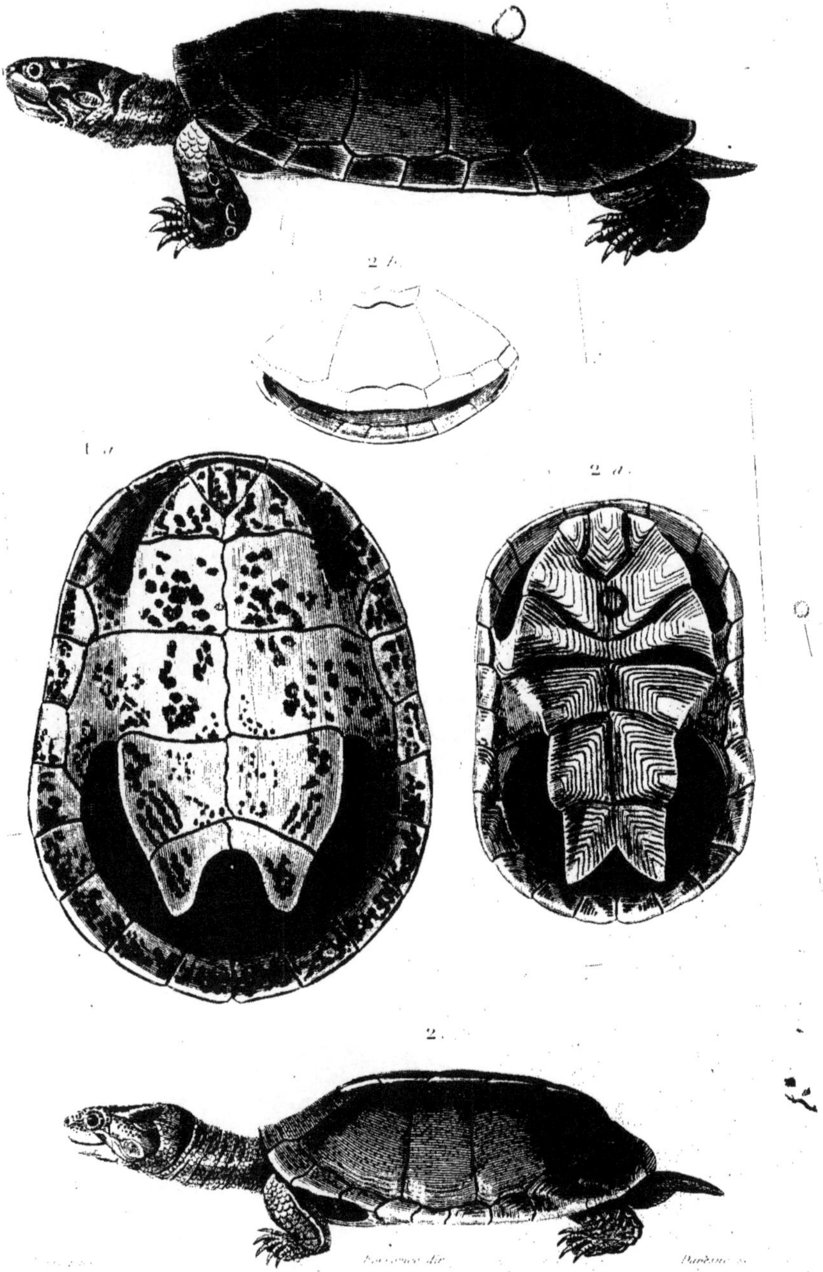

1. Podocnémide élargie. *Tom. 2. pag. 383, N° 1.*

1 *a.* son Sternum.

2. Pentonyx du Cap. *Tom. 2. pag. 390, N° 1.*

2 *a.* son Sternum. 2 *b.* la Carapace vue en avant.

1 *a*.

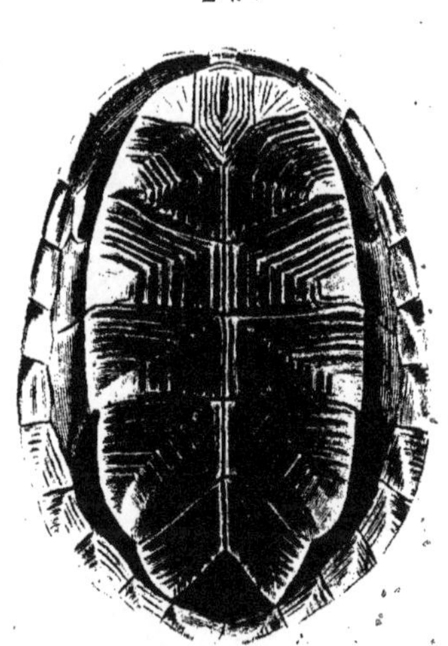

2 *a*.

2.

Prêtre pinx. *Borromée dir.* *Duvesne sc.*

1. Sternothère marron. *Sternotherus castaneus.* N°3, pag. 401, 2e Vol.

1 *a*. son Sternum.

2. Platémyde bossue. *Platemys gibba.* N°4, pag. 416, 2e Volume

2 *a*. son Sternum.

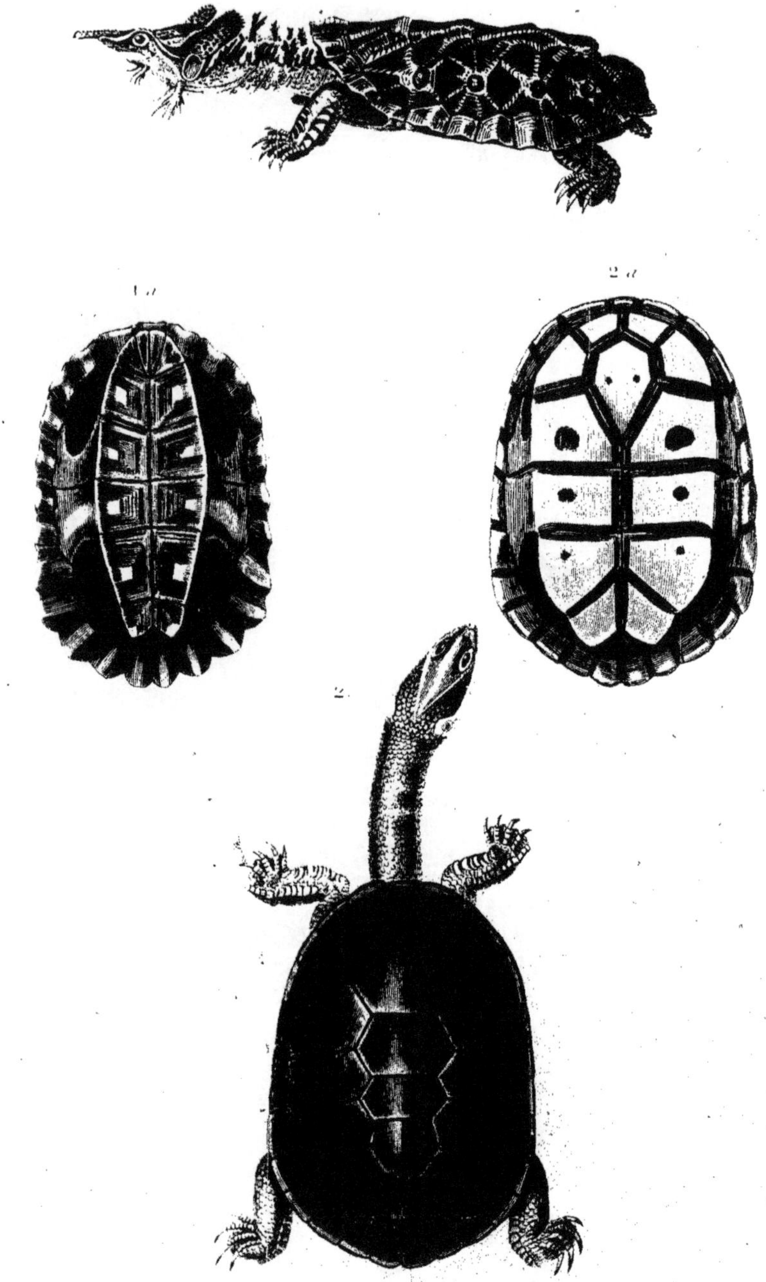

1. Chélyde matamata, jeune. Tom. 2, pag. 455, N° 1.

1 a. Son Sternum.

2. Chelodine de la nouvelle Hollande. Tom. 2, pag. 44[illegible], N° 1.

2 a. Son Sternum.

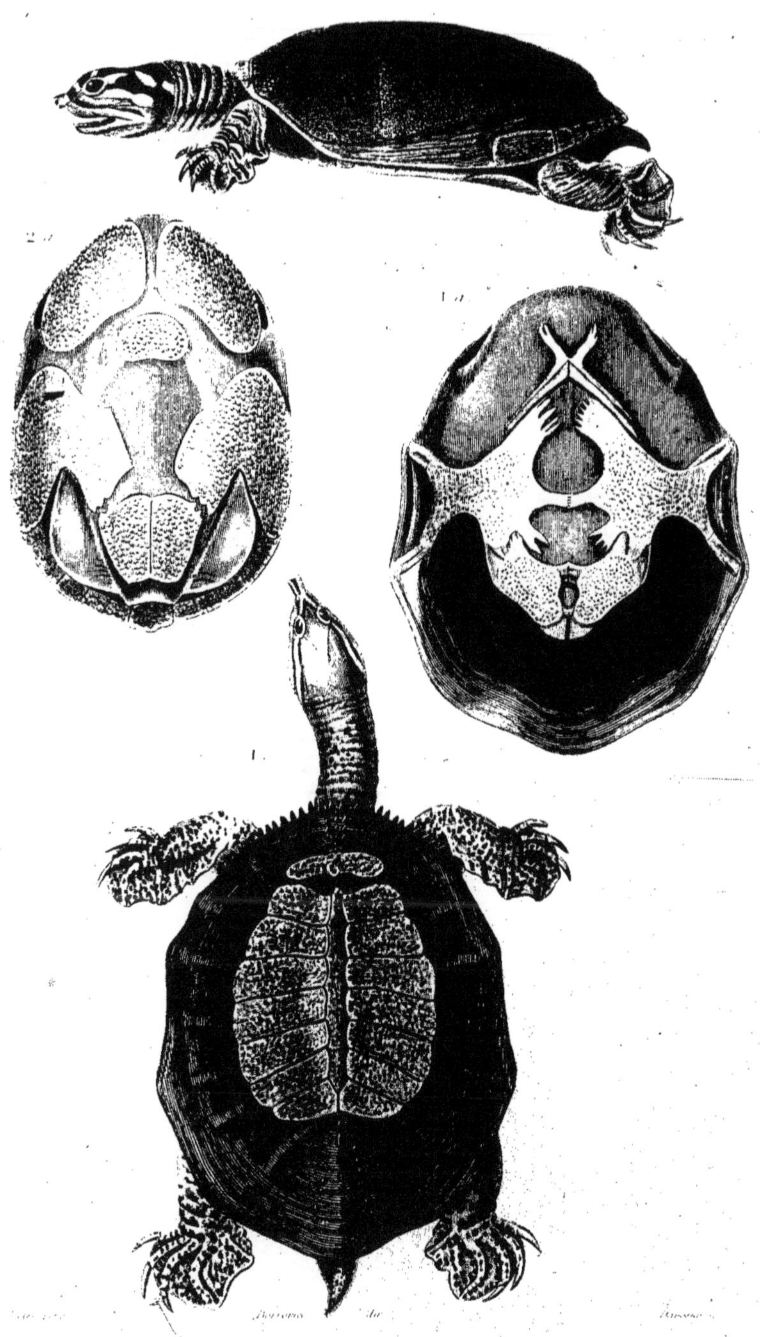

1. Gymnopode spinifère. *Tom. 2, pag. 477, N° 1.*
1. *a.* son Sternum.
2. Cryptopode chagriné. *Tom. 2. pag. 501, N° 1.*
2. *a.* son Sternum.

2.

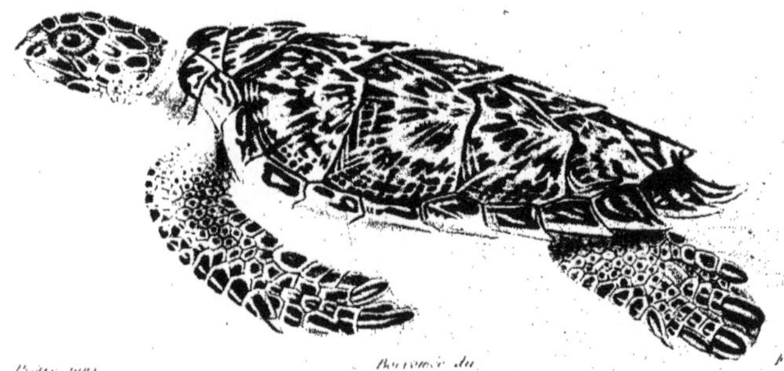

Prêtre pinx *Borromée del* *Forget sc*

1. Chélonée marbrée. *Tom. 2, pag. 546, N.º 4.*

1 *a*. la tête vue en dessus.

2. Chélonée imbriquée. *Tom. 2, pag. 547, N.º 5.*

2 *a*. son Sternum. 2 *b*. tête vue en dessus.

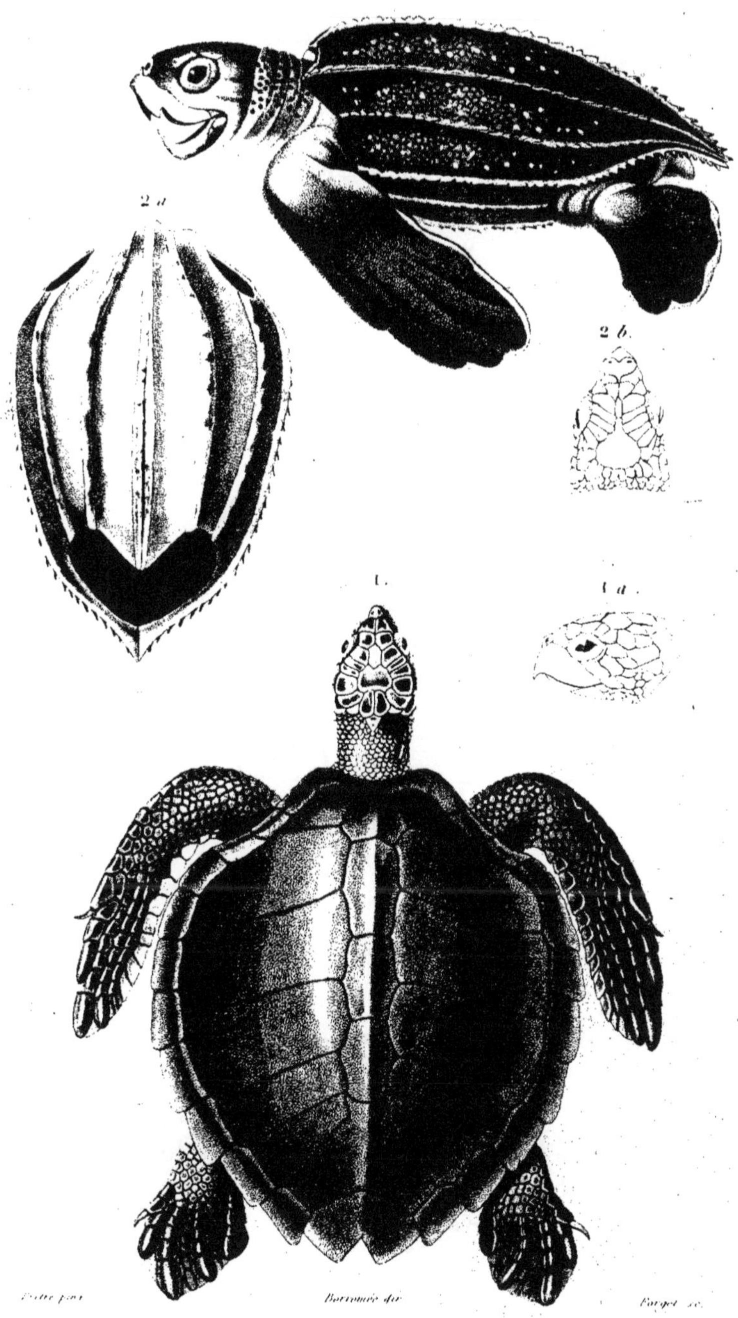

1. Chélonée de Dussumier. *Tom. 2, pag. 557, N° 7.*

1 *a*. la tête vue de profil.

2. Sphargis Luth. *Tom. 2, pag. 560, N° 1.*

2 *a*. son Sternum. 2 *b*. tête d'un jeune individu.

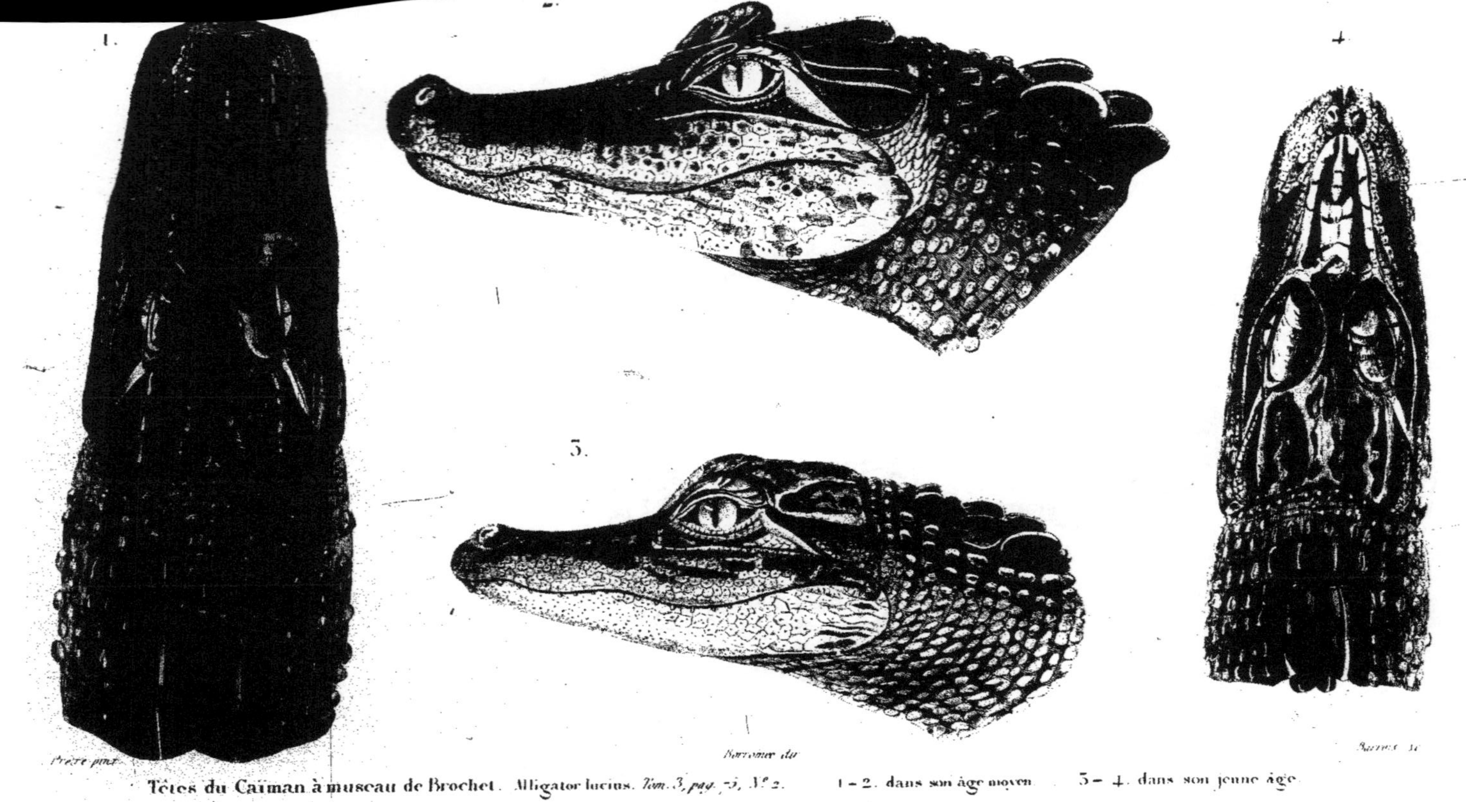

Têtes du Caïman à museau de Brochet. Alligator lucius. *Tom. 3, pag. 75, N° 2.* 1–2. dans son âge moyen. 3–4. dans son jeune âge.

1. Caïman à museau de Brochet. Alligator lucius. *Tom. 3, pag. 79, N.° 2.* 1 a. La tête et le cou du même vus en dessus.
2. Gavial du Gange (Profil de la tête du) Gavialis Gangeticus. *Tom. 3, pag. 154, N.° 1.*

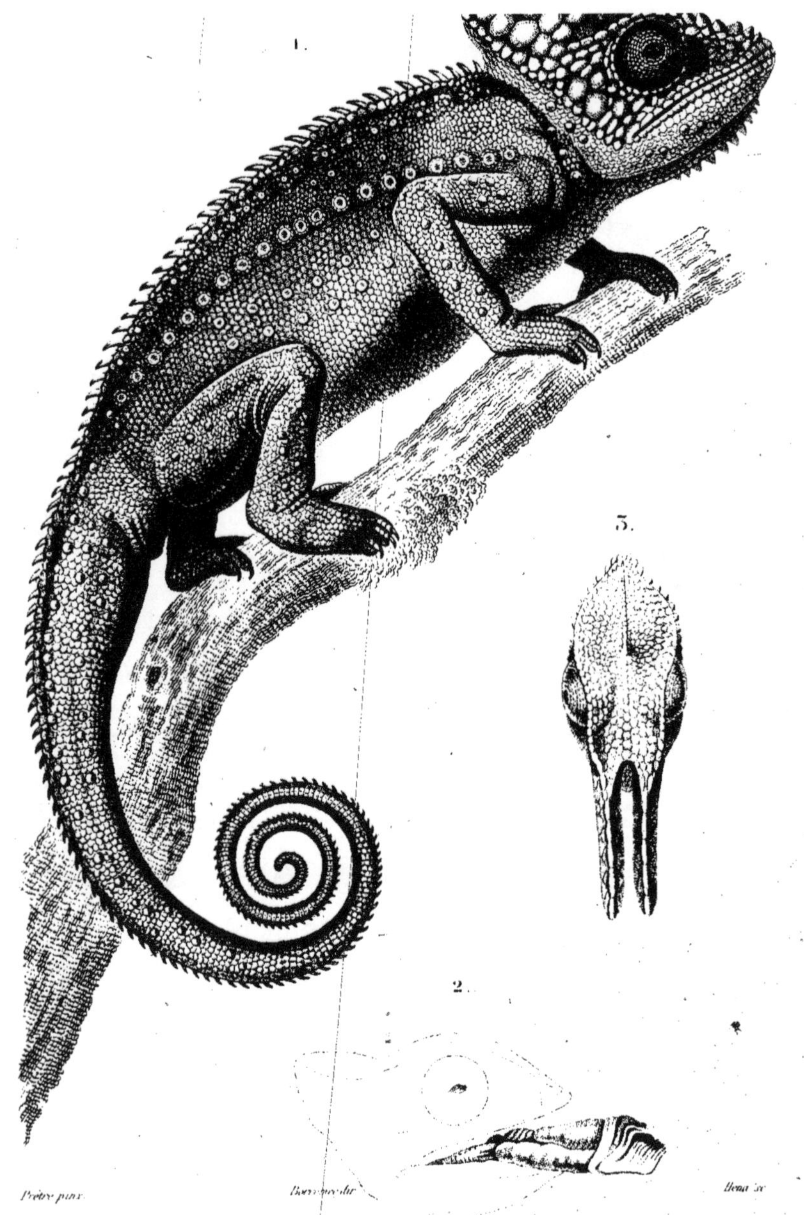

Prêtre pinx. *Borromée dir.* *Bena sc.*

1. Caméléon verruqueux. Chamæleo verrucosus, *Tom. 3, pag. 210, N.° 2.* 2. Caméléon du Sénégal. (Tête et Langue du) Chamæleo Senegalensis, *Tom. 3, pag. 221, N.° 7.* 3. Caméléon à nez fourchu. (Tête du) Chamæleo bifidus. *Tom. 3, pag. 233, N.° 13.*

Prêtre pinx. *Bévalet dir.* *Bar... sc.*

1. Platydactyle des Seychelles *Tom. 3, pag. 310 N° 5.* 1*a*. un de ses doigts vu en dessous. 2 Platydactyle Cépédien (main du) *Tom. 3, pag. 301, N° 2.* 2*a*. un doigt vu en dessous. 3. Platydactyle d'Egypte (main du) *Tom. 3, pag. 322, N° 9.* 3*a*. un doigt vu en dessous. 4 Platydactyle à gouttelettes (main du) *Tom. 3, pag. 328, N° 12.* 4*a*. un doigt vu en dessous. 5 Platydactyle Homalocéphale (main du) *T. 3, p. 339, N° 17.* 5*a*. un doigt vu en dessous. 6 Platydactyle de Leach (main du) *T. 3, p. 315, N° 7.* 6*a*. un doigt vu en dessous. 7. Hemidactyle Oualien (main de l') *T. 3, p. 350, N° 1.* 7*a*. un doigt vu en dessous. 8 Hemidactyle à écailles trièdres (main de l') *T. 3, p. 356, N° 5.* 8*a*. un doigt vu en dessous.

1. Platydactyle Homalocéphale. *Tome III. pag. 339. N°1.* — 1 a. Extrémité du tronc et origine de la queue en dessous.

1. Hémidactyle de Péron. *Tome III pag. 352. N° 2.* 1 a Le trait de la tête en dessus. 1 b La même en dessous.

2. Hémidactyle bordé. *Tome III pag. 370. N° 14.* 2 a Sa tête de profil. 2 b La même en dessous.

1. Ptyodactyle rayé. *Tome III, pag. 384, N° 3.* 1 a. Sa tête vue en dessus. 1 b et 1 c. Les pattes antérieures et postérieures en dessous.

Prêtre del. Bareys sc.

1. Phyllodactyle Strophure. *Tome III. pag. 397. N.º 6.* 1 *a*. Le trait de grand.r nat.le 1 *b*. La tête vue de profil et grossie.

2. Sphériodactyle bizarre. *T. III. p. 406. N.º 3.* 2 *a*. Le trait de grand.r nat.le 2 *b*. La tête vue en dessus. 2 *c*. 2 *d*. Pattes ant. et post. 2 *e*. Les Ecailles.

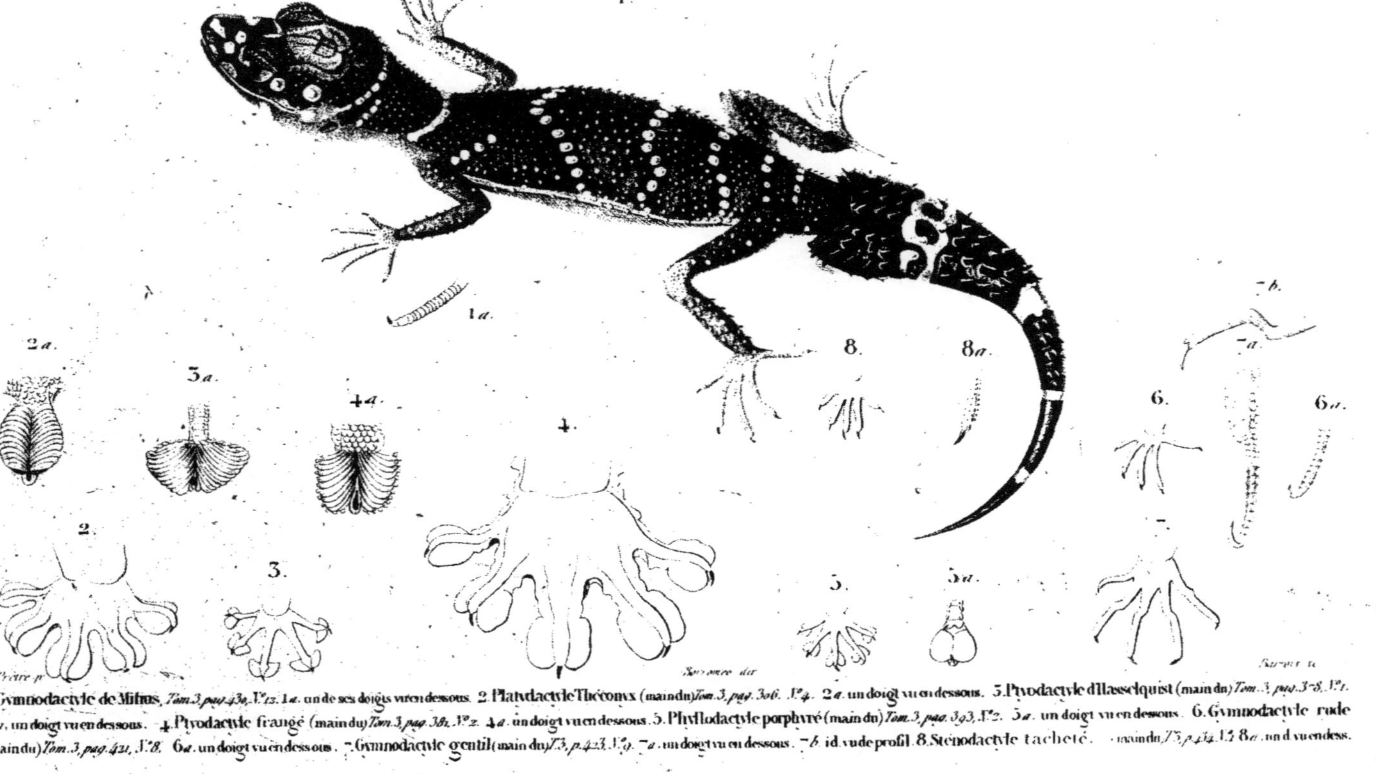

1. Gymnodactyle de Mitrus, *Tom. 3, pag. 430, N°. 13.* 1*a*. un de ses doigts vu en dessous. 2. Platydactyle Théconyx (main du) *Tom. 3, pag. 306, N°. 4.* 2*a*. un doigt vu en dessous. 3. Ptyodactyle d'Hasselquist (main du) *Tom. 3, pag. 378, N°. 1.* 3*a*. un doigt vu en dessous. 4. Ptyodactyle frangé (main du) *Tom. 3, pag. 381, N°. 2.* 4*a*. un doigt vu en dessous. 5. Phyllodactyle porphyré (main du) *Tom. 3, pag. 393, N°. 2.* 5*a*. un doigt vu en dessous. 6. Gymnodactyle rude (main du) *Tom. 3, pag. 421, N°. 8.* 6*a*. un doigt vu en dessous. 7. Gymnodactyle gentil (main du) *T. 3, p. 423, N°. 9.* 7*a*. un doigt vu en dessous. 7*b*. id. vu de profil. 8. Sténodactyle tacheté. (main du) *T. 3, p. 434, N°. 1.* 8*a*. un d. vu en dess.

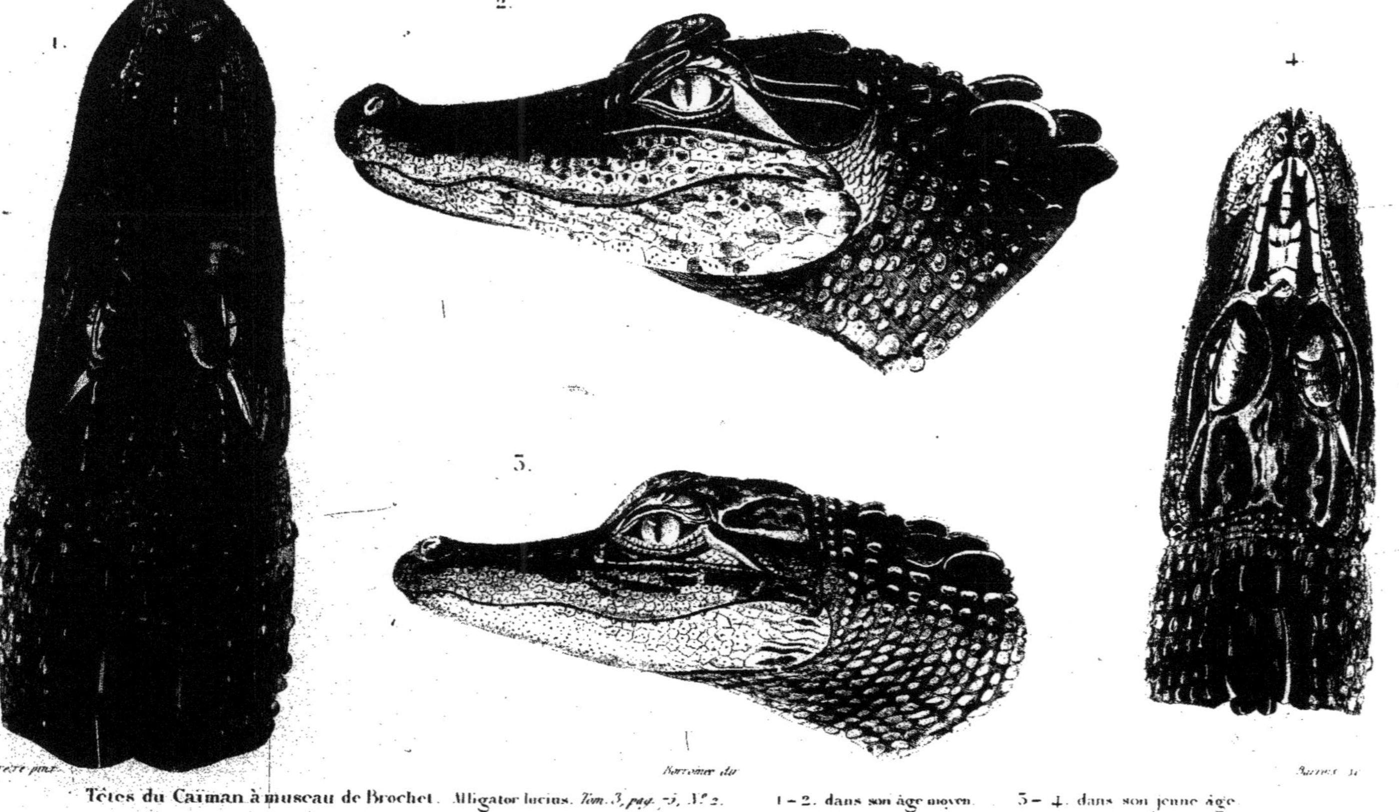

Têtes du Caïman à museau de Brochet. Alligator lucius. *Tom. 3, pag. 75, N.º 2.* 1–2. dans son âge moyen. 3–4. dans son jeune âge.

1. Caïman à museau de Brochet, Alligator lucius. *Tom. 3, pag. 75, N.° 2.* 1 a. La tête et le cou du même vus en dessus.
2. Gavial du Gange (Profil de la tête du) Gavialis Gangeticus. *Tom. 3, pag. 134, N.° 1.*

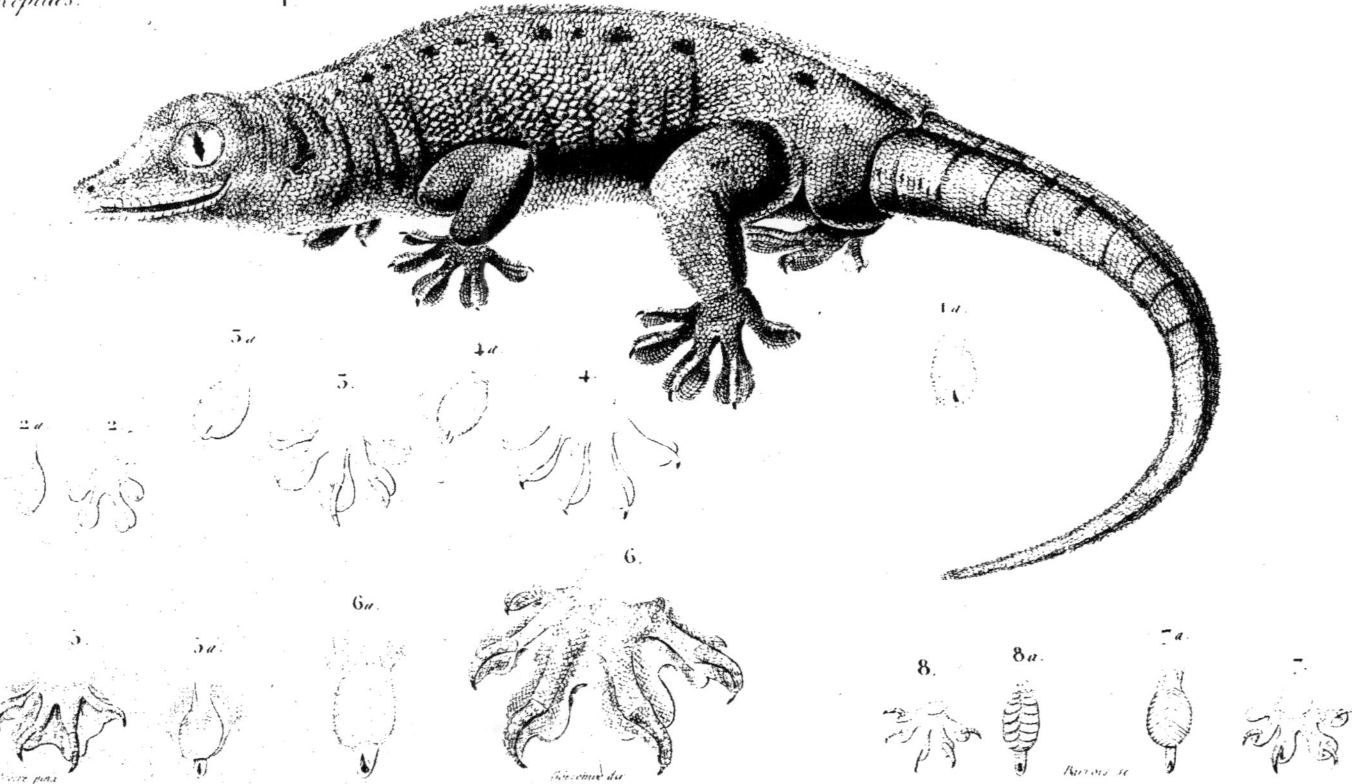

1. Platydactyle des Seychelles. *Tom. 3, pag. 310 N° 5.* 1 a. un de ses doigts vu endessous. 2. Platydactyle Cépédien (main du) *Tom. 3, pag. 301, N° 2.* 2 a. un doigt vu endessous. 3. Platydactyle d'Egypte (main du) *Tom. 3, pag. 322, N° 9.* 3 a. un doigt vu en dessous. 4. Platydactyle à gouttelettes (main du) *Tom. 3, pag. 328, N° 12.* 4 a. un doigt vu en dessous. 5. Platydactyle Homalocéphale (main du) *T. 3, p. 339, N° 17.* 5 a. un doigt vu endessous. 6. Platydactyle de Leach (main du) *T. 3, p. 313, N° 6.* 6 a. un doigt vu endessous. 7. Hemidactyle Oualien (main de l') *T. 3, p. 310, N° 1.* 7 a. un doigt vu endessous. 8. Hemidactyle à écailles trièdres (main de l') *T. 3, p. 356, N° 5.* 8 a. un doigt vu en dessous.

1. Platydactyle Homalocéphale. *Tome III, pag. 339, N° 7.* 1 a Extrémité du tronc et origine de la queue en dessous.

1. Ptyodactyle rayé. *Tome III, pag. 384. N° 3.* 1 a. Sa tête vue en dessus. 1 b et 1 c. Les pattes antérieures et postérieures en dessous.

Prêtre del. Bargas sc.

1. Phyllodactyle Strophure. *Tome III. pag 397. N° 6.* 1 a. Le trait de grand.r nat.le 1 b. La tête vue de profil et grossie.

2. Sphériodactyle bizarre. *T. III. p. 406. N° 3.* 2 a. Le trait de grand.r nat.le 2 b. La tête vue en dessus. 2 c. 2 d. Pattes ant. et post. 2 e. Les Écailles.

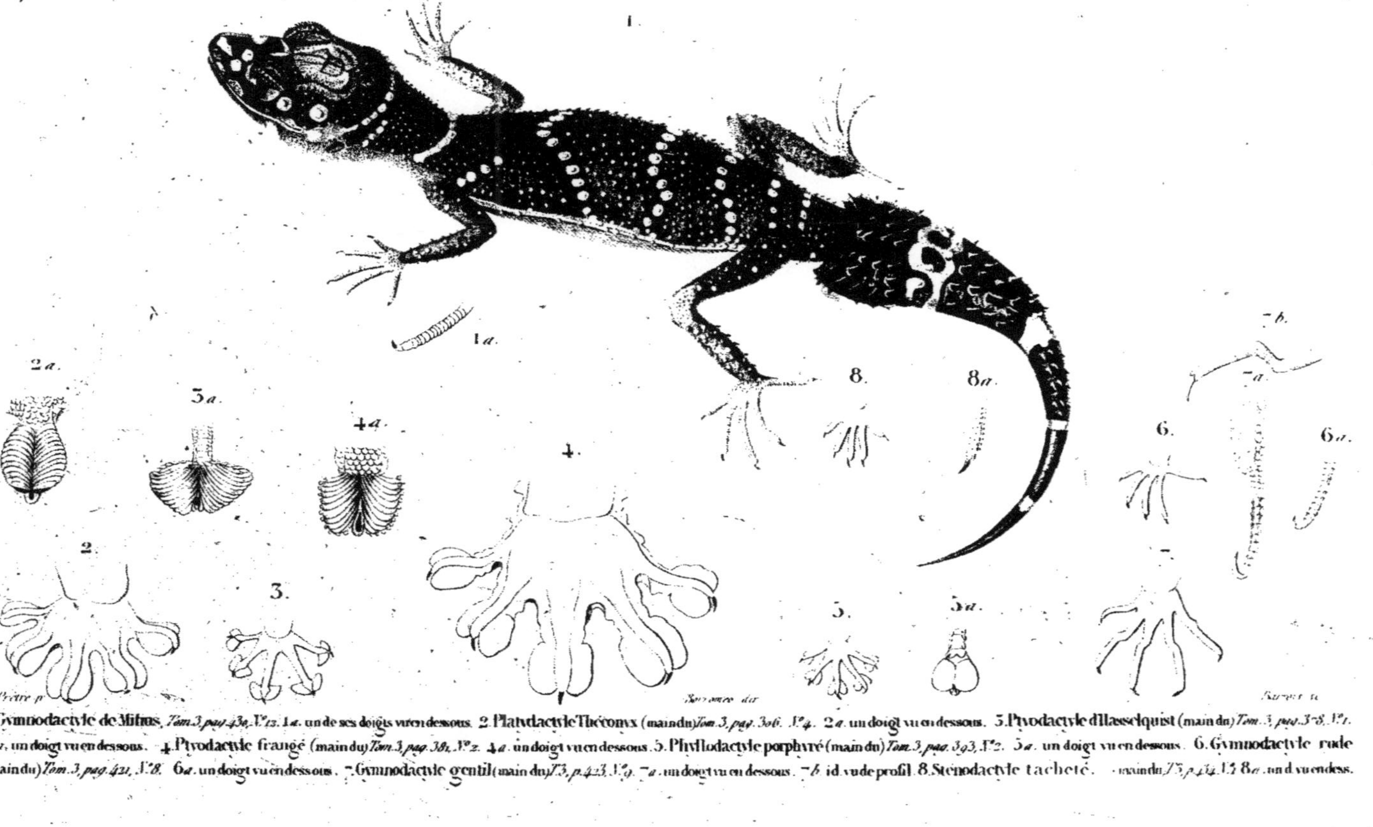

1. Gymnodactyle de Mitrus, *Tom.3, pag.430, N°13.* 1a. un de ses doigts vu en dessous. 2. Platydactyle Théconyx (main du) *Tom.3, pag.306. N°4.* 2a. un doigt vu en dessous. 3. Ptyodactyle d'Hasselquist (main du) *Tom.3, pag.378, N°1.* 3a. un doigt vu en dessous. 4. Ptyodactyle frangé (main du) *Tom.3, pag.381, N°2.* 4a. un doigt vu en dessous. 5. Phyllodactyle porphyré (main du) *Tom.3, pag.393, N°2.* 5a. un doigt vu en dessous. 6. Gymnodactyle rude (main du) *Tom.3, pag.421, N°8.* 6a. un doigt vu en dessous. 7. Gymnodactyle gentil (main du) *T.3, p.423, N°9.* 7a. un doigt vu en dessous. 7b. id. vu de profil. 8. Sténodactyle tacheté. (main du) *T.3, p.434, N°1.* 8a. un d. vu en dess.

Prêtre del. Barrois sc.

1. Gymnodactyle marbré. *Tome III, pag. 426, N° 10.* 2. Sténodactyle tacheté. *Tome III, pag. 434, N° 4.*

1 a. Bout du doigt et ongle du N° 1.

Prêtre del. Barrois sc.

1. Gymnodactyle marbré. *Tome III, pag. 426. N.° 10.* 2. Sténodactyle tacheté. *Tome III, pag. 434. N.° 4.*

1 a. Bout du doigt et ongle du N.° 1.

1. **Varan de Bell.** Varanus Bellii. *Tom. 3, pag. 493 N.° 10.* 2. **Varan nébuleux.** (Tête du) Varanus nebulosus. *Tom. 3 pag. 483. N.° 5.* 3. Ecailles dorsales du même. 4. Ecailles dorsales du Varan du Nil.
5. Ecailles dorsales du Varan de Picquot.

1.

1 a

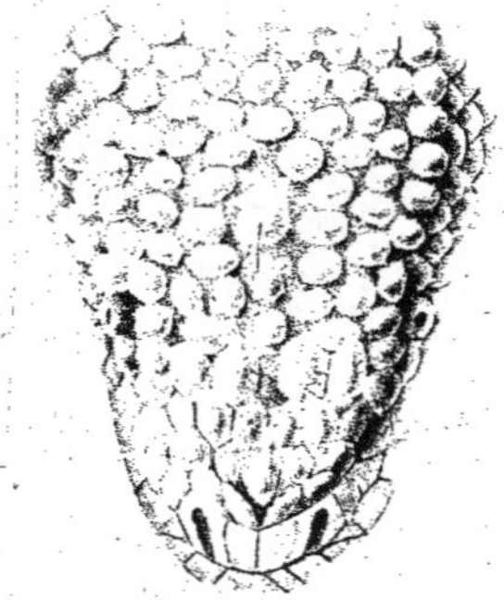

Pretre del. *Barrois sc.*

1. Héloderme hérissé. *Tome III, page 490, N° 1.* 1 a. Sa tête vue en dessus.

1. Urostrophe de Vautier, *Tome II. pag. 78.* 2. Norops doré, *Tome II. pag. 80.*

Prêtre del. Barrois sc.

Aloponote de Ricord. *Tome II. page 190. N°1.*

1. Léiosaure de Bell, *Tome II, pag. 242.* 1 a. Sa tête de profil. 2. Proctotrète signifère, *Tome II, pag. 288.*

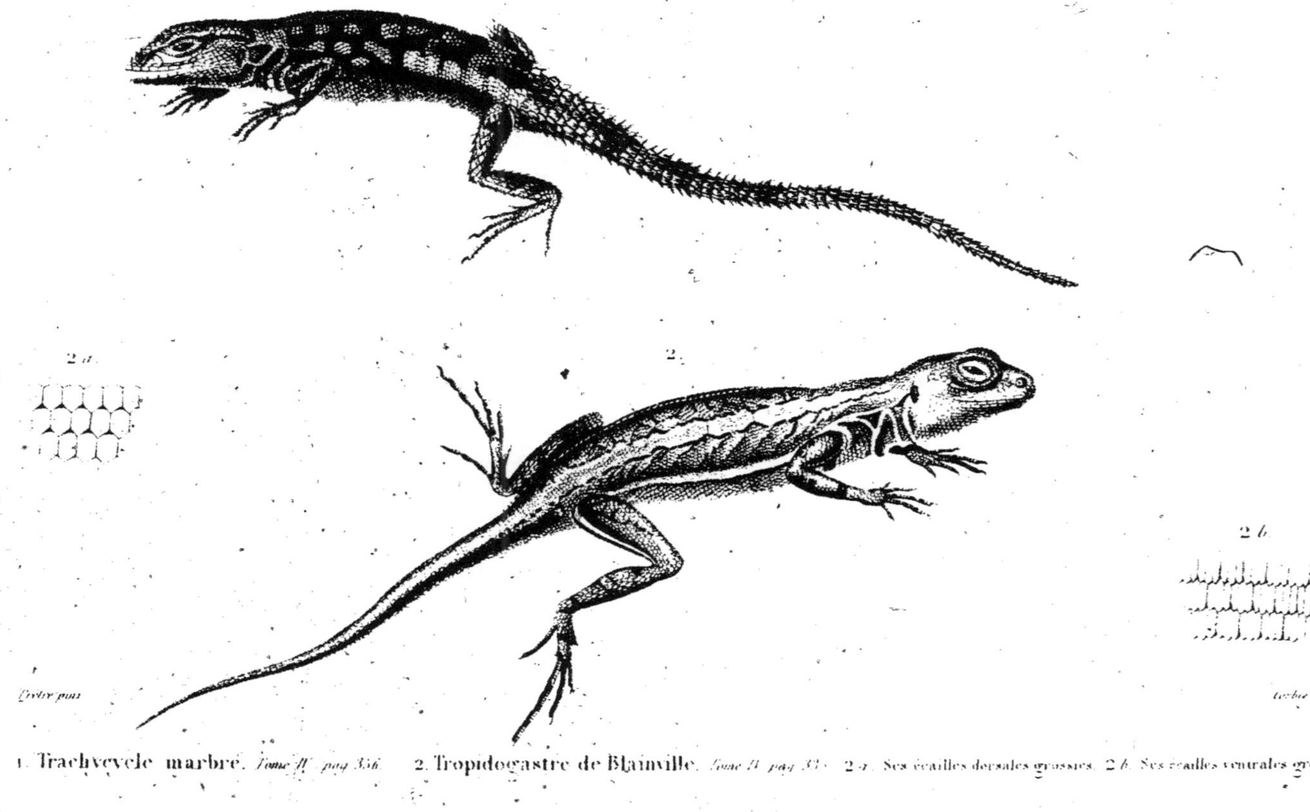

Prêtre pinx. Terbie sc.

1. Trachycycle marbré. *Tome II. pag. 356.* 2. Tropidogastre de Blainville. *Tome II. pag. 33* 2 a. Ses écailles dorsales grossies. 2 b. Ses écailles ventrales gross.

1. Istiure de Le Sueur. — *Tome II page 34* Pl. 2 — 1 a. Ses Écailles grossies

Prêtre del.

Lophyre tigré. *Tome II page 421* N°4

1. Grammatophore de Decrès, *Tome II, pag. 472.* 1 a. La tête, de profil. 1 b. Dessous des cuisses. 1 c. Écailles dorsales grossies. 2. Agame épineux, *Tome II, pag. 491.*

1. **Phrynocéphale à oreilles.** *T. II pag. 524 N° 4.* 1 a. Sa tête de profil. 1 b. Les Écailles carénées.

2. Doryphore azuré. *Tome II page 371 N° 1.*

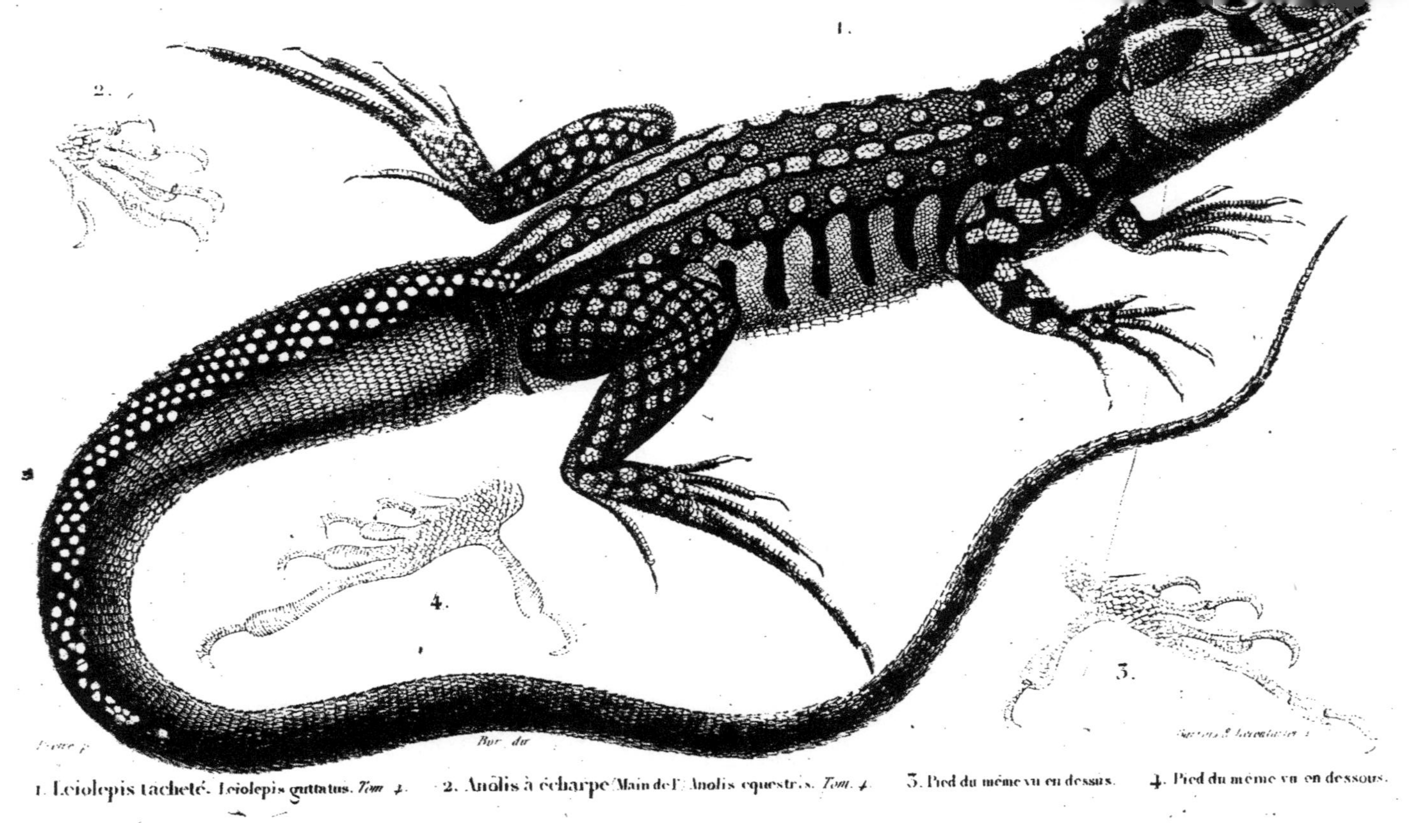

1. Leiolepis tacheté. Leiolepis guttatus. Tom. 4. 2. Anolis à écharpe (Main de l'Anolis equestris. Tom. 4. 3. Pied du même vu en dessus. 4. Pied du même vu en dessous.

Holotropide de l'Herminier. Holotropis Herminieri. Tom. 4.

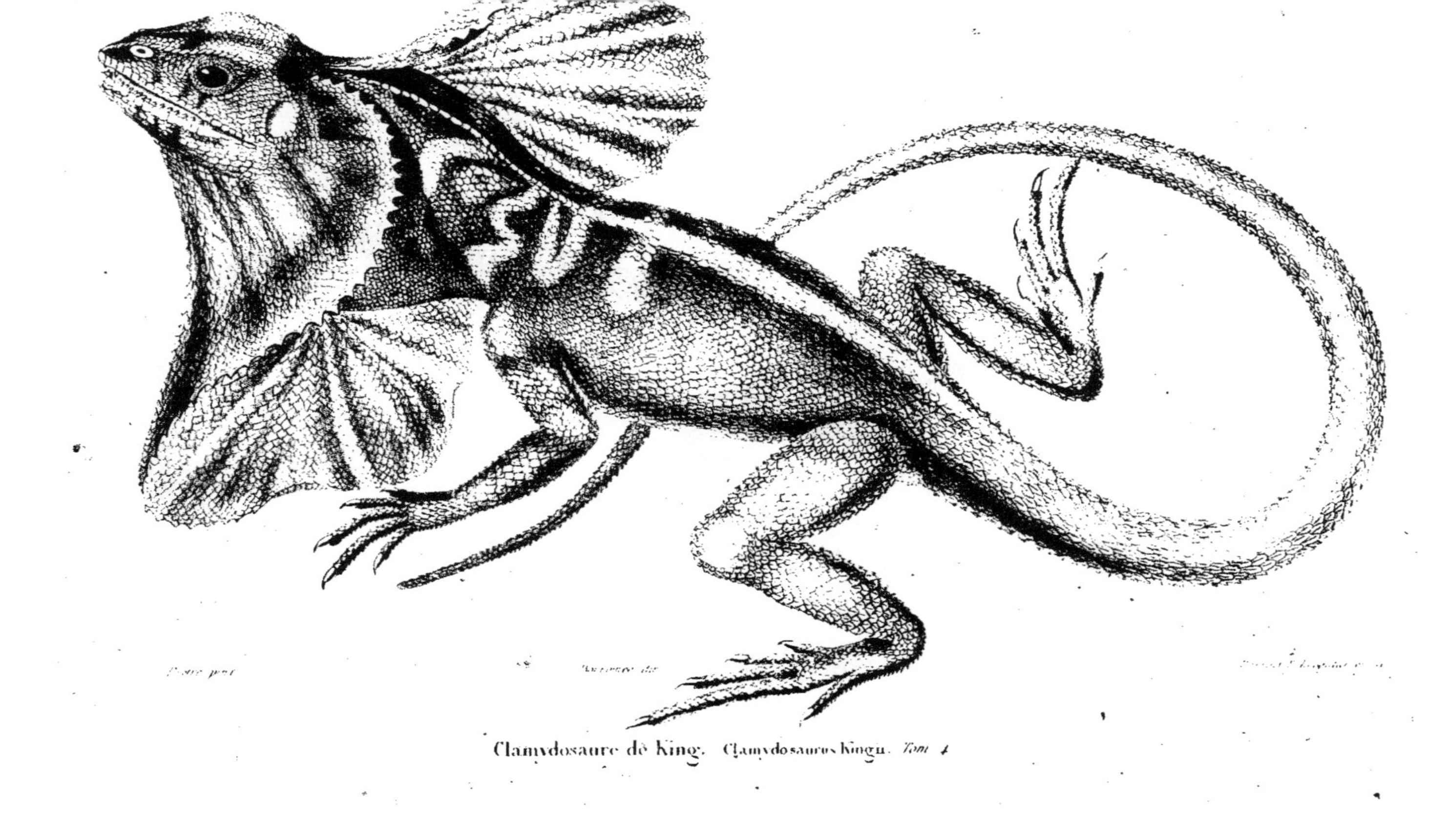

Clamydosaure de King. Clamydosaurus kingii. Tom 4

Prêtre pinx. — Borromée del.

Tiaris dilophe. Tiaris dilophus. Tom. 4

1. Gerrhosaure à deux bandes. Gherrosaurus bifasciatus. 1.a. La tête vue en dessus. 1.b. La tête vue en dessous.

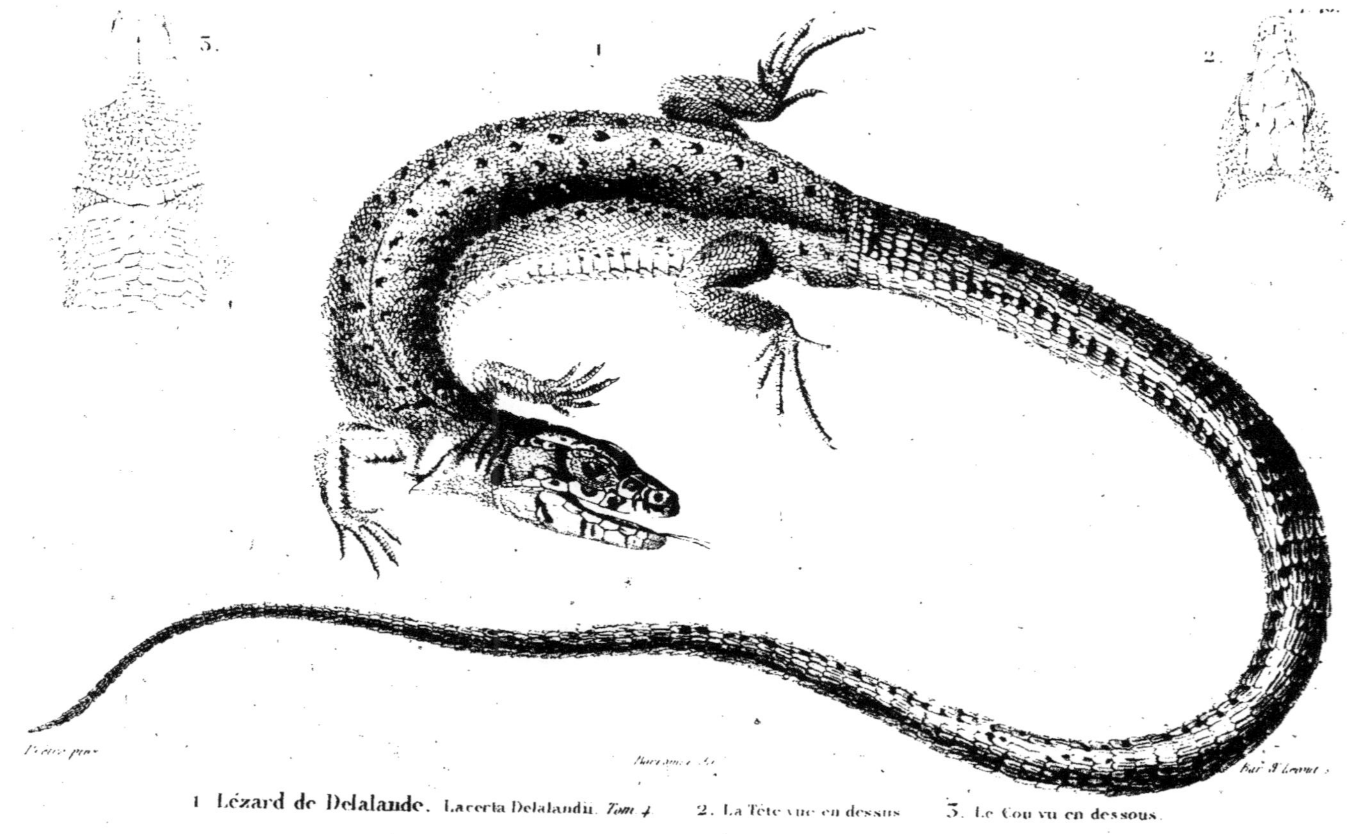

1 **Lézard de Delalande.** Lacerta Delalandii. *Tom. 4.* 2. La Tête vue en dessus. 3. Le Cou vu en dessous.

Prêtre del. — Corbié sc.

1. Neustieure à deux carènes. *Tome II pag. 64.* 2. Dessous de la tête et du cou. 3. La tête de profil, avec la bouche ouverte pour montrer la langue. 4. Dessous des cuisses.

Prêtre del. Barrois sc.

1. Scinque de Duméril. Tome 1. page 1. 1 a. Sa tête vue par dessus.

1. Aporomère piqueté de jaune. *Tome V, Pag. 72.* *a.* La tête en dessus. *b.* La même de profil. *c.* Ouverture de la narine. *d.* Face intérieure des cuisses. *e.* Ecailles dorsales.

1. Le grand Ameiva *Tome V. Pag. 117.* *a*. La tête en dessus. *b*. La tête et le cou en dessous. *c*. Face intérieure des cuisses et de l'origine de la queue. *d*. Deux pores fémoraux grossis.

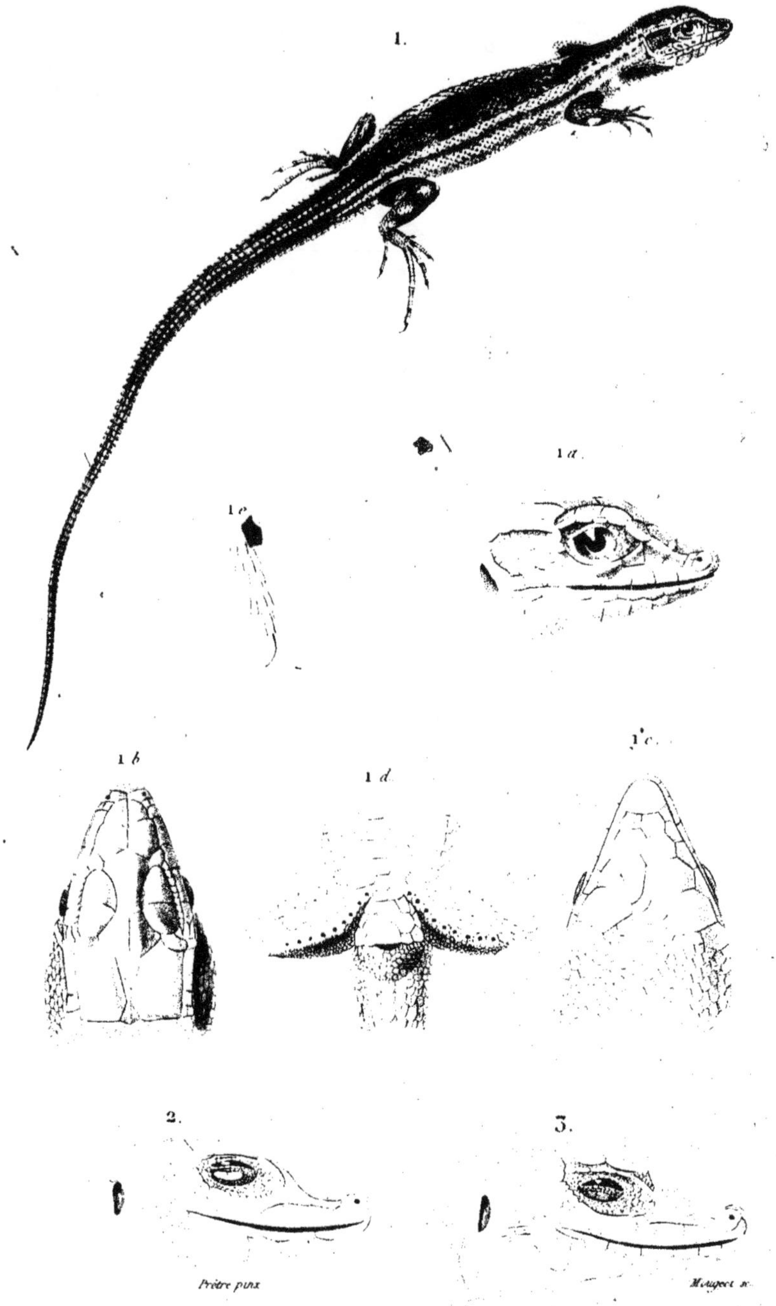

1. Ophisops élégant *Tome V. Pag.* 1 *a*. Sa tête de profil. 1 *b*. La même en dessus. 1 *c*. Gorge et dessous de la mâchoire inf.re 1 *d*. Face inf.re des cuisses. 1 *e*. Dessous d'un doigt postérieur. 2. Tête de profil de l'Eremias lineo-ocellé *Tome V. Pag.* 3. Tête de profil de l'Eremias à points rouges *Tom. V. P.*

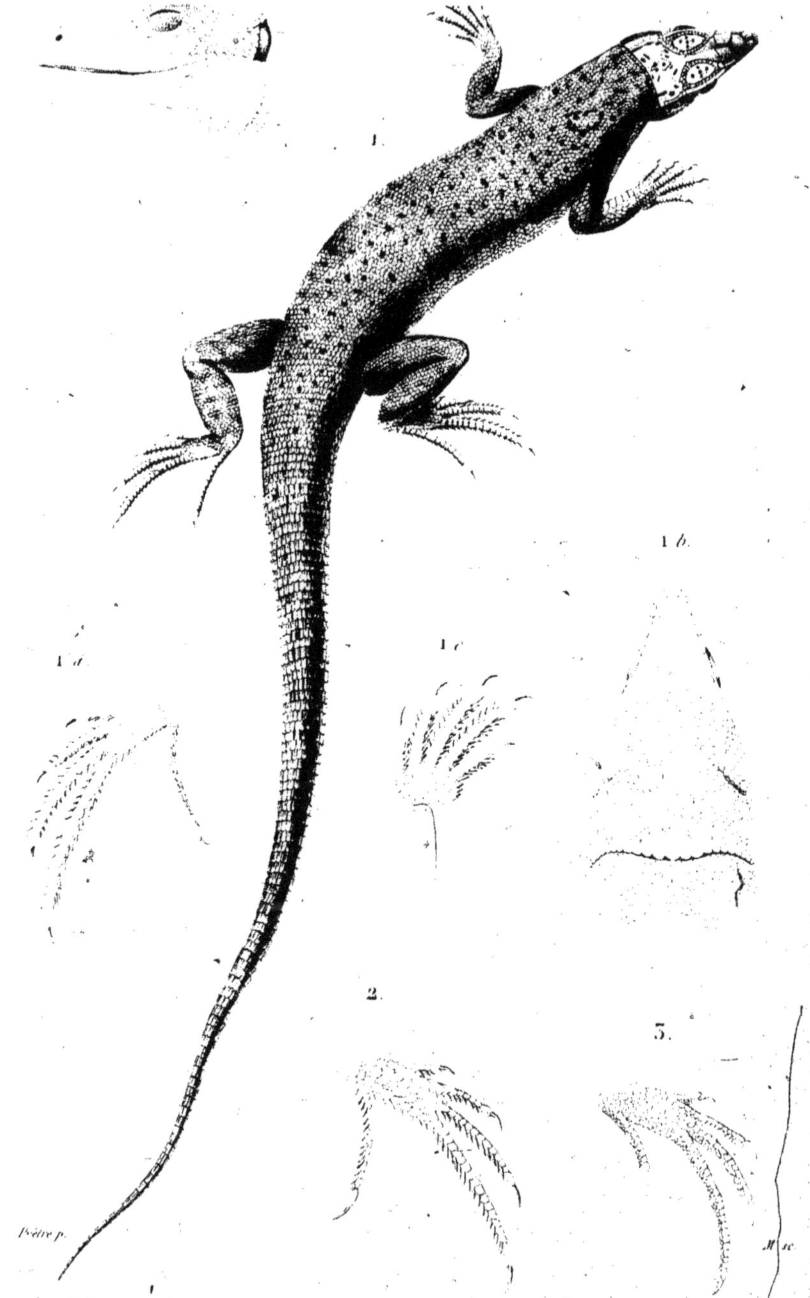

1. Scapteire grammique. 1 a. Sa tête de profil. 1 b. Dessous de la tête et du cou. 1 c. Doigts antérieurs grossis. 1 d. Doigts postérieurs grossis. 2. Pied d'Acanthodactyle. 3. Pied de Lézard vert.

Prêtre del. *Barraud sc.*

1. Hystérope de la nouvelle Hollande. *Tome V. page* N° 1 a. Sa tête vue en dessus.
1 b. Extrémité du tronc, origine de la queue, membres postérieurs.

1. Tribolonote de la nouvelle Guinée *Tome I. Pag.* a. La tête en dessus. b. La même de profil avec la bouche ouverte pour montrer la langue.

1. **Tropidophore de la Cochinchine.** 1 *a*. Sa tête de profil avec la bouche ouverte pour montrer la langue. 1 *b*. La même vue en dessus. **2. Tête de Diploglosse de la Sagra**, de profil avec la bouche ouverte pour montrer la langue. **3. Tête de Sphénops bridé**, de profil. **4. Main de Scinque officinal**, vue en dessus.

1\.

a

b

c

Prêtre pinx.

Corbie sc.

1\. Acontias peintade. a. Sa tête vue de profil. b. La bouche ouverte pour montrer la langue. c. Plaques céphaliques.

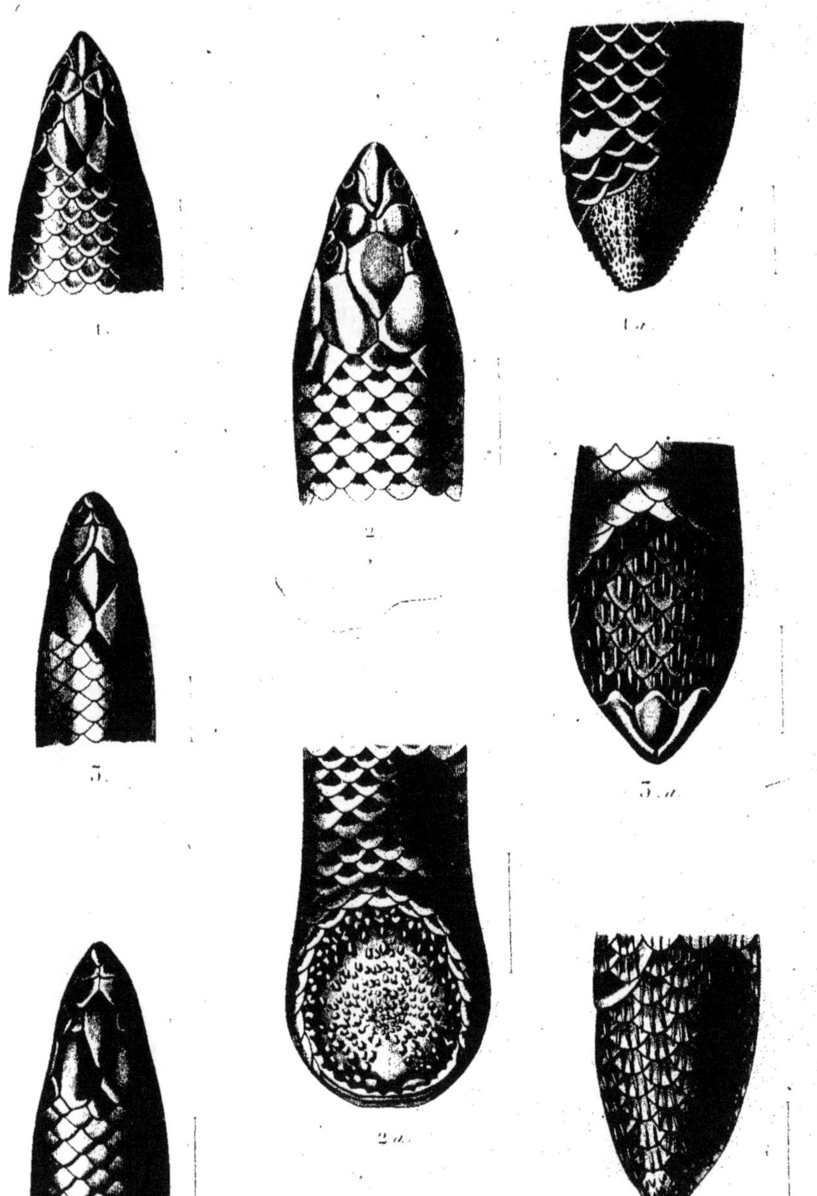

1, 1 a Rhinophis des Philippines. 2, 2 a Uropeltis des Philippines. 3, 3 a Colobure de Ceylan.
4, 4 a Plectrure de Perrotet.

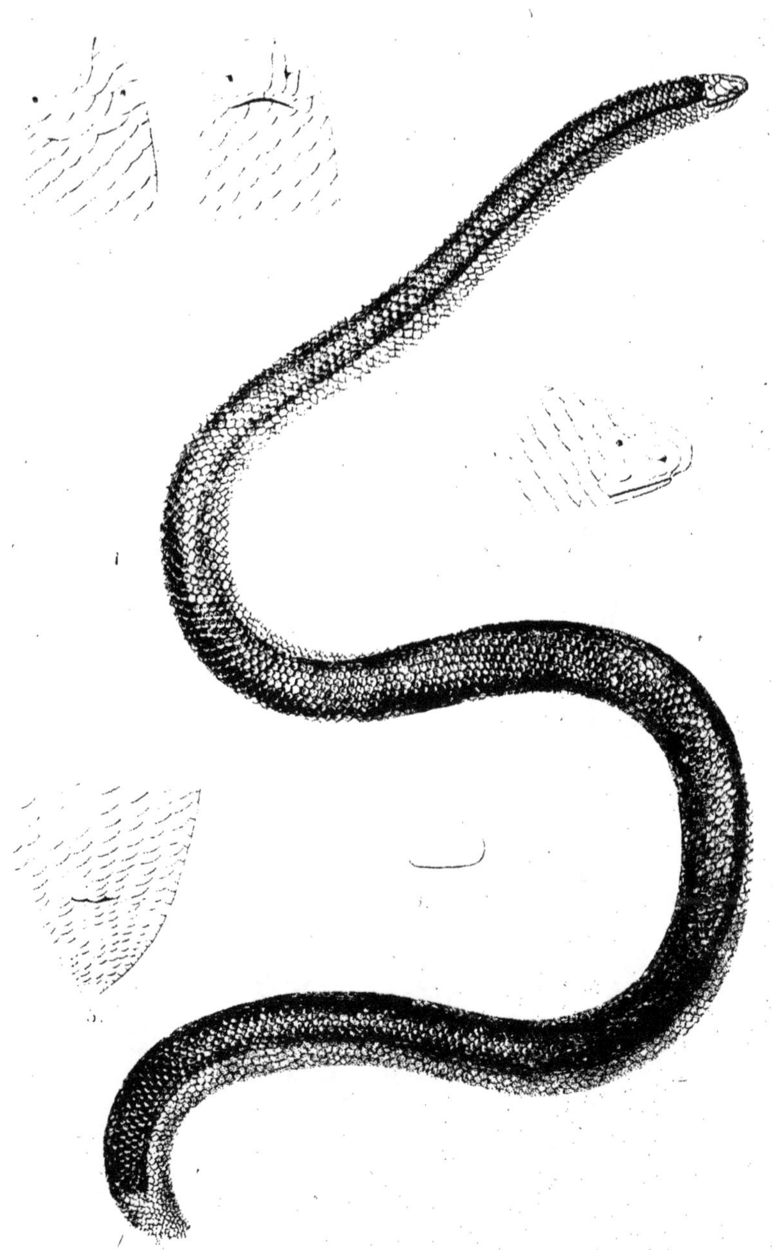

1. Typhlops réticulé. 2. La tête vue en dessus. 3. en dessous. 4. de profil. 5. dessous de l'extrémité postérieure du corps.

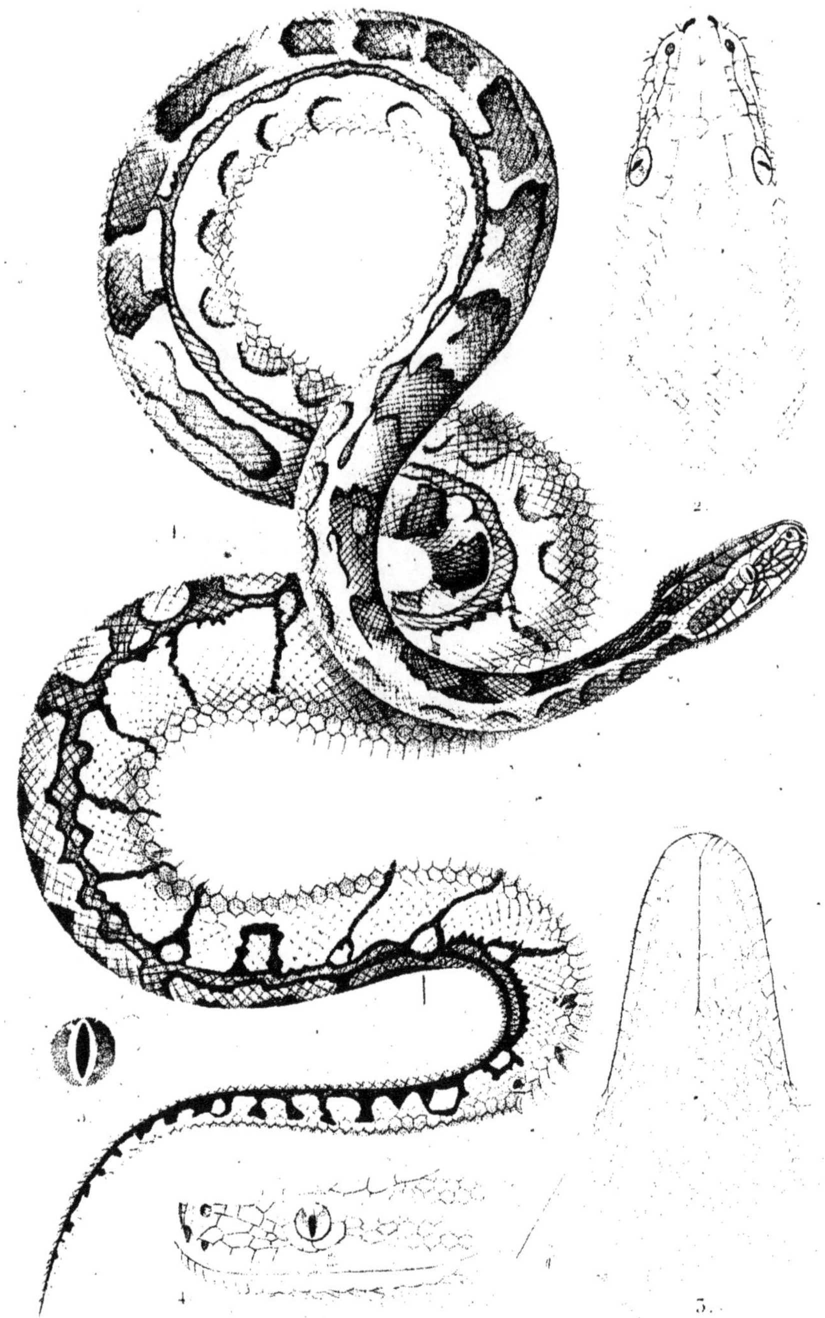

1. Python de Séba. 2. La tête vue en dessus. 3. en dessous. 4. de profil. 5. Œil avec les plaques qui l'entourent

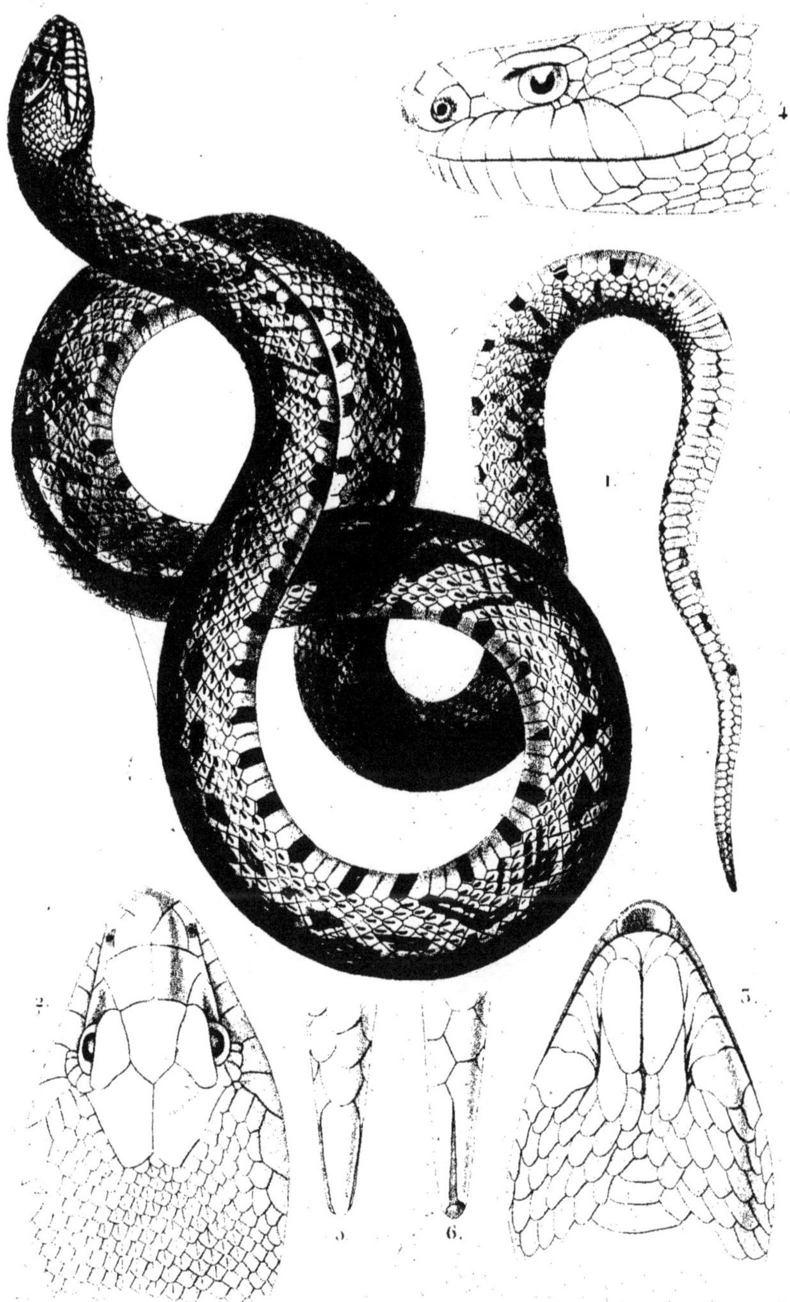

1. Anasime mexicain. 2. La tete vue en dessus 3. en dessous 4. de profil 5. pointe de la queue vue en dessus 6. en dessous

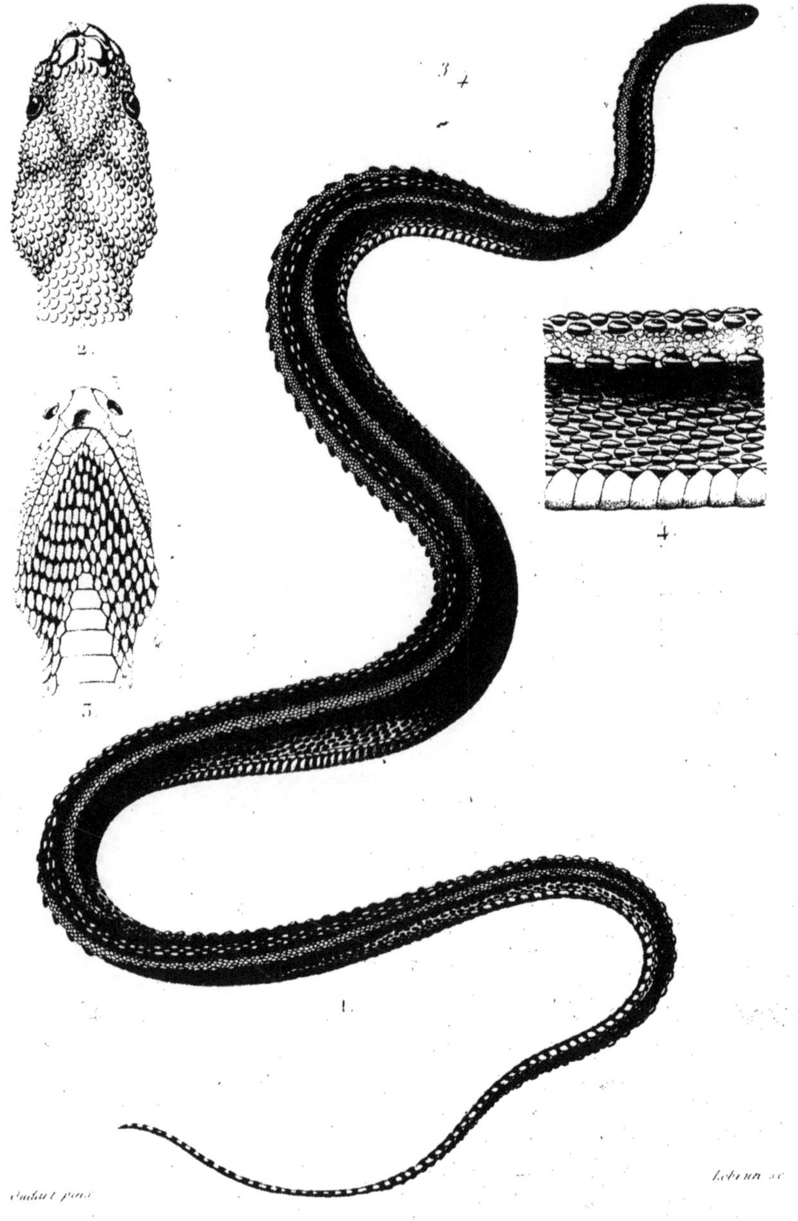

Oudart pinx. *Lebrun sc.*

1. Xénoderme Javanais. 2. La tête vue en dessus. 3. en dessous. 4. Écailles du tronc.

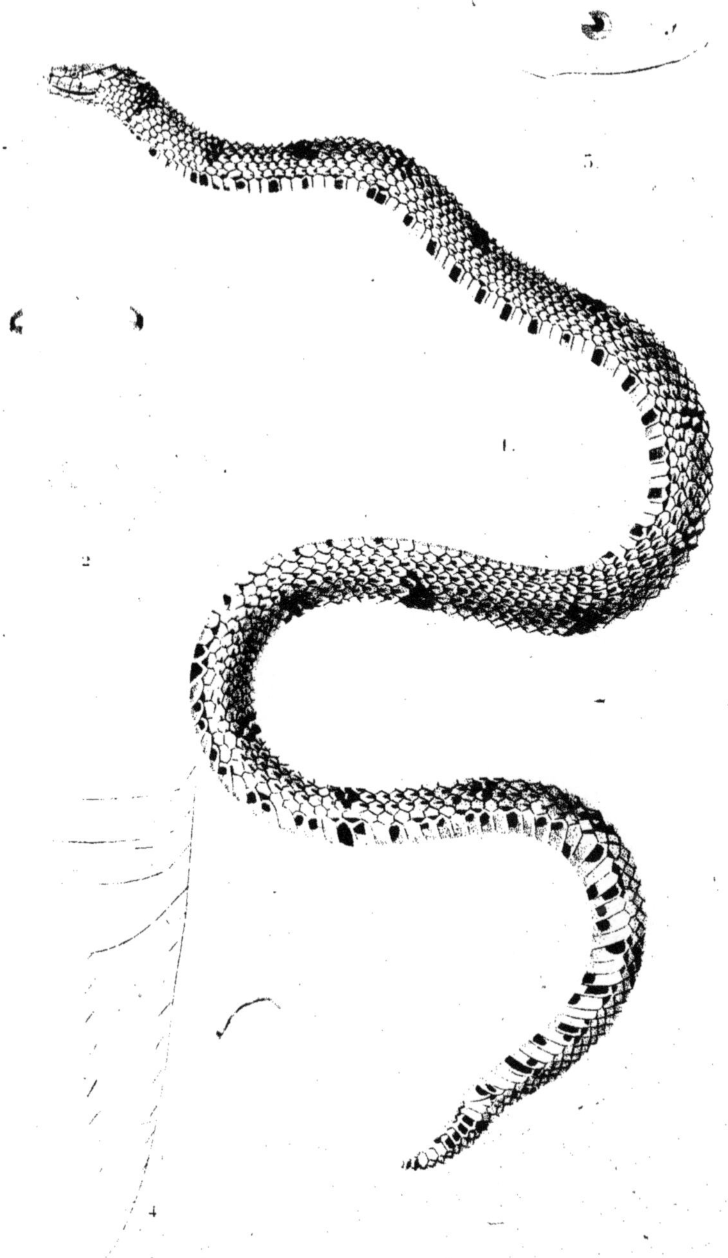

1. Calamaire de Linné. 2. La tête vue en dessus. 3. en dessous. 4. extrémité postérieure du corps vue en dessous.

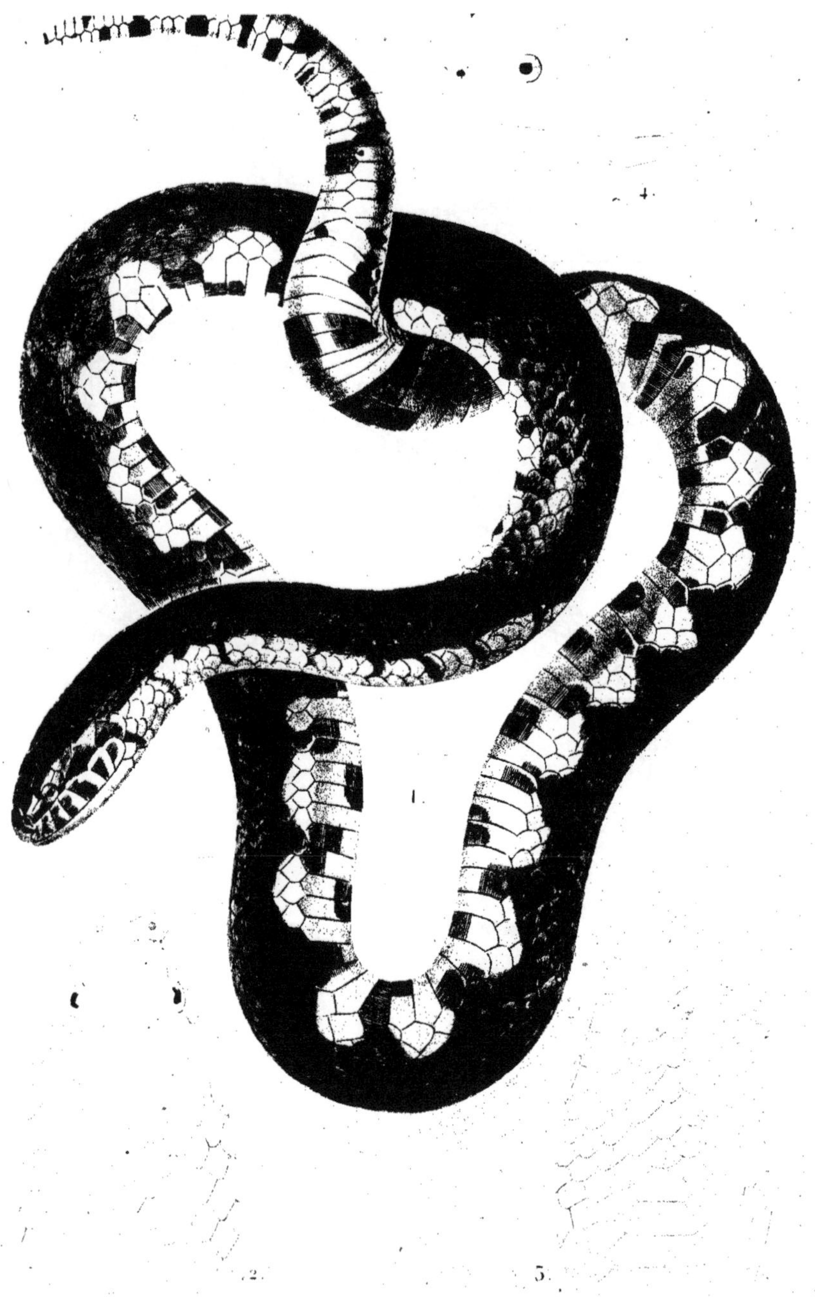

1, Hydrops abacure. 2, La tete vue en dessus. 3, en dessous. 4, de profil.

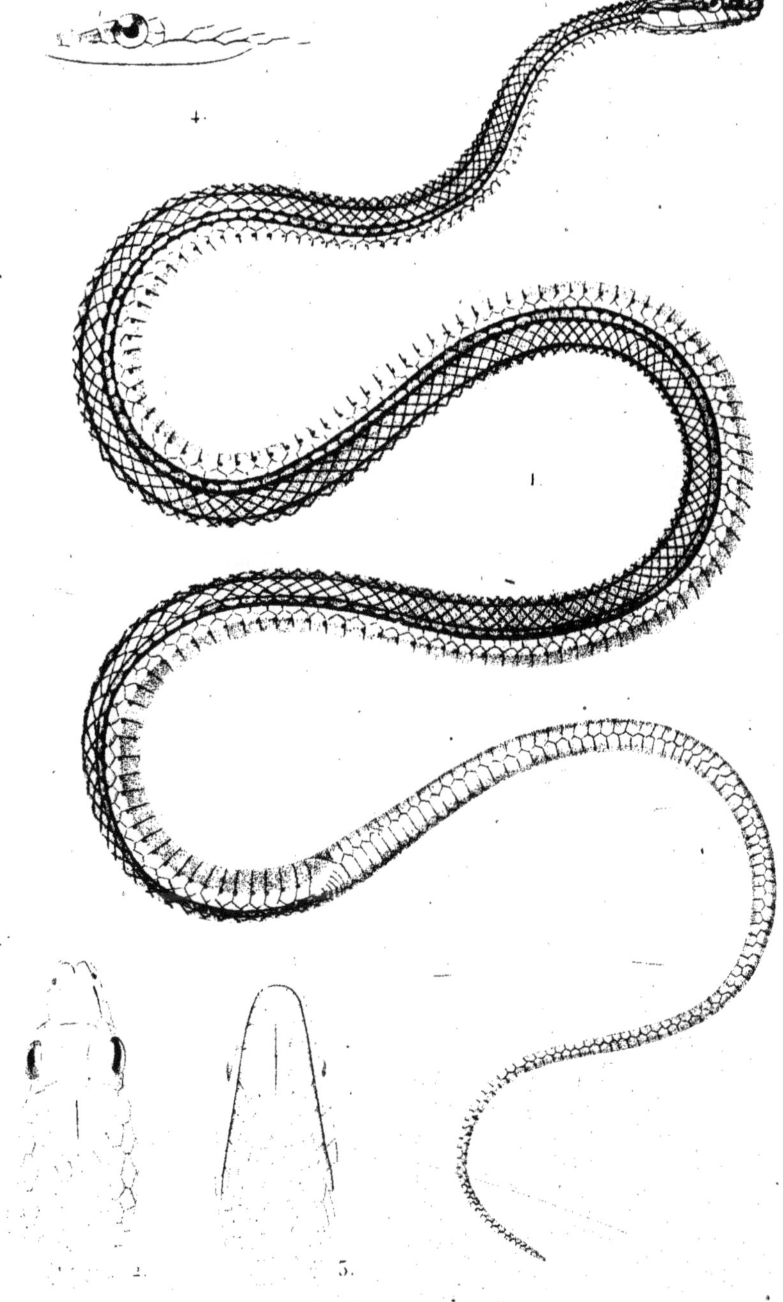

1. Elaphre de Bernier. 2. La tête vue en dessus. 3. en dessous. 4. de profil.

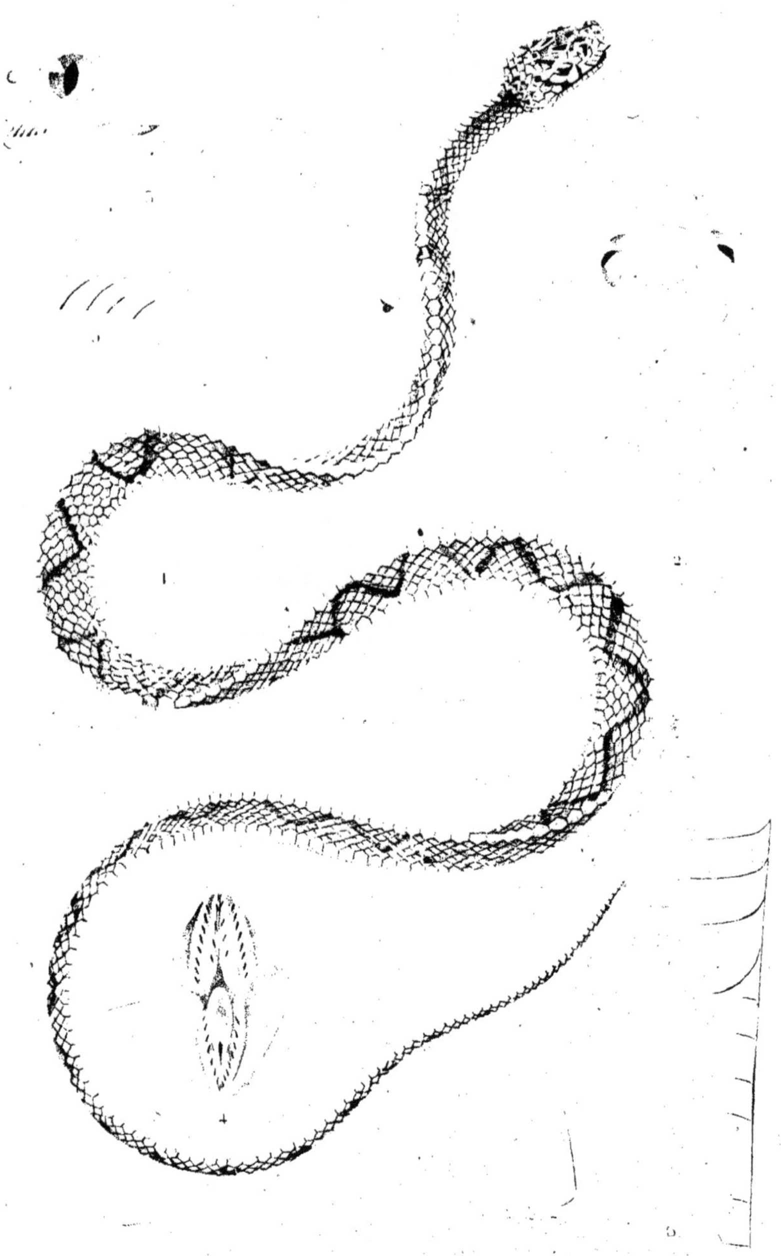

1. Amblycéphale bucéphale. 2. La tête vue en dessus. 3. de profil. 4. La bouche ouverte. 5. Dents sus-maxillaires. 6. Région anale et face inférieure de l'origine de la queue. 7. Coupe transversale du tronc.

2. 3.

1. Uranops sévère. 2. La tête vue en dessus 3. en dessous. 4. de profil

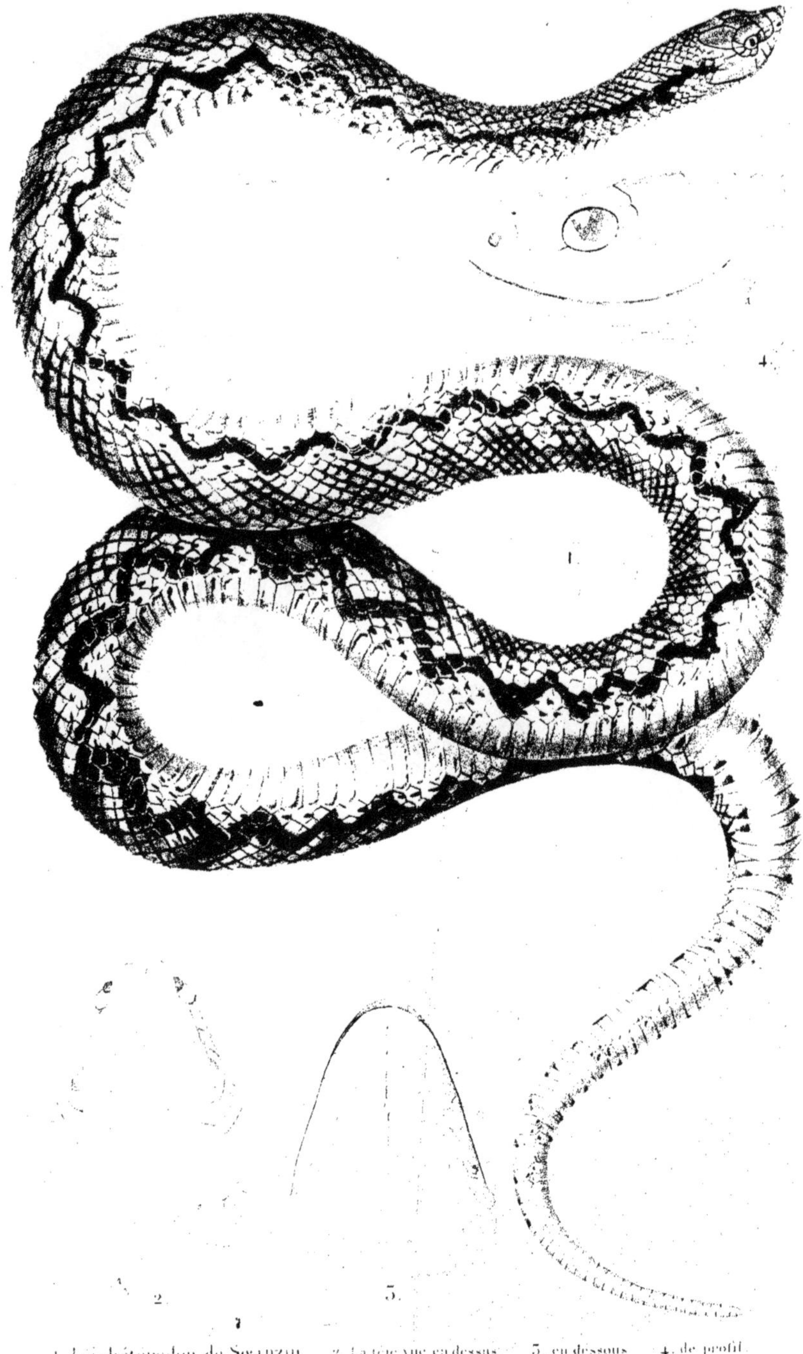

1. Leiohéterodon de Sganzin 2. La tête vue en dessus 3. en dessous 4. de profil

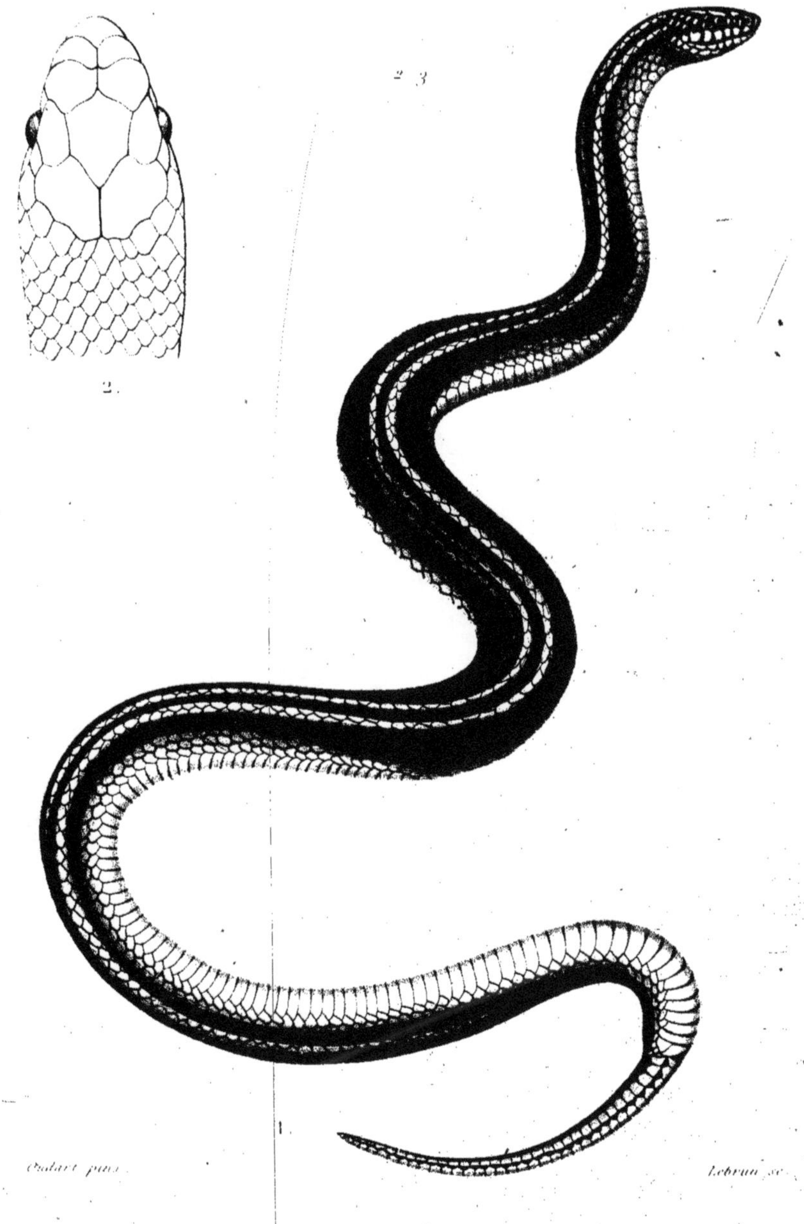

1. Sténorhine de Fréminville. — 2. La tête vue en dessus.

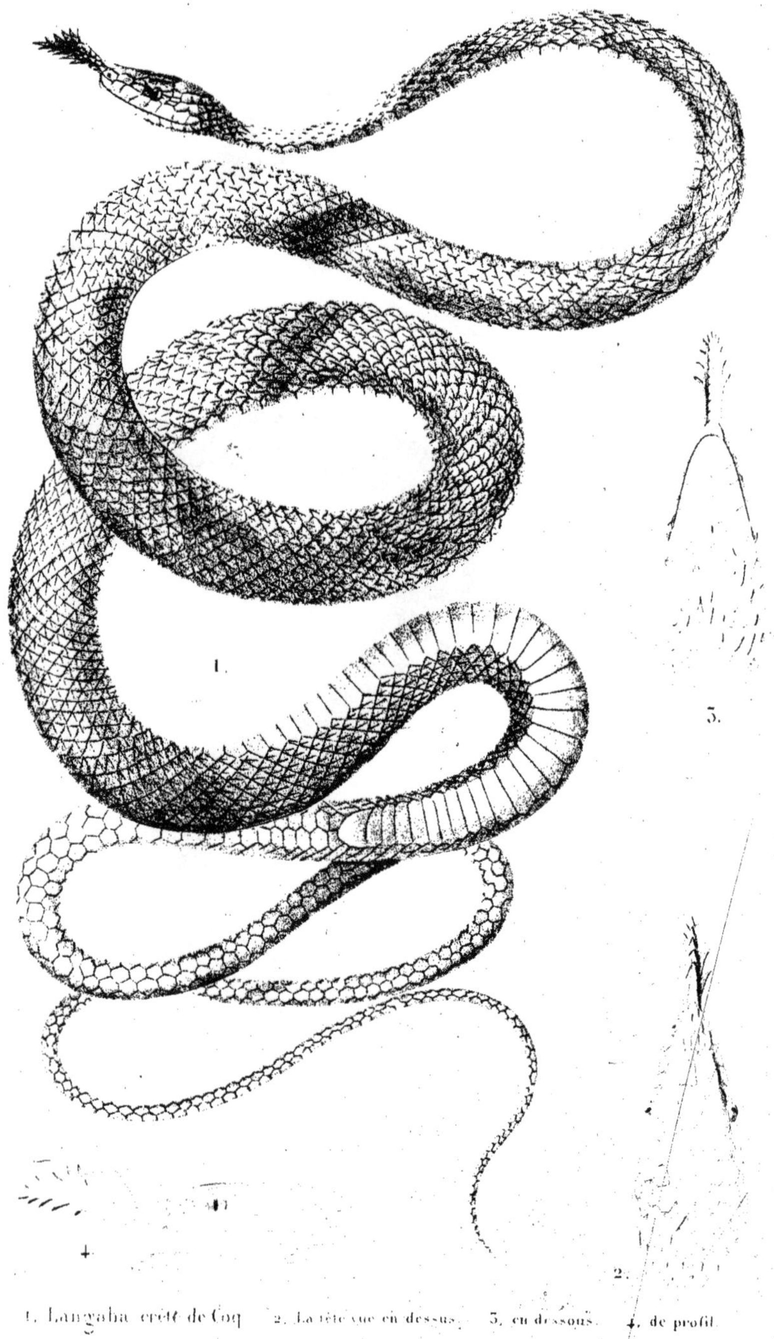

1. Langaha crête de Coq 2. La tête vue en dessus. 3. en dessous. 4. de profil.

1. Rhinosime de Guérin. 2. La tête vue de profil. 3. Portion de la mâchoire supérieure.

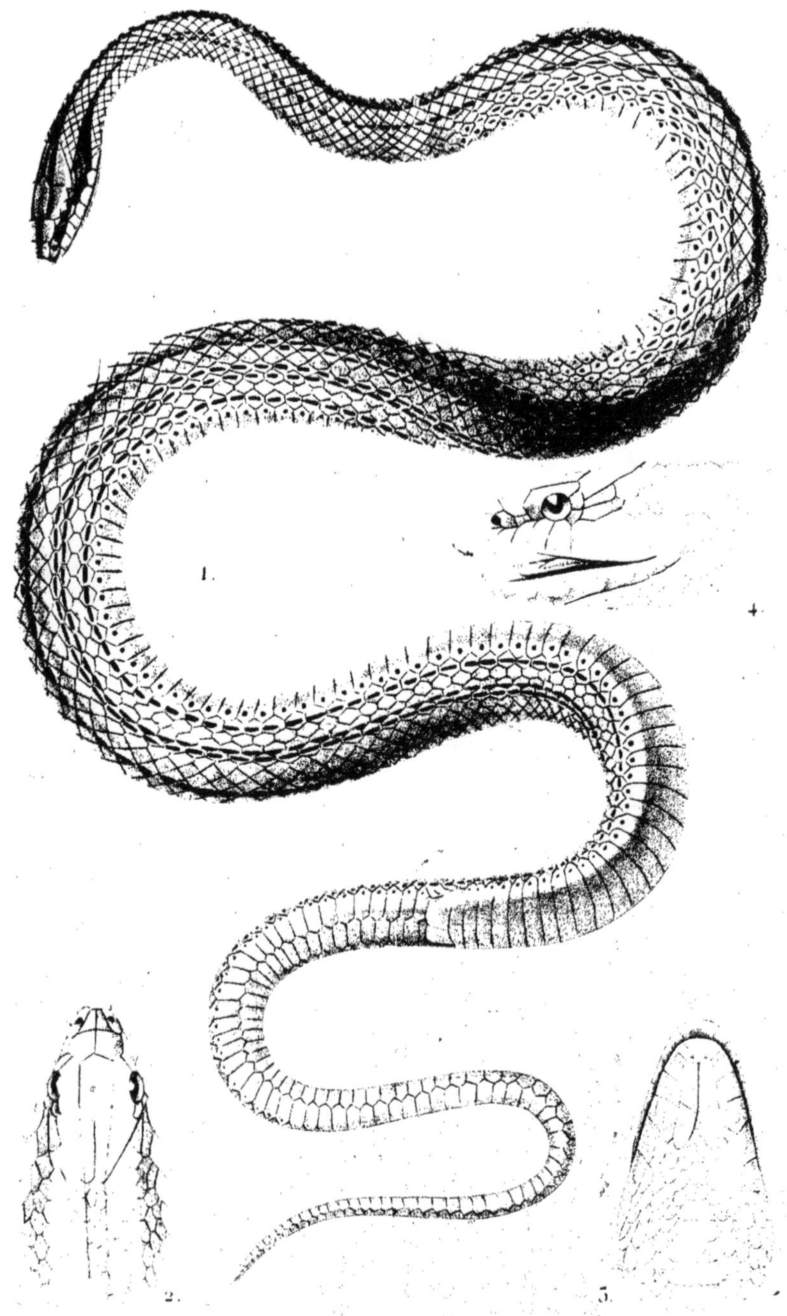

1. Eudrome à flancs linéolés. 2. La tête vue en dessus. 3. en dessous. 4. de profil.

1. Erythrolampre venustissime. 2. La tête vue en dessus. 3. en dessous. 4. de profil.

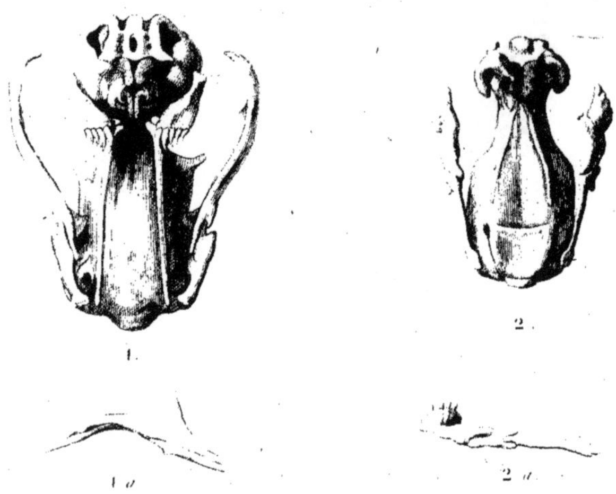

AGLYPHODONTES.

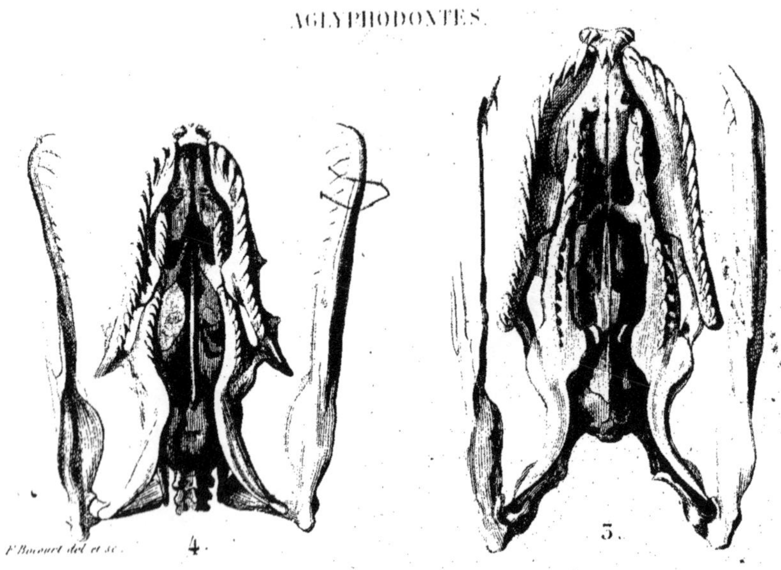

F. Bocourt del. et sc.

1, Typhlops réticulé; 1 a, Machoire inférieure; 2, Sténostome deux-raies;
2 a, Machoire inférieure; 3, Python molure; 4, Xiphosome canin.

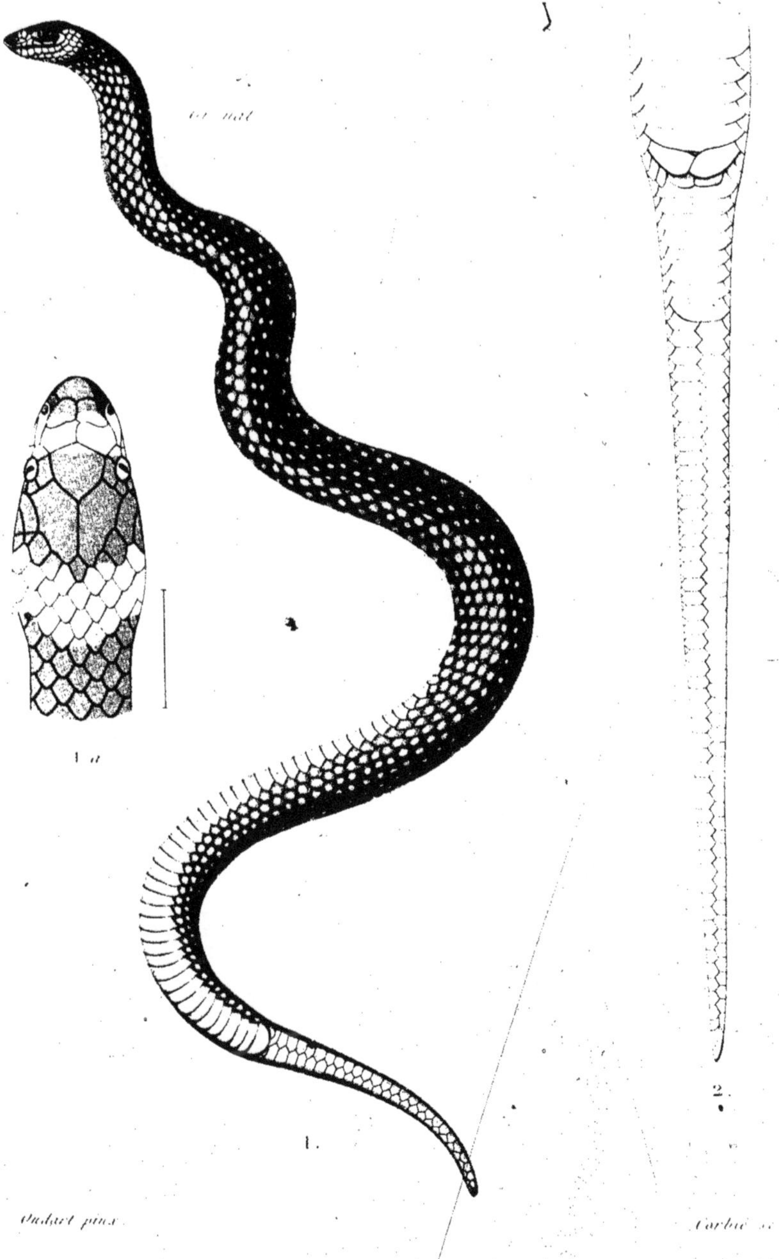

Oudart pinx. Corbié sc.

1. Furine beau-dos. 1 a. Tête de la même vue en dessus.

2. Queue du Trimérésure porphyré vue en dessous.

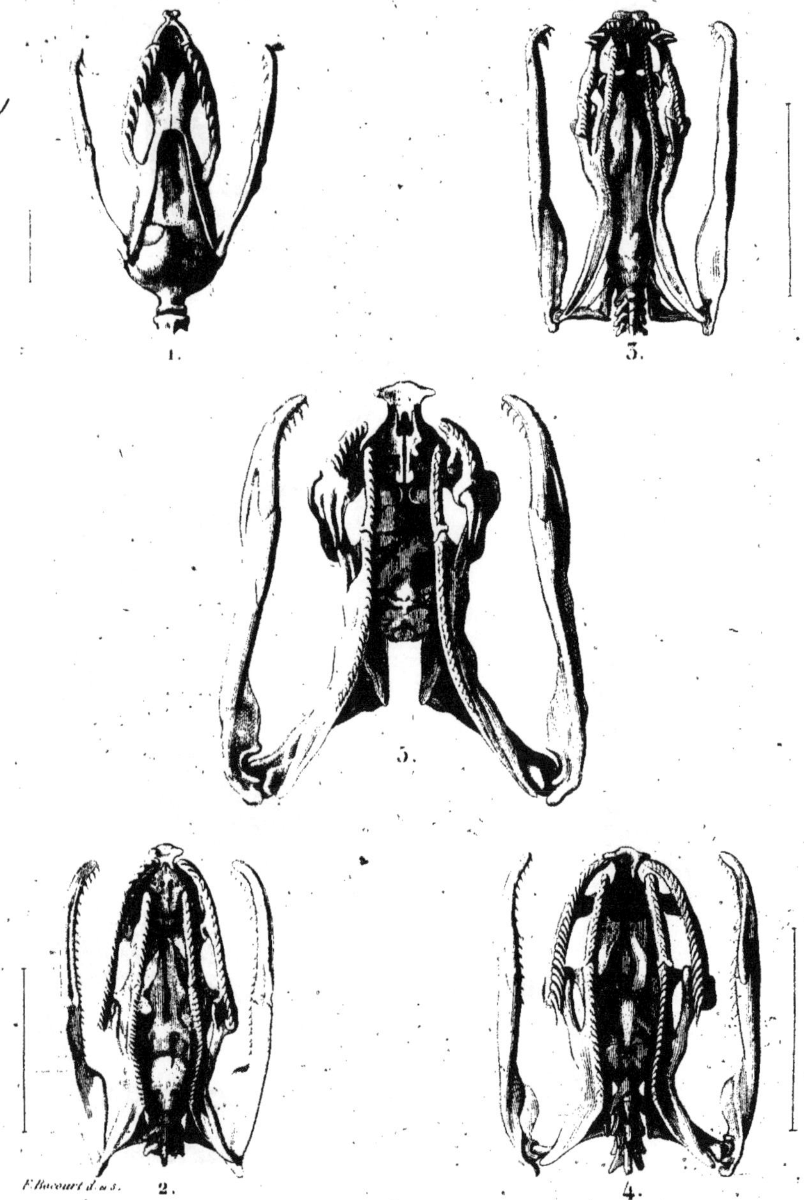

1, Plectrure de Perrotet ; 2, Plagiodonte Hélène ; 3, Lycodon aulique ;

4, Tropidonote vipérin ; 5, Xénodon géant .

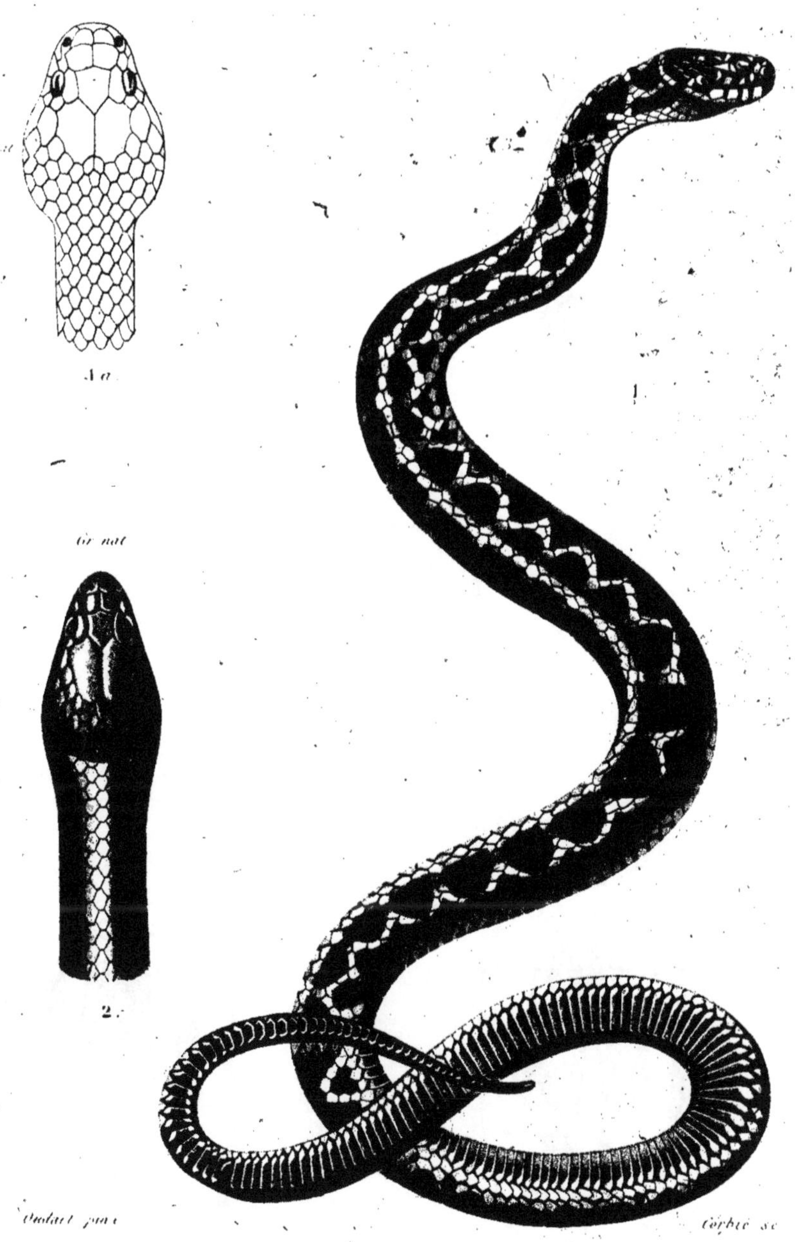

1. Alecto panachée. 1 *a*. Tête du même vue en dessus.

2. Tête de l'Alecto couronnée.

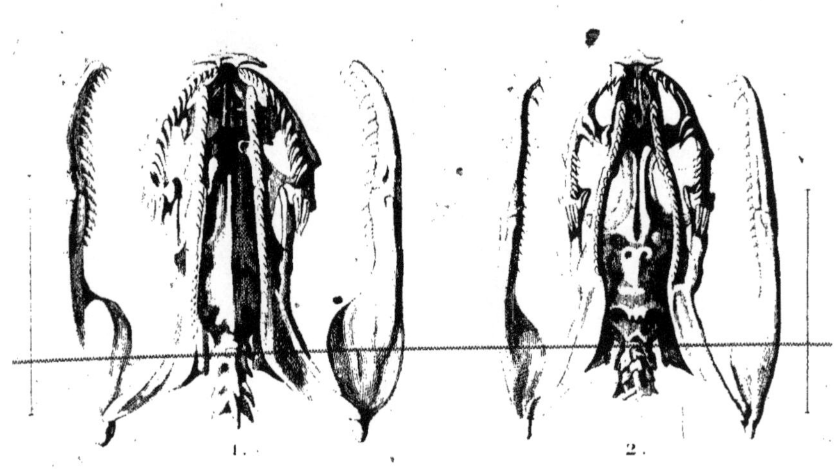

PROTÉROGLYPHES.

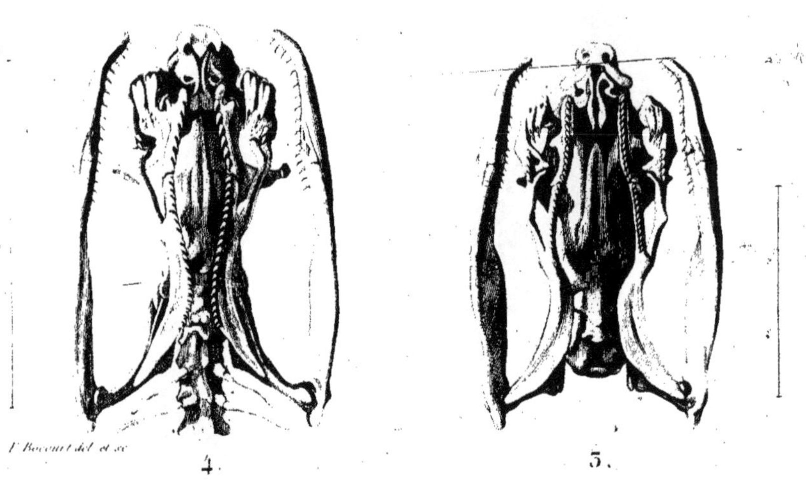

F. Bocourt del. et sc.

1, Eucoste de Dussumier; 2, Psammophis ponctué; 3, Bongare demi-anneaux; 4, Naja baladine.

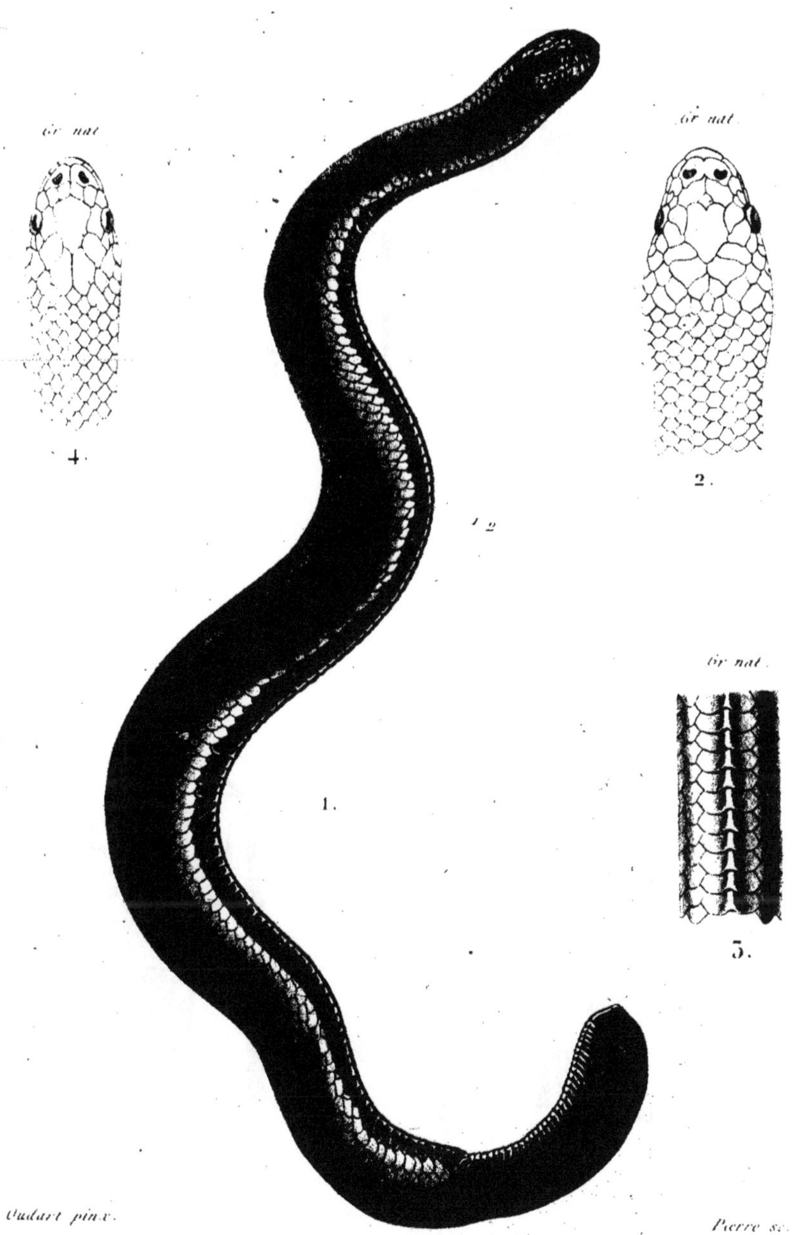

1. Aipysure fuligineux. 2. La tête vue en dessus. 3. Portion du tronc du même vue en dessous. 4. Tête de l'Aipysure lisse vue en dessus.

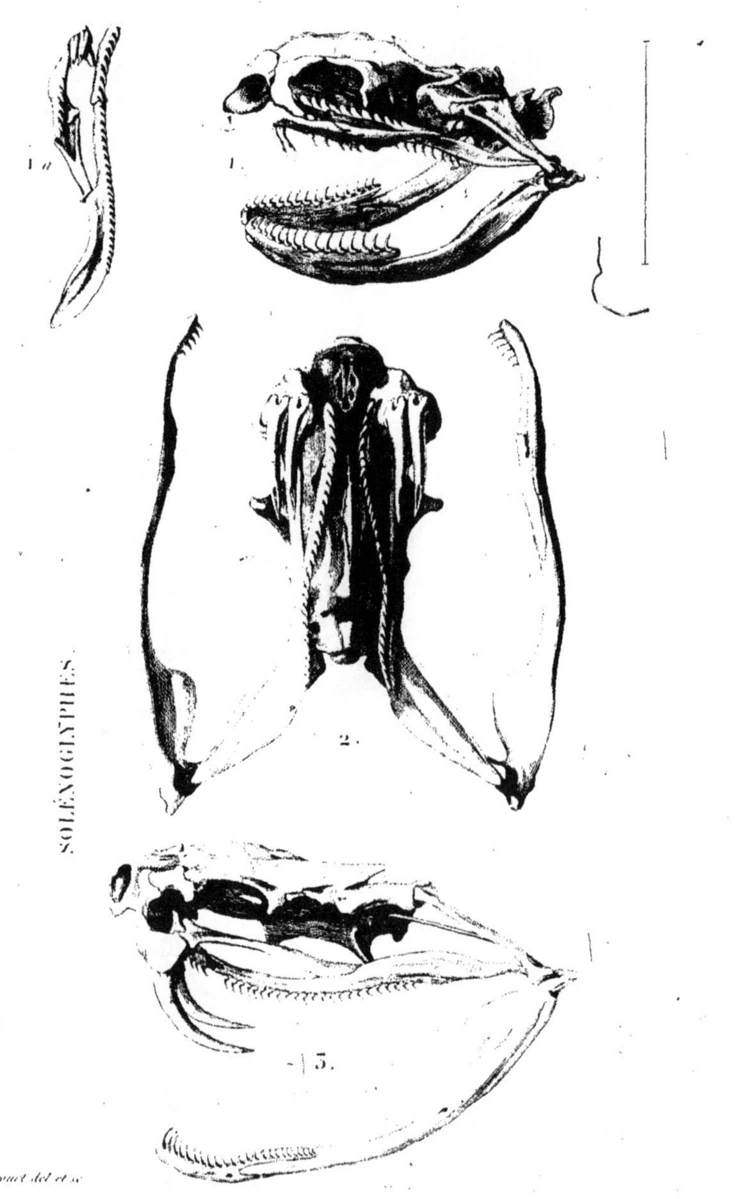

1, Hydrophis pelamidoïde; 1 a, Portion droite de la machoire supérieure; 2, Crotale durisse;
3, La même de profil.

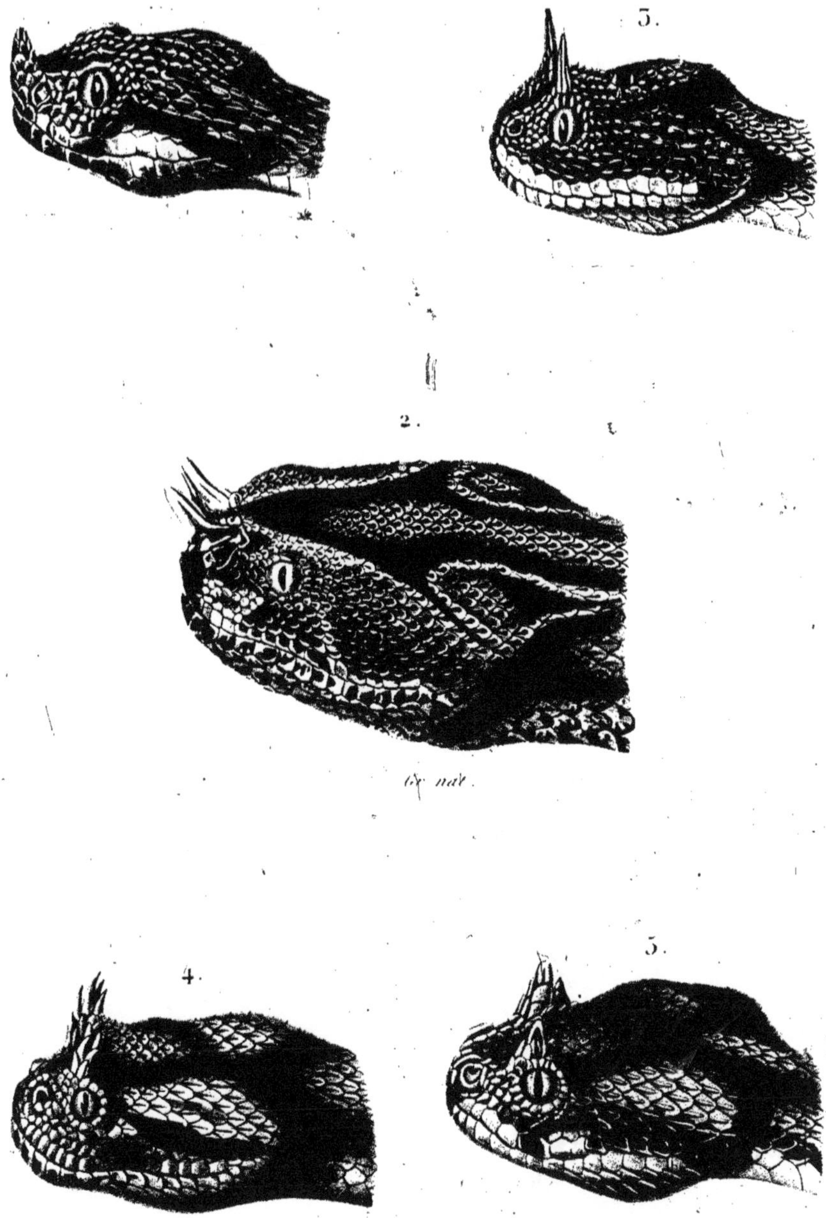

3.

2.

Gr. nat.

4.

5.

Oudart pinx. Pierre sc.

1. Vipère ammodyte. 2. Vipère hexacère. 3. Céraste d'Egypte.
4. Céraste lophophrys. 5. Céraste de Perse.

1. Dendrophide vert. 1 a. Portion du tronc du même vue en dessus. 2. du Dendrophide Adonis.
3. du Dendrophide à huit raies.

Les details sont de gr. nat.

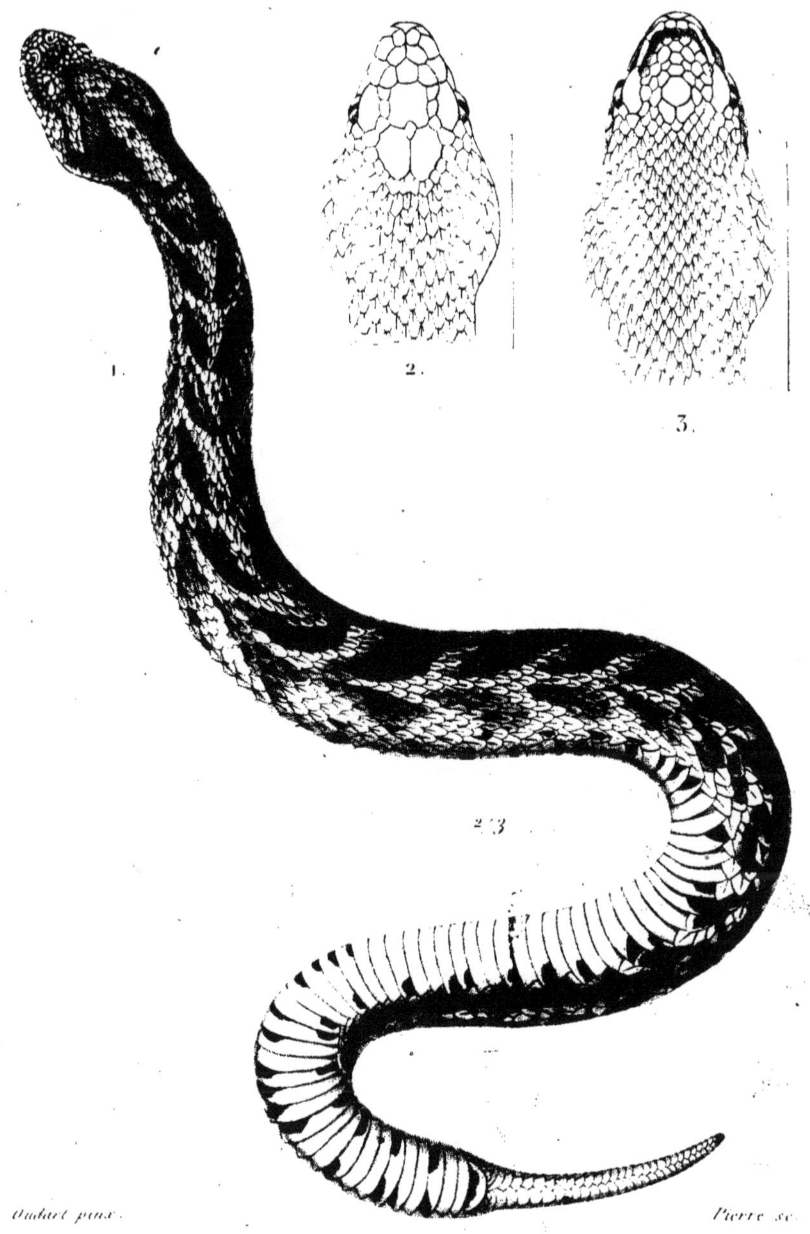

Oudart pinx. Pierre sc.

1. Echidnée heurtante.

Têtes des deux Vipères communes de France.

2. Pelias berus. 3. Vipera aspis.

Oudart pinx. Picart sc.

1. Enicognathe annelé. 2. Tête de l'Enicognathe à ventre rouge. 3. La machoire inférieure du même
4. Tête du Trétanorhine variable.

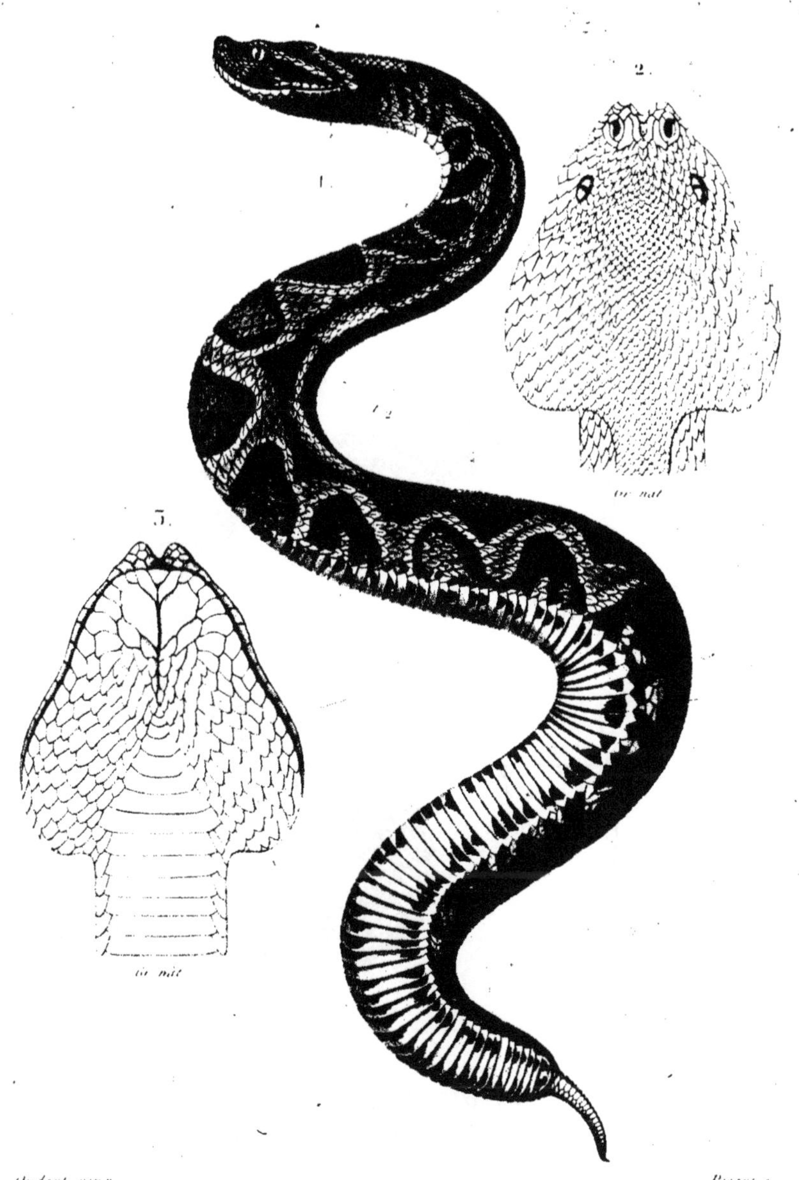

Oudart pinx. *Picart sc.*

1. Echidnée du Gabon. 2 et 3. Tête de la même vue en dessus et en dessous

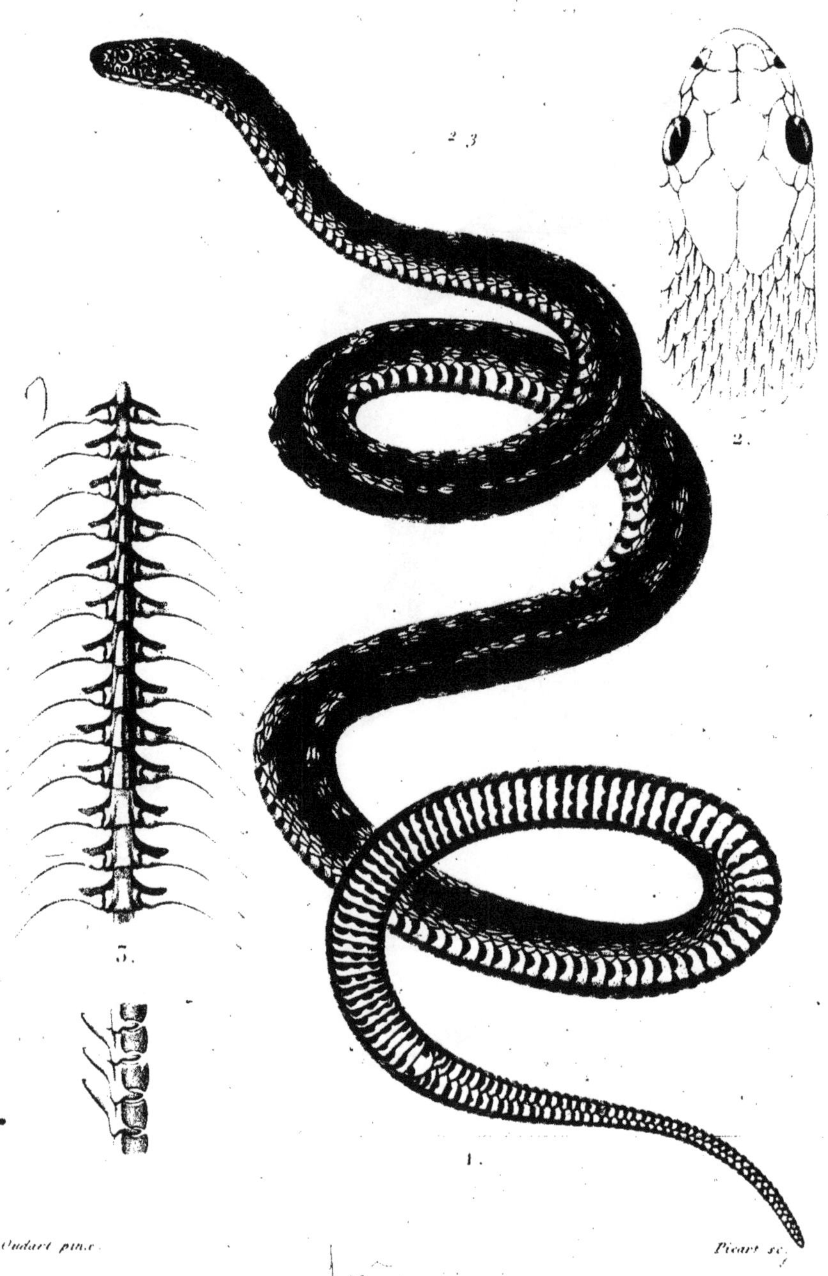

Oudart pinx. *Picart sc.*

1. Rachiodon d'Abyssinie. 2 La tête vue en dessus. 3. Portion dentée de la colonne vertébrale du Rachiodon rude.

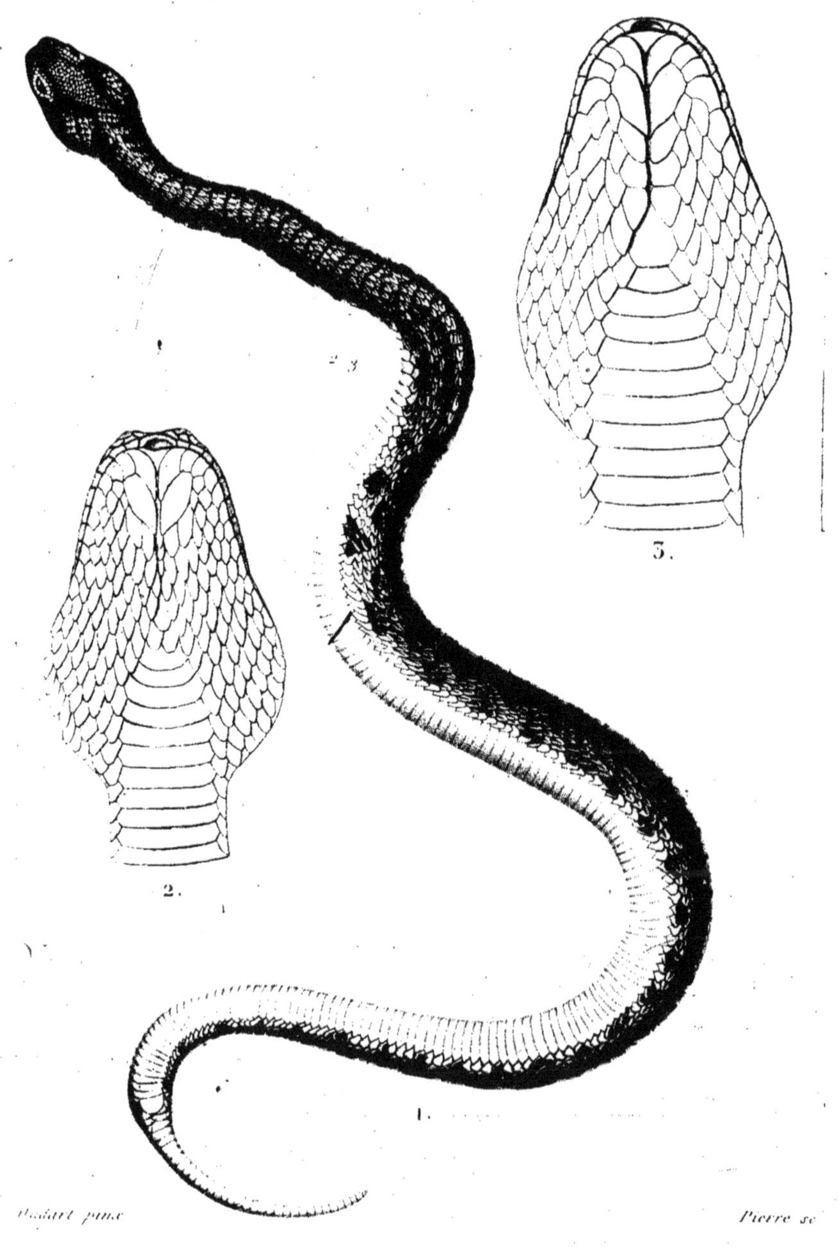

Oudart pinx — Pierre sc

1. Échide à frein. 2. La tête vue en dessous.

3. Tête de l'Échide carénée vue en dessous.

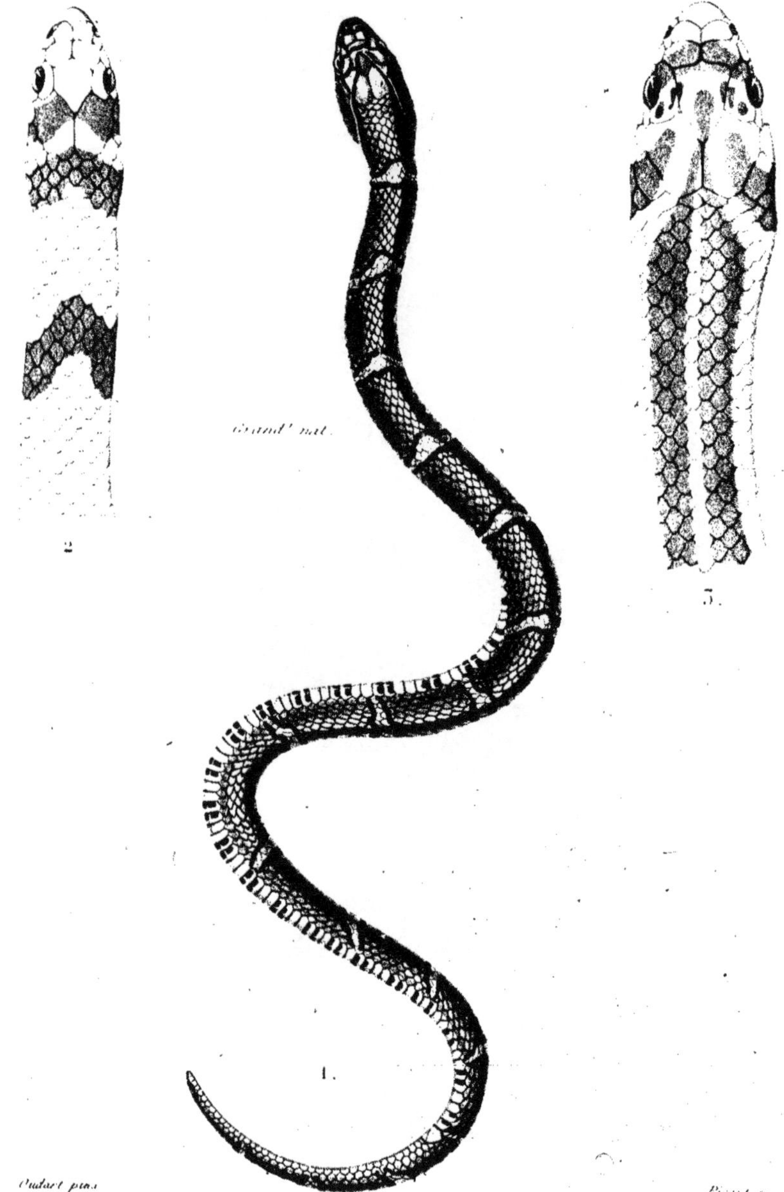

1. Simote à bandes blanches. 2. Tête du Simote écarlate vue en dessus. 3. du Simote à huit lignes

Les détails sont du double de la gr. nat.

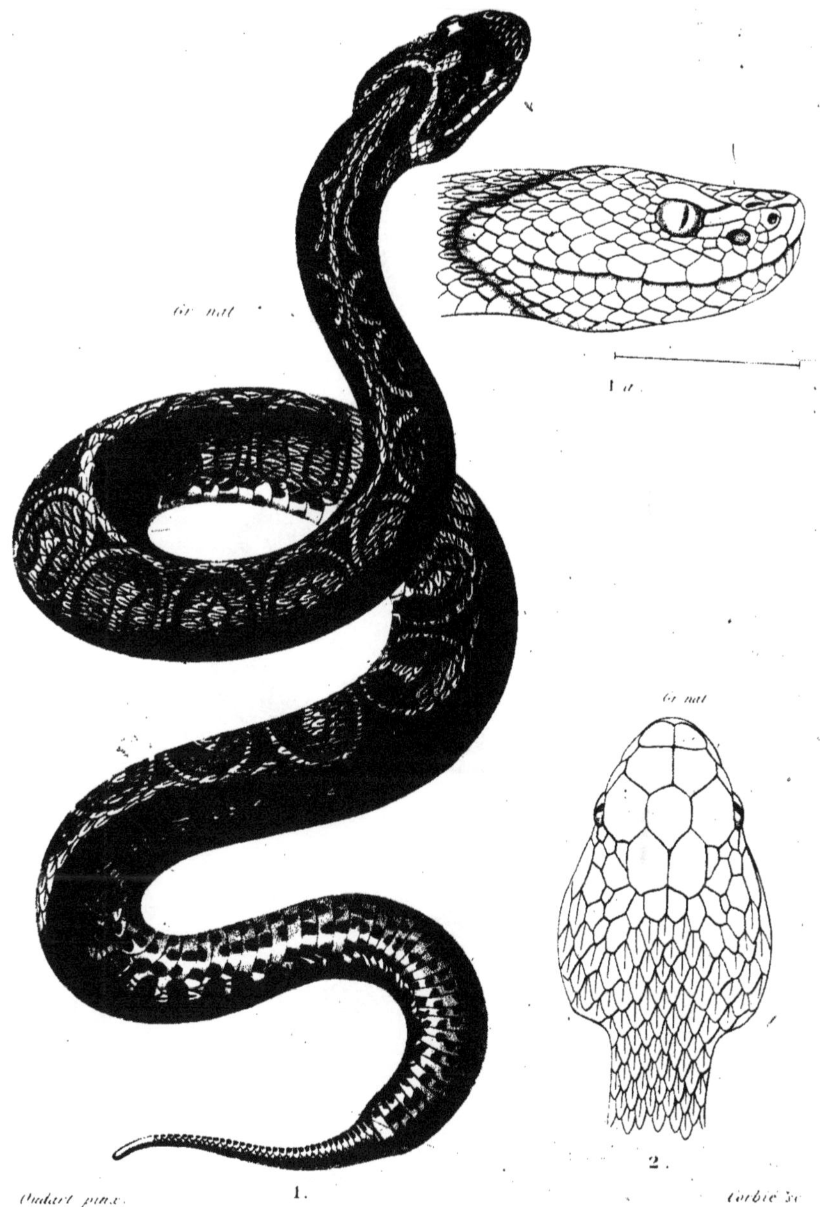

1. Bothrops alterné. 1 a. La Tête du même vue de profil.

2. Tête du Trigonocéphale cenchris.

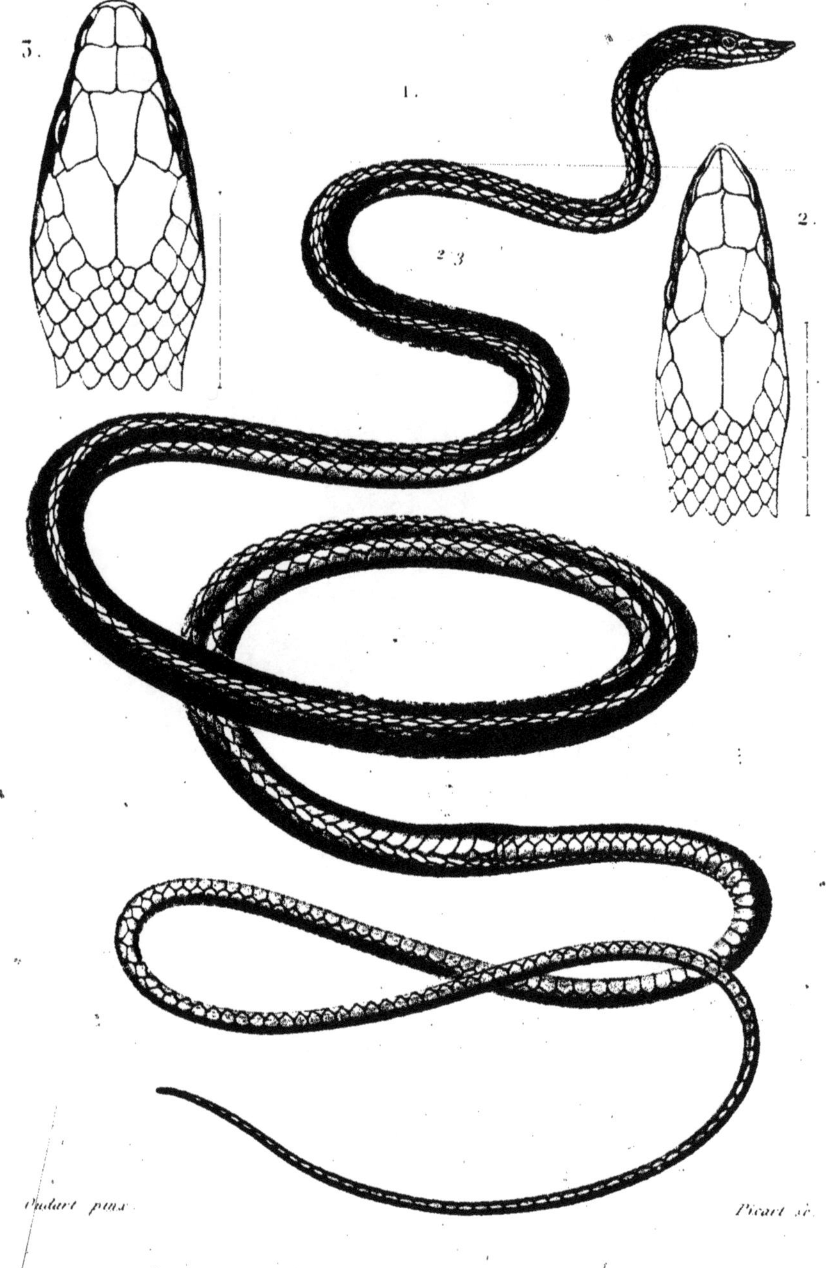

1. Uromacre oxyrhynque. 2. Tête du même vue en dessus.
3. Tête de l'Uromacre de Catesby vue en dessus.

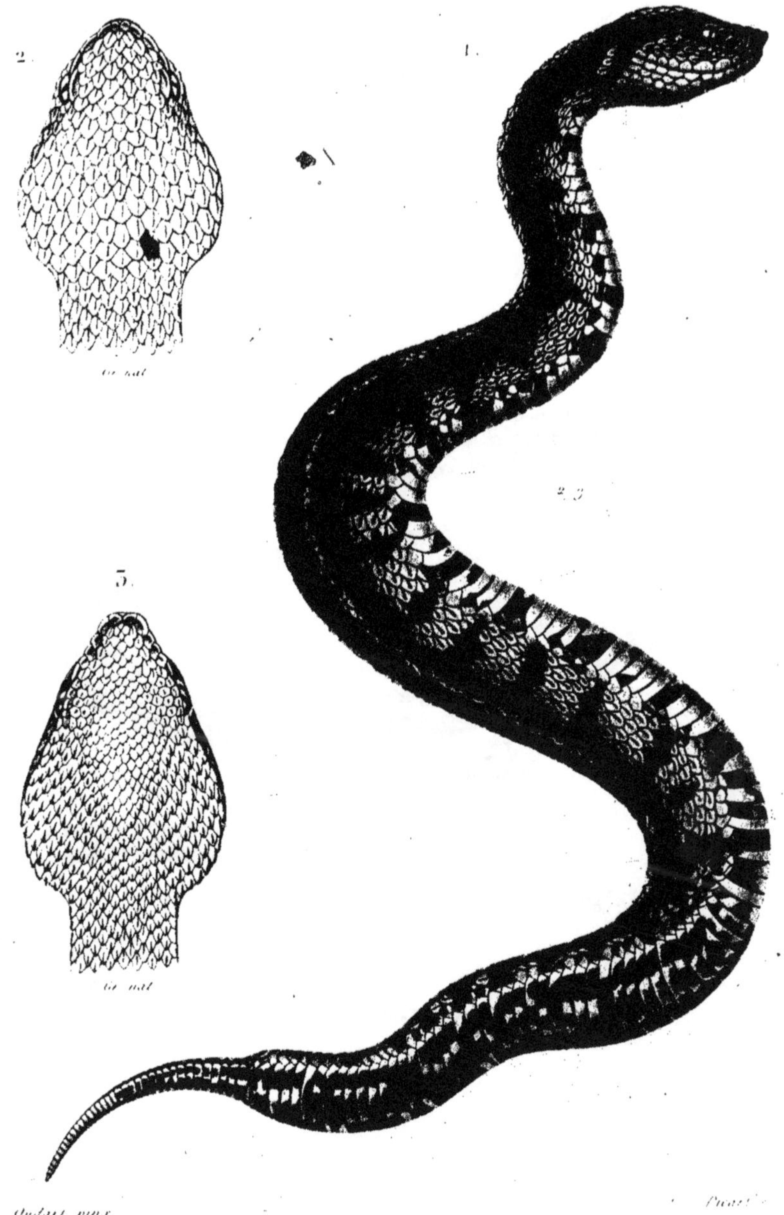

Oudart pinx. *Picart sc.*

1. Atropos mexicain. 2. Tête du même vue en dessus. 3. Tête de l'Atropos pourpre

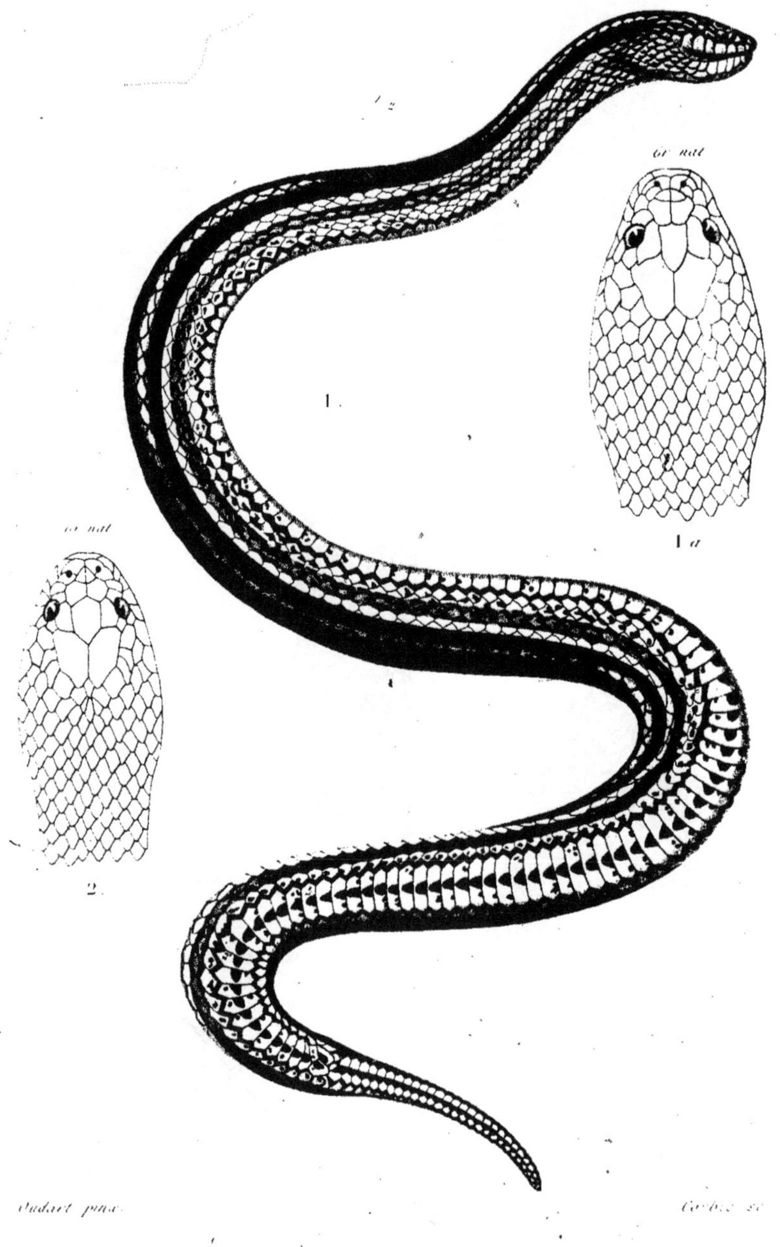

1. Euroste de Dussumier, 1 a. La Tête vue en dessus.
2. Tête de l'Euroste plombé.

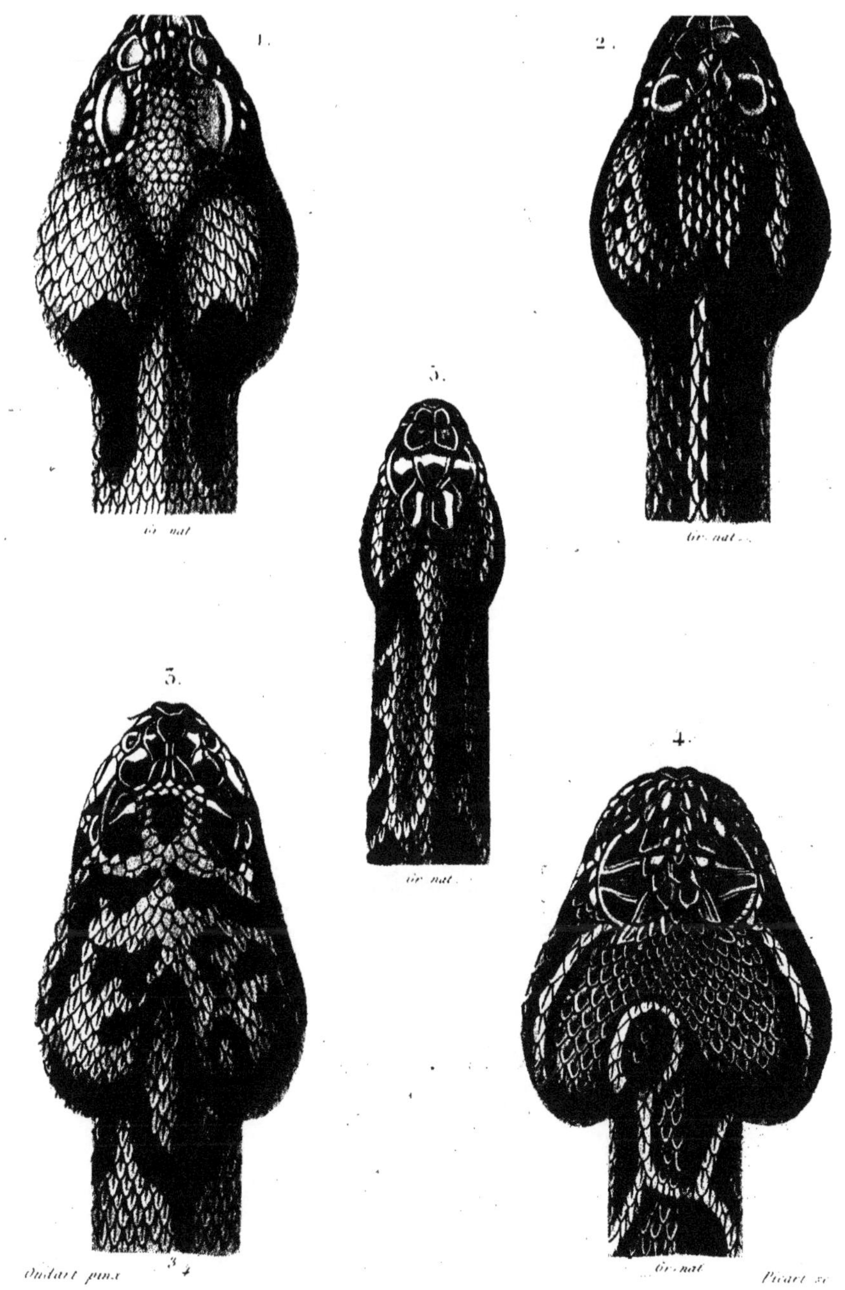

Oudart pinx Picart sc

Têtes de Crotales.

1. C. Durisse. 2. C. horrible. 3. C. rhombifère ou Diamant.
4. C. à taches confluentes. 5. C. à triples taches.

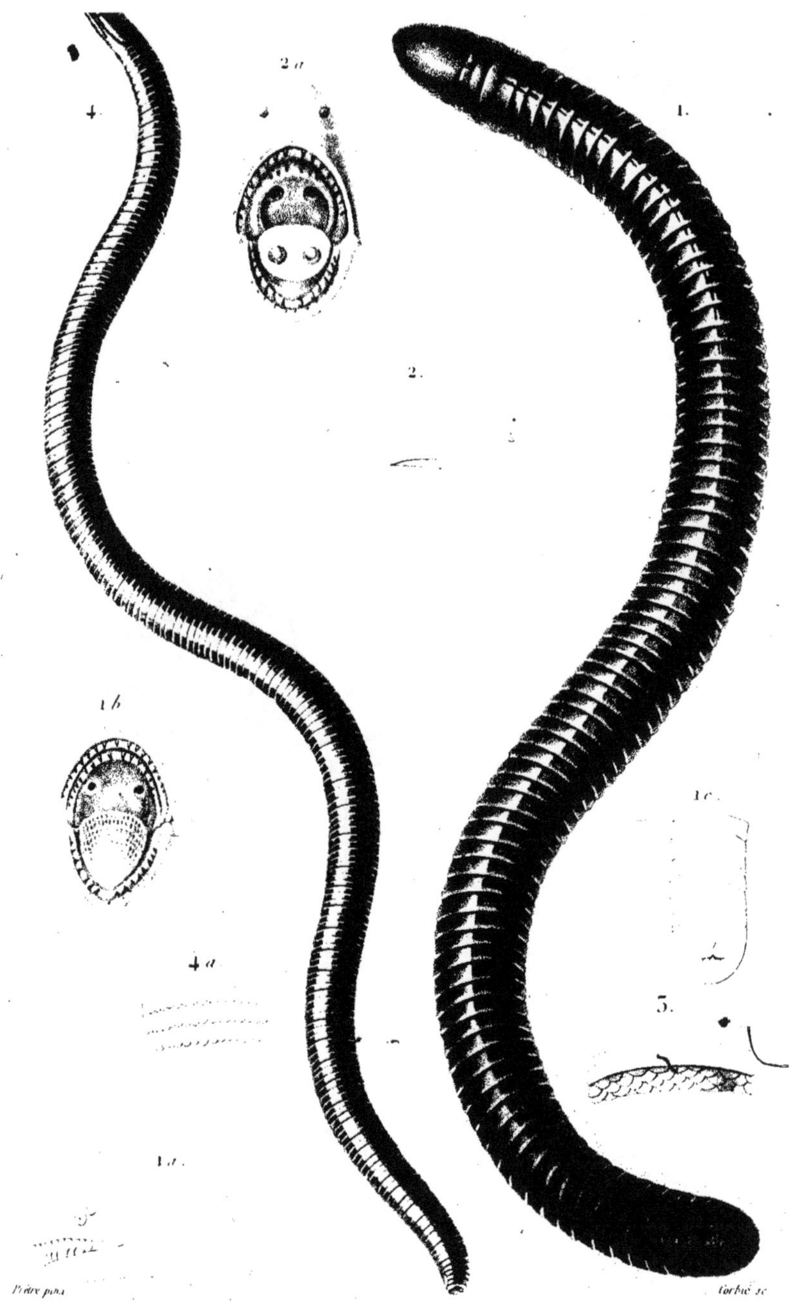

Prêtre pinx. *Corbié sc.*

1. **Siphonops annelé.** 1 *a*. Sa tête et son cou vus de profil. 1 *b*. Sa bouche ouverte pour montrer la langue, les dents et les orifices internes des narines. 1 *c*. L'extrémité terminale de son corps vue en dessous. **2. Tête de Cécilie lombricoïde** vue de profil. 2 *a*. Sa bouche ouverte pour montrer la langue, les dents et les orifices internes des narines. **3. Ecailles de Cécilie** à ventre blanc. **4. Rhinatrème** à deux bandes. 4 *a*. Ses écailles.

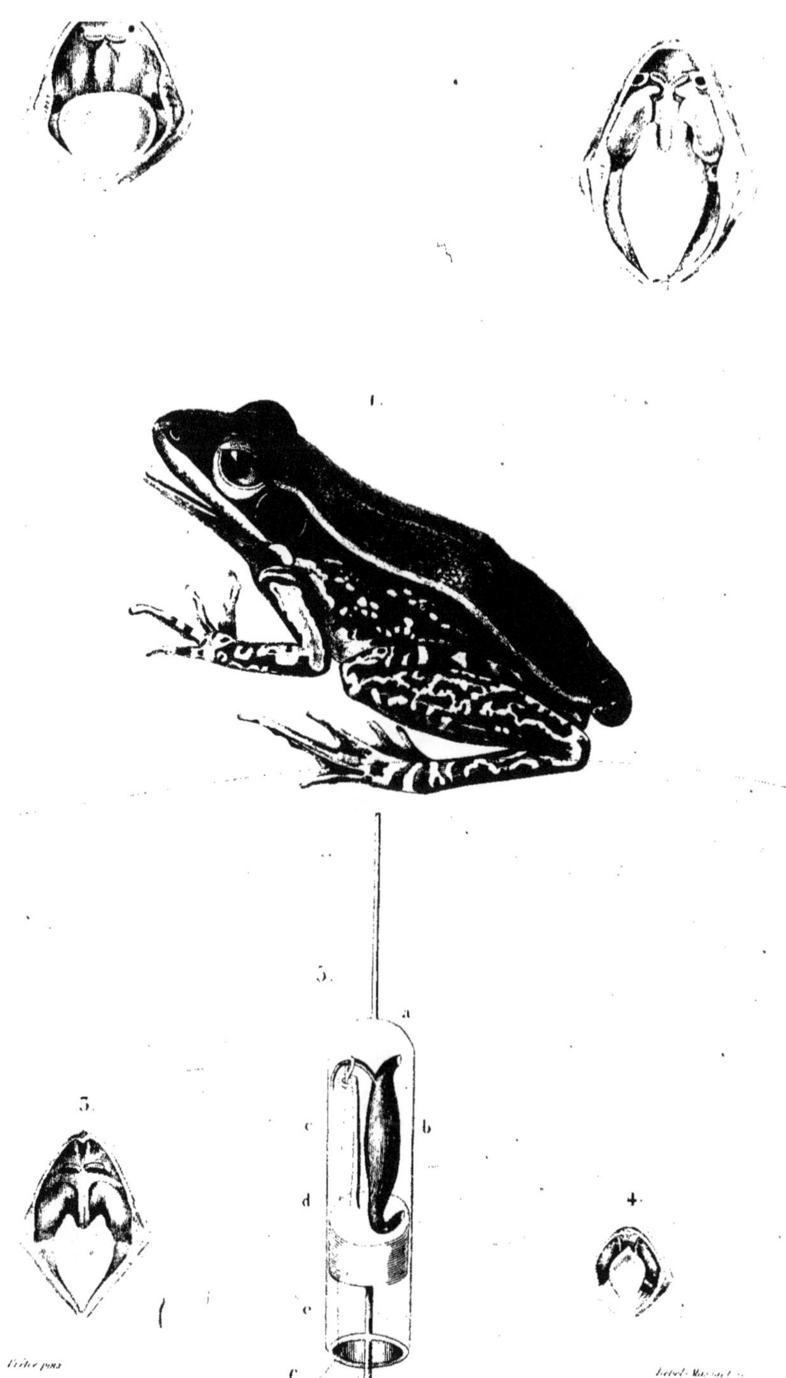

1. Grenouille du Malabar. 1 a. Sa bouche ouverte pour montrer la langue et les dents. 2. Bouche de Pseudis de Mérian ouverte pour montrer la langue et les dents. 3. Bouche de Strongylope à bandes, ouverte pour montrer la langue et les dents. 4. Bouche d'Oxyglosse lime, ouverte pour montrer la langue. 5. Expérience de Swammerdam expliquée Tome VIII Page 102

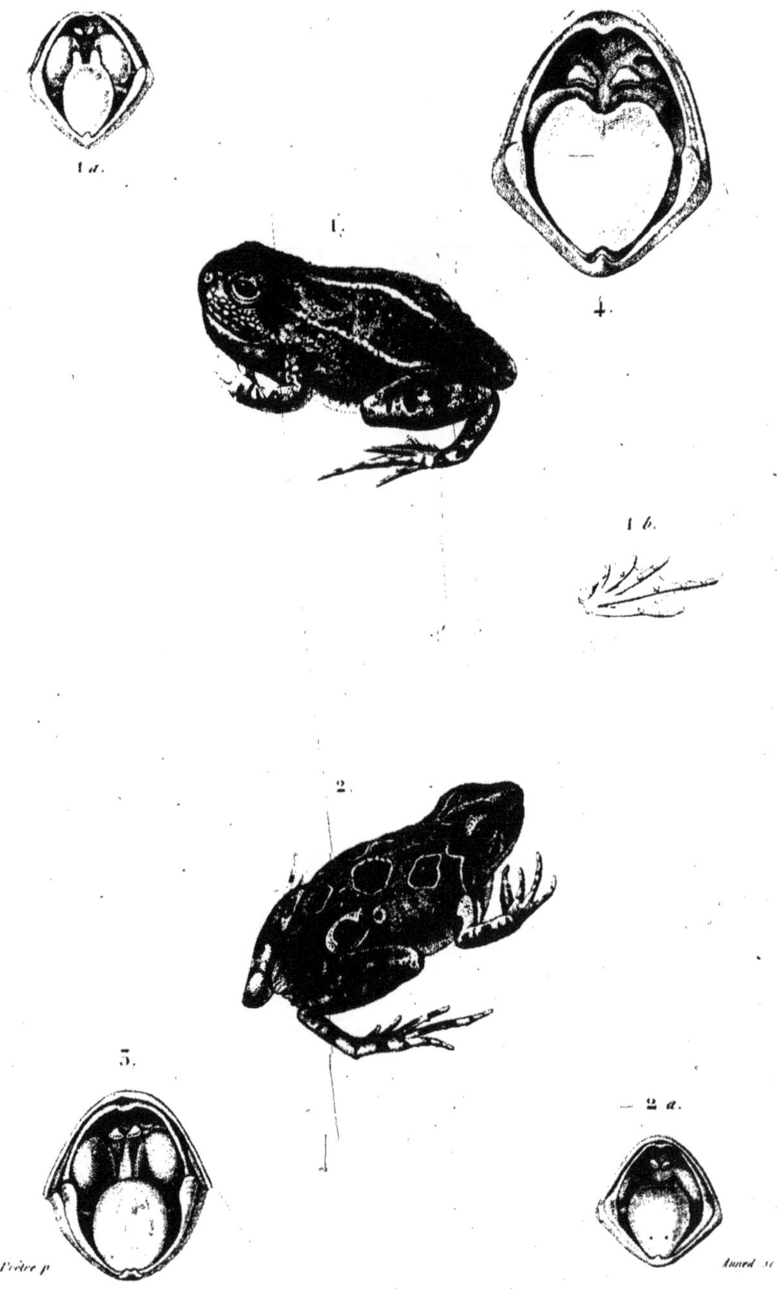

1. Pyxicéphale de Delalande. 1 a. Sa bouche ouverte pour montrer la langue et les dents. 1 b. Son pied vu en dessous.
2. Pleurodème de Bibron. 2 a. Sa bouche ouverte pour montrer la langue et les dents.
3. Bouche de Cycloramphe fuligineux ouverte pour montrer la langue et les dents.
4. Bouche de Cystignathe ocellé ouverte pour montrer la langue et les dents.

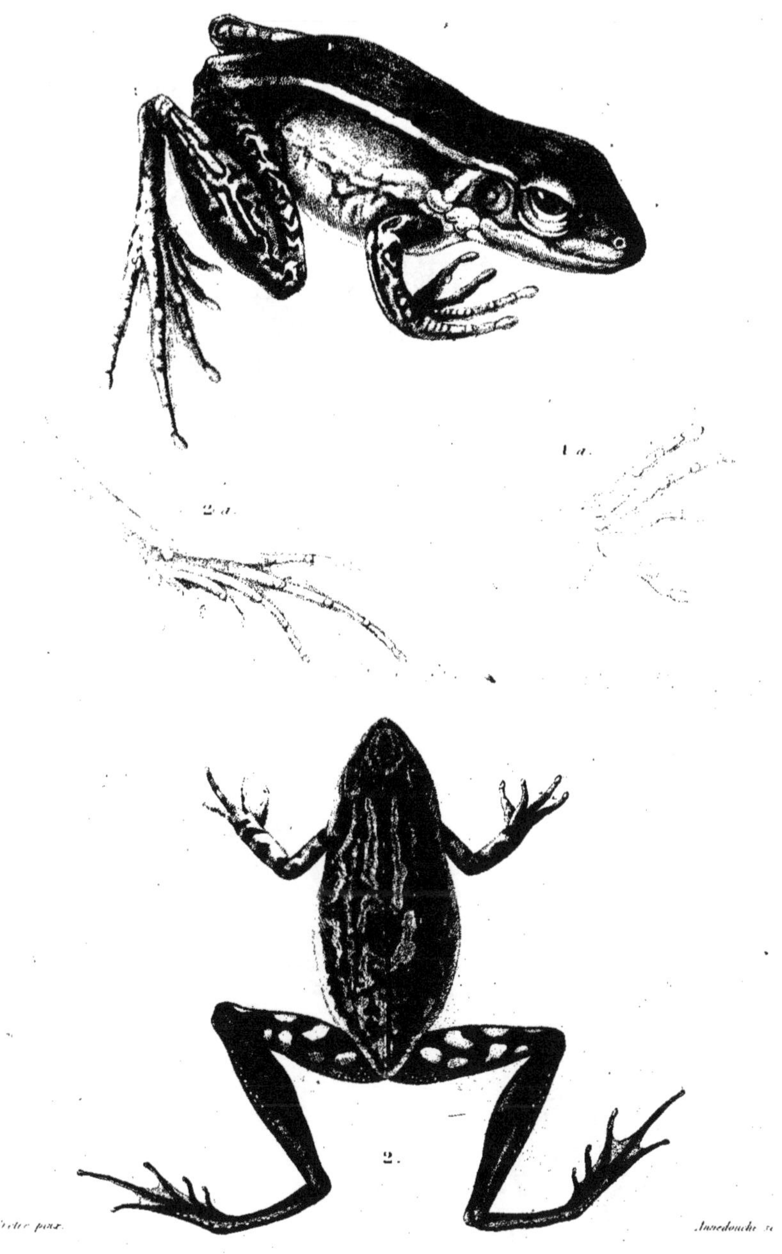

1. Ranhyle rouge. 1 a. Sa main vue en dessous. 2. Litorie de Freycinet. 2 a. Une de ses pattes postérieur

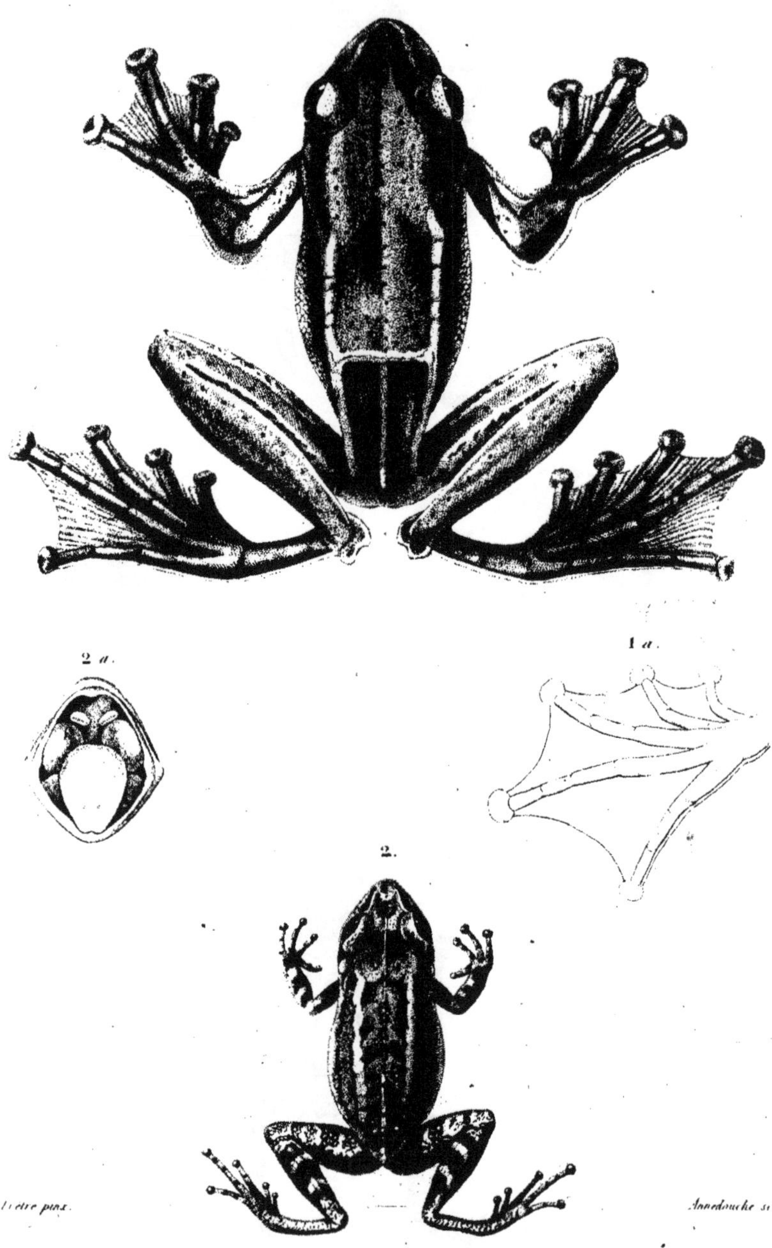

1. Rhacophore de Reinwardt. 1 a. Un de ses pieds vu en dessous. 2. Hylode de S.t Domingue.
2 a. Sa bouche ouverte pour montrer la langue et les dents.

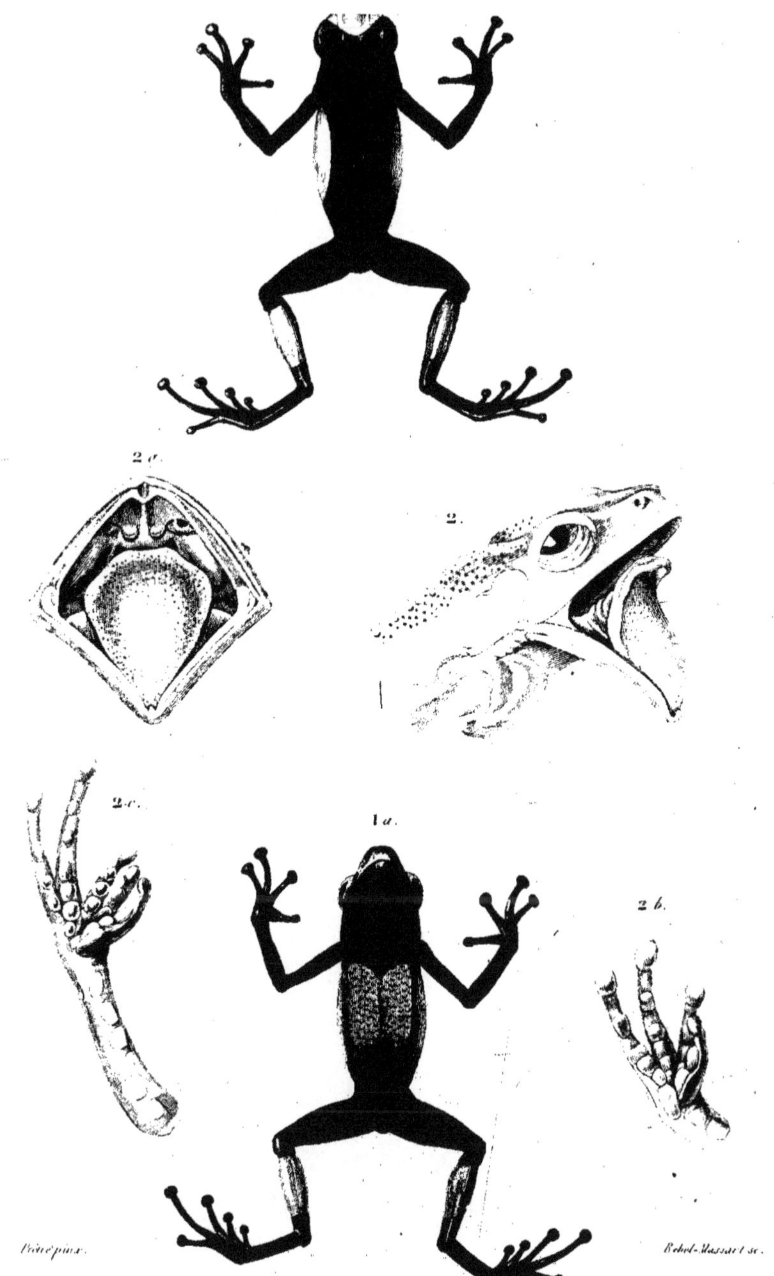

Prêtre pinx. *Rebel-Massart sc.*

1. **Hylaplésie de Cocteau.** 1 *a.* La même en dessous. 2. **Tête de Phyllomédus**e vue de profil avec la bouche ouverte pour montrer la langue. 2 *a.* Bouche de la même ouverte pour montrer les dents palatines. 2 *b.* Main, 2 *c.* Pied de la même vus en dessous.

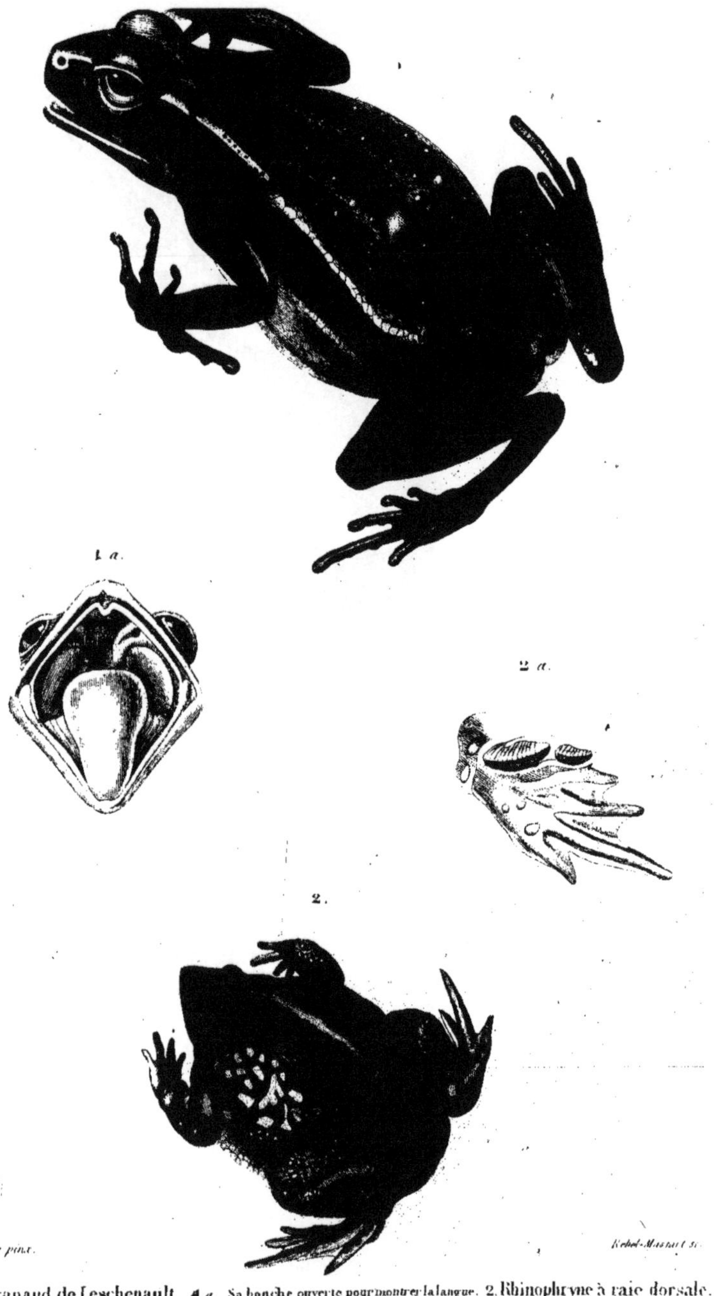

Prêtre pinx. *Rebel-Mastart sc.*

1. Crapaud de Leschenault. 1 a. Sa bouche ouverte pour montrer la langue. 2. Rhinophryne à raie dorsale.

2 a. Son pied vu en dessous.

1. Dactylèthre du Cap. 1 a. Sa bouche ouverte. 2. Tête de Pipa vue en dessus. 2 a. Une de ses pattes de devant. 2 b. Une de ses pattes postérieures.

1. Onychodactyle de Schlegel. 1 a. Sa tête vue de profil. 1 b. Sa bouche ouverte pour montrer la langue et les dents. 1 c. Extrémité des doigts grossie pour mieux montrer les ongles. 2. Bouche de Pseudotriton brun, ouverte pour montrer la langue et les dents. 2 a. Sa tête et la langue vues de profil. 3. Bouche de la Salamandre tachetée ouverte pour montrer la langue et les dents. 4. Bouche d'Amblystome à bandes, ouv.te p.r montrer la langue et les dents.

1. **Ménopome des monts Alleghanis.** 1 *a*. Sa bouche ouverte pour montrer la langue et les dents. 2. **Salamandrine à lunettes.** 2 *a*. Sa bouche ouverte pour montrer la langue et les dents. 3. **Bouche de Triton à crête**, ouverte pour montrer la langue et les dents. 4. **Bouche de Pléthodonte** ouverte pour montrer la langue et les dents.

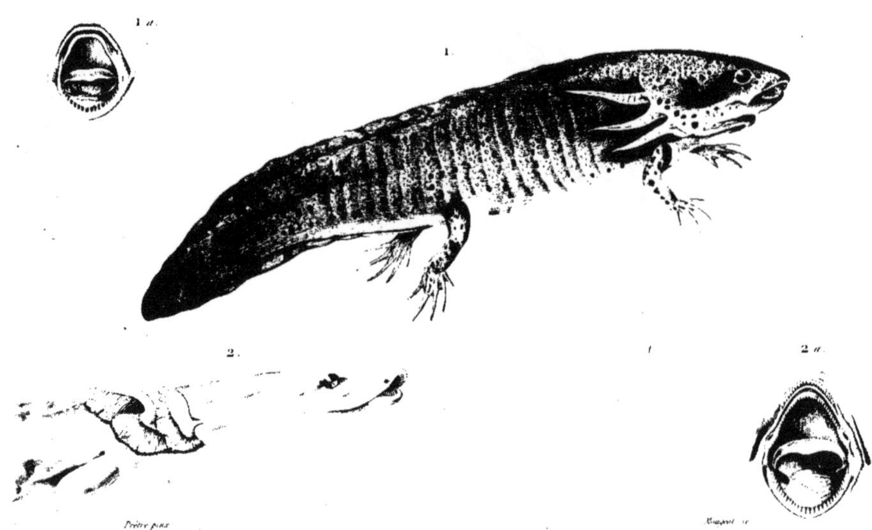

Prêtre pinx. *Bougeot sc.*

1. **Siredon.** 1 *a.* Sa bouche ouverte. 2. **Tête de Menobranche latéral** vue de profil. 2 *a.* Sa bouche ouverte.

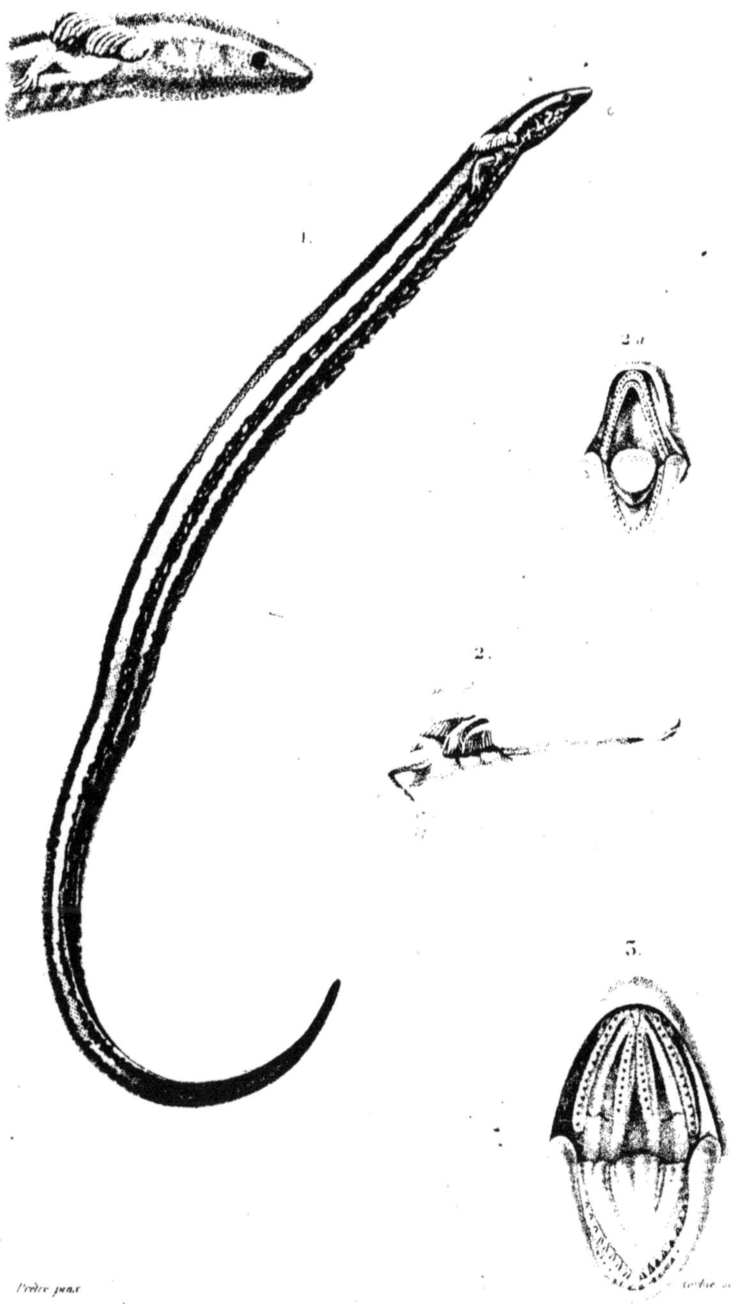

Prêtre pinx.

1. **Sirène striée.** 1 a. Sa tête vue de profil. 2. **Tête de Protée** vue de profil. 2 a. Sa bouche ouverte pour montrer la langue et les dents. 3. **Bouche d'Amphiume** ouverte pour montrer la langue et les dents.

Oudart p. Corbié sc.

1, Scaphiope solitaire; 1 a, La bouche ouverte; 1 b, L'un des pieds; 2, L'un des pieds du Pélobate brun; 3, L'un des pieds du Pélobate cultripède.

Oudart p. Corbié sc.

1, Rainette à bourse mâle ; 2, La femelle qui porte la poche dorsale ou bourse cutanée.

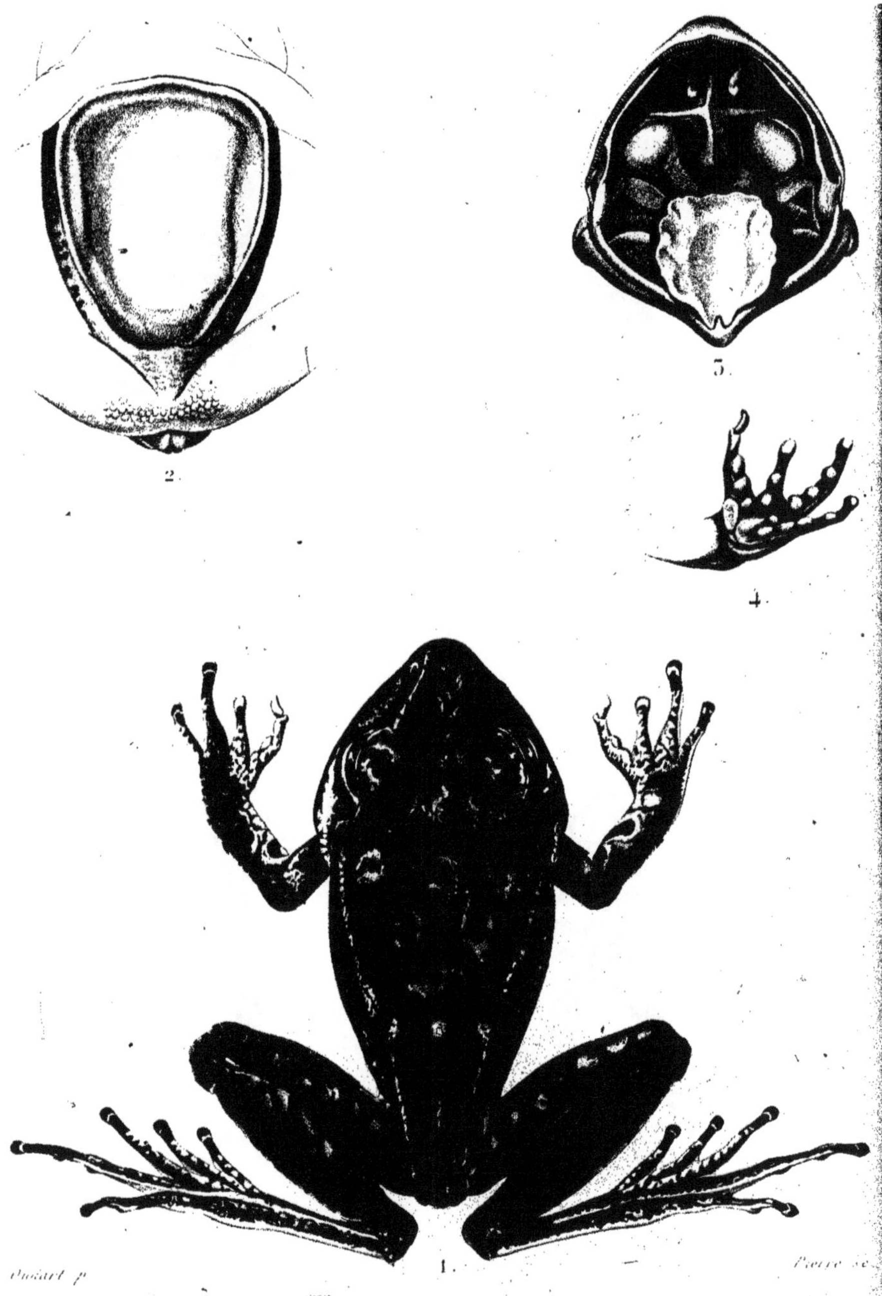

Oudart p. *Pierre sc.*

1, Hylode large-tête, *Ann. des Sc. nat. T. XIX, 3e Série.* 2, Le trone vu en dessous, pour montrer le disque cutané de l'abdomen; 3, La bouche ouverte pour montrer la langue et les dents; 4, La main vue en dessous.

1.

2.

3.

4.

Oudart p. Corbié sc.

1, Phrynisque noirâtre; 2, Phrynisque austral; 3 Phrynisque front-blanc;
4, Variété du Phrynisque austral.

1.

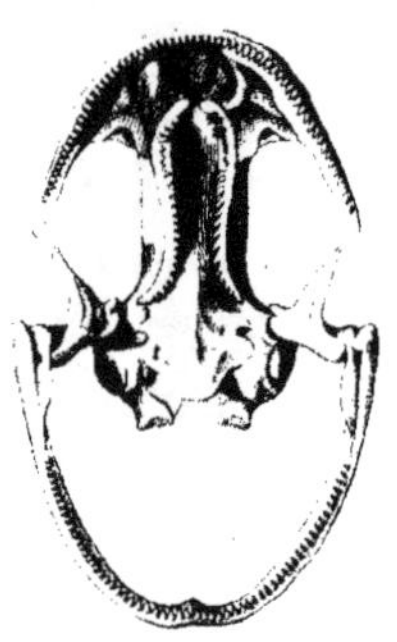

2.

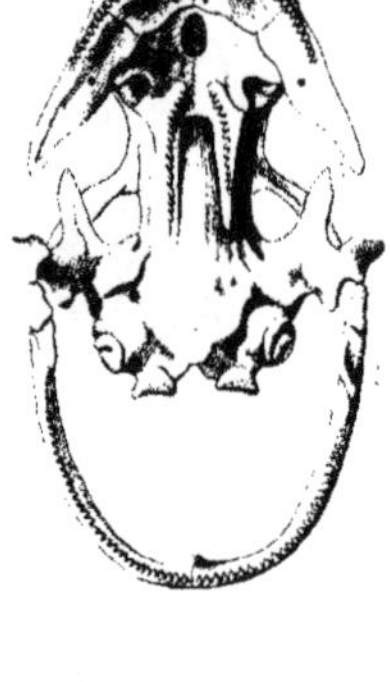

4

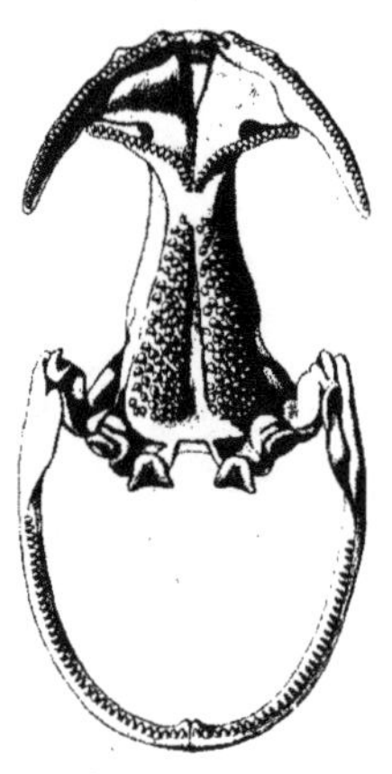

3.

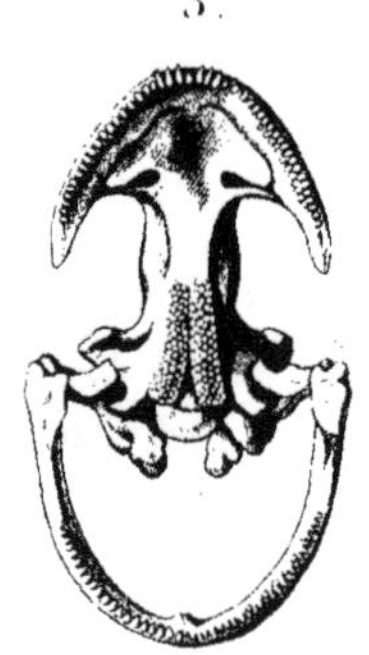

5.

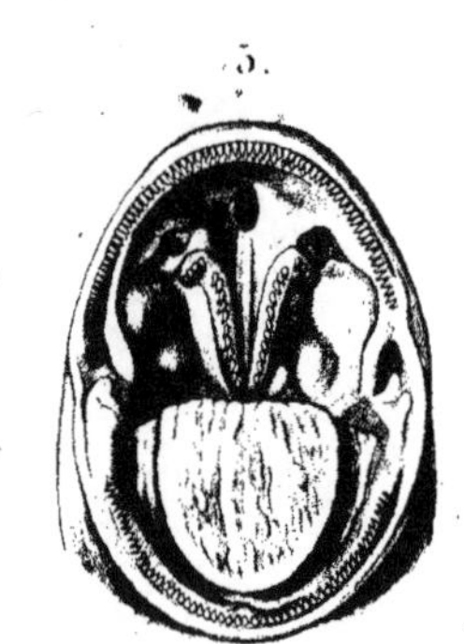

6.

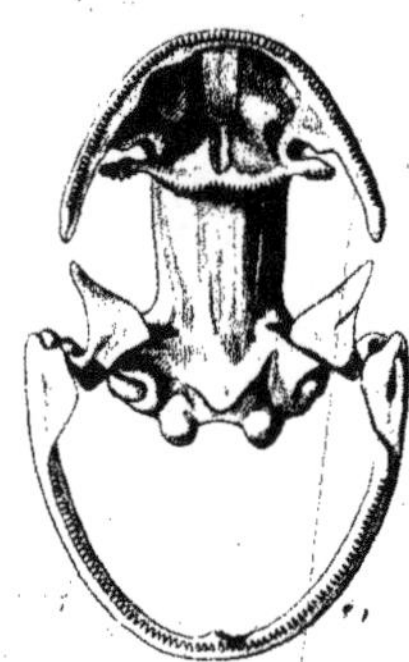

F. Bocourt del. et sc.

1, Salamandre terrestre. 2, Pleurodèle de Waltl. 3, Pléthodonte brun.
4, Bolitoglosse mexicain. 5, Ellipsoglosse à taches 6, Ambystome à bandes.

1.

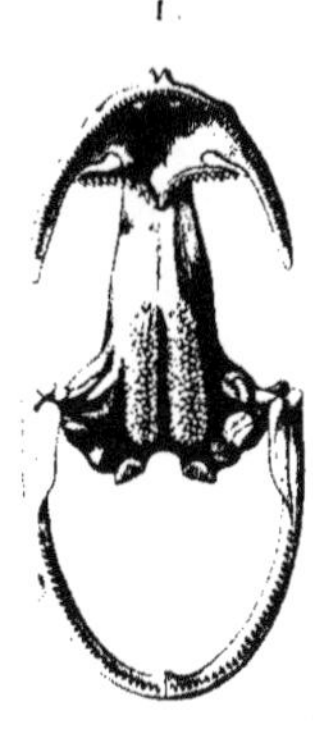

2.

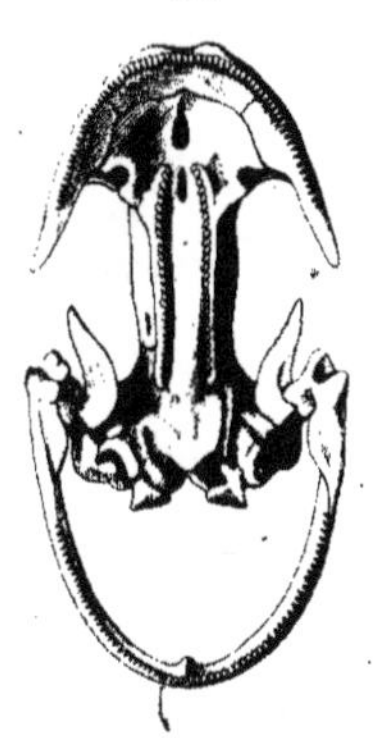

3.

4.

5.

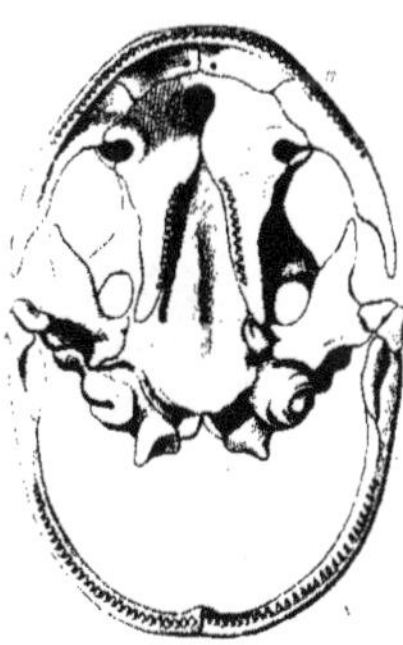

6.

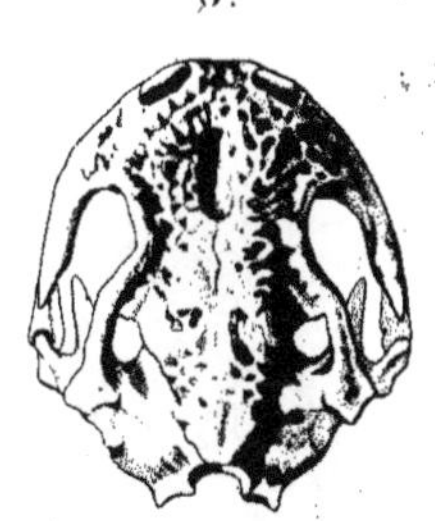

F. Bocourt del. et sc.

1. Géotriton brun. 2 et 3. Triton à crête, (en dessous et en dessus.)

4. Triton ponctuée. 5 et 6. Euprocte de Poiret, (en dessous et en dessus.)

Oudart p. Pierre sc.

1. Pleurodèle de Waltl; 2. Bouche de la Salamandre de Corse ouverte pour montrer la langue et les dents.

1, Bolitoglosse méxicain; 1 a et 1 b. Le pied et la main. 2. Variété du même.

Ambystome à bandes, variété

Oudart p. *Pierre sc.*

1. Triton marbré. 2. Triton recourbé. 3. Triton ponctiulé.

www.ingramcontent.com/pod-product-compliance
Ingram Content Group UK Ltd.
Pitfield, Milton Keynes, MK11 3LW, UK
UKHW022107190726
13855UKWH00002B/700

9 782013 478861

VENTE

des

MERCREDI 13 MAI ET JEUDI 14 MAI 1908

HOTEL DROUOT — SALLE N° 11

MANUSCRITS — LIVRES RARES

TABLEAUX ANCIENS & MODERNES — OBJETS D'ART

Commissaire-Priseur : M. [illegible] NORMAND, [illegible] rue [illegible]

Expert pour les Manuscrits et les Livres

M. [illegible] DU MAY, [illegible] rue Saint-Georges

Experts pour les Tableaux et Objets d'Art

M. [illegible] FERAL, [illegible] rue Saint-Georges — MM. PAULME et B. LASQUIN fils, [illegible]

N° [illegible] du Catalogue Marbres

IMPRIMERIE
C. CHAUFOUR
8-10, RUE MILTON
PARIS

VENTE

des Mercredi 13 et Jeudi 14 Mai 1908

A DEUX HEURES

HOTEL DROUOT - SALLE N° 11

CATALOGUE

DE

Vingt-Cinq

MANUSCRITS PERSANS

Richement Ornés de Miniatures

LIVRES RARES & CURIEUX

la plupart reliés en Maroquin Ancien

RELIURES ARMORIÉES

Tableaux Anciens et Modernes

PAR, D'APRÈS OU ATTRIBUÉS A :

Van Ceulen, Callet, H. J. Delpy, Darjou, Français, Fragonard
Hobbéma, Van Kessel, Longuet, Luminais, Martin, Mignard
Muller, Murillo, Van der Neer, Van Ostade, Oudry, Palamède
Panini, Rubens, Ruysdaël
Ary Scheffer, Velasquez, Vollon, Washington, Winkebooms, etc.
des Écoles Françaises, Flamande, Italienne, Moderne, etc.

Important Groupe en Marbre Blanc

OBJETS D'ART — BRONZES

Sculptures par CARRIER-BELLEUSE

DONT LA VENTE AUX ENCHÈRES PUBLIQUES AURA LIEU

HOTEL DROUOT — SALLE N° 11

LES MERCREDI 13 & JEUDI 14 MAI 1908

A DEUX HEURES

Par le ministère de Me GEORGES NORMAND, Commissaire-Priseur

41, Rue de la Victoire, 41

ASSISTÉ :

POUR LES MANUSCRITS ET LES LIVRES, DE

M. Albert DU MAY, Expert-Libraire, 14 *bis, rue Saint-Georges*

POUR LES TABLEAUX ET OBJETS D'ART, DE

M. J. FÉRAL, Expert, 7, *Rue Saint-Georges*

ET DE

M. PAULME, Expert
10, Rue Chauchat

M. B. LASQUIN Fils, Expert
12, Rue Laffitte

EXPOSITION PUBLIQUE :

Le Mardi 12 Mai 1908, de 1 heure 1/2 à 5 heures 1/2

CONDITIONS DE LA VENTE

La vente sera faite au comptant.

Les acquéreurs paieront *dix pour cent* en sus des enchères

MM. les Experts chargés de la vente rempliront, aux conditions d'usage, les ordres qui leur seront transmis.

L'exposition publique mettant les acheteurs à même de se rendre compte de l'état des Manuscrits, Livres, Tableaux et Objets d'art, aucune réclamation ne sera admise une fois l'adjudication prononcée.

ORDRE DES VACATIONS

Le Mercredi 13 Mai 1908

1° — Livres .... Nos 1 à 67
2° — Manuscrits .... Nos 1 à 25

Le Jeudi 14 Mai 1908

1° — Tableaux .... Nos 1 à 60
2° — Objets d'art .... Nos 1 à 7

L'une des 84 Miniatures du Manuscrit n° 25

MANUSCRITS

N.-B. — Les Manuscrits étant présumés énoncés et décrits avec le plus grand soin, l'adjudication ne pourra être annulée pour fautes ou imperfections de description ni pour aucune autre cause que ce soit.

1. — TIMOUR-NAMEH. — Histoire en vers persans du monarque tartare TAMERLAN, dit EMIR-TIMOUR, par le poète AHMED-KÉRAMI.

Ce poème est le plus célèbre de ceux qui ont été composés à l'occasion des victoires d'*Emir-Timour*. Il fut longtemps attribué, par erreur, à *Abdallah*, surnommé *Hatifi*, poète persan qui composa un poème intitulé *Dhafer-Nameh (le livre de la victoire)* dont *Pétis de la Croix* a fait une traduction française.

1 vol. in-8° (14 × 25) de 368 ff. — Reliure persane du XVIe siècle, plats en laque, ornés (recto et verso) de jolis bouquets de fleurs d'un brillant coloris, encadrements formés d'un liseré composé d'une multitude de petites fleurettes du plus gracieux effet.

Précieux manuscrit, sur papier fin du Japon, parcheminé et légèrement teinté. Écrit vers l'an 902 de l'Hégire (150[illegible]) par *Ibrahim Zerguer*, surnommé l'Orfèvre. Belle écriture *Talik* disposée sur 2 colonnes à la page dans un fort joli encadrement bleu rehaussé de filets d'or.

Trente-six miniatures de dimensions variées, d'une finesse d'exécution remarquable et d'un puissant coloris. *Ces miniatures contenues dans la 1re partie de ce manuscrit tiennent chacune, pour la plupart, une page entière*. 32 scènes, 4 sujets fleurs et oiseaux. *Superbe titre* formant frontispice et tenant 2 ff. entiers. En tête comprenant le titre général, fleurons, culs-de-lampe, etc., formés de motifs d'ornements sur fond lapis-lazuli rehaussé d'or.

Sauf 6 miniatures sensiblement endommagées, l'ensemble de ce manuscrit est en très bon état de conservation.

2. — DIVAN NEVAÏ. — Recueil de poésies en langue persane, du poète Esseïd Rahman.

1 vol. in-8° (16×26) de 178 ff. — Reliure en maroquin écrasé du levant (ton La Vallière), à recouvrement porte-feuille, ornements (rosaces) gaufrés, sur les plats de la reliure.

Très beau manuscrit, sur papier fort du Japon, parcheminé et légèrement teinté. Ecrit vers l'an 990 de l'Hégire (1588) par le célèbre calligraphe *Tjélebi Yulkaïni*. Belle écriture *Talik* disposée sur 2 colonnes à la page dans un fort joli encadrement bleu rehaussé de filets d'or.

Six miniatures de dimensions variées, très finement exécutées représentant des scènes de la vie persane. *Superbe titre* tenant 2 ff. entiers et formant frontispice composé de motifs d'ornements sur fond lapis-lazuli rehaussé d'or.

Sauf 2 miniatures sensiblement endommagées, l'ensemble de ce manuscrit est en très bon état de conservation.

3. — LES AMOURS DE LEILA ET MEDJNOUN. — Recueil de poésies en langue persane, du poète Nizami surnommé Candjéwi (du nom de la ville de Candjéh où il est né).

1 vol. in-8° (17×29) de 250 ff. — Reliure en maroquin rouge (patiné).

Très beau manuscrit, sur papier fort du Japon, légèrement teinté. Écrit vers l'an 990 de l'Hégire (1588) par *Laoul Ulmelek*. Belle écriture *Talik* disposée sur 4 colonnes à la page dans un encadrement bleu rehaussé de filets d'or.

Seize miniatures de dimensions variées, d'une très grande finesse d'exécution et d'une fraîcheur de coloris extraordinaire, représentant des scènes remarquablement composées où les personnages sont étonnamment expressifs *(une des miniatures est encadrée d'ornements représentant des arbres, des fleurs, des oiseaux)*. *Superbe titre* tenant 2 ff. entiers formant frontispice, un très bel en-tête de chapître, fleurons, culs-de-lampe, etc. formés de motifs d'ornements sur fond lapis-lazuli rehaussé d'or.

Ex-libris de Osman Han.

Sauf quelques mouillures dans le texte et 2 miniatures endommagées, l'ensemble de ce manuscrit est en très bon état de conservation.

4. — DIVAN ou Recueil de poésies persanes de Hafiz (*Mohammed-Chems-Eddyn*), un des plus célèbres poètes persans qui par la grâce de ses poèmes et par la licence de ses ouvrages fut appelé Chekerleb c'est-à-dire *La lèvre de sucre*.

Hafiz peut être considéré comme l'*Anacréon* de la Perse, car ainsi que le poète grec, il a chanté le vin et l'amour. Son *Divan* ou recueil de poésies contient 571 odes

ou ghazels et fut publié à *Calcutta* en 1791 (*1 vol. in-f°, texte persan*). Depuis, il a été fait de nombreuses traductions partielles en latin, en anglais et en français.

1 vol. in-8° (13 × 20) de 220 ff. — Reliure ancienne en maroquin noir à recouvrement porte-feuille, ornée d'arabesques et d'ornements mosaïques d'un très bel effet. L'intérieur des plats de la reliure est doublé de maroquin rouge (patiné) rehaussé de filets d'or formant encadrement.

Manuscrit, sur papier fort du Japon, nuancé rose et jaune. Écrit vers l'an 884 de l'Hégire (1482) par *Ali Nébïyé*. Belle écriture *Talik* disposée sur 2 colonnes à la page dans un encadrement à filet bleu rehaussé d'un liseré d'or.

Sept miniatures de dimensions variées (*très bien exécutées*), représentant des scènes de la vie persane. *Huit feuillets* décorés d'arabesques de toute beauté (*comme composition*), et *cinq en-têtes* ou titres de chapitres d'un coloris intense ornent ce manuscrit *en très bon état de conservation*.

5. — ANTHOS LÊGO ou Recueil anthologique de poésies en langue persane.

1 vol. in-f° (30 × 43) de 38 ff. — Reliure persane du XVIII° siècle, plats en laque, ornés au recto de scènes curieusement composées, d'une tonalité extraordinaire, pleines de vie et d'expression.

Ce sont de véritables tableaux dont le coloris spécial imprime le cachet de séduction propre aux Orientaux. *Le verso des plats, en laque rouge, est décoré de bouquets de fleurs dans de forts jolis motifs d'ornements*. Quelques endroits sont écaillés, mais facilement réparables.

Manuscrit provenant de la Bibliothèque de Sa Majesté le *Khan Mehemed Hader*, écrit par *Aboul-Hazi* sur papier fin du Japon, parcheminé et légèrement teinté. Le texte, de format in-8°, est entouré d'ornements, arabesques, rinceaux, etc., formant encadrement sur fond de couleurs différentes, chiné d'or et d'argent, le tout remonté sur papier fort du Japon, formant marges blanches. Le remontage a été très habilement dissimulé par un double filet d'or. *Une miniature* légèrement effacée forme titre d'un chapitre.

L'ensemble de ce manuscrit est en bon état de conservation.

6. — YOUSSOUFF et ZULEIKHA. — Poème persan.

1 vol. in-12 (13×22) de 143 ff. — Reliure persane du XVII° siècle, plats en laque, ornés (recto et verso) de jolis bouquets de fleurs d'un très beau coloris.

Manuscrit sur papier fort du Japon, parcheminé et légèrement teinté, rehaussé d'un fond d'or chiné. Ecrit vers l'an 1050 de l'Hégire (1648). Très belle écriture disposée sur 2 colonnes à la page dans un encadrement à double filet d'or.

Sept miniatures (tenant les pages entières et leurs marges), d'une parfaite exécution au point de vue de l'art indo-persan. *En-tête* comprenant le titre général et formant des motifs d'ornements du plus gracieux effet sur fond lapis-lazuli rehaussé d'or.

L'ensemble de ce manuscrit est en bon état de conservation.

7. — KITAB EL GYRAN EL HABACHI. Le livre de la conjonction abyssine en langue persane, attribuée à ABOU-TAHIR-BEN-HUSSEIN-BEN-MOHAMED-EL-TORTOUCHI. Recueil dans lequel se trouve : SEIF-EL-MULOUK, L'HISTOIRE DU PRINCE DE KHORAÇAN, L'HISTOIRE DE LEIN-EL-OSMAN, un extrait de MERZUBAN NAMEH (le livre des Satrapes), etc.

1 vol. in-12 (15×21) de 228 ff. — Reliure en veau (état médiocre).

Manuscrit sur papier fin du Japon, parcheminé et légèrement teinté. Ecrit en persan vers l'an 820 de l'Hégire (1418). Belle écriture disposée sur une colonne à la page, entourée d'un double filet d'or la séparant de notes, commentaires et annotations marginales. *Treize inscriptions kufiques sur fond lapis-lazuli rehaussé d'or.*

Vingt-et-une miniatures de dimensions variées (*Scènes de guerre, de chasse, etc.*). En-têtes de chapitres, fleurons, culs-de-lampe formant des motifs d'ornements du plus heureux effet.

Ce manuscrit extrêmement précieux est malheureusement dans un mauvais état de conservation. Les miniatures sont presque toutes endommagées et de nombreuses pages de texte ont été lacérées.

8. — SILSILE ELSEHEB. — YOUSSOUFF et ZULEIKHA. Contes persans.

1 vol. in-8° (18×26) de 312 ff. — Reliure ancienne, plats en laque, ornés (recto et verso) de jolis bouquets de fleurs d'un très beau coloris.

Manuscrit sur papier du Japon, parcheminé et légèrement teinté. Ecrit vers l'an 886 de l'Hégire (1481). Très belle écriture *Talik* disposée sur 4 colonnes à la page, dans un encadrement à double filet bleu rehaussé d'or.

Treize grandes miniatures (dont malheureusement les figures des personnages ont été presque toutes effacées). Superbe titre tenant 2 ff. entiers et formant frontispice, *neuf* en-têtes de chapitres composés d'arabesques, de rinceaux et de motifs d'ornements de toute beauté (*parfait état de conservation*).

L'une des 30 Miniatures du Manuscrit [illegible]

9. — MARIFET NAMEH. — Le livre de la science par IBRAHIM HADJI.

1 vol. in-8° (13×23) de 300 ff. — Reliure du XIXe siècle en maroquin écrasé (rouge patiné), à recouvrement porte-feuille. Ornements gaufrés sur les plats. Tranches dorées.

Manuscrit sur papier fin du Japon, parcheminé et légèrement teinté. Ecrit vers l'an 1245 de l'Hégire (1833) par *Khalil-el-Yasarī-Asyabi-Zadeh*. Belle ecriture arabe disposée sur une colonne à la page dans un encadrement à double filet incarnat rehaussé d'or, la séparant de notes, commentaires et annotations marginales.

Quatorze figures cosmographiques, géographiques et géométriques d'une parfaite et savante exécution. *Superbe titre* tenant 2 ff. entiers et formant frontispice, véritable merveille de composition ornementale. *Douze en-têtes*, fleurons variés, culs-de-lampe, etc., formant des motifs d'ornements, d'une finesse, d'un fini et d'un coloris extraordinaires.

Manuscrit en parfait état de conservation.

10. — ANTHOS LÈGO ou Recueil anthologique de poésies en langue persane.

1 vol. in-12 (12×23) de 90 ff. — Reliure en maroquin rouge (patiné). Ornements gaufrés sur les plats.

Manuscrit sur papier fin du Japon, parcheminé et légèrement teinté. Belle écriture disposée sur 2 colonnes à la page dans un encadrement à double filet d'or.

Sept miniatures de dimensions variées (*Scènes de la vie persane*). *En-tête* en lapis-lazuli sur fond d'or.

Manuscrit en bon état de conservatiun.

11 — YUSREFF USURIN-LEÏLA et MEDJNOUN HEFTI PEKER. — Recueil de contes et poésies en langue persane.

1 vol. in-8° (18×29) de 500 ff. — Reliure maroquin noir à grains. Ornements aux coins e au milieu des plats. (Reliure fatiguée.)

Manuscrit sur papier fin du Japon, parcheminé et légèrement teinté. Belle écriture *Talik* disposée sur 4 colonnes à la page dans un encadrement à filets bleu turquoise rehaussés d'or.

Trente Miniatures de dimensions variées représentant des scènes de combat de chasse, etc. *En-tête* formant frontispice et tenant 2 ff. entiers donnant des motifs d'ornements d'un très gracieux effet.

Sauf quelques ff. de texte remontés et 5 miniatures légèrement endommagées, ce manuscrit est en bon état de conservation.

12. — LES ŒUVRES COMPLÈTES DE SAADI, le plus célèbre des poètes persans surnommé la *salière des poètes*. Recueil renfermant : LE GULISTAN (*recueil en vers et en prose de préceptes moraux, d'épigrammes, d'anecdotes piquantes*), LE BOSTAN (*recueil du même genre mais tout en vers*), LE PEND-NAMEH, LE LIVRE DES CONSEILS AUX ROIS (*poèmes moraux écrits en prose.*

Les œuvres de ce poète ont été traduites en plusieurs langues et notamment en français par *André Duryer* sous le titre de *Gulistan* ou *l'Empire des Roses* (*Paris, 1634, in-12*).

1 vol. in-8° (14×24) de 350 ff. — Reliure ancienne, plats en laque, ornés (recto et verso) de olis bouquets de fleurs d'un très-brillant coloris.

Très beau manuscrit sur papier fin du Japon, parcheminé et légèrement teinté. Belle écriture courante *Chikesté* disposée sur 2 colonnes à la page dans un encadrement bleu turquoise rehaussé de filets d'or, la séparant de notes, commentaires et annotations marginales.

Douze très belles miniatures entourées de fleurs, rinceaux, etc. représentant des scènes de la vie privée persane (*3 miniatures extrêmement libres et d'une finesse d'exécution absolument remarquable*). *Titre formant frontispice* et tenant 2 ff. entiers composé d'ornements variés sur fond incarnat rehaussé d'or. En-têtes de chapitres, fleurons, culs-de-lampe, etc., en ornements dorés.

Plusieurs en-têtes ainsi que quelques miniatures ont été sensiblement endommagés, néanmoins ce manuscrit est encore en bon état de conservation.

13. — ANTHOS LÈGO ou Recueil anthologique des œuvres poétiques du poète persan BAKI.

1 vol. in-8° (16×25) de 126 ff. — Reliure en maroquin brun, poli, à recouvrement portefeuille. Ornements gaufrés sur les plats. (Reliure fatiguée.)

Manuscrit sur papier fort du Japon, teinté rose et chiné or. Belle écriture *Talik* disposée sur 2 colonnes à la page dans un encadrement à double filet d'or la séparant de notes, commentaires et annotations marginales.

Très bel en-tête formant frontispice et tenant 2 ff. entiers. Splendides motifs d'ornements sur fond lapis-lazuli rehaussé d'or.

Manuscrit en bon état de conservation.

14. — YOUSSOUFF et ZULEIKHA. — Poème persan.

1 vol. in-12 (13×23) de 67 ff. — Reliure en velours vert encadré d'un liseré en maroquin rouge rehaussé de filets dorés.

Manuscrit sur papier fin du Japon, légèrement teinté et parcheminé. Ecrit vers l'an 1060 de l'Hégire (1658). Belle écriture disposée sur 2 colonnes à la page dans un encadrement à 2 filets d'or dissimulant très habilement le remontage des feuillets sur un papier très épais nuancé de teintes différentes.

Dix-sept miniatures dont 11 en parfait état de conservation et d'une très-bonne exécution. *En-tête* formant frontispice et tenant 2 ff. entiers, composition d'une extrême finesse représentant des ornements à fleurs sur fond *lapis-lazuli* rehaussé d'or. (Plusieurs Ex-Libris).

Manuscrit en bon état de conservation.

15. — SCHAH-NAMEH FIRDAOUSSI. — Conte en langue persane.

1 vol. in-4° (23×33) de 545 ff. — Reliure en veau. (Reliure fatiguée.)

Précieux manuscrit sur papier teinté du Japon. *Ecriture Talik très ancienne* (vers le XIVe siècle) disposée sur 4 colonnes à la page dans un encadrement à 2 filets d'or.

Sept splendides miniatures (*une miniature endommagée*) représentant des scènes de la vie persane. *En-tête* tenant 2 ff. entiers et formant frontispice, composition d'une finesse extraordinaire représentant des ornements à fleurs sur fonds de couleurs rehaussés d'or.

Sauf quelques mouillures, ce manuscrit est en bon état de conservation.

16. — CHESSI EDDYN-MOHAMED MIRZÉ EL MUSTERI. — Recueil de contes persans.

1 vol. in-12 (13×20) de 87 ff. — Reliure ancienne en maroquin bleu foncé à recouvrement porte-feuille. Plats ornés au recto d'ornements gaufrés placés aux angles et au milieu; le verso des plats doublé de maroquin brun avec application de fers dorés aux angles et au milieu. (Reliure intéressante.)

Manuscrit sur papier fort du Japon légèrement teinté. Très belle écriture *Talik* disposée sur 2 colonnes à la page, dans un encadrement à 2 filets bleu turquoise rehaussés d'or.

Neuf miniatures d'un très beau coloris. *Un en-tête*, tenant 2 ff. entiers et formant frontispice d'une très jolie composition.

17. — RECUEIL DE COSTUMES EUROPÉENS ET INDO-PERSAN, SCÈNES DE CHASSE, etc.

1 vol. in-4° (28×38) de 24 ff. — Reliure européenne du XVIIe siècle en maroquin rouge à filets d'or entourant un large liseré gaufré. — (Reliure fatiguée et détachée des ff.).

Manuscrit du XVIIIe siècle renfermant *48 miniatures* représentant des Personnages, des Costumes, des Scènes de chasse, des Motifs d'ornements, des Fleurs, etc. Toutes ces miniatures très finement exécutées sont habilement remontées sur du papier Japon de différentes teintes, chiné d'or et d'argent, rehaussées de motifs d'ornements et de filets formant encadrement.

Sauf 10 miniatures dont les figures ont été gratées et lacérées, l'ensemble de ce manuscrit est en bon état de conservation.

18. — LIVRE DE PRIÈRES en langue persane.

1 vol. in-12, 13×19 de 14 ff. — Très curieuse reliure en maroquin brun (patiné) dont les plats sont ornés aux angles et au milieu d'ornements dorés dans un liseré à torsades d'or formant encadrement.

Manuscrit sur papier fin du Japon, parcheminé et légèrement teinté. Très belle écriture disposée à la page en carrés rectangulaires croisés dont les espaces sont garnis d'arabesques d'or, le tout dans un encadrement à large liseré d'or. Très bel *en-tête* formant titre général composé d'ornements et de fleurs sur fond lapis lazuli rehaussé d'or.

Manuscrit en très bon état de conservation.

18 *bis*. — CURIEUSE RELIURE de format in-12 allongé (13×25) à recouvrement porte-feuille. Maroquin poli (brun), plats ornés aux angles et au milieu d'ornements dorés, rehaussés d'un liseré à torsades d'or formant encadrement.

19. — ALBUM AMICORUM. Recueil de documents et d'ornements persans. (*dérelié*)

Manuscrit sur papier du Japon composé de 6 ff. in-4° (22×30). Belle écriture persane datant du commencement du XVIIe siècle, disposée sur deux colonnes à la page dans un large liseré formant encadrement et composé d'ornements divers du plus gracieux effet. La plupart des ornements sont découpés et appliqués sur les marges rapportées, en papier Japon de différentes nuances et chiné d'or. *Très bel en-tête*.

Manuscrit en bon état de conservation.

20. — MARIFET-NAMEH. — Divers traités de Sciences dont un attribué à IBRAHIM HADJI.

1 vol. in-12 (11 × 19) de 34 ff. — Reliure en maroquin poli (grenat) à recouvrement portefeuille. Ornements gaufrés sur les plats, gracieux encadrement à torsades en 2 tons d'or.

Manuscrit sur papier fin du Japon, parcheminé et légèrement teinté. Belle écriture disposée sur une colonne à la page dans un encadrement à filet rouge rehaussé de 2 filets d'or. — Le dernier traité contient quelques ff. possédant sur les marges des annotations et de curieuses figures géométriques. *En-tête* formant titre général et nombreux liserés d'or séparant les chapitres.

Manuscrit en bon état de conservation.

21. — RAUZHET UL AHBAB ou le jardin des amis. Biographie de MAHOMET et de ses disciples. Ouvrage en langue persane de DJEMAL UDDIN ATTA ULLAH (*fils de Fazil-Ullah-el-Chiraz*) composé à la demande du célèbre Vizir MIR-ALI-CHIR.

1 vol. in-f° (17 × 27) de 305 ff. — Reliure ancienne en maroquin noir à grains, ornements gaufrés et mosaïqués bleu, sur les plats. Le verso des plats doublé de maroquin rouge (patiné) et encadrement de 2 filets dorés.

Manuscrit sur papier du Japon écrit vers l'an 888 de l'Hégire (1486). Très belle écriture disposée sur une colonne à la page dans un encadrement à filet bleu rehaussé de 2 filets d'or. *En-tête* formant titre général composé d'ornements du plus bel effet.

Sauf quelques mouillures, ce manuscrit est en bon état de conservation.

22. — SCHAH NAMEH FIRDOUSSI. — Conte persan.

1 vol. in-8° (21 × 32) de 500 ff. — Reliure en maroquin noir à grains (fatiguée).

Précieux manuscrit, sur papier teinté du Japon. Écrit vers l'an 901 de l'Hégire (1499) disposée sur 5 colonnes à la page (*plusieurs ff. ont été habilement remontés*) dans un encadrement à double filet d'or.

Quatre-vingt-quatre jolies miniatures représentant des combats, des sacrifices, des jeux et de nombreuses scènes de la vie indo-persane. *En-tête* formant titre général, sur fond bleu turquoise rehaussé d'or.

18 miniatures sont sensiblement endommagées ainsi que quelques feuilles de texte légèrement mouillés. Autrement ce manuscrit est en bon état de conservation.

23. — DIVAN ou Recueil de quelques poésies du poète persan HAFIZ (*Mohammed-Chems-Eddyn*).

1 vol. in-f° (17 × 26) de 32 ff. — Reliure en maroquin brun glacé (Reliure fatiguée).

Manuscrit sur papier du Japon légèrement teinté. Belle écriture *Talik* disposée sur 2 colonnes à la page dans un encadrement à filets bleu turquoise et incarnat. *Joli en-tête* formant titre général et composé de gracieux ornements.

Ce manuscrit est en bon état de conservation.

24. — ALBUM AMICORUM. — Réunion d'autographes anciens de toute rareté, la plupart émanant des plus célèbres calligraphes et écrivains indo-persans.

1 vol. in-f° (25 × 35) de 21 ff. — Reliure ancienne en maroquin rouge ayant été ornée de pierres précieuses et dont les enchâssements ont été dissimulés par des applications de uirs de couleurs formant mosaïques (Reliure fatiguée).

Très précieux manuscrit, sur papier fort du Japon, chiné d'ors. Toutes les pages encadrées de filets d'or. Dessins, arabesques, rinceaux, fleurs, etc. sur les marges teintées de nuances différentes. *Splendide en-tête* formant frontispice composé de motifs d'ornements du plus bel effet.

Quelques ff. ont été très habilement remontés.

Cinq grandes miniatures de toute beauté et d'un fini extraordinaire représentant des personnages, des scènes de combat et de chasse. Autographes et ornements sur différents papiers découpés et collés à chaque page, dans une disposition du meilleur effet.

De nombreux autographes sont écrits sur les dessins.

Ce manuscrit est en parfait état de conservation.

25. — ALBUM AMICORUM. Réunion de Miniatures, de Dessins et d'autographes des plus célèbres artistes indo-persans.

1 vol. in-4° (20×29) de 35 ff. entièrement entoilés. — Reliure persane ancienne, plats en laque, ornés (recto et verso) de bouquets de fleurs encadrés de liserés formés d'une multitude de fleurettes d'un très-beau coloris.

Manuscrit unique, le plus précieux et le plus beau de ceux ayant composé la merveilleuse Bibliothèque du grand vizir *Ali-Pacha*.

Manuscrit persan très ancien, sur papier fort du Japon, légèrement teinté.

Quarante-six pages d'autographes émanant des plus célèbres écrivains persans. *La plus grande partie de ces autographes sont sur des papiers découpés et collés. Les applications, habilement dissimulées par des encadrements d'ornements, arabesques, rinceaux, entre-lacs, etc., sont sur des fonds de différentes nuances, rehaussés d'un triple encadrement en trois tons différents et séparés par des lisérés formés d'une multitude* de petites fleurettes d'un coloris intense, *Quatorze* en-têtes, fleurons et culs-de-lampe composés d'arabesques et d'ornements d'une exécution et d'une finesse extraordinaire.

Trente quatre splendides miniatures et dessins signés pour la plupart des plus célèbres enlumineurs persans représentant des personnages, des costumes et des scènes de la vie persane. Quelques-unes de ces *Miniatures qui paraissent être exécutées par le même artiste sont de véritables chefs-d'œuvres. Ce sont des scènes remarquablement composées, pleines de vie et de mouvement et en général étonnamment exprimées. Le dessin est d'une finesse excessive et les figures sont dessinées avec une expression absolument extraordinaire.*

Sauf quelques miniatures légèrement endommagées, ce précieux manuscrit est en parfait état de conservation.

BIBLIOTHÈQUE

N.-B. — Sauf avis contraire, tous les ouvrages ci-après décrits sont complets et en parfait état de conservation, et aucune réclamation ne sera admise une fois l'adjudication prononcée.

1. — ALMANACH. Les Bucoliques de Cythère ou les travaux des bergers amoureux. *A Paris, chez Janet*, l'an III de la Rép. Franç. 1 vol. in-64 (4 × 6 1/2), rel. mar. rouge, dent. et orn. dor. sur les plats. (*Reliure ancienne dans un étui en mar. rouge.*)

Joli petit calendrier minuscule pour l'an III, orné de 1 frontispice et 10 fig.

2. — ARIOSTE. Orlando furioso, de Ludovico Ariosto. *Birmingham, Baskerville*, 1773, 4 vol. in-8 (15 × 24), fig., rel. mar. rouge, dos orn., fil. bord., dent. int., tr. dor. (*Rel. anc.*)

Edition ornée de 1 portrait par Eisen gravé par Ficquet et 46 fig. de Cipriani, Cochin Eisen, Greuze, Monnet et Moreau.
Quelques taches d'humidité.

3. — BLAISE DE VIGENERE. L'Histoire de Geoffroy de Villehardouyn, Mareschal de Champagne et de Roménie, etc., par Blaise de Vigenere. *A Paris, chez Abel l'Angelier*, 1585, 1 vol. in-4 (16 × 22) rel. moderne mar. grenat, dos orné, fil., dent. int. gauf. et dor., tr. dor.

4. — BOCCACE. Le Décaméron, illust. de Jacques Wagrez. *Paris, Launette*, 1890, 3 vol. in-8 (22×32), rel. mar. écrasé La Vallière, dos orn., fil. et ornem. sur les plats, dent. int., tr. dor.

5. — BOUFFLERS. Œuvres de M. le chevalier de Boufflers. *Londres*, 1782, 1 vol. in-16 (7×12), mar. rouge, dos orné, dent. et 3 fil. or sur les plats, tr. dor. (*Reliure ancienne.*)

6. — BREBEUF. Les Œuvres de M. de Brebeuf. *A Paris, chez Baptiste Loyson et Ribou*, s. d., 1 vol. in-16 (9×16), rel. veau fauve, dos orné, fil. bord., dent. int., tr. dor. (*Petit, succ. de Simier.*)

7. — CHENIER (Marie-Joseph). Poésies diverses de Marie-Joseph Chénier. *Paris, Maradan*, 1818, 1 vol. in-8 (13×20), rel. mar. rouge, dos orné, encad. et fil. dor. sur les plats, dent. int., tr. dor.

8. — COSTUMES ROMAINS militaires et religieux. Recueil de 42 planches enluminées, dessin. et grav. par Diosebj, Libérali, Marroni, etc., 1 vol. in-fol. (21×30), rel. vélin blanc, orn. dor. sur les plats, tr. dor.

9. — COURRIER (Le) de Pluton. *Cologne*, 1695, 1 vol. in-16, rel. moderne, mar. La Vallière, dent. int., tr. dor.

10. — DALIBRAY. La Musette (recueil de poésies). *A Paris, chez Toussainct Quinet*, 1647, 1 vol. in-12 (10×16), rel. mar. La Vallière, dos orné, fil. bord., dent. int., tr. dor. (*David.*)

11. — LABORDE (De). Choix de chansons mises en musique par M. de Laborde et ornées d'estampes en taille douce. *Rouen, Le Monnyer*, 1881, 4 vol. in-8 (18×28), demi-rel. chag. La Vallière à coins, tête dorée, ébarb. (*Bretault*).

12. — DELAUNAY. Essais chimiques sur les arts et les manufactures de la Grande-Bretagne. Traduit de l'anglais de Samuel Parkes par Delaunay. *Paris, Colas*, 1820, 3 vol. in-8 (13×21), rel. mar. rouge, dos orné, fil. bord., dent. int. gauf et dor., tr. dor. (*Rel. anc.*)

20 planch. en taille douce. — Exempl. portant l'ex libris du maréchal Suchet, duc d'Albufera.

13. — DELILLE (J.). Les Georgiques de Virgile, traduites en vers françois par M. l'abbé Delille. *Paris*, 1784, 1 vol. in-8 (16×26), rel. mar. rouge, fil. bord., dent. int. gauf. et dor., dos orné, tr. dor. (*Rel. anc.*)

Exemplaire sur grand papier vélin.

14. — DELILLE (Jacques). Les Géorgiques de Virgile, traduites par Jacques Delille. *Paris, Bluet*, 1807, 1 vol. in-4 (27×37), rel. mar. rouge, dos or, fil. encad., bord. gauf. et dor., tr. dor.

Splendide portrait de Delille.

15. — FÉNELON. Les aventures de Télémaque, fils d'Ulysse, par M. de Fénelon. Avec fig. en taille-douce, dessinées par MM. Cochin et Moreau le jeune. *A Paris, de l'Imprimerie de Monsieur*, 1790, 2 vol. mar. rouge, dos orné, fil. bord., dent. int. gauf. et dor., tr. dor. (*Bozérian jeune*).

Quelques taches d'humidité.

16. — FLORIAN. Œuvres complètes avec figures. *Paris, de l'Imprimerie de Didot l'aîné*, 1784-1799. 20 vol in-16 (13×7 1/2), rel. mar. bleu, dos or., fil. bord., dent. int., tr. dor.

Exemplaire dans une reliure moderne armoriée. Plusieurs ouvrages, sont orn. de double suite de fig.

17. — FLORIAN. Œuvres de M. de Florian. Nouv. édit. ornée de figures et augm. de la vie de l'auteur, de Guillaume Tell et autres ouvrages inédits. *Paris, Dufart*, 1805, 11 vol. in-8 (13×21), rel. mar. rouge, dos orné, fil. bord., dent. int. gauf. et dor., tr. dor. (*Bozérian jeune*).

Edition ornée de figures avant la lettre.
Le tome 11 est incomplet des ff. 163 et 165. — Quelques taches d'humidité.

18. — FOÉ (Daniel de). La vie et les aventures de Robinson Crusoé par Daniel Defoé (sic). *Paris, Panckoucke, an VIII*, 3 vol. in-8 (14×22), 18 fig. grav. par Delignon d'après les dessins originaux de Stothart, rel. veau marb., fil. bord., dent. int. gauf. et dor., dos orné, tr. dor.

19. — GALARDI. La Tyrannie heureuse ou Cromwell politique... etc., par le Sieur de Galardi. *A Leyde chez J. Pauvels*, 1671, 1 vol. in-16 (7×12), rel. mar. vert, dos orné, fil. bord., dent. int., tr. dor. (*Reliure ancienne*).

20. — GODEFROY (Théodore). Histoire de Jean de Boucicaut, Mareschal de France, Gouverneur de Gennes..., etc., escripte du vivant du dict Mareschal et mise en lumière par Théodore Godefroy. *Paris, Pacard*, 1620, 1 vol. in-4 (18×25), rel. en veau, dos orné, fil., tr. dor. (*Rel. anc.*).

Exemplaire dans une reliure aux armes d'Hector Le Breton, sieur de la Doinneterie, Roy d'Armes de France.

21. — HISTOIRE du Roi Splendide et de la Princesse Hétéroclite, 1748, 1 vol. in-12 (9×17), rel. mar. rouge., dos orné, fil dor., tr. dor. (*Rel. ancienne*).

22. — HOMÈRE. Les XXIIII livres de l'Iliade d'Homère, prince des poètes grecs, traduicts du grec en vers *Faançois* (*sic*) avec les 3 premiers livres de l'odissée d'Homère. *A Paris, Abel L'Angelier*, 1599, 1 vol. in-12 allongé (7×16), rel. mar. bleu, fil. et dent. int., tr. dor. (*Reliure moderne*).

23. — KELLER (J. Christ.). Histoire de la mouche de nos appartements avec 4 planch. enluminées. Dessins donnés au public par Jean Christofle Keller peintre à Nuremberg. *Se trouve à Nuremberg*, 1766, 1 vol. in-fol. (23×33), rel. mar. rouge, dos orné, fil., tr. dor. (*Derôme*).

Reliure portant l'étiquette de Derôme.

24. — LA FONTAINE. Les Amours de Psyché et de Cupidon par J. de La Fontaine. Edition ornée de fig. imprim. en couleurs, d'après les tableaux de M. Schall. *Paris, Didot jeune*, 1791, 1 vol. in-4 (25×34), rel. veau marb., bord. et dent. int., dos orn., tr. dor.

Bel exemplaire.

25. — LA FONTAINE. Contes et nouvelles en vers par M. de La Fontaine. Nouv. édit. enrichie de fig. en taille douce. *Amsterdam, Pierre Brunel*, 1696, 1 vol. in-12 (9×15), rel. mar. rouge, dos orné, fil. bord., dent. int., tr. dor. (*Rel. mod.*).

Exemplaire court de marges.

26. — LA FONTAINE. Contes et nouvelles en vers avec fig., par M. de La Fontaine. *Paris, Plassan et Chevalier*, 1792, 2 vol. in-8 (12 × 18), rel. en mouton maroq. fauve, dos orné, fil. dor., dent. int., tr. dor. (*Pouillet*).

27. — LA FONTAINE. Contes de La Fontaine avec illustrations de Fragonard. (*Reimpression de l'Edit. Didot*, 1795). *Paris, Le Vasseur*, 1884, 2 vol. in-4, (24 × 32), dem.-rel. à coins, chag. rouge, dos orné, fil., tr. dor.

28. — LA FONTAINE. Fables choisies mises en vers, par J. de La Fontaine. *A Paris chez Desaint et Saillant-Durand*, 1755-1759, 4 vol. in-fol. (42 × 29), fig., rel. veau, dos orn., fil., tr. dor. (*Rel. anc.*).

Edition ornée de 1 frontispice par Oudry gravé par Cochin, de 275 fig. d'Oudry, redessinées par Cochin, et de culs-de-lampe gravés sur bois par Lesueur.

La figure de la fable : le Singe et le Léopard est avec l'inscription sur la banderolle. Deux témoins en bas de ff. au tom. III. Légère déchirure à 2 ff.

29. — LA FONTAINE. Œuvres posthumes de M. de La Fontaine. *A Paris chez Jean Pohier*, 1696, 1 vol. in-12 (9 × 16), rel. mar. bleu, dos orné, dent. int., tr. dor. (*Duru*, 1849).

30. — LANCRE (Pierre de). Tableau de l'inconstance des mauvais anges et démons ou il est amplement traicté de la Sorcelerie et Sorciers. *Paris, chez J. Berjon*, 1612, 1 vol. in-4 (16 × 23), rel. mar. vert, dos orné, fil., tr. dor. (*Rel. décollorée*).

31. — LORRIS ET DE MEUNG. Le Roman de la Rose, par Guillaume de Lorris et Jean de Meung, dit Chopinel. *Paris, Fournier* (*Imprimerie de Didot jeune*), an VII, 5 vol. in-8 (16 × 26), fig., rel. veau fauve, dos orné, fil. bord., dent. int., tr. dor. (*Ex-Libris à chaque volume*).

Edition ornée de 1 portrait et de 3 fig. de Monnet gravés par Patas. Le 5e volume a pour titre : Supplément au Glossaire du Roman de la Rose.

Quelques taches d'humidité.

32. — MAROT (Clément). Les Œuvres de Clément Marot de Cahors, valet de chambre du Roy. *La Haye, chez Adrien Moetzens*, 1700, 2 vol. in-16 (7 × 13), rel. veau, dos orné, fil. int., tr. dor.

33. — MÉTAMORPHOSES de Melpomène et de Thalie ou caractères dramatiques des comédies française et italienne. *A Paris, chez l'auteur*, s. d. (1780), 1 vol. in-8 (14×21), rel. mar. roug,e dos orné, riches ornem. et enc. dor. sur les plats, tr. dor. (*Rel. anc. remboîtée*).

Recueil de 1 titre et 23 pl. enlum. et dess. d'après nature par Whirsker.

34. — MONTAIGNE. Les essais de Michel seigneur de Montaigne. Edit. nouv., prise sur l'exemplaire trouvé après le deceds de l'autheur. *A Paris chez Abel L'Angelier*, 1598, 1 vol. in-8 (13×21), rel. moderne, dos orné, mar. rouge, ornem. et fil. dor., sur les plats, dent. int., tr. dor. (*Thibaron*).

35. — MONTESQUIEU. Le Temple de Gnide. Nouv. édit. avec fig. grav. par N. Le Mire d'après les dessins de Ch. Eisen, le texte gravé par Drouët. *Paris, chez Le Mire*. 1772, 1 vol. in-4 (20×27), rel. mar. viol. dos orné, dent. int., tête dor., ébarb. (*Rel. mod.*).

Exempl. illust. de 1 titre, 1 front. renfermant le portrait de Montesquieu et 9 fig. d'Eisen. Bel exemplaire.

36. — OVIDE. Métamorphoses d'Ovide en rondeaux, avec fig. imprimés et orn. de figures. *A Paris, Imprimerie Royale*, 1676, 1 vol. in-4 (21×28), rel. mod. en veau bleu glacé, dos orné, fil., dent. int., tr. dor.

37. — OVIDE. Métamorphoses d'Ovide en rondeaux, imprimez et orn. de fig. *Amsterdam, Abraham Wolfgang*, 1679, 1 vol. in-12 (9×17), rel. en veau, dos orné, fil. dor. à compart., ornem. et rinceaux sur les plats, tr. dor. (*Reliure ancienne*).

38. — OVIDE. La vita et metamorfoseo d'Ovidio. *A Lione par Giovanni di Tornes, nella via Resina*, 1559, 1 vol. in-12 (11×17) orné de fig. et d'encadrem. variés sur bois, à chaque page. Rel. veau La Vallière, dent. et fil. int., tr. dor. (*Reliure moderne*).

Edition renfermant les mêmes fig. et les mêmes bordures que celles employées dans l'Edit. française de 1557, dues à Bernard Salomon dit le Petit Bernard.

39. — OVIDE. La vita et metamorfoseo d'Ovidio. *A Lione per Giovanni di Tornes, Typographo Regio*, 1584. 1 vol. in-12 (11×17), orné de fig. et d'encadrem. sur bois, à chaque page. Rel mar. citron, dos orné, fil. bord., dent. int., tr. dor. (*Reliure moderne*).

Ex-Libris du comte François de Potocki.

40. — PARNY (Evariste). Œuvres choisies augmentées des variantes de texte et de notes. *Paris, Lefèvre*, 1817, 1 vol. in-8. (14 × 22), rel. mar. rouge, dos orné, fil. bord.. dent. int. gauf. et dor., ornements gauf. et dor. sur les plats, tr. dor. (*Rel. anc.*).

41. — PASCAL. Pensées de M. Pascal sur la religion et sur quelques autres sujets. *A Paris, chez Guillaume Desprez*, 1670, 1 vol. in-12 (16 × 8 1/2), rel. mar. vert, dos orné, fil. bord, dent. int., tr. dor. (*Chambolle-Duru*).

42. — PASSE-PARTOUT (Le Galant) par un chevalier de l'Ordre de la Gibecière. *Constantinople*, s. d., 1 vol. in 16 (7 × 13), rel. mar. rouge, dos sans nerfs et orné de feuillages dor., fil. bord. dent. int., tr. dor. (*Reliure ancienne*).

43. — PLANTES DU ROY. — 3 vol. in-plano (65 × 44 1/2), rel. mar. rouge, dos orn., fil. bord., dent. int. (*Rel. ancienne.*)

319 Pl. (sans titre) dess. et grav. par Bosse, Chastillon, Robert, etc. (Classement alphabétique de A à V).

Exempl. dans une reliure aux Armes Royales avec l'inscription suivante en lettres dor. appl. sur chaque vol. : Donné par le Roy à M. de Miromesnil, garde des sceaux de France en 1786.

44. — POÉSIES sur la Constitution unigenitus. *A Villefranche chez Belhumeur*, 1724, 2 vol. in-12 (11 × 18), rel. mar. rouge, dos orné, fil sur les pl., dent. int., tr. dor.

Reliure de Derôme.

45. — PROCÉS-VERBAL des conférences sur le code criminel en 1670. Curieux manuscrit bien écrit de 269 ff. 1 vol. in-8 (14 × 22), rel. mar. rouge, dos orné, fil. et ornem. dor. sur les plats, dent. int., tr. dor. (*Rel. ancienne.*)

46. — RABELAIS (François). — Les Œuvres de M. François Rabelais, docteur en médecine. — S. L. (Amsterdam, Louis et Daniel Elzévier), 1663, 2 vol. in-16 (7 1/2 × 13), rel. mod. mar. rouge, dos orné, compart. et larg. dent. sur les plats, fil. bord., tr. dor. (*Chatelin*).

47. — RABUTIN (François de). — Convention des dernières guerres en la Gaule Belgique entre Henry second du nom et Charles V empereur, et Phillippes son fils, Roy d'Espaigne..., etc., par François de Rabutin. *A Paris, chez Loqueneulx*, 1579, 1 vol. in-12 (10 × 18), rel. mod. en veau bleu, dos orné, fil. sur les plats, dent. int., tr. dor.

48. — RACINE. — Athalie, tragédie tirée de l'Ecriture sainte. *Paris, Claude Barbin*, 1692, 1 vol. in-12 (8 1/2 × 15), rel. mar. rouge, dos orné, fil., dent. int. (*Thibaron.*)

49. — RACINE. — Esther, tragédie tirée de l'Escriture Sainte. *Paris, Barbin*, 1689. 1 vol. in-12 (9 × 15), rel. mar. rouge, fleurons et orn. sur les plats, dent. int. tr. dor. (*Belz-Niedrée.*)

50. — RACINE. — Œuvres de Racine. *A Paris*, 1680, 2 vol. in-16 (9 × 15), rel. moderne en chag. rouge, fil. sur les plats, dent. int., dos orné, tr. dor.

Exemplaire court de marges.

51. — REGNARD. — La Sérénade, comédie. *Paris, Thomas Guillain*, 1695. 1 vol. in-16 (14 × 8), rel. mar. rouge, dos orn., fil. bord., dent. int. (*Rel. mod.*)

52. — RETOUR (Le) de Jacques II à Paris, Comédie. *Cologne, chez Pierre Marteau*, 1696, 1 vol. in-16 (6 1/2 × 13), rel. veau, dos orné, fil dor., tr. rouge ant.

Exemplaire dans une reliure aux armes du duc de Duras.

53. — ROSSET (De). — L'Agriculture, poème en 9 chants, orn. de fig., en 2 parties, par de Rosset. *A Paris, de l'Imprimerie Royale*, 1774, 1 vol. in-4 (19 × 26), rel. mar. vert, bord. fil., dos orn., tr. dor.

Ex-libris du comte François Potocki.

54. — ROUCHER. — Les Mois, poème en 12 chants avec fig. par M. Roucher. *Paris, Quillan*, 1779, 2 vol. in-4 (19 × 29), dem.-rel. veau rac., dos orn., tr. dor.

Exemplaire contenant les vers (T. II, p. 159), supprimés par la censure, en 1779.

55. — SAINT-AMANT. — Les Œuvres du sieur de Saint-Amant. *Imprimé à Orléans et se vendant à Paris chez Guillaume de Luynes*, 1661, 1 vol. in-12 (8 1/2 × 15 1/2), rel. mar. rouge, dos orné, dent. bord., fil. encadr, tr. dor. (*David.*)

56. — SAINT-GILLES. La Muse mousquetaire. Œuvres posthumes de M. le chevalier de Saint-Gilles. *Paris, Guillaume de Luynes*, 1709. 1 vol. in-16 (9 × 17), rel. mar. rouge, dos orné, fil. et bord. gauf. et dor., tr. dor. (*Raparlier.*)

57. — SAINT-PIERRE (Bernardin de). — Paul et Virginie (suivi de la Chaumière indienne), *Paris, L. Curmer*, 1838, 1 vol. in-8 (17 × 27), rel. veau La Vallière, fil. encad., dos orné, tr. dor. (*Trodel.*)

Les gravures sur chine sont avant la lettre (les légendes sur papier de soie). Le portrait du docteur placé en tête de la Chaumière indienne est celui dessiné par Meissonier, gravé par Pigeot (il est avec la lettre).

58. — SAINT-USSANS. — Billets en vers de M. de Saint-Ussans. *Paris, Jean Guignard et Hilaire Foucault*, 1688, 1 vol. in-12 (8 × 15), rel. modern. mar. bleu, dos orné, fil. bord., dent. int., tr. doré (*Thibardon-Joly.*)

59. — SATYRE MÉNIPPÉE. De la vertu du catholicon d'Espagne et de la Tenue des estatz de Paris, S. L., 1593, 1 vol. in-12 (10 × 16), rel. moderne. maroq. rouge, dent. et fil. int., tr. dor.

60. — SATYRE MÉNIPPÉE. De la vertu du catholicon d'Espagne. A *Ratisbonne chez Mathias Kerner*, 1664, 1 vol. in-16 (7 × 13), rel. mar. rouge, dos orné, fil, dent. int., tr. dor. (*Reliure ancienne*).

61. — SCARRON. — Le Roman comique de M. Scarron, *Amsterdam*, 1691, 1 vol. in-16 (7 × 12), rel. mar. rouge, dos orné, fil. bord., dent. int., tr, dor. (*Reliure moderne.*)

62. — TASSO. — La Gérusalemme liberata di Torquato Tasso. *In Parigi, 1771, appresso agostino Delalain*, 2 vol. in-8 (14×22), frontispice, fig., vign. et fleurons de Gravelot. Rel. veau marbré, dos orné. fil., tr. dor.

Déchirures à quelques feuillets.

63. — TEXTOR (Benoit). — De la manière de préserver de la pestilence et d'en guérir, selon les bons autheurs. *A Lyon par Jean de Tournes et Guil. Gazeau, 1551*, 1 vol. in-12 (11 × 17), rel. mod. maroq. La Vallière, orn. gauf. fleurs, dent. int. tr. dor. (*Chambolle-Duru*).

64. — VILLARS (abbé de). De la délicatesse. *Paris, Claude Barbin*, 1671. 1 vol. in-16 (9 × 16), rel. mar. rouge, dos orné, dent. int., tr. dor. (*Duru, 1851*).

65. — VILLON (François). Les Œuvres de François Villon. *A Paris, chez Antoine Urbain*, 1723, 1 vol. in-12 (9 1/2 × 16), rel. mar. rouge, dos orné, fil. bord., dent. int., tr. dor. (*Rel. ancienne*).

Exemplaire dans une reliure aux armes de Marie-Leczinska.

66. — VOLTAIRE. — La Henriade, poème de Voltaire orné de fig. de Desenne (avant la lettre). *Paris*, 1825, 1 vol. in-16 (8 1/2 × 14), rel. mar. rouge, dos orné, ornem. et fil. gauf. et dor. sur les plats, bord. fil. dent. int., tr. dor. (*Reliure ancienne*).

67. — ZACHARIE. — Les quatre parties du jour, poème trad. de l'allemand par Zacharie. *Paris*, 1769, 1 vol. in-8 (13 × 21), 4 fig. et 1 frontisp. d'Eisen, rel. moderne en mar. vert, fil. sur les plats, dent. int., dos orné, tr. dor.

TABLEAUX

ANCIENS ET MODERNES

BOUFFAR (A.)

1. — *La Rentrée du chasseur.*

CALLET (Attribué à)

2. — *Portrait de jeune fille.*

Vêtue à l'orientale, en robe blanche et mantille bleue, tenant dans ses bras deux tourterelles.

Toile.

CORDOVA

3. — *L'Artiste et son modèle.*

Toile.

DARJOU

4. — *Prise d'une forteresse.*

Episode de la guerre d'Autriche.
Importante toile.

DECKER

5. — *Nausicaa et ses servantes.*

Toile.

DELPY (H.-J.)

6. — *La Seine à Saint-Pierre-du-Vouvray.*

DUMOUY

7. — *Etangs avec barque dans le parc d'un château.*

CEULEN (Van)

(1590-1665)

8. — *Portrait d'homme.*

Grandeur nature, vu à mi-corps, en habit noir, col de gaze blanche.

Il tient son chapeau de la main droite, le poing gauche appuyé sur une table. Ecusson dans l'angle supérieur droit.

Panneau.

FRAGONARD (Attribué à)

9. — *Scène mythologique.*

FRANÇAIS (FRANÇOIS-LOUIS)

10. — *Enfants sous bois.*
Signé et daté 57.

HOBBEMA (Attribué à)

11. — *Paysage.*

KESSEL (JEAN VAN)

12. — *L'Arche de Noé.*

LONGUET (ALEXANDRE-MARIE)

13. — *Enfants portant des fruits et des fleurs.*
Signé et daté 1850.

LUMINAIS

14. — *Paysage de Bretagne.*
Avec troupeau de moutons, aux environs d'Auray.

MARTIN (PIERRE-DENIS)

15. — *Scène de bataille.*

MIGNARD (Ecole de)

16. — *Portrait de jeune femme.*

Les cheveux frisés, en corsage gris enrichi de perles et pierres de couleur.
Toile.

MIGNARD (Ecole de)

17. — *Portrait de femme.*

Les cheveux châtains retombant en boucles sur ses épaules décolletées, corsage noir et manteau gris.
Toile.

MULLER (J.)

18. — *Paysage avec lac.*

Grande toile.

MURILLO (Ecole de)

19. — *Saint Antoine de Padoue.*

NEER (Attribué à Van der)

20. — *Paysage de Hollande.*

Effet de lune sur un canal avec barque; sur les rives, moulins et cavaliers.
Panneau.

OSTADE (Attribué à Isaac Van).

21. — *La Plage de Scheveningue.*

OUDRY (J.-B.)

22-23. — *Gibier mort au pied d'un arbre dans un paysage.*

Deux pendants.
Toile, signée et datée, 1739.
Cadre en bois sculpté et doré.

PALAMEDE (Attribué à).

24. — *Petit portrait de jeune homme.*
En habit noir et col de dentelle blanche.
Panneau.

PANINI (Jean Paul).

25. — *Ruines et personnages.*

PÉREZ (Bartolomé).

(1634-1693).

26-27. — *Vases de fleurs posés sur une console de pierre.*

Deux pendants sur toile.
Signées datées, 1666.

RUBENS (Ecole de).

28. — *L'Enlèvement de Déjanire.*

RUYSDAEL (Genre de).

29. — *Petite marine avec navires, par un gros temps.*

Toile.

SCHEFFER (Ary).

30. — *Belisaire.*

Toile.

VÉLASQUEZ (Ecole de).

31. — *Portrait d'Isabelle de Castille.*

VINCKEBOOMS (Attribué à).

32-33. — *Festin dans le parc d'un château et, sous une charmille. réunion de personnages se reposant.*

Deux pendants.
Panneaux.

WASHINGTON

34. — *Fête publique sur la place d'une ville maritime, en Orient.*

Importante composition.
Toile.

WARDLOW-LAING

35. — *Enfant nu, couché sur la grève.*

Aquarelle datée 1886.

VOLLON

36. — *Paysage.*

ÉCOLE ANGLAISE

37. — *Portrait de jeune fille brune.*

Demi corps, grandeur nature, vêtue d'une robe blanche, tenant des fleurs, fond de paysage.

Toile.

ÉCOLE FLAMANDE

38. — *Portrait d'un officier.*

ÉCOLE FRANÇAISE

39. — *Les Quatre Arts.*

Petite toile.

ÉCOLE FRANÇAISE XVIIIe SIÈCLE

40. — *Portrait de femme.*

Les cheveux poudrés ornés d'un ruban bleu : vêtue d'un corsage jaune à rayures et nœud de ruban, manteau rouge.

Toile.

ÉCOLE FRANÇAISE XVIIIe SIÈCLE

41. — *Portrait de jeune femme.*

Cheveux chatains, corsage vert.

Toile.

ÉCOLE FRANÇAISE

42. — *Portrait de femme.*

En corsage de soie marron, parée de bijoux : les cheveux poudrés.

Toile.

ÉCOLE HOLLANDAISE XVIIIe SIÈCLE

43. — *Portrait de femme brune.*

Les cheveux retombant sur les épaules, décolletée.

Cadre en bois sculpté doré. Époque Louis XIII.

ÉCOLE HOLLANDAISE

44. — *Chanteur ambulant.*

Toile.

ÉCOLE HOLLANDAISE

45. — *Gibiers et poissons.*

Toile.

ÉCOLE ITALIENNE XVIIe SIÈCLE

46. — *Paysages d'Italie.*

Avec temples, cours d'eau et personnages.
Deux pendants.
Toiles.

ÉCOLE ITALIENNE

47. — *Sermon sur la montagne.*

ÉCOLE ITALIENNE

48. — *La Vierge, l'Enfant-Jésus et une Sainte.*

ÉCOLE ITALIENNE

49. — *Le Christ bénissant.*

ÉCOLE ITALIENNE

50. — *Un homme en buste.*

ÉCOLE ITALIENNE

51. — *Reunion de personnages.*

Assis ou couchés sur un tapis d'Orient, sous un dais à bord d'une barque.
Toile.
Cadre ancien en bois sculpté doré.

ÉCOLE ITALIENNE

52. — *Boucs couchés au pied d'un arbre dans un paysage avec ruines.*

Toile.

ÉCOLE MODERNE

53. — *La Jeune fille au chapeau de paille.*

ÉCOLE MODERNE

54. — *Épisode de la guerre Franco-Allemande.*

Esquisse.

55 à 60. — Six toiles non décrites.

MARBRES-BRONZES

OBJETS D'ART

1. — Les Trois Grâces.

Groupe marbre grandeur nature exécuté d'après Canova, par Balfray (Voir la gravure au verso de la couverture.)

2. — Offrande à Bacchus.

Marbre. Haut. : $0^{m}75$, signé Carrier-Belleuse.

3. — Bacchanale.

Groupe marbre, haut. $0^{m}60$, signé Carrier-Belleuse.

Épreuve unique dans cette dimension; une épreuve plus petite se trouve au Musée de la Ville au Petit Palais.

4. — Hébé.

Statuette marbre, haut. $0^{m}80$, signée Carrier-Belleuse.

5. — Eurydice.

Statuette marbre, haut. $0^{m}55$, signée Carrier-Belleuse.

6. — Psyché accroupie.

Statue bronze grandeur nature, par Charles Laurent.

7. — Objets omis.

www.ingramcontent.com/pod-product-compliance
Ingram Content Group UK Ltd.
Pitfield, Milton Keynes, MK11 3LW, UK
UKHW020511180726
13839UKWH00005B/2013

VENTE DU LUNDI 31 MARS 1890

HÔTEL DROUOT, SALLE Nº 8

COLLECTION DE M. M***

TABLEAUX MODERNES

ET

AQUARELLES

Mᵉ PAUL CHEVALLIER
COMMISSAIRE-PRISEUR
10, rue de la Grange-Batelière, 10

M. M. MALLET
EXPERT
13, rue du Helder, 13

CATALOGUE

DE

TABLEAUX MODERNES

ET

AQUARELLES

PAR

J. L. Brown, B. Constant, Corot, Daubigny, Decamps
Delort, Detaille, Diaz, Dumaresq, Isabey, M. Leloir, De Mesgrigny
Perrault, Roybet, Schenck, Troyon, Vollon
Ed. Yon, Ziem, etc.

Composant la Collection de M. M***

ET DONT LA VENTE AURA LIEU, POUR CAUSE DE DÉPART

HOTEL DROUOT, SALLE N° 8

Le Lundi 31 Mars 1890

A 2 HEURES 1/2

Me PAUL CHEVALLIER	M. M. MALLET
COMMISSAIRE-PRISEUR	EXPERT
10, rue de la Grange-Batelière, 10	13, rue du Helder, 13

EXPOSITIONS

PARTICULIÈRE : *Le Samedi 29 Mars 1890, de 1 h. à 5 h. 1/2*

PUBLIQUE : *Le Dimanche 30 Mars 1890, de 1 h. à 5 h. 1/2*

CONDITIONS DE LA VENTE

La vente sera faite *expressément* au comptant.

Les acquéreurs payeront en sus des adjudications ***cinq pour cent***, applicables aux frais de la vente.

Paris. — Imp. de l'Art, E. Ménard et Cie, 41, rue de la Victoire.

DÉSIGNATION

DE BEAUMONT

1 — *Colin-Maillard.*

Aquarelle.

BOGGS

2 — *La Place de l'Église, à Isigny.*

Toile. Haut., 45 cent.; larg., 65 cent.

BONNINGTON

3 — *Une Exécution au Moyen-Age, en Angleterre.*

Aquarelle.

BOUDIN

4 — *La Baie de Douarnenez.*

Toile. Haut., 53 cent.; larg., 88 cent.

BOURGOING

5 — *Bords de rivière.*

Aquarelle.

BOURGOING

6 — *Bords de rivière.*

Aquarelle.

BRETON

(JULES)

7 — *Paysanne; étude.*

Toile. Haut., 48 cent.; larg., 22 cent.

BROWN

(J. L.)

8 — *Halte au bord de la mer.*

Un carrosse, richement attelé de deux chevaux, attend sur la grève l'arrivée des voyageurs. Un piqueur à cheval, accompagné de ses chiens, tient par la bride un superbe alezan et observe la campagne en ayant l'air d'attendre le signal du départ.

Bois. Haut., 45 cent.; larg., 55 cent.

BRUCK-LAJOS

9 — *Le Maraudeur.*

Les jambes et les bras nus, un jeune maraudeur s'est lancé dans le ruisseau à la poursuite d'un troupeau d'oies. Il vient d'en saisir une et lui tord le cou en jetant un regard effrayé sur la rive, comme s'il allait être surpris.

Toile. Haut., 1 m. 33 cent.; larg., 62 cent.

BRUCK-LAJOS

10 — *Chez le garde-champêtre.*

Une paysanne, tenant d'une main un canard étranglé qu'elle montre à tous les assistants, traîne avec elle le jeune coupable qu'elle amène devant l'autorité.

Composition d'une dizaine de figures.

Bois. Haut., 80 cent.; larg., 1 mètre.

CONSTANT

(B.)

11 — *Une Exécution au sérail.*

Bois. Haut., 35 cent.; larg., 29 cent.

CORNILLIET

12 — *Le Foyer des artistes, à la Comédie-Française.*

Aquarelle.

Daté 1881.

COROT

13 — *La Charrue.*

Au centre du tableau, un cavalier près d'un paysan conduisant une charrue attelée de deux chevaux; à droite, un bouquet d'arbres avec quelques saules; au fond, un village et un petit pont traversant un cours d'eau.

Ciel du matin dans les gris argentins.

Toile. Haut., 33 cent.; larg., 55 cent.

COROT

14 — *Lisière de bois.*

Au premier plan, une prairie marécageuse avec deux vaches et une bergère appuyée contre un arbre. Au centre, une échappée entre deux massifs d'arbres, laissant voir le ciel.

Bois. Haut., 30 cent.; larg., 23 cent.

COSTE

15 — *Déchargement d'un vapeur.*

Toile. Haut., 55 cent.; larg., 52 cent.

COURBET

16 — *Paysage de Franche-Comté.*

Toile. Haut., 45 cent.; larg., 55 cent.

COUTURIER

17 — *Poules et Canards.*

Bois. Haut., 31 cent.; larg., 39 cent.

DE CUVILLON

18 — *Gentilhomme à la canne.*

Aquarelle.

DE CUVILLON

19 — *Gentilhomme à l'épée.*

Aquarelle.

DAUBIGNY

20 — *La Péniche.*

A gauche, la rivière avec une péniche remorquée par deux chevaux de halage; à droite, au premier plan, un talus avec des champs cultivés, et, plus loin, au milieu des arbres, les chaumières d'un village.

Bois. Haut., 2[illegible] cent.; larg., 34 cent.

DAUBIGNY

21 — *Le Pêcheur.*

La rivière, dont les eaux sont basses, traverse tout le paysage; au centre, un pêcheur est assis dans son bateau amarré au milieu des roseaux qui bordent la rive. A gauche, un talus avec des saules et des massifs d'arbres.

Au fond, on aperçoit un village sur le coteau et, sur la droite, un monticule couvert de verdure.

Bois. Haut., 26 cent.; larg., 46 cent.

DAUBIGNY

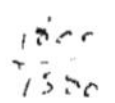

22 — *Les Foins.*

A gauche, un groupe d'arbres; au centre, une meule de foins noyée dans l'ombre ainsi que le premier plan; plus loin, la prairie éclairée par un rayon de soleil.

Bois. Haut., 24 cent; larg., 40 cent.

DECAMPS

23 — *Un Sacrifice à Pan.*

Une rivière, au cours sinueux, traverse un paysage idyllique éclairé par les derniers rayons du soleil couchant. Des nymphes sont réunies sur la lisière du bois sacré et couronnent de fleurs la statue du dieu Pan. Au premier plan, un personnage vêtu de rouge se penche au-dessus de la rivière pour puiser de l'eau.

Les figures, dans ce tableau, ont été peintes par Meissonier.

Bois. Haut., 21 cent.; larg., 28 cent.

DELORT

24 — *Le Rendez-vous galant.*

Un jeune couple est attablé sur la terrasse d'une habitation italienne d'où l'on aperçoit, dans la brume d'une belle journée, la rivière et les bateaux qui longent les quais.

Bois. Haut., 25 cent.; larg., 1[illegible] cent.

DELPY

25 — *Bords de rivière; soleil couchant.*

Bois. Haut., 33 cent.; larg., 60 cent.

DESBROSSES

26 — *L'Amour aux champs; effet de lune.*

Toile. Haut., 1 m. 33 cent.; larg., 92 cent.

DETAILLE

(EDOUARD)

27 — *Cavalier portant son fourniment.*

Dessin à la plume rehaussé d'aquarelle.

DIAZ

28 — *Les Enfants à la cage.*

Cinq petites filles, vêtues de costumes orientaux aux couleurs riches et brillantes, sont groupées dans un massif de verdure.

L'une d'elles, assise à terre, tient près d'elle une cage dans laquelle un oiseau bleu excite l'admiration de ses petites compagnes.

Daté : 1853.

Toile. Haut., 44 cent.; larg., 60 cent.

DIAZ

29 — *Mare dans une clairière.*

A droite, au bord de la mare, un groupe d'arbres se reflète dans l'eau ; à gauche, un talus boisé ; au centre, une femme portant un fardeau se dirige vers une clairière vivement éclairée par le soleil. Au fond, quelques arbres se détachent sur les nuages qui courent dans le ciel bleu.

Bois. Haut., 25 cent.; larg., 36 cent.

DIAZ

30 — *La Petite Fille au chien.*

Vêtue d'une jupe rouge, un petit chien dans les bras, elle suit dans la forêt un sentier tracé au milieu des roches.

Bois. Haut., 45 cent.; larg., 31 cent.

DIAZ

31 — *Smyrniotes.*

Une jeune femme, richement vêtue d'une robe bleue brodée et tenant un tambourin, se promène dans un parc, accompagnée d'une charmante petite fille vêtue d'une jupe rouge.

Au fond, un frottis d'arbres, et, sur la droite, un kiosque oriental.

Bois. Haut., [illegible] cent.; larg., [illegible] cent.

DUMARESQ

(ARMAND)

32 — *Exécution du maréchal Ney.*

Le maréchal est debout, tête nue, devant le peloton d'exécution. La main droite sur la poitrine, il prononce ces mots : « Soldats, droit au cœur ! » Le général commandant la place de Paris et l'officier chargé de commander le feu, assistent muets à cette scène, sans pouvoir cacher leur émotion.

Toile. Haut., 76 cent.; larg., 1 m. 27 cent.

D'ENTRAYGUES

33 — *La Becquée.*

Toile. Haut., 36 cent.; larg., 48 cent.

ERNST

34 — *Le Gardien du harem.*

Bois. Haut., 60 cent., larg., 50 cent.

ERNST

35 — *Musulman buvant à une fontaine.*

Bois. Haut., 32 cent.; larg., 10 cent.

ERNST

36 — ***Musiciens arabes.***

Bois. Haut., [illegible] cent.; larg., [illegible] cent.

GAY

WALTER

37 — *L'Armurier.*

Bois. Haut., 58 cent.; larg., 27 cent.

GÉLIBERT

38 — *Un Chenil.*

Aquarelle.

GÉLIBERT

39 — *Le Chien de garde.*

Aquarelle.

GLAIZE

L.

40 — *Le Repos du modèle.*

Dessin à la plume.

GUDIN

41 — *Marine; effet de lune.*

Carton. Haut., 33 cent.; larg., 50 cent.

GUDIN

42 — *Barques de pêche sur le sable.*

Le Havre, 1858.

Toile. Haut., 34 cent.; larg., 50 cent.

HAWKINS

43 — *L'Aveu.*

Peinture à l'essence.

ISABEY

44 — *Un Orage sur la côte.*

Le vent souffle de la mer et soulève les vagues contre les pilotis qui protègent un petit village de pêcheurs. Un rayon de lumière traverse les nuages sombres qui roulent dans le ciel et éclaire la falaise d'une lueur sinistre.

Toile. Haut., 45 cent.; larg., 64 cent.

ISABEY

45 — *La Vieille Église.*

Au centre du tableau, la silhouette d'une vieille église de campagne se découpe sur un ciel chargé de nuages sombres; sur la droite, un troupeau de vaches descend la berge pour s'abreuver dans la rivière, où sont amarrés quelques lourds bateaux.

Toile. Haut., 45 cent.; larg., 65 cent.

JACQUET

(JULES)

46 — Épreuve de remarque sur parchemin d'après le tableau de J. F. Millet : *le Printemps.*

JOHANNOT

(TONY)

47 — *Gardeuse d'oies.*

Bois. Haut., 24 cent; larg., 32 cent.

LAPOSTOLET

48 — *Les Bords de la Seine, à Rouen.*

Toile. Haut., 40 cent.; larg., 62 cent.

LAZERGES

(PAUL)

49 — *Jeune Fille kabyle.*

Bois. Haut., 22 cent.; larg., 16 cent.

LELOIR

(MAURICE)

50 — *Le Tambour.*

Aquarelle.

LE PIC

51 — *Barque de pêcheurs dans la baie de Naples.*

Bois. Haut., 35 cent.; larg., 65 cent.

DE LOOSE

52 — *La Maîtresse d'école.*

Bois. Haut., 32 cent.; larg., 25 cent.

MARCHETTI

53 — *Le Duel.*

Aquarelle.

MARCHETTI

54 — *Attaque nocturne.*

Dessin à l'encre de Chine.

DE MESGRIGNY

55 — *Bords de la Marne.*

Bois. Haut., 12 cent.; larg., 21 cent.

METTLING

56 — *L'Enfant à la collerette.*

Toile. Haut., 64 cent.; larg., 54 cent.

MUNGER

(GILBERT)

57 — *Arc-en-ciel après l'orage.*

Toile. Haut., 75 cent.; larg., 1 m. 15 cent.

PALIZZI

58 — *Jeune Berger appelant ses chèvres.*

Toile. Haut., 45 cent.; larg., 55 cent.

PERRAULT

59 — *La Petite Fille aux oranges.*

Elle est assise au pied d'un arbre, au milieu d'un bois d'orangers; elle est vêtue d'une jupe bleue, les pieds nus, un ruban rose noué dans sa chevelure blonde.

D'un geste gracieux de la main, en souriant, elle semble offrir une des oranges qu'elle tient sur les genoux.

Toile. Haut., 64 cent.; larg., 50 cent.

PIGUET

60 — Épreuve de remarque sur papier du Japon, d'après le tableau de Clairin : *Frou-frou.*

PILLE

(H.)

61 — *Bourgeois flamands.*

Dessin à la plume.

ROSSI

62 — *L'Attente.*

Aquarelle.

ROYBET

63 — *La Partie d'échecs.*

Quatre personnages de l'époque Louis XIII sont réunis autour d'un jeu d'échecs. Une contestation doit avoir lieu, car l'un des joueurs s'est levé et semble consulter le témoin de gauche assis devant la table ; le quatrième personnage est debout au milieu de la pièce et se contente de sourire en fumant sa pipe.

Bois. Haut., 50 cent.; larg., 60 cent.

SALANSON

64 — *Jeune Pêcheuse au bord de la mer.*

Toile. Haut., 1 m. 15 cent.; larg., 78 cent.

SCHENCK

65 — *Corbeaux attendant la curée.*

Une brebis vient de mourir au sommet d'une montagne couverte de neige. Une bande de corbeaux alignés sur les montants d'une barrière guettent cette proie devant laquelle ils ne sont arrêtés que par les bêlements plaintifs de l'agneau, debout près de sa mère.

Toile. Haut., 54 cent.; larg., 85 cent.

SCHENCK

66 — *Pies défendant une proie.*

Elles sont groupées autour d'un lièvre mort étendu sur le sol et s'apprêtent à le dévorer, quand survient un troupeau de moutons, qui tous, bélier, brebis et agneaux, s'approchent curieusement et en bêlant.

Toile. Haut., 54 cent.; larg., 85 cent.

TISSOT

67 — ***La Sieste après le bain.***

Aquarelle.

TOFANO

68 — ***Jeune Fille en prière.***

Toile. Haut., 56 cent.; larg., 36 cent.

TOFANO

69 — ***Jeune Femme.***

Bois. Haut., 27 cent.; larg., 22 cent.

TROYON

70 — ***La Gardeuse de dindons.***

Une jeune paysanne, une baguette à la main, conduit aux champs un troupeau de dindons. Groupés devant elle, ils suivent la lisière d'un petit bois au feuillage roussi de l'automne.

Un rayon de soleil traverse le ciel gris et répand sur cette charmante petite composition une impression pleine de vie et d'harmonie.

Signé à gauche C. TROYON.

Bois. Haut., 33 cent.; larg., 25 cent.

VOLLON

71 — *Le Chaudron.*

Plusieurs poissons, une marmite, des moules, de la paille, des radis noirs et des oignons sont déposés autour d'un chaudron dont le rayonnement lumineux du métal occupe le centre de la composition.

Toile. Haut., 96 cent.; larg., 1 m. 17 cent.

WEISSÉ

72 — *Bazar oriental.*

Bois. Haut., 59 cent.; larg., 48 cent.

WEISSÉ

73 — *Marchand arabe.*

Bois. Haut., 44 cent.; larg., 31 cent.

YON
(EDMOND)

74 — *La Seine, aux Andelys.*

Toile. Haut., 40 cent.; larg., 63 cent.

ZIEM

75 — *Bords de rivière; soleil couchant.*

Bois. Haut., 33 cent.; larg., 51 cent

www.ingramcontent.com/pod-product-compliance
Ingram Content Group UK Ltd.
Pitfield, Milton Keynes, MK11 3LW, UK
UKHW020533180726
13839UKWH00005B/2487

9 782329 501383

FÊTES

CÉLÉBRÉES AU MANS EN L'HONNEUR DU BIENHEUREUX

J.-B. DE LA SALLE

J.B. DE LA SALLE
Ed.G.
CHAPON

FÊTES

Célébrées au Mans les 22 et 23 Juillet 1888

EN L'HONNEUR DU BIENHEUREUX

J.-B. DE LA SALLE

FONDATEUR DE L'INSTITUT

DES FRÈRES DES ÉCOLES CHRÉTIENNES

« Il y eut un homme envoyé de Dieu,
« Qui s'appelait Jean ».
(*Nativité de S. Jean Baptiste*).

LE MANS
LEGUICHEUX & Cie, IMPRIMEURS-LIBRAIRES
Rue Marchande, 15, et rue Bourgeoise, 16

1888

FÊTES

Célébrées au Mans les 22 et 23 Juillet 1888

EN L'HONNEUR DU BIENHEUREUX

J.-B. DE LA SALLE

FONDATEUR DE L'INSTITUT

Des Frères des Écoles Chrétiennes

I.

Le 21 février dernier, à Saint-Pierre de Rome, dans la magnifique salle de la Canonisation, remplie d'une assistance comme le plus puissant souverain du monde rêverait en vain d'en réunir une pareille à sa cour, un Évêque entonnait le *Te Deum* triomphal.

Et au même instant, comme si elles avaient attendu ce signal, les cloches des trois cent soixante-cinq églises de la Ville Éternelle s'élançaient à grandes volées, mariant toutes les sonorités de leurs voix d'airain dans un chant d'allégresse que scandait et terminait une immense et joyeuse acclamation.

Elles envoyaient du ciel une grande nouvelle à la terre ; elles la disaient à tous les vents pour que les vents l'apportent à tous les pays de la chrétienté, et surtout à notre chère France.

Elles chantaient dans la nue :

« *Attollite portas, principes vestras!* Réjouissez-vous, bienheureux du Paradis, qui êtes déjà entrés dans la joie du Seigneur. Réjouissez-vous : Celui que vous attendiez depuis longtemps, Jean-Baptiste de la Salle, vient vous rejoindre, porté par les anges.

« *Laudate Dominum omnes gentes!* Réjouissez-vous, nations de l'Univers ; voici que vous avez auprès de Dieu un nouvel et puissant intercesseur.

« *Laudate, pueri, Dominum!* Réjouissez-vous, enfants des peuples chrétiens : Jean-Baptiste de la Salle, qui a élargi pour vous les voies du Ciel et fleuri les chemins de la science, Jean-Baptiste de la Salle vient d'être admis dans la gloire et presque dans les conseils de Dieu, où il plaidera victorieusement votre cause et lui demandera, tous les jours, de répandre abondamment sur vos familles et sur vous la rosée des célestes bienfaits.

« *Et nunc benedicite Dominum!* Redoublez de bénédictions envers le Seigneur et réjouissez-vous, Frères des Écoles chrétiennes, répandus dans les cinq parties du monde. Réjouissez-vous, fils de Jean-Baptiste de la Salle ; vous avez maintenant place, en la personne de votre père, à la cour du Roi des Rois. *Ite et docete :* continuez saintement l'œuvre du Fondateur ; vous avez

devant vous la perspective des plus belles moissons et du salaire promis aux bons ouvriers par Celui qui ne trompe jamais.

« *Lauda, Jerusalem, Dominum!* Et toi aussi, loue le Seigneur et réjouis-toi, noble France, fille aînée de l'Église et soldat de Dieu. Réjouis-toi et sois fière des honneurs rendus à Jean-Baptiste de la Salle dont Reims fut le berceau et dont Rouen garde la tombe. C'est une gloire de plus ajoutée à toutes tes gloires ; c'est une victoire aussi, une victoire qui peut être l'aurore et la genèse d'autres victoires. »

Ainsi chantaient les cloches de Rome, avec les Chérubins et les Séraphins, dans la matinée du 19 février dernier, en même temps que la première strophe du *Te Deum* montait vers le Ciel et que tombait le voile qui cachait l'image du Bienheureux Jean-Baptiste de la Salle s'envolant dans la Gloire, sur les ailes des anges.

II

A peine proclamée à Rome, la béatification du Fondateur de l'Institut des Frères des Écoles chrétiennes était déjà connue en France, et accueillie avec des manifestations de joie dont l'Église donna le signal et auxquelles les populations s'associèrent avec un merveilleux empressement, dont il n'est pas inutile d'indiquer ici la cause dominante.

Quelle est-elle cette cause, en dehors du sentiment de fierté et aussi de reconnaissance nationales qui aurait suffi à justifier un tel empressement ?

« C'est que, dit fort éloquemment Mgr l'Archevêque « de Lyon, dans sa lettre pastorale, la glorification du « Fondateur des Frères des Écoles chrétiennes arrive au

« moment où elle était le plus à désirer. C'est le moment « où l'éducation chrétienne des enfants, cette grande « préoccupation de l'Église notre mère, se trouve livrée « aux expériences funestes de ceux qui ne veulent pas « qu'on prie Dieu à l'école, ni qu'on s'occupe même de « savoir s'il existe ; qui proscrivent de l'enseignement « les livres où l'on apprend à le connaître, à l'aimer et à « le servir ; et tout cela sous prétexte d'une neutralité « impossible à garder et qui, par la logique des choses, « aboutit souvent en pratique, hélas ! nous n'en avons « que trop d'exemples, à une impiété ouverte et à « une hostilité déclarée. Or, c'est à ce moment là « que le Pape a autorisé solennellement le culte « public d'un des plus humbles et des plus grands « instituteurs chrétiens, Jean-Baptiste de la Salle, d'un « prêtre qui a élevé presque au rang d'un Sacerdoce le « devoir auguste de former les enfants à la foi et à la « pratique des vertus chrétiennes, tout en les initiant « aux connaissances humaines par des méthodes éprou- « vées et avec une expérience consommée dans l'art « d'instruire. N'y a-t-il pas là une coïncidence bien « digne de notre attention et où se reconnaît le doigt, « l'action de Dieu ? ».

Une autre raison, empruntée à un ordre d'idées peu différent, contribuait encore à faire valoir l'opportunité de la décision du Saint-Siège et à stimuler l'élan des populations vers les sanctuaires où N.N. S.S. les Évêques tenaient à pontifier eux-mêmes en l'honneur du Bienheureux Jean-Baptiste de la Salle et à prononcer son panégyrique.

On parle beaucoup, à notre époque, d'enseignement civique et de patriotisme.

De ce patriotisme, dont notre cher et pauvre pays a tant besoin de retrouver la notion et la pratique, cer-

tains hommes se sont mis à revendiquer le monopole et à tenir boutique ouverte. On a vu, aussi, se fonder des Ligues de patriotes, mais il faut croire que le patriotisme de beaucoup de ces bruyants ligueurs est assez singulier, et singulière aussi leur manière de le comprendre, puisque chaque année se produisent des schismes qui dissolvent leurs ligues ou à peu près, comme le temps mine rapidement et renverse bientôt les édifices mal conçus, dépourvus de fondations solides et imprudemment assis sur le sable.

Jean Baptiste de la Salle fut, lui, dans toute l'acception du terme, l'un des plus grands serviteurs de la France, et sa vie et son œuvre ont été éminemment patriotiques. On pourrait presque affirmer que c'est leur caractère distinctif.

Quel était l'état de la France au moment où il conçut la pensée de fonder l'Institut des Frères. A n'examiner que la superficie, tout était gloire au dehors et splendeur au dedans. Et cependant, pour parler le langage d'une autre époque, il y avait « une grande pitié au royaume de France ».

Cette pitié, un prédicateur éloquent, M. l'abbé Pergeline, prononçant le panégyrique du Bienheureux dans la cathédrale de Nantes, la définissait en ces termes :

« Si les hauteurs sociales sont baignées dans la « lumière, les bas fonds sont ténébreux, la multitude « comme infinie des enfants pauvres croupit dans une « ignorance et, par suite, dans une corruption dont il est « difficile d'exprimer l'horreur. Les longues guerres, la « famine, la misère, les entraves imposées au zèle « sacerdotal par des hérésies tracassières et opiniâtres, « ont troublé et ravagé les foyers populaires. Les enfants « s'y multiplient et y croissent, sans que personne « s'inquiète de leurs âmes ou, au moins, réussisse à leur

« venir efficacement en aide. Cependant, si la religion « n'y pénètre pas pour les éclairer et les purifier, de « ces caves, de ces greniers, de ces réduits sortira, tôt « ou tard, une armée de barbares qui mettront à sac « la société, magnifiquement mais follement impré- « voyante. »

A quelques traits près, ce tableau d'hier n'est-il pas celui d'aujourd'hui?

Et l'orateur qui le traçait ajoutait :

« Voilà le mal, voilà le péril. »

Conjurer le péril, remédier au mal, c'était une entreprise patriotique entre toutes, par dessus toutes, une entreprise à faire reculer l'Hercule païen, et à laquelle se dévoua, plein d'espoir dans le succès, l'humble et modeste Jean-Baptiste de la Salle, n'ayant, pour réaliser un si vaste projet, que deux forces : sa volonté et sa foi.

C'est à cette intention qu'il renonça à tout pour établir l'Institut des Frères des Écoles chrétiennes.

« La fin de cet Institut, écrivait-il, est de donner une « *éducation chrétienne* aux enfants; et c'est pour ce sujet « qu'on y tient les écoles, afin que les enfants étant sous « la conduite des maîtres depuis le matin jusqu'au soir, « les maîtres puissent leur apprendre à *bien vivre.* »

Tout est là.

Apprendre aux enfants à bien vivre, par l'éducation chrétienne, c'est conjurer le péril social et remédier aux maux qui menacent ou affligent la société. C'est enseigner et vivifier le patriotisme, c'est former la jeunesse à la pratique des vertus et des devoirs civiques.

Car la religion est l'intarissable source du véritable et pur patriotisme, de toute morale, de tout enseignement civique. Ce n'est pas seulement le patriotisme que la religion anime et soutient, disait l'orateur précédemment cité, elle seule infuse la vie aux institutions socia-

les et à ceux qui les personnifient. Au soldat elle donne le dédain de la mort, au magistrat le culte de la justice, à l'homme de peine la patience, fille de l'espérance, à la famille la fécondité et l'honneur, *aux gouvernants le respect de la liberté, aux gouvernés le respect de l'autorité.*

C'est la religion, c'est l'éducation chrétienne organisée par Jean-Baptiste de la Salle qui font les hommes, les citoyens, dont un évêque contemporain burinait le ressemblant portrait de la manière suivante :

« En voilà un qui t'offre son corps, ses bras, ses jambes et sa poitrine. Tu peux l'envoyer sous la mitraille : il mourra, mais ne se rendra pas. Tu peux lui confier les plans de campagne les mieux concertés et les mieux cachés : il ne les révélera pas. Tu peux lui donner les missions les plus délicates : il y mettra son cœur, son intelligence, toutes les ressources de son esprit ; il pourra succomber à la peine ; il peut tout perdre, mais jamais l'honneur. Tu peux lui remettre la clef de tous tes trésors : il connaît et pratique le commandement qui lui dit : *Le bien d'autrui tu ne prendras.* Tu peux le placer dans les postes les plus élevés : il y sera pour te servir et non pour s'enrichir, lui et les siens ; il y aurait des millions à ses pieds qu'il ne se baisserait pas pour les ramasser. Tu peux le présenter à tes amis et à tes ennemis : il sera fidèle à son pays comme à son Dieu. »

Monseigneur de Coutances, qui rappelait ces paroles d'un de ses anciens dans l'épiscopat, disait, avant de les rappeler :

« Former, selon notre pouvoir, des hommes, des chrétiens, des patriotes, telle devrait être l'œuvre de quiconque aime ses frères et son pays. Telle est l'œuvre des Écoles chrétiennes... »

Oui, telle est l'œuvre, une œuvre nationale, créée par

Jean-Baptiste de la Salle et continuée par sa postérité spirituelle.

Jean-Baptiste de la Salle a contribué et ses successeurs contribuent, suivant l'expression du même prélat, à défendre notre fonds national contre tant de folies qui le menacent et à conserver les qualités qui sont comme notre apanage : l'esprit parfois pétillant et toujours de bon aloi, la simplicité, l'aménité, l'expérience et les traditions du passé entretenues avec un soin jaloux ; le travail, l'honnêteté, la franchise ; et enfin, pour toutes ces grandes choses, une langue digne d'elles, expressive et correcte, pleine de morale et de vérité.

Et cette belle langue, ainsi que le proclamait un autre de ses panégyristes, cette belle langue de la Patrie, Jean-Baptiste de la Salle, par la prodigieuse création de son esprit et de son cœur, a réussi à la faire parler sur tous les rivages de l'univers. Il n'a pas reculé les frontières du territoire de la France, mais il a reculé celles de son influence intellectuelle et morale ; il a aggrandi la Patrie de tout l'amour et de toute la reconnaissance que lui ont conquis ses infatigables fils.

Ainsi s'explique l'enthousiasme provoqué par la béatification de celui dont la vie fut celle d'un saint et l'œuvre d'un grand citoyen, d'un grand patriote, titres trop prodigués aujourd'hui et n'appartenant à nul autre mieux qu'à lui.

Ainsi s'expliquent l'éclat des manifestations solennelles qui ont eu lieu dans tous les diocèses et l'empressement de la foule immense qui se pressait dans les églises pour y prendre part.

III

Aux raisons qui viennent d'être énumérées, il serait facile d'en ajouter d'autres et de nombreuses, dont deux seulement paraissent à retenir ici.

Il fallait voir dans l'affluence inaccoutumée des fidèles au pied des chaires du haut desquelles les orateurs sacrés allaient glorifier le Bienheureux Jean-Baptiste de la Salle un acte de reconnaissance et une revendication, un hommage rendu aux saines et véritables doctrines de la *gratuité* et de l'*obligation* de l'enseignement populaire.

Un peu de lumière sur ce point.

A entendre certains hommes, à lire certains journaux, on pourrait croire que la gratuité et l'obligation de l'enseignement primaire sont un progrès moderne, une invention contemporaine brevetée et exploitée au profit et pour la plus grande gloire de la raison sociale Paul Bert, Jules Ferry et Ce.

Mensonge, dans la bouche de la plupart de ceux qui le disent!

Erreur de la part de ceux qui le croient, comme le démontrait si bien, au *Triduum* de Clermont-Ferrand, l'éminent recteur de l'Université catholique de Paris, Mgr d'Hulst.

« Nos ennemis, disait-il, n'effaceront pas l'histoire. L'Église a toujours lutté contre l'ignorance et la barbarie. C'est pour elle une nécessité d'existence. Pour imposer son autorité, sa morale, sa discipline, elle n'a d'autre ressource que d'instruire. Pour donner à l'homme toute une philosophie, tout un système de

doctrine embrassant Dieu, le monde, l'homme, la vie présente, la vie future, elle n'a qu'un seul moyen : l'école.

« Aussi, de tous les temps, le zèle de l'Église pour les écoles populaires s'est-il hautement manifesté.

« A une époque où, dans notre France, les pouvoirs publics avaient le regard tourné du seul côté de la force, négligeant et méprisant toute autre culture que celle des armes, l'Église s'occupait des intelligences et des âmes. Aux écoles palatines créées par Charlemagne avaient succédé les écoles épiscopales et les écoles monastiques. Les princes de l'Église dont un historien protestant a dit qu'ils avaient fait la France comme les abeilles leur miel, s'intéressaient au peuple; et leurs écoles, bâties à côté des presbytères ou de leurs palais épiscopaux, lui donnaient une nourriture que l'État ne songeait pas à lui dispenser.

« A mesure que l'histoire pénètre plus avant dans les siècles du passé dont elle n'avait, jusqu'alors, qu'effleuré la surface, elle acquiert la conviction, chaque jour plus profonde, que le monopole de l'Église, en matière d'enseignement, lui venait non d'un égoïsme jaloux mais de la négligence des séculiers.

« Lorsque la Renaissance, en apportant à l'Europe les trésors littéraires de l'antiquité païenne, donna aux études un nouvel aliment et un nouvel élan, sa sphère d'action ne s'étendit pas au-delà d'un cercle restreint. Au peuple, elle n'apporta rien. L'un de ses plus brillants admirateurs écrivait : « *le peuple n'a pas besoin* « *d'instruction. Au peuple il ne faut qu'un aiguillon et du* « *foin* (1). »

(1) Voltaire.

« Pendant ce temps, l'Église continuait son œuvre d'institutrice du peuple. Et dans l'application des méthodes qui ont constitué l'enseignement pédagogique, elle fut la première à en sentir le besoin et à en provoquer l'organisation. . »

Son enseignement était gratuit.

Mais l'Église ne pouvait pourvoir à tout et partout : les ouvriers manquaient à son œuvre de prédilection.

Un homme vint alors ou, plutôt, fut suscité par Dieu : Jean-Baptiste de la Salle, qui s'imposa la mission et la remplit de remédier à l'insuffisance numérique des instituteurs chrétiens et de créer comme une pépinière, destinée à devenir inépuisable, de maîtres qui instruiraient les enfants du peuple et leur apprendraient, en même temps, à bien vivre.

Et dans l'acte fondamental qui donna un corps à sa pensée et la réalité à son grandiose projet, il fit profession de tenir les écoles *gratuitement*.

Voilà donc authentiquement fondée au dix-septième siècle, la *gratuité* que l'Église pratiquait déjà depuis longtemps dans ses écoles, qui éclairaient de points lumineux la nuit sombre du Moyen Age.

Quant à l'*obligation*, autre prétendue invention de notre temps, elle n'est pas moins ancienne que la gratuité. Elle n'était pas, il est vrai, libellée en articles de loi menaçant d'amende et de prison ; elle n'était pas tyrannique et oppressive, comme l'importation prussienne que se sont appropriée, en la démarquant, les législateurs de nos jours ; mais elle existait.

Ainsi que le rappelait Mgr Germain aux fêtes de Saint-Sulpice, le devoir pour les parents de faire instruire leurs enfants était écrit avec tous leurs autres devoirs sur les tables du Décalogue. Depuis longtemps, l'Église le prêchait du haut de ses chaires et en poursuivait l'ac-

complissement sans reculer jamais, pour sa part, devant les sacrifices.

Et Jean-Baptiste de la Salle, en fondant son merveilleux Institut, fit plus que personne au monde pour assurer aux enfants le droit à l'instruction et faciliter aux familles l'observance du devoir religieux et civil qui leur incombait de ce chef.

Et la *laïcité?*

Est-ce que l'Église, à aucune époque de son histoire, s'est montrée hostile aux écoles et aux instituteurs laïques?

Est-ce qu'elle a voulu, avant ou depuis le XIXe siècle, monopoliser l'enseignement à son profit? Est-ce qu'elle a tenté d'en exclure ceux ou celles qui ne portaient pas l'habit religieux, — ou les a-t-elle seulement frappés de suspicion?

Jamais. Elle les a encouragés, au contraire : elle les a soutenus, les considérant comme des auxiliaires, comme des ouvriers de son œuvre d'émancipation et de lumière.

Aussi, Jean-Baptiste de la Salle, tout en multipliant ses noviciats le plus qu'il pouvait, entrevoyait-il, avec sa prescience de l'avenir, qu'il n'y aurait jamais trop d'écoles et jamais assez de maîtres, de maîtres travaillant à leur emploi « non pas en mercenaires, regardant cet « office comme un chétif métier, inventé pour avoir du « pain. »

De la conception à l'exécution, il n'y avait jamais loin, dans la dévorante activité du Bienheureux ; et, en l'an 1700, il créa la première école normale pour les *laïcs* qui se destinaient à la carrière de l'enseignement.

Précédemment déjà, aux premiers temps de l'Institut, et manquant de Frères pour répondre aux demandes qui lui étaient faites par la famille de Guise, il avait fondé

un établissement du même genre, mais de proportions très réduites sur les confins du Rethelois et du Laonnais.

Le Fondateur de l'Institut des Frères et les Frères de cet Institut étaient si peu hostiles à l'enseignement laïque qu'ils se prêtaient de bon cœur à former le personnel de cet enseignement, avec le dévouement le plus fraternel, avec le libéralisme le plus désintéressé et le plus sincère.

A cette époque, il est vrai, les mots français avaient encore leur signification : la laïcité n'était alors qu'une question de nom et de costume. On a, depuis et de nos jours surtout, hypocritement dénaturé et étendu le sens de l'expression, pour l'appliquer au fonds même de l'enseignement, pour arriver à ce qu'on a appelé la neutralité religieuse de l'école, — moyen subreptice de créer l'école sans religion et sans Dieu, donnant plutôt l'enseignement contre la religion et contre Dieu.

Tout a été dit à cet sujet; mais il était bon d'y arrêter un instant la pensée pour rappeler que si l'immense concours de fidèles remarqué dans les églises, aux fêtes qui ont suivi la béatification de Jean-Baptiste de la Salle, était un hommage reconnaissant rendu au fondateur de la gratuité de l'enseignement, à l'apôtre convaincu de l'obligation par la persuasion, au véritable créateur de l'enseignement primaire, de l'enseignement professionnel, des classes du soir et même des secours aux blessés, — tout cela est l'œuvre incontestable et incontestée du Bienheureux, — ce concours de fidèles avait un autre et principal objet.

C'était l'affirmation par la grande et meilleure partie du peuple qu'elle entendait maintenir et exercer ses droits souverains à la libre disposition de l'âme de ses enfants, en les confiant aux Frères de Jean-Baptiste de la Salle, maîtres habiles en toute science et éducateurs

chrétiens, capables entre tous, à ce double titre, de former des fils respectueux et soumis aux familles et de bons et dévoués serviteurs au pays.

IV

Et, pour résumer les causes multiples qui amenaient les multitudes aux pieds des autels sur lesquels se dressait, embaumée de fleurs et baignée de lumières, la statue du Bienheureux, c'est que l'âme de ces multitudes vibrait à l'unisson de l'âme de Monseigneur Germain, lorsqu'il s'écriait « avec une force et un cœur d'Évêque » (1)

« *Non, n'enlevez pas Dieu à l'individu! sinon, il devient* « *la proie des ténèbres, de la faiblesse, du malheur et de la* « *honte.*

« *N'enlevez pas Dieu à la famille! sinon, vous enlevez à* « *l'autorité paternelle sa couronne, à la fidélité conjugale sa* « *consécration et son rempart, à l'enfant sa protection et* « *son appui.*

« *N'enlevez pas Dieu au commerce et à l'industrie! sinon,* « *vous leur enlevez la vraie garantie de la probité, de l'hon-* « *neur, et vous ouvrez toutes grandes les portes de la* « *fraude.*

« *N'enlevez pas Dieu à l'ouvrier! sinon, il ne se résignera* « *pas à son sort, il n'acceptera pas de verser ses sueurs au* « *profit d'un autre.*

« *N'enlevez pas Dieu à nos armées! sinon, vous leur* « *enlevez cette force morale qui, plus que toute autre, fait* « *les héros et gagne les batailles.*

(1) Panégyrique prononcé à Saint-Sulpice le 13 mars 1888.

« *N'enlevez pas Dieu à la magistrature! sinon, vous*
« *livrez aux mains des hommes votre fortune, votre réputa-*
« *tion, votre vie même.*

« *N'enlevez pas Dieu à la société! sinon, vous arrachez*
« *les bases de la moralité publique, les bases de la propriété.*

« *Pour vous, ô Bienheureux, à l'œuvre! Formez, formez*
« *des hommes qui posent dans l'âme de l'enfant le fonde-*
« *ment sans lequel on ne peut rien édifier, Dieu; qui élèvent*
« *au-dessus de ce fondement la foi, le devoir, le patriotisme,*
« *toutes les vertus qui font le chrétien.*

. . . .

« *O bienheureux de la Salle! gardez-nous une jeunesse*
« *chrétienne! gardez à cette jeunesse des maîtres chrétiens!*
« *gardez-nous vos admirables Frères! En nous gardant*
« *cette jeunesse, en nous gardant ces maîtres et ces Frères,*
« *gardez-nous une France forte, une France prospère, une*
« *France respectée, une France fidèle à son Dieu, une France*
« *dont on puisse dire toujours : L'esprit religieux n'est pas*
« *mort en elle, l'esprit religieux y soulèvera des montagnes,*
« *il y fera des miracles!* Fiat! Fiat! »

. . . .

Telles sont les pensées qui conduisaient, en longues et innombrables files, les familles chrétiennes vers les églises où des offices étaient célébrés en l'honneur de Jean-Baptiste de la Salle, — dans toutes les métropoles de France, à l'étranger, à Constantinople, à Jérusalem, partout.

Et les mêmes pensées animaient certainement et notamment la population mancelle, qui, du matin au soir des deux journées du 22 et du 23 juillet dernier, emplissait de ses flots pressés l'église Saint-Benoît, malheureusement trop étroite, et la Cathédrale de Saint-Julien, heureusement assez vaste, mais qui a failli se trouver insuffisante, malgré ses immenses proportions.

Ces belles fêtes des 22 et 23 juillet ont été dignes sous tous les rapports, de celui qu'il s'agissait d'honorer.

En voici la description :

V

Il faut dire, en tête de ce récit descriptif, où plutôt il faut répéter bien haut que les fêtes du Mans, en l'honneur du Bienheureux Jean-Baptiste de la Salle, ont été superbes, — superbes, aussi, l'empressement et l'attitude de la population de cette ville distinguée et chrétienne.

C'est que la ville du Mans sait qu'elle doit beaucoup au Fondateur de l'Institut des Frères des Écoles chrétiennes, dont les disciples, installés chez elle depuis 1819, s'y sont concilié d'à peu près universelles sympathies, en se créant les titres les plus sérieux à la reconnaissance de la cité et des familles.

Venus trois, d'abord, pour tenir une pauvre école dans le plus triste quartier de la ville, ils sont trente aujourd'hui et forcés de s'adjoindre des collaborateurs laïques pour diriger une école communale, la plus fréquentée de toutes, deux écoles libres gratuites et un externat-pensionnat, installés dans des locaux spécialement construits pour cette destination.

Ce sont les Frères qui ont introduit au Mans l'enseignement supérieur le plus varié et le plus complet, avant qu'il en fût question dans les programmes officiels. Ils ont fait arriver leurs élèves aux premières places dans tous les concours, ils leur ont ouvert l'entrée des carrières les plus lucratives ; et par la solidité de l'instruction donnée, en même temps que par l'excel-

lence de l'éducation, ils les ont en quelque sorte imposés aux préférences et à la confiance des chefs d'administration et d'industrie.

Ils ont créé des patronages qui suivent les élèves à la sortie des classes, des sociétés et des cercles qui les réunissent et entretiennent chez eux l'esprit de solidarité et de fraternité chrétiennes, — et, leur fournissent au besoin, un appui matériel et moral, pour vaincre les difficultés de la vie.

Les différentes écoles des Frères comptent actuellement de 11 à 1,200 élèves et les maîtres chrétiens d'aujourd'hui ont la joie de recevoir dans leurs beaux et vastes établissements de nombreux arrière-petits-fils de ceux à qui leurs premiers prédécesseurs ici ont enseigné l'A B C et le catéchisme.

Les fêtes organisées pour célébrer la Béatification du Fondateur ne pouvaient donc manquer d'être remarquables entre celles qui ont été le plus remarquées ailleurs.

Différentes circonstances avaient forcé de les retarder jusqu'au mois de juillet, et il avait été question de leur consacrer un *Triduum*, comme dans certains diocèses, mais il n'a pu être donné suite à ce projet, pour plusieurs raisons dont une, notamment, est qu'il aurait fallu renoncer à la présence de près de 500 élèves de l'école communale, que les règlements universitaires ne permettaient pas de tenir fermée, trois jours durant.

Il fut donc résolu que deux journées seulement, celle de dimanche 22 juillet et celle du lundi 23 seraient affectées à ces fêtes, le premier jour en l'église paroissiale Saint-Benoît, et le second jour en la métropole de Saint-Julien.

L'autorité académique voulut bien permettre la fermeture de l'école communale le lundi 23 juillet, à la

condition que les classes de ce jour fussent reportées au jeudi.

De la sorte, tous les enfants purent s'associer aux solennités auxquelles il eut été pénible d'avoir à constater des absences.

Depuis plusieurs semaines, de grands préparatifs étaient faits. Tout le monde était à l'œuvre pour arriver à temps et bien faire. Tout le monde y mettait du sien, s'improvisant tapissier, décorateur, fournissant matériaux et main-d'œuvre.

La laine, la soie, la mousseline se taillaient en bannières et en oriflammes que des artistes enluminaient d'attributs et d'inscriptions; les écussons armoriés s'empilaient à côté des cartouches commémoratifs. Les choristes et les musiciens répétaient à l'envi.

Et les familles préparaient les toilettes des grands jours pour ces deux jours qui furent véritablement grands et mémorables.

Première journée — A Saint-Benoît.

Saint Benoît est une pauvre vieille église, presque enclavée dans les étroites et sombres maisons d'un des plus humbles quartiers de la ville. Mais les Frères aiment particulièrement Saint-Benoît, dont le clergé, de son côté, aime beaucoup les Frères.

C'est d'ailleurs sur la circonscription de cette paroisse que se trouve leur principal établissement : l'école, encore communale, de la rue de la Juiverie, qui ne compte guère moins de 500 élèves, et dont le cours supérieur n'a jamais assez de places pour les jeunes gens qui y affluent des points les plus opposés et les plus éloignés de la ville.

La vieille paroisse était donc indiquée pour la célébration d'une partie des fêtes auxquelles étaient conviés les amis des Frères, c'est-à-dire une partie de la ville, — et non la moindre.

Des invitations avaient été lancées au nom des Frères, au nom de la Société d'Encouragement, recrutée parmi les anciens élèves, et en celui des membres de l'infatigable Comité des Écoles libres.

Ces invitations auraient plus que suffi à remplir l'église ; mais beaucoup étaient encore là, beaucoup qui n'avaient point été appelés, et avaient répondu à la seule invitation du souvenir, de la reconnaissance, — du cœur.

Ils étaient nombreux, — et l'église bien petite. Aussi, plus d'un fut-il réduit à se rappeler tristement le « *Multi vocati, pauci electi.* »

La journée, heureusement, comportait quatre exercices, de sorte que chacun put un peu assister à l'un ou à l'autre et se retirer content.

Elle s'était faite méconnaissable, la vieille et pauvre église ; elle avait déployé un luxe qu'elle ne peut même toujours se permettre pour les plus solennels offices de l'année. Pavoisée comme une corvette, le jour de la Sainte-Barbe, elle avait fleuri et illuminé ses autels avec une profusion qui impressionnait les âmes autant qu'elle charmait les yeux.

Du haut des piliers et des voussoirs descendaient de nombreuses et brillantes bannières, de chatoyantes et légères oriflammes sur l'étoffe desquelles se détachaient, en lettres d'or, les textes des huit béatitudes, des passages caractéristiques des saintes Écritures, des inscriptions commémoratives, et quelques articles fondamentaux de la constitution donnée par le Bienheureux de la Salle à l'Institut des Frères des Écoles chrétiennes.

Une de ces inscriptions, qui, sans être la plus en vue,

était cependant des plus lues et des plus commentées, reproduisait le précepte suivant des règles établies par le Bienheureux.

ILS
TÉMOIGNERONT MÊME
UNE
AFFECTION PLUS GRANDE
POUR
LES
PAUVRES
QUE
POUR
LES RICHES

Des préceptes du maître, celui là n'est pas le moins religieusement suivi par ses disciples.

Entre les bannières et les oriflammes, au-dessus ou au-dessous, était disposée une série d'écussons et de cartouches, du meilleur goût, les uns aux armes de la famille de la Salle et de l'Institut des Frères, — une étoile d'argent sur fonds d'azur, et l'exergue : « *Signum Fidei* », — et les autres indiquant les dates notables de la

vie du Fondateur, ou mentionnant les évènements marquants de sa propre existence et de celle de l'Institut.

A gauche du maître-autel et à l'angle de la chapelle latérale, la statue du Bienheureux émergeait d'un buisson de fleurs qui se continuait en une niche embaumée et encadrée de lumières.

Toutes les personnes qui ont visité l'église ou assisté aux différents offices de la journée, ont stationné ou prié devant cette statue.

Dès sept heures du matin, les élèves des Frères assistaient à une messe de communion, à laquelle un grand nombre de familles avaient tenu à accompagner leurs enfants.

A cette messe, M. l'abbé Chaignon, curé de la paroisse, a prononcé un premier et bref panégyrique du Bienheureux, dans une allocution dont la concision contrastait avec l'abondance. Dans les limites restreintes qu'il s'était imposées, le nouveau curé de Saint-Benoît a très heureusement saisi ce qui, dans la vie si remplie et si féconde de J.-B. de la Salle, était plus particulièrement de nature à intéresser et à frapper l'auditoire auquel il s'adressait.

A dix heures, l'église s'emplissait de nouveau pour la grand'messe que M. le Vicaire général Outin, ancien curé de la paroisse, profondément dévoué aux Frères et à leurs élèves, avait tenu à venir célébrer lui-même à cet autel autour duquel il était si heureux de les voir réunis autour de lui.

La messe choisie était celle de Dumont, dont un critique autorisé a dit : « Une belle musique, simple, claire, « vivante, une musique qui chante et qui prie. »

Toutes les beautés de l'œuvre de Dumont ont trouvé d'intelligents interprètes dans les chœurs formés des élèves du cours supérieur et dans un orchestre sympho-

nique composé d'artistes et d'amateurs de la ville, parmi lesquels, en regrettant de ne pouvoir se rappeler tous les noms, il convient de mentionner MM. Séguin, Lestringuant et Quid'beuf.

Chœurs et orchestre étaient dirigés, magistralement dirigés, par un Français de la Lorraine, le sympathique M. Langer, musicien consommé, virtuose distingué, possédant en un mot et sachant tout ce que doit posséder et savoir un bon maître de chapelle.

Madame et Mademoiselle Gabry, dont le concours est acquis à toutes les solennités religieuses, ont « éloquemment » chanté l'*O Salutaris* et l'*Ave Maria;* et un artiste amateur, M. P..., a supérieurement joué sur le violoncelle, au moment de l'Élévation, un morceau empreint du sentiment religieux le plus profond et le plus pur.

Amie de tous les arts, l'Église les convie volontiers à ses fêtes, où les artistes sont les bienvenus. Ceux dont on vient de lire les noms et ceux qu'une défaillance de mémoire force d'omettre, ont vaillamment contribué à l'éclat des cérémonies de Saint-Benoît.

M. le Vicaire général Outin a voulu présider les Vêpres, comme il avait voulu officier à la messe du matin. L'affluence y était toujours considérable, et plus considérable encore le soir, à sept heures, pour le Salut solennel que devait précéder le panégyrique du Bienheureux, prononcé par M. l'abbé Lecorneux, vicaire de la Cathédrale.

Il a fallu des volumes et il faudrait plusieurs discours pour raconter — en élaguant bien des détails — la vie de Jean-Baptiste de la Salle, pour le suivre dans la conception de son œuvre, pour le montrer luttant, persécuté et luttant encore, luttant toujours, et mourant presque comme Moïse mourut, en vue de la terre promise, — pour dégager enfin et exposer tous les enseignements qui res-

sortent de cette vie, trop tôt terminée, hélas! et qui suffit pourtant à l'immense labeur dont tous les peuples chrétiens recueillent aujourd'hui les fruits.

Mais M. l'abbé Lecorneux possédait si bien son sujet, il l'avait si profondément étudié et creusé qu'il en était comme sursaturé; et dans un temps relativement très court, trop court pour ceux qui l'écoutaient, il a réussi à peindre fidèlement l'homme et son caractère, à initier l'auditoire à ses pensées et ses actes, à montrer la gestation, l'enfantement laborieux et les développements d'abord pénibles de son œuvre, à dire et à bien dire tout ce qui devait être dit et sur cet homme et sur cette œuvre inébranlablement assise aujourd'hui dans les cinq parties du monde.

Ceux qui seraient entrés à Saint-Benoît, le 22 juillet, sans avoir jamais entendu parler de Jean-Baptiste de la Salle, en seraient sortis ses admirateurs, après avoir entendu M. l'abbé Lecorneux.

Le chant de l'*Iste confessor* a suivi la remarquable allocution de M. l'abbé Lecorneux et précédé, avec le *Magnificat*, la bénédiction du Très Saint Sacrement.

Aux différents exercices de la journée, les élèves des Frères ont chanté, du fond du cœur, on le sentait, et avec une *furia* sagement tempérée un cantique et une cantate en l'honneur du Bienheureux.

La dernière strophe terminée, le soir, l'assistance s'est retirée, heureuse de sa journée, — et beaucoup se donnant rendez-vous pour le lendemain, à la Cathédrale.

Deuxième journée — A la Cathédrale.

Magnifique journée hier, splendide lendemain aujourd'hui, bien que le ciel se soit voilé de gros nuages sombres, qui se déchirent trop fréquemment, pour répandre sur la ville des pluies quasi diluviennes.

Ces ondées, ces rafflales vont gâter la fête, pourraient dire des timorés.

Non! la fête n'en sera que plus belle, parce que les raffales et les ondées n'arrêteront personne, ne refroidiront aucun zèle, ne détourneront aucune fidélité du chemin de la Cathédrale.

Historiographe improvisé, celui qui écrit ces lignes, — un ancien élève des Frères, — s'y rend dès la première heure pour tout voir à son aise et tout noter, avant l'arrivée du public, aux offices annoncés.

Malgré l'heure matinale, beaucoup de monde déjà dans l'immense édifice : ceux sans doute à qui le labeur quotidien et nécessaire ou tout autre devoir ne permettront pas de s'associer aux solennités de la journée. Beaucoup de militaires surtout, artilleurs et fantassins, curieux d'une bonne et saine curiosité, graves et recueillis, lisant et se montrant les uns aux autres les inscriptions qui décorent les bannières et les écussons, les commentant et échangeant leurs impressions. Ces soldats, venus là dépenser leur court loisir du matin, sont probablement d'anciens élèves des Frères ; la décence de leur maintien et leur bonne tenue l'indiquent suffisamment.

La présence de ces militaires, qu'il n'était pas permis de passer sous silence, force le narrateur à ouvrir une

parenthèse anecdotique, que n'interdit pas la gravité du sujet.

Un maréchal des logis et deux brigadiers d'artillerie, prêts à sortir de la Cathédrale, causaient discrètement sous l'orgue.

Un particulier, qui se trouvait près d'eux, ne jugea pas inconvenant d'intervenir dans cette conversation et il s'y mêla en disant au maréchal des logis :

— En voilà des frais pour le général des Ignorantins!

— Un vrai général, en effet, répondit le sous-officier ; mais pourquoi appelez-vous ses soldats des Ignorantins?

— Mais parce que c'est l'habitude, balbutia l'homme.

— C'est possible, mais une habitude en explique une autre et il faudrait savoir comprendre. Autrefois, dans l'armée, on appelait « *Mayençais* ». les combattants de Mayence. Aujourd'hui, on appelle les « *Tonkinois* », ceux qui se sont battus au Tonkin et s'en sont rendu maîtres. Et au dix-septième siècle, les Frères étaient appelés les « *Ignorantins* », parce qu'ils combattaient l'ignorance et la chassaient des pays où ils s'installaient.

Le particulier, un peu surpris de la fermeté calme avec laquelle lui parlait le maréchal des logis et de la conviction contenue qui vibrait dans ses paroles prononcées à mi-voix, s'esquiva en murmurant le « *Peut-être bien* » avec lequel certains manceaux se tirent d'affaire, lorsqu'ils ne veulent pas s'avouer franchements battus.

Fermons la parenthèse, et arrivons à la description des splendeurs de la Cathédrale.

Un véritable éblouissement!

Partout, au pourtour intérieur et extérieur du chœur, dans les bras du transept, dans la haute et les basses nefs, partout des retombées de bannières et de gracieuses envolées d'oriflammes, dont les nuances se fondent harmonieusement ou forment les plus heureux contrastes.

Partout le scintillement des dorures sur les étoffes multicolores et les écussons artistement décorés d'emblèmes et d'inscriptions.

Sur les murs latéraux, les vieilles et magnifiques tapisseries, une des gloires et une des richesses du trésor de Saint-Julien. Au-dessus de ces tapisseries, de longues bandes de pourpre, bordées et frangées d'or, sur lesquelles on lit, en lettres d'or également,

D'un côté :

Qui docti fuerunt fulgebunt quasi splendor firmamenti; et qui ad justitiam erudierunt multos quasi stellæ in perpetuas æternitates.

En face :

Qui susceperit unum parvulum in nomine meo, susceperit me. — Sinite parvulos venire ad me et nolite eos prohibere ad me venire.

Sur les bannières et les oriflammes sont reproduits, comme à Saint-Benoît, les textes des huit béatitudes, des versets trouvant leur application dans les solennités du jour, les recommandations du Bienheureux à ses Frères, etc., etc.

Sur les écussons, la chronologie abrégée de la vie de J.-B. de la Salle et la statistique géographique et numérique de l'Institut.

Les dates principales sont les suivantes :

30 avril 1651. — *Naissance du Bienheureux.*

11 mars 1662. — *Première tonsure.*

9 avril 1670. — *Ordination.*

24 juin	1681. —	*Fondation de l'Institut des Frères.*
	1700. —	*Fondation de la première école normale laïque.*
7 avril	1719. —	*Mort du serviteur de Dieu.*
8 mai	1840. —	*Collation du titre de Vénérable.*
27 novembre	1887. —	*Admission à la Béatification.*
19 février	1888. —	*Proclamation de la Béatification.*

Sur les tentures rouges bordées d'hermine qui courent, de pilier en pilier, le long de la grande nef, sont apposées des banderolles portant le nom des Supérieurs généraux de l'Institut depuis et y compris le bienheureux Fondateur jusqu'au dépositaire actuel de l'autorité supérieure :

Ces noms, trop peu connus, méritent de trouver place ici.

Les voici, suivant l'ordre chronologique :

1680—1717 — Le Bienheureux J.-B. de la Salle (1).
1717—1720 — Frère Barthélemy.
1720—1751 — Frère Timothée.
1751—1767 — Frère Claude.
1767—1797 — Frère Agathon, emprisonné pendant la Révolution.

(1) Le Bienheureux, malgré l'affectueuse et obstinée résistance des Frères, avait absolument voulu se démettre de la direction de l'Institut, un peu moins de deux ans avant sa mort.

1795—1810 — Le frère Frumence exerce l'autorité avec le titre de vicaire général.

1810—1822 — Frère Gerbaud.

1822—1830 — Frère Guillaume de Jésus.

1830—1838 — Frère Anaclet.

1838—1874 — Frère Philippe.

1874—1875 — Frère Jean Olympe.

1875—1884 — Frère Irlide.

1884— — Frère Joseph.

Deux écussons placés à gauche et à droite du chœur indiquaient les principaux pays, étrangers ou hors d'Europe, où l'Institut des Frères possède des établissements, savoir :

Indes ; — États-Unis d'Amérique ; — Canada ; — Califormie ; — Nouveau-Mexique : — Chili ; — Madagascar ; — Chine ; — Équateur ; — Bolivie ; — Autriche ; — Ile Bourbon ; — Espagne ; — Jérusalem, etc.

Une autre série de 27 écussons entrait dans les détails de cette énumération géographique et indiquait, pour autant d'États distincts, le nombre des Frères employés dans chacun d'eux, le nombre des écoles et des classes qu'ils dirigent et celui des élèves qu'ils instruisent.

Ces écussons étaient encadrés de bordures de gaze, aux couleurs des pays qu'ils concernaient ; et l'un d'eux, plus que tous les autres, attirait le regard. Son encadrement était de crêpe noir, avec un long et large nœud retombant.

A première vue et à distance, chacun se demandait : « Quel est donc ce pays qui arbore un drapeau noir? »

Puis on approchait curieusement pour lire ; et bientôt on s'arrêtait. ému, devant le cadre à la bordure de deuil, en y lisant :

ALSACE-LORRAINE

10 FRÈRES

2 ÉCOLES

400 ÉLÈVES

. . . .

Touchant souvenir ! Amère et poignante réalité ! Plus que dix Frères, — plus que deux écoles tenues par eux, dans notre inoubliable Alsace et notre inoubliée Lorraine !

M. de Bismarck et M. de Mauteuffel savaient bien qu'ils ne feraient jamais de ceux-là des valets de prussiens et des ouvriers de la germanisation.

Mais ceux qu'ils ont chassés avaient formé des Français, avant de partir, des Français qui se rappelleront et apprendront à leurs enfants à se souvenir.

Car il faut qu'on le sache bien ; lorsque les Frères sont réduits à quitter un pays, c'est que le drapeau tricolore est forcé de s'en retirer lui-même, — ce drapeau qu'ils ont planté les premiers sur plus d'un lointain rivage, où ils sont seuls à le défendre, en le faisant aimer et respecter avec leurs armes pacifiques : la Croix et le livre.

Arrachons-nous à l'émotion dont nous n'avons pu retenir l'expression ; arrachons-nous aux pénibles souvenirs et aux regrets pour transcrire — ce sera une consolation

et comme un avant goût de revanche, — le triomphal dénombrement dont les chiffres resplendissaient sur les piliers de Saint-Julien.

Le voici, présenté sous forme de tableau, pour ménager l'espace, qui dimininue :

ÉTATS	Nombre de Frères.	Nombre d'Écoles.	Nombre d'Élèves.
Alsace-Lorraine	10	2	400
Irlande	45	5	2.000
Prusse	25	2	450
Égypte	145	10	2.500
Chine	15	3	800
Turquie d'Europe et Grèce . .	50	8	500
Italie	150	25	3.000
Indoustan	12	2	800
États-Unis	750	120	35.000
Canada	400	50	15.000
Tunisie et Tripoli	25	6	1.200
Palestine	45	10	1.500
Angleterre	84	4	2.000
Nouveau-Mexique	42	7	2.000
Malabar.	35	5	1.200
Suisse	15	3	400
France	11.600	1.300	230.000
Birmanie	30	5	1.500
Californie.	110	10	2.000
Jersey	7	1	250
Équateur	80	10	4.000
Belgique	700	120	25.000
Autriche	125	7	1 500
Turquie-d'Asie et Perse	120	15	3.000
Chili	30	5	150
États-Romains.	220	20	4.000
Allemagne	15	3	800
Espagne et Portugal	150	35	5.000

Au total : 15,135 Frères répandus sur le territoire de 27 États, et y donnant l'enseignement à 345,950 élèves dans 1,793 écoles.

Quels chiffres éloquents! Quelle glorieuse statistique pour l'Institut des Frères des Écoles chrétiennes, — et pour la France, son berceau et sa pépinière.

Notons qu'à sa mort le Fondateur laissait 23 maisons, 274 Frères et 9,885 élèves.

Quel prodigieux accroissement depuis; et comme l'œuvre qui a pris de tels développements était sainte, bonne et utile! Quelle semence et quels laboureurs il a fallu pour préparer si belle récolte!

Et notons encore ceci! c'est que depuis 1880, époque à laquelle les Frères ont commencé à être éliminés des écoles publiques, leur nombre est devenu insuffisant. Après avoir formé une nouvelle légion de plus de 3,000 professeurs, l'Institut n'en peut fournir partout où les pouvoirs publics ou les populations lui demandent d'en envoyer. Il est forcé de s'adjoindre des auxiliaires laïques, dont quatre sont attachés aux écoles libres du Mans.

Notons enfin, — ce dont beaucoup de personnes faisaient la remarque — que la républicaine et vraiment libre et libérale Amérique est le pays du monde, après la France, où les Frères sont plus nombreux, possèdent le plus grand nombre d'écoles et instruisent le plus grand nombre d'élèves.

Bien d'autres particularités seraient à noter encore, mais il faut terminer la description commencée et arriver au compte-rendu des offices de la journée.

Au-dessus du maître-autel, ruisselant de lumières, et comme émergeant de ces flots lumineux était suspendue une peinture à l'huile, de grande dimension, représentant l'apothéose et l'ascension du Bienheureux, porté par des anges, vers le Christ, ouvrant les bras pour le recevoir.

A gauche du chœur, contre la grille, se dressait la sta-

tue du Fondateur, de grandeur presque naturelle, ayant à ses pieds un jeune enfant s'exerçant à la lecture sous son œil paternel. La statue était posée sur un socle de verdure, dans un habitacle de fleurs qu'encadraient des cordons de lumière.

VI

Dès le matin, première messe dite plus particulièrement pour les enfants, que le Rév. P. Maurey prépare éloquemment aux offices qui vont suivre, dans une allocution instructive et émouvante, dont la vie, les mérites et les bienfaits du Bienheureux lui ont fourni le texte.

A dix heures, grand'messe pontificale chantée par Monseigneur Labouré, évêque du Mans. Pas une chaise inoccupée et un véritable entassement dans les espaces non garnis de sièges. Parmi l'assistance, on remarque un grand nombre d'ecclésiastiques du diocèse et de membres des ordres religieux d'hommes et de femmes établis au Mans; toutes ou à peu près toutes les notabilités de la ville; les membres du Comité des Écoles libres et de la Société d'Encouragement à l'enseignement primaire; le personnel presque complet du Noviciat de Notre-Dame du Rancher, les directeurs de toutes les maisons que possède l'Institut des Frères dans le département de la Sarthe, quelques-uns accompagnés d'une députation de leurs élèves; un certain nombre de directeurs des départements voisins ou leurs représentants, etc., etc., sans parler d'une foule compacte d'hommes et de femmes appartenant à toutes les classes de la société, — foule au sein de laquelle les ouvriers et leurs laborieuses et

dignes compagnes sont plus reconnaissables encore à leur attitude recueillie qu'à la modestie de leur toilette.

Les élèves des écoles du Mans sont au grand complet : ceux de l'école primaire et du pensionnat de Notre-Dame du Pré, ceux de Notre-Dame de la Gare ; ceux, plus nombreux encore, de l'école communale de la rue de la Juiverie, qui arrivent précédés de leurs tambours, de leurs clairons et de l'excellente musique des anciens élèves, jouant ses marches les plus joyeuses et les plus entraînantes.

Les Sœurs de Saint-Vincent, celles de Ruillé et d'Évron ont aussi amené une partie de leurs élèves. Elles se rappellent quelle heureuse influence l'œuvre du Bienheureux a exercée sur les Congrégations enseignantes de Femmes. N'a-t-il pas été, dès le début de sa vie militante, le protecteur le plus dévoué et l'appui le plus ferme « *des Filles de l'Enfant-Jésus* ».

De même qu'à Saint-Benoît, les élèves du cours supérieur ont exécuté la messe de Dumont, avec l'adjonction des choristes du Séminaire et de la maîtrise. Le *Kyrie* et l'*Agnus Dei* ont produit un imposant effet, de même que le *Credo*, magnifiquement dit par M. l'abbé Buneau, du diocèse de Sées, d'une voix pénétrante et avec une véritable inspiration. L'*O Salutaris* a été chanté par les chœurs ; et, au moment de l'Élévation, après que les tambours et les clairons eurent battu et sonné « aux champs », MM. Biautte et P... ont fait entendre une religieuse et impressionnante mélodie pour violon et violoncelle, avec accompagnement d'harmonium par M. l'abbé Couillard, directeur de la Psallette.

L'Harmonie des anciens élèves, habilement dirigée par M. Jean, un des artistes et des virtuoses les plus distingués de la ville, a joué plusieurs morceaux choisis avec goût, parfaitement appropriés au caractère de la

solennité à laquelle elle prenait part, et très correctement exécutés, sans hésitations, sans faiblesses, sans emportements intempestifs dans le *forte.*

A l'issue de la messe, comme le matin et de même que quelques heures plus tard au Salut, la masse des élèves a entonné la cantate du Bienheureux, accompagnée par la musique instrumentale, sous la direction générale de M. Langer qui, toute la journée, conduisit vaillamment et brillamment les chœurs.

La pluie et les bourrasques qui avaient marqué la matinée semblèrent redoubler d'intensité l'après-midi, mais ne réussirent pas à empêcher une assistance plus nombreuse encore que le matin d'envahir la Cathédrale, un moment trop petite, pour l'office du soir.

Monseigneur présidait la cérémonie.

Après les prières et les invocations usuelles, M. l'abbé Buneau, de sa belle voix si bien timbrée pour faire valoir la majesté du chant religieux, entonna l'hymne *Iste confessor*, qui semble spécialement avoir été écrit pour le Bienheureux qu'on honorait.

« Il a vécu ici bas avec prudence, humilité, pureté ;
« sa vie a été sobre et sans tache ; tant que son âme
« anima son corps mortel. »

Le chant de glorification achevé, le R. P. Le Doré, supérieur général des Eudistes monta en chaire pour prononcer, à son tour, le panégyrique du serviteur de Dieu, Jean-Baptiste de la Salle. Le choix qu'avait fait Monseigneur du R. P. Le Doré pour prêcher la retraite ecclésiastique dit assez haut quel orateur hors pair est le révérend supérieur général des Eudistes, et l'innombrable auditoire de Saint-Julien a pu se convaincre de la réalité et de l'étendue de son talent.

Il a parlé pendant près d'une heure, et ce nous est un bien sincère et bien vif regret de ne pouvoir donner une

analyse de son magistral discours. Les belles et excellentes choses qu'il a dites défient, en effet, l'analyse qui, si consciencieuse soit-elle, n'est jamais qu'un pâle et incolore reflet ne rappelant rien de la forme, et presque rien du fonds que, parfois même, elle dénature.

Il faut donc se résigner à un simple et bref résumé dont la briéveté même sera la meilleure qualité, la seule à laquelle il puisse prétendre. Le R. P. Le Doré, en parlant de Jean-Baptiste de la Salle, paraissait avoir été le contemporain du Bienheureux, le témoin de sa vie, le confident de ses pensées, le dépositaire de sa pensée. Aussi l'a-t-il peint de main de maître, avec l'exactitude de la photographie, mais aussi et surtout, avec toutes les ressources du plus habile pinceau et de la plus riche palette. Il a atteint les sommets de la haute éloquence, en trouvant dans la vie de Jean-Baptiste de la Salle la démonstration de la nécessité de la religion et du prêtre dans la société, — et celle de l'enseignement religieux dans l'école. — Il a insisté avec autant de vigueur que de bonheur d'expression sur l'utilité, sur l'opportunité de glorifier le Fondateur des Frères qui avait renoncé à son canonicat, au titre si envié de chanoine de l'illustre chapitre de Reims, véritable pépinière de prélats, de cardinaux et de papes, — qui avait vendu son bien pour en distribuer le prix aux pauvres et s'enchaîner ensuite à une congrégation à peine naissante, par le triple vœu d'obéissance, de chasteté et de pauvreté. — C'est à notre époque surtout qu'il est salutaire de rappeler de pareils exemples, à notre époque impatiente de toute obéissance, prête à toutes les rebellions, et dont la génération poursuit la fortune rapide, sans regarder aux moyens, pour se vautrer dans toutes les jouissances.

Ces accents énergiques ont profondément remué l'auditoire.

Le chant du *Magnificat* et de l'*O Salutaris* par les élèves du cours et du *Tantum ergo*, par M. l'abbé Buneau, ont fait ensuite vibrer les voûtes et Monseigneur a donné la bénédiction épiscopale sous laquelle se sont pieusement inclinées plusieurs milliers de têtes.

Pour clore la cérémonie, le chœur des élèves et la musique instrumentale ont donné une dernière audition de la cantate du Bienheureux dont la statue a vu défiler devant elle une longue procession.

Les quêtes d'usage, aux différents offices de Saint-Benoît et de Saint-Julien ont été faites par Mesdames la comtesse de Saint-Guilhem, Talvande de Mauny, Desgraviers, d'Andigné de Resteau, Vilfeu, Tual et de Grandval.

Le soir, les écoles libres de Notre-Dame du Pré et de Notre-Dame de la Gare étaient brillamment illuminées. Avec une louable prudence, les Frères de l'École communale de la rue de la Juiverie avaient renoncé à suivre cet exemple ; et bien leur en a pris, faut-il le dire.

Un commissaire de police avait reçu l'ordre écrit d'empêcher, et au besoin, de faire éteindre et enlever toute illumination qu'ils auraient cru pouvoir placer aux fenêtres de leur habitation personnelle, située dans le même immeuble que l'école, mais à assez de distance de celle-ci, pour ne pas être confondue avec elle. Il est à remarquer que les bâtiments de la rue de la Juiverie proviennent d'une libéralité généreusement faite à la ville par un évêque du Mans, sous la condition expresse et résolutive qu'ils demeureront affectés à l'usage des Frères et à la tenue d'une école chrétienne.

Ce petit détail n'est pas, d'ailleurs, d'importance méritant qu'on s'y arrête plus qu'à un âtome de poussière traversant l'horizon le soir d'un beau jour.

VII

Telles ont été les fêtes religieuses célébrées au Mans avec le concours si édifiant d'une portion considérable de la population mancelle, à l'occasion et en l'honneur de la Béatification de Jean-Baptiste de la Salle, fondateur de l'Institut des Frères des Écoles chrétiennes dont trente membres résident et enseignent en cette ville.

Louée soit cette population d'avoir rendu ces hommages au doux et humble prêtre, qui renonça aux dignités ecclésiastiques capables de lui ouvrir les portes de l'Épiscopat, et peut-être d'appeler la pourpre cardinalice sur ses épaules, — au gentilhomme bien né et riche qui se fit volontairement pauvre pour se rapprocher du peuple, pour le servir en instruisant ses enfants voués à l'ignorance et à tous les maux qu'elle entraîne, et en préparant, pour les générations futures, ces légions d'instituteurs émérites dont les premiers fondaient avec lui, il y a deux cents ans, la gratuité de l'instruction, et trouvaient le moyen d'en rendre possible l'obligation naturelle et religieuse par la création des méthodes, universellement adoptées aujourd'hui, de l'enseignement simultané.

Il y a eu, au Mans, comme un plébiscite, ratifiant par surcroît, si besoin était, le décret de Béatification dans le préambule duquel S. S. Léon XIII, dépositaire et souverain dispensateur de la souveraine vérité proclamait que l'œuvre de Jean-Baptiste de la Salle « AVAIT PROCURÉ « D'INNOMBRABLES BIENFAITS A LA RÉPUBLIQUE CHRÉTIENNE « ET A LA SOCIÉTÉ CIVILE. »

Louée encore soit la population qui a si noblement prouvé que son cœur n'était pas au-dessous de sa réputation d'intelligence.

Et maintenant, pour finir, longue et croissante prospérité aux établissements des Frères du Mans, dont certaines persécutious n'ont contribué qu'à constater et à fortifier la vitalité.

Un avenir prochain peut réserver à l'un d'eux des épreuves nouvelles, attendues même, mais il les supportera avec la résignation sereine que donne la confiance dans la force du droit éternel, dans la justice et dans la liberté dont les éclipses peuvent être totales, sans cesser d'être passagères. Il sortira triomphant de ces épreuves, avec l'aide de Dieu et par l'intercession du Bienheureux de la Salle.

Car tout mal a son terme ici-bas, et il n'est pas rare que la persécution fatigue et use plus vite les persécuteurs que les persécutés.

Tout mal, répétons-le, tout mal a son terme dans la vie des nations. La lumière finit toujours par avoir raison des plus épaisses ténèbres ; et, tôt ou tard, les peuples qui savent le mériter voient les images renversées du droit méconnu, de la justice foulée aux pieds, de la liberté violée, se relevant radieuses, vengées et vengeresses, dans les premiers ensoleillements d'une aurore réparatrice.

Sans doute, le lever de cette aurore n'est pas prédit ou prévu à échéance fixe; mais il est certain, et il le faut attendre avec confiance, en travaillant à le hâter. S'il est le secret, il est aussi la promesse de celui qui ne trompe jamais, qui dépose les puissants et exalte les humbles, — et à l'Évangile de qui on a emprunté, pour en faire une enseigne menteuse, cette trilogie sublime : Liberté, Égalité, Fraternité, résumé admirable de la loi nouvelle

apportée par lui aux souffrants, aux opprimés, aux asservis, qu'il était descendu consoler, protéger et affranchir.

Et c'était bien là, certainement, la foi et l'espérance de ceux que nous avons vus dans les mémorables journées du 22 et du 23 juillet, se presser si nombreux et si recueillis, aux pieds de la statue du Fondateur des Frères des Écoles chrétiennes, dressée sur les autels de Saint-Benoît et de Saint-Julien.

Leur présence voulait donc dire : *Sursum corda !*

Oui. Haut les cœurs, vers Dieu ! Et avec lui pour la France !

Ces mots pourraient être les derniers de cette dernière page ; mais il manquerait une pierre au modeste, au trop modeste monument que nous avons essayé d'élever au grand serviteur de Dieu et de la Patrie, — la pierre sur laquelle nous écrirons en terminant :

C'est un nouveau service ajouté à tous les services que Jean-Baptiste de la Salle a rendus à son pays, durant sa vie et au-delà du tombeau, que d'avoir fourni l'occasion, en même temps qu'il en était l'objet, de réconfortantes et patriotiques manifestations dont ce récit s'efforce de répercuter et de prolonger l'écho.

Soient donc reconnaissance et gloire à Jean-Baptiste de la Salle, abondance de fruits à son œuvre et paix à ses disciples, dans le présent et dans l'avenir le plus reculé.

Le Mans, 14 août 1888.

UN ANCIEN ÉLÈVE DES FRÈRES,

(École de la rue Saint-Benoît, à Paris.)

Le Mans. — Imp. Leguicheux et Cie, rue Marchande, 15

SIGNVM FIDEI

www.ingramcontent.com/pod-product-compliance
Ingram Content Group UK Ltd.
Pitfield, Milton Keynes, MK11 3LW, UK
UKHW020452180726
13839UKWH00004B/1794

AF494187

PROCÈS-VERBAL
DE CE QUI S'EST PASSÉ
AU LIT DE JUSTICE,

Tenu par le Roi au Château de Verſailles, le Samedi treize Avril mil ſept cent ſoixante-onze.

A LILLE,
De l'Imprimerie de N. J. B. PETERINCK-CRAMÉ,
Imprimeur ordinaire du Roi.

M. DCC. LXXI.

EXTRAIT DES REGISTRES DE PARLEMENT.

Du Samedi treize Avril mil sept cent soixante-onze, du matin.

LE ROI LOUIS XV.[e] du nom, tenant son Lit de Justice, en son Château de Versailles.

A sa droite sur un siége placé sur le tapis du Roi.

Monsieur LE DAUPHIN.

Sur deux pliants sur le tapis du pied du Roi, joignant le banc des Princes & Pairs.

M. le Comte de Provence.
M. le Comte d'Artois.

Sur ledit banc.

Le Comte de la Marche.
Prince du Sang.

A sa gauche aux hauts siéges.

De la Roche-Aimon, Archevêque de Reims.
L'Evêque Comte de Noyon.

Pairs Ecclésiastiques

LES MARÉCHAUX.

De Clermont-Tonnerre.
De Contades.
De Broglie.
D'Armentières.

Sur le reste du banc, & sur deux bancs en retour placés jusqu'à la place du dernier Prince du Sang.

LES DUCS.

D'Uzès.	De Charost.
La Tremouille.	De Saint-Cloud.
De Sully.	Fitzjames.
De Luynes.	Rohan-Rohan.
De Brissac.	Villars-Brancas.
De Richelieu.	Valentinois.
De Fronsac.	Nivernois.
Rohan-Chabot.	Biron.
De Grammont.	La Vallière.
Saint-Aignan.	D'Aiguillon.
De Tresmes.	De Fleury.
De Noailles.	La Vauguyon.
D'Aumont.	La Rochefoucault.

Pairs Laïcs.

A SES PIEDS.

M. le Duc de Duras, faisant les fonctions de Grand-Chambellan.

A droite sur un tabouret.

Charles, Prince de Labesc, Grand-Ecuyer de France, portant au cou l'épée de parement du Roi.

A gauche sur un banc au-dessous de celui des Pairs ecclésiastiques.

Le Prince de Beauveau, le Duc d'Ayen, le Duc de Villeroy, le Prince Tingry, Capitaines des Gardes-du-Corps du Roi ; & le Duc de Cossé, Capitaine des Cent-Suisses de la Garde.

Plus bas assis sur le petit degré par lequel on descend dans le Parquet.

Le sieur Bernard de Boullainvilliers, Prevôt de Paris, tenant un bâton blanc en sa main.

En une Chaise à bras, couverte de l'extrêmité du tapis de velours violet, semé de fleurs-de-lis d'or, servant de drap de pied au Roi.

Monsieur René-Nicolas-Charles-Augustin de Maupeou, Chancelier de France, vêtu d'une robe de velours violet, doublée de satin cramoisi.

Sur un banc répondant à celui où siégent Messieurs les Présidens, au Conseil en la Chambre du Parlement.

Messire Antoine-Martin Chaumont de la Galaizière, Conseiller d'État, faisant les fonctions de premier Président.

M.rs de Viarmes, de Baschy, de la Porte, Bertier de Sauvigny, l'Abbé Bertin, Bignon, Langlois, d'Argouges, Ogier, faisant les fonctions de Présidens.

Dans le Parquet, devant Monsieur le Chancelier.

Sur trois tabourets, le Grand-Maître, le Maître & l'Aide des cérémonies.

Dans le Parquet, au milieu, à genoux devant le Roi.

Deux Huissiers-massiers du Roi, tenant leurs masses d'argent doré, & six Hérauts d'armes.

Sur les bancs à main gauche, couverts d'une tapisserie.

L'Evêque de Seulis.
Sartine.
Cochin.
Fargès.
La Michodière.
De Larbouft.
Bouvard.
Baltard.
Terray.

Baillon.
Montaran.
Lagarde.
Doublet.
D'Aisne.
Montaran, *fils.*
Astruc.
Vilevault
Monthion.
Foullon.
Pernay.
Douet.
Choppin.
Glugny.
Meulian.
Caze.

Tolozan.
Chenizot.
Raymond.
Guertier.
Du Tressan.
De Vins.
La Porte.
Du Four.
Gias.
Lessard.
Bonnaire.
Rencaulme.
Le Jay.
Mazirot.
Bertengle.
Le Fevre.

A côté droit sur un banc couvert de tapis semés de fleurs-de-lis

Les Conseillers d'Etat & Maîtres des Requêtes, vêtus en robes de satin noir, venus avec M. le Chancelier

Conseillers d'Etat

D'Aguesseau.
Lefebvre.
Feydeau de Marville.
Beaumont.
Boullongne.
Joly de Fleury.

Maîtres des Requêtes,

Boula de Quincy.
Bertier.
De Maupeou.
Le fevre.

Sur deux bancs derrière celui de Messieurs les Conseillers d'Etat & Maîtres des Requêtes.

MESSIEURS DU GRAND-CONSEIL.

Messire Charles-Étienne le Peletier de Beaupré, Chevalier Conseiller d'État; Président.

M.rs de Cotte, de Pernay, Brochet de Saint-Prest, Gueau, Brochet de Verigny, Chaillon de Jonville, Baudouin, le Noir; Présidens.

M.rs Bourgeois de Boynes & l'Evêque d'Auxerre, Conseillers d'honneur.

M.rs Lambert, Langelé, Salier, de Lier, de Rotrou, Villeneuve, Nourry, de Bonnaire, Honoré, Ridel, Canclaux, du Cardonnoy, Duport, Maneville, Frecot, Michel, Lenchère, Bunault, Mangot, Sorhouet, Vernier, Barassy, Chappe, Geoffroy, Mausfion, Perrot, Negre, de Vaucresson, Petit de Belaunay, Camus de Neville.

Sur une forme à gauche en entrant, vis-à-vis Messieurs les Présidens.

M.rs le Duc de la Vrillière, Bertin & Monteynard, Secrétaires d'Etat

Sur trois autres bancs, à gauche dans le Parquet, vis-à-vis les Conseillers d'Etat.

LES SIEURS.

Chevaliers de l'Ordre.	*Gouverneurs des Provinces*	*Lieutenans-généraux des Provinces.*
Marquis de l'Hôpital.	Rochechouart.	Vicomte de Beaune.
Marquis d'Aubeterre.	De Peyre.	Marquis d'Escars.
Broglie.	De Levy.	Mailly-d'Haucourt.
Comte du Muy.	Marquis de Beaupreau.	Comte de Lugeac.
Béthune.	De Verac.	Marquis de Paulmy.
Destaing.	De Flamarens.	Marquis de Castries.
De Graville.		
De Pont.		
De Poyanne.		
Du Châtelet.		

A côté de la forme où étoient les Secrétaires d'Etat.

Ysabeau de Montval, Secrétaire de la Cour, faisant les fonctions de Greffier en chef, ayant devant lui un bureau couvert de velours violet.

Sur une autre forme derrière.

Dufranc, Secrétaire de la Cour.

Sur une autre forme.

Le Grand-Prevôt de l'Hôtel.

Sur un siége à l'entrée du Parquet.

Angely, premier Huissier.

A l'entrée du Parquet les deux Huissiers de la Chancellerie, avec leurs masses.

M.e Antoine-Louis Seguier, Avocat
M.e Guillaume-François-Louis Joly de Fleury, Procureur-général
M.e Omer-Louis-François Joly de Fleury, Avocat
} du Roi.

En la place répondante à celle qu'ils occupent toutes les Chambres assemblées.

Sur une forme en retour des bancs du Grand-Conseil.

Vendive, Greffier de l'audience du Grand-Conseil, faisant les fonctions de Greffier en chef, ayant devant lui un bureau couvert de velours violet.

Sur une autre forme à côté,

Detienne, premier Huissier du Grand-Conseil.

Sur un banc à la suite de ceux du Grand Conseil.

M.e de la Briffe, Avocat
M.e Angran, Procureur-général
} du Roi.

CE jour, la Cour, toutes les Chambres assemblées, en robes de satin noir, dans la grande Salle des Gardes-du-Corps du Roi, préparée pour tenir son Lit de Justice, ayant été avertie que M. le Chancelier alloit arriver, a député M.rs de Persan & d'Aisne pour l'aller recevoir; le Grand-Conseil pareillement assemblé dans ladite Salle, en robes de satin noir, a aussi député M.rs Langelé & Sallier; les Députés des deux Cours précédés chacun de deux Huissiers, ont été jusqu'au milieu de la seconde pièce, répondante à la grande Salle du Palais, & se sont mis à la droite & à la gauche de M. le Chancelier. Monsieur le Chancelier étoit accompagné

de ses Secrétaires, de ses Gentilshommes & du Lieutenant de la Prévôté de l'hôtel servant près de sa personne; devant lui marchoient les Huissiers de la Chancellerie, avec leurs masses. Après lui, les Conseillers d'Etat & Maîtres des Requêtes ci-dessus nommés; les deux Huissiers-massiers de la Chancellerie sont restés à l'entrée du Parquet. Monsieur le Chancelier l'a traversé & a pris sa place dans un siége à bras placé aux pieds du Roi, couvert de l'extrêmité du tapis de velours violet, semé de fleurs-de-lis, qui servoit de tapis de pied au Roi. Les Conseillers d'Etat & Maîtres des Requêtes qui étoient venus avec lui, ont passé sur la gauche derrière les bancs, & se sont placés sur un banc étant dans le Parquet au-dessous des Pairs laïcs.

Les Chevaliers de l'Ordre, Gouverneurs & Lieutenans-généraux des Provinces, avoient pris peu avant leurs places, pour éviter la confusion, quoiqu'ils n'aient droit que d'accompagner le Roi & d'entrer à sa suite, étant mandés.

Le Maître des cérémonies ayant averti la compagnie que le Roi étoit prêt, ont été députés pour l'aller recevoir & saluer, M.rs de Viarmes, de Baschy, de la Porte & Bertier de Sauvigny, Conseillers d'Etat; & M.rs Baillon, Montaran, Lagarde & Doublet, Maîtres des Requêtes; & le Grand-Conseil a député pareillement M.rs de Cotte, de Pernay, de Verigny & de Jonville, Présidens; & M.rs Langelé, Sallier, de Lier & de Villeneuve, Conseillers; tous lesquels députés l'ont conduit en son Lit de Justice, marchant à ses côtés, & les deux premiers Huissiers entre les deux Massiers du Roi, immédiatement devant sa personne. Le Roi étoit précédé de M. le Dauphin, qui l'étoit de M. le Comte de Provence, de M. le Comte d'Artois, fils de France; & de M. le Comte de la Marche, Prince du Sang, qui ont pris leurs places traversant le Parquet. Le Roi étoit aussi précédé de M. le Duc de Cossé, commandant la compagnie des Cent-Suisses de la Garde, du Grand-Chambellan, du Prince de Lambesc, Grand-Ecuyer de France; & étoit suivi des Capitaines de ses Gardes.

Le Roi s'étant assis & couvert, M. le Chancelier a dit: *Le Roi ordonne que chacun prenne sa séance;* ensuite M. le Chancelier a dit:

« Le Roi permet qu'on se couvre. »

M. le Chancelier étant ensuite monté vers le Roi, agenouillé à ses pieds pour recevoir ses ordres, descendu, remis en sa place, assis & couvert; le Roi ayant ôté & remis son chapeau, a dit:

« Messieurs, mon Chancelier va vous expliquer mes intentions. »

Après quoi M. le Chancelier a dit:

MESSIEURS,

« SA MAJESTÉ comptable à Dieu seul de l'administration de » son Royaume, pourroit renfermer dans son cœur les motifs qui » ont déterminé sa conduite; mais les vues de sagesse & de bien » public qui ont présidé à ses opérations, demandent un hommage » éclairé, & c'est par la confiance la plus étendue, qu'Elle veut » reconnoître un attachement aussi pur, & une fidélité aussi éprouvée » que la vôtre.

» Les idées nouvelles qu'avoient adoptées quelques-uns de ses » Parlemens, les principes qu'ils avoient hasardés sur la nature & sur » les bornes du pouvoir qui leur étoit confié, leurs démarches dirigées » par ces principes, forcèrent Sa Majesté à donner son Edit du mois de » Décembre dernier.

» Elle y rappella les faits qui l'avoient rendu nécessaire, & ses » Officiers qui ont prétendu que le tableau de ces faits étoit avilissant » pour eux, n'ont osé les contredire, & n'ont pu se résoudre à en » avouer l'irrégularité.

» A ces principes, à ces faits, Elle opposa les véritables maximes, » des maximes que ses Cours avoient respectées dans les temps les » plus orageux, & que sous son règne même, elles avoient vengées par » les Arrêts les plus solemnels.

» Les dispositions de cet Edit n'en furent que l'application & la » conséquence nécessaires.

» Mais au lieu de se soumettre à une loi qui étoit l'expression même » des anciennes Ordonnances, la première démarche des Officiers du » Parlement, en fut l'infraction la plus caractérisée.

» S'ils n'avoient manqué qu'au respect dû aux volontés du Roi, Sa » Majesté auroit pu n'appercevoir dans leur conduite qu'un écart » momentané; mais ils sacrifioient l'intérêt des peuples à l'intérêt » de leurs prétentions, & en leur refusant la justice qu'ils leur devoient,

devoient, ils troubloient l'ordre public, & en ébranloient les fondemens. «

Tout faisoit à Sa Majesté une loi de réprimer ce nouveau genre de résistance, dont l'exemple étoit dangereux, & dont les conséquences pouvoient devenir funestes. «

Cependant Elle abandonna d'abord ses Officiers au sentiment de leur devoir, & attendit de leurs propres réflexions, le désaveu de leur conduite. «

Obligée enfin de faire parler l'autorité, Elle employa les ménagemens les plus marqués. «

L'inutilité des premieres Lettres de jussion ne rebuta point sa patience, & en renouvellant les mêmes ordres, Elle daigna encore adoucir l'expression de ses volontés. «

Rendus pour un moment à leur devoir, Elle agréa leur retour, quelqu'imparfait qu'il fût, & se contenta d'improuver des protestations qu'ils avoient osé lui présenter, & que peut-être, il étoit de sa dignité de ne pas recevoir. «

Mais enhardis par sa bonté même, ils abdiquent une seconde fois leurs fonctions, ils avouent hautement des principes qu'ils n'avoient encore hasardés que d'une manière obscure & équivoque. «

Ils prétendent élever une autorité rivale de l'autorité suprême, & établir un monstrueux équilibre, dont l'effet seroit d'enchaîner l'administration, d'en arrêter les ressorts & de plonger le Royaume dans le désordre de l'Anarchie. «

Car enfin que resteroit-il au Roi, si les Magistrats liés par une association générale, formoient un ordre nouveau qui pût opposer au Souverain une résistance active & combinée ! Si maîtres de suspendre ou d'abandonner à leur gré, les fonctions de leur ministère, ils pouvoient intercepter tout-à-la-fois & dans toutes les provinces le cours de la Justice ! Si enfin le droit d'exercer une portion de l'Autorité royale, étoit dans leurs mains le droit de ne reconnoître aucune autorité ! «

Pour donner une couleur favorable à ce système, on tenta d'intéresser dans un réglement de discipline, les loix fondamentales, ces loix qui sont gravées dans le cœur de tout bon François, & que le Roi ne peut changer. «

On feignit des allarmes & comme si l'on eût craint de les «

„ voir diſſiper, on ſe ferma conſtamment l'accès du Trône, en ſe „ refuſant à l'unique moyen qui pouvoit y conduire.

„ Pour ramener ſes Officiers, Sa Majeſté épuiſa toutes les „ reſſources de la raiſon & de l'autorité.

„ Le vœu commun fut toujours de déſobéir.

„ Mais comme l'obligation de rendre la Juſtice étoit un devoir „ perſonnel à chacun des Magiſtrats, que chacun d'eux s'y étoit „ voué par un ſerment abſolu & indépendant du ſuffrage des autres ; „ Sa Majeſté crut que des ordres particuliers détruiroient l'effet de „ ce concert, & que rendus à eux-mêmes, tous retrouveroient dans „ leur cœur, les principes de la ſoumiſſion & de la fidélité qu'ils „ lui avoient jurées.

„ Mais le grand nombre perſévéra dans ſa réſiſtance, ou fit „ dépendre de la pluralité des voix, l'accompliſſement d'une obli- „ gation perſonnelle, & les autres ne parurent ſoumis un moment „ que pour aller bientôt déſavouer leur obéiſſance & méconnoître „ encore leurs devoirs & leurs ſermens.

„ Dans cette défection générale que les loix anterieures n'a- „ voient jamais prévue, Sa Majeſté s'eſt trouvée réduite à donner „ enfin à ſon Edit une exécution, dont la conduite notoire de ſes „ Officiers juſtifioit & démontroit la néceſſité.

„ Mais après avoir rempli ce qu'Elle devoit à l'ordre public, à „ l'intérêt de ſes ſujets, à la ſûreté, à l'indépendance de ſa Cou- „ ronne, Elle ne ſuit plus que l'impreſſion de ſa clémence & de „ ſa bonté.

„ Convaincue que pour des François, il n'eſt point de peine plus „ ſenſible que celle d'avoir mérité ſa diſgrace, & de n'être plus „ utile à ſes peuples, Elle ſe plaît à tempérer la rigueur de ſa loi, „ & veut que l'acte de ſa juſtice ſoit auſſi un acte de ſa bienfaiſance.

„ C'eſt encore au milieu de vous que Sa Majeſté va conſommer „ cette heureuſe révolution, qui doit rendre à une partie des Tribu- „ naux leur dignité premiere & leur véritable nobleſſe.

„ Le caractère le plus auguſte ne ſera plus dans les Magiſtrats que „ le gage de ſa confiance, le prix des talens & des vertus.

„ Une ſage diſcipline les rappellera ſans ceſſe aux loix de leur „ état & de leur devoir.

„ Le ſanctuaire de la Juſtice ne ſera ouvert ni à l'importunité ni

à la faveur ; Sa Majesté veut que le choix de ses Officiers éclaire « & prépare le sien. «

Cette autorité qu'Elle venge avec éclat quand elle est mé- « connue, Elle aime à la communiquer à des Magistrats fidèles & « respectueux, & Elle n'est jalouse de ses droits que pour assurer « le bonheur de ses peuples. »

Après quoi M. le Premier Président & tous les Présidens & Conseillers ont mis le genou en terre ; M. le Chancelier ayant dit : *le Roi ordonne que vous vous leviez*, ils se sont levés, & restés debout & découverts, M. le Premier Président a dit :

SIRE,

» Dans un lieu, dans un jour où tout annonce l'usage le plus absolu de votre Puissance ; nous ne pouvons remplir d'autre « devoir que celui du silence, du respect & de la soumission. »

Son discours fini, M. le Chancelier est monté vers le Roi pour prendre ses ordres, le genou en terre ; descendu, remis en sa place, assis & couvert, a fait ouvrir les portes, & a ordonné au Commis faisant les fonctions de Greffier en chef de faire lecture dudit Edit.

Les portes ayant été ouvertes, & Me. Ysabeau, faisant les fonctions de Greffier en chef, s'étant approché de M. le Chancelier pour prendre de sa main ledit Edit, lui retiré à sa place en a fait lecture debout & découvert ; après laquelle lecture, M. le Chancelier a dit aux Gens du Roi, qu'ils pouvoient parler. Aussitôt les Gens du Roi se sont mis à genoux.

M. le Chancelier leur a dit que le Roi ordonnoit qu'ils se levassent. Ils se sont levés ; & debout & découverts, M. Antoine-Louis Séguier, Avocat du Roi, portant la parole, ont dit :

SIRE,

Votre Majesté étale en ce moment le spectacle de sa puissance, « l'éclat du Trône, la présence de votre Personnne sacrée, les Princes «

„ de votre Sang royal , les Pairs de France , le choix des autres „ personnes qui composent cette illustre assemblée , le lieu même „ où elle est convoquée , tout , jusqu'à la défense qui nous a été faite „ de paroître devant Votre Majesté avec l'habit de notre état , le „ seul convenable à la dignité de cette auguste Séance , tout annonce „ l'exercice le plus entier des droits de la Souveraineté ; tout semble „ fait pour intimider des Magistrats déja surchargés du poids de leur „ situation ; mais l'amour & la fidélité surmontent en eux la crainte „ au milieu de cet appareil imposant.

„ Votre Majesté nous permet de nous expliquer, & cette per- „ mission devient un ordre pour le ministère public ; c'est nous „ demander compte de l'exécution des loix , dont la garde nous est „ confiée , c'est nous ordonner de réclamer l'observation des règles , „ & d'instruire Votre Majesté de tout ce qui peut être contraire au „ bien de son service ou au bonheur de ses sujets ; c'est enfin nous „ prescrire de développer aux yeux de Votre Majesté nos véritables „ sentimens ; nous ne craindrons pas de les faire paroître , ils naissent „ de l'attachement le plus inviolable & de l'amour le plus tendre, „ la reconnoissance les a inspirés encore plus que le devoir, & „ Votre Majesté y reconnoîtra tout ce qu'Elle a droit d'attendre de „ notre zèle pour la gloire & la prospérité de son Règne.

„ La présence d'un Prince chéri de ses sujets , devroit porter „ dans tous les cœurs la joie la plus pure , & cette douce satisfaction „ qu'éprouvent des enfans à l'aspect d'un pere tendre ; pourquoi „ notre ame en ce moment est-elle plongée dans la tristesse la plus „ amère ! pourquoi l'amour & le respect sont-ils mêlés de douleur „ & de consternation !

„ En vain nos regards timides parcourent cette nombreuse as- „ semblée, nous cherchons en vain au pied du Trône les Magistrats „ qui composent avec nous le premier Parlement de votre Royaume , „ nous ne les voyons plus ; votre bras s'est appesanti ; un moment „ de courroux a décidé de leur sort ; ils ont été dispersés par les „ Ordres de votre Majesté , & nous nous trouvons seuls aujourd'hui „ au milieu des Princes & des Pairs , étonnés comme nous , de „ voir des étrangers remplacer les Officiers de votre Parlement ; „ que Votre Majesté daigne consulter les véritables appuis de sa „ Couronne ; ils se joindront à nous , s'il leur est permis d'élever

la voix ; ou plutôt ne fommes-nous pas en ce moment les organes " de la Cour des Pairs ! dans la contrainte où elle fe trouve réduite " elle follicite par notre bouche le rappel des Magiftrats qui leur " étoient affociés dans l'adminiftration de la juftice. "

Accufés à la face de toute la France d'être infectés de l'efprit " de fyftème , *qui a porté de funeftes atteintes à la religion & aux* " *mœurs* * ; annoncés comme coupables d'avoir voulu s'approprier " une partie de l'autorité du Souverain ; deshonorés aux yeux de " leurs concitoyens par ces imputations flétriffantes , condamnés " fans avoir été entendus , & jugés fans aucune inftruction préa- " lable, enlevés à leurs fonctions, privés de leur état, arrachés à " leurs familles en larmes, pendant la nuit, au milieu de leur fommeil, " & dépouillés de leur patrimoine ; eft-il encore quelque genre de " peines qu'on ait pu leur faire fupporter ! qu'il nous foit permis " d'en retracer à vos yeux la peinture trop affligeante. "

Expofés à la fatigue d'un long voyage , dans la plus rigoureufe " faifon, malgré l'inégalité d'âge , de fortune & de fanté , relegués " la plûpart aux extrêmités du royaume , dans des lieux à peine " acceffibles , au fond des forêts , fur la cime des montagnes , dans " des îles prefque inhabitées , éloignés de tous fecours , & manquant " des chofes les plus néceffaires a la vie , ils attendent avec fou- " miffion & confiance que Votre Mejefté , inftruite du traitement " qu'ils éprouvent , daigne adoucir la rigueur des ordres qui vous " ont été arrachés . . . . . Non , Sire , des ordres auffi rigoureux " ne font pas fortis de votre main bienfaifante ; le Ciel vous a doué " d'un ame fenfible & d'un cœur compatiffant ; votre caractère eft " étranger à la févérité avec laquelle ces Magiftrats ont été pour- " fuivis , pour n'avoir écouté que le cri de l'honneur , la voix du " devoir & le témoignage de leur confcience. Un Prince , Sire , " peut combattre quelquefois fa bonté naturelle , mais lors même " qu'il eft forcé de punir , il imite la Divinité qui épouvante les " mortels par les fignes de fa colère , & ne peut fe réfoudre à " détruire le plus parfait ouvrage de fes mains. "

Votre Parlement , Sire , étoit l'ouvrage le plus noble du pou- " voir fouverain de nos Rois ; Louis XIV. lui rend ce glorieux "

* Edit de Décembre 1770, régiftré en Lit de Juftice.

„ témoignage ; que *sa dignité fait une des plus illustres portions de* „ *celle des Rois.* (Edit de Juillet 1644). Votre Parlement étoit le „ lien de tous les Ordres de l'Etat, & le garant de l'obéissance „ de vos sujets ; & cependant le projet de sa destruction a été „ exécuté : ce Corps auguste, dépositaire de toutes les Loix du „ Royaume, ce Corps si redoutable aux Puissances étrangères, dont „ il a tant de fois repoussé les entreprises ; *ce Corps qui n'a jamais* „ *mieux servi les Rois vos augustes Prédécesseurs, que lorsqu'il a été plus* „ *libre, & plus honoré de leur confiance & de leur bonté* *, ce Corps „ enfin toujours permanent, dont tous les membres, assurés de „ leur état par sa perpétuité, ne doivent jamais être exposés à faire „ plier le devoir aux circonstances, & à la crainte de se voir „ destitués de leurs fonctions : Il est donc anéanti . . . nous nous „ arrêtons à ce mot ! Paroître douter de l'irrévocabilité des Offices, „ ce seroit, Sire, faire injure à votre équité souveraine, & les Ma- „ gistrats qui composent votre Parlement désavoueroient notre incer- „ titude ; tranquilles au sein de la disgrace, parce qu'ils comptent „ sur votre justice, & qu'ils esperent le retour de votre confiance, „ ils ont gardé un silence respectueux sur la perte de leur liberté, „ & sur la confiscation de leurs Offices ; mais les loix veilloient sur „ leur propriété, les loix déposent de leur innocence, les loix „ réclament contre leur destitution & leur exil, nous osons les „ invoquer au pied du Trône de Votre Majesté ; eh ! qui osera, „ Sire, appeller le secours de la loi, si la bouche du Ministère „ public est muette ! Pourquoi le dépôt de la loi nous est-il confié, „ si ce n'est pour en requérir l'exécution ! Et Votre Majesté Elle- „ méme ne seroit-elle pas en droit de nous reprocher un jour notre „ négligence ou notre timidité, si la crainte retenoit captive cette „ activité qui doit animer sans cesse le gardien & le défenseur de „ la loi !

„ Armés de cet égide, nous ne chercherons pas à justifier la „ conduite des Officiers de votre Parlement par le motif même „ qui leur a fait interrompre le service ; mais nous ne craindrons „ pas de dire à Votre Majesté ; nous irons même jusqu'à lui attester „ qu'on ne peut les soupçonner d'avoir voulu porter la plus légère

* Discours de M. Gilbert de Voisins au Lit de Justice de 1732.

atteinte à l'autorité de leur Roi ; pleins de respect, en qualité de sujets, pour des ordres qui n'étoient pas même signés de la main de Votre Majesté, ils ont donné à toute la France l'exemple de la soumission la plus prompte & la plus entière, & si par la suspension de leurs travaux habituels, ils se sont permis, en qualité de Magistrats, de faire usage d'un moyen qui avoit déja été employé ; c'est que l'Edit du mois de Décembre dernier devenoit pour toute la Magistrature un monument de honte inconciliable avec la sainteté de son ministère ; c'est qu'ils ont pensé que la trop grande étendue des dispositions de cet Edit, mettoit en péril des objets sur lesquels Votre Majesté n'a pas tardé à rassurer ses peuples. L'amour du bien général, & l'intérêt de votre propre gloire, ont dû prévaloir sur le service des audiences. Le zèle les a peut-être emportés trop loin ; mais quelque coupables qu'on ait voulu les faire paroître à vos yeux, par une résistance, qui plus d'une fois a mérité les éloges de vos augustes Prédécesseurs, nous ne sommes pas moins fondés à réclamer en leur faveur l'exécution des Ordonnances du Royaume ; nous invoquons, avec justice l'Ordonnance de Louis X I. de 1467 ; l'Edit de Charles VIII. son fils, donné en 1483, sur les représentations des Etats ; l'Ordonnance de Moulins sous Charles IX. en 1566 (*art.* 81). L'Ordonnance de Blois sous Henry III. en 1579 (*art.* 210 *& suiv.*) L'Edit de Louis XIII. de 1616 ; la Déclaration de Louis XIV. de 1648 ; enfin la réponse de Votre Majesté Elle-même, sur l'exil & la suppression des Membres du Parlement de Besançon ; tant de témoignages émanés de la toute-puissance de nos Rois, & accordés aux instances mêmes des représentans de la Nation, suffiront sans doute pour convaincre Votre Majesté, qu'il est de droit public en France, qu'aucun Titulaire ne peut être dépouillé légitimement de son Office, & enlevé à ses fonctions, que *pour forfaiture préalablement jugée, & déclarée judiciairement, & par Juge compétent* *. Un jour viendra où Votre Majesté reconnoîtra la vérité des principes que notre ministère nous force à lui représenter. On a cherché à les faire perdre de vue ; mais le temps seul peut dissiper le nuage ; nous ne cherchons, quant à

* Ordonnance de Louis XI. du 21 Octobre, régistrée le 23 Novembre 1467.

„ présent, qu'à éclairer Votre Majesté, nous ne voulons qu'intéresser „ la bonté de son cœur.

„ Il est affreux à tous les Membres de votre Parlement d'avoir „ eu le malheur de déplaire à Votre Majesté, mais, Sire, quel „ nouveau sujet d'affliction *& pour eux & pour nous, si leur destitution* „ *alloit influer & sur le bien public & sur l'intérêt de votre service* *, *dont* „ *il est inséparable*! Que seroit-ce si tant de nouveaux établissemens, „ destructifs de ces loix qui ont assuré si long-temps le bonheur „ & la tranquillité de la France, alloient devenir une source de „ fermentation dans les esprits & de trouble dans l'Etat.

„ Le rappel des Magistrats de votre Parlement préviendroit des „ malheurs qu'on ne peut envisager qu'avec effroi; animés comme „ eux du desir de votre gloire, toujours unis de cœur & de sentiment „ avec les Officiers entre les mains desquels nous avons prêté „ serment, attachés par des liens indissolubles au Corps que notre „ ministère seul représente aujourd'hui, & dont nous ne pourrions „ nous séparer sans trahir également notre devoir & notre honneur, „ nous ne balancerons pas à supplier Votre Majesté de vouloir bien „ faire attention que vos peuples sont pénétrés de la douleur la plus „ profonde, que la dispersion des Membres de votre Parlement „ annonce l'anéantissement des formes les plus anciennes, que toute „ nouveauté est dangéreuse, que l'interversion des loix a été plus „ d'une fois, dans les plus grandes Monarchies, la cause ou le „ prétexte des révolutions, & que dans une Monarchie la stabilité „ seule des Magistrats peut leur assurer cette liberté qui doit être „ l'ame des délibérations, & garantir la sûreté des droits respectifs „ du Souverain & de son peuple.

„ Nous ne parlerons pas de la nécessité d'une vérification libre. „ Si Votre Majesté avoit voulu s'élever au-dessus de ces formes „ anciennes & sacrées, qui tiennent de la Loi, parce qu'elles ajoutent „ à son authenticité. Elle auroit pu nous imposer silence par un „ simple acte de son pouvoir souverain; mais la bonté qu'Elle a „ eue de nous entendre nous a encouragés. Nous lui avons parlé le „ langage pur & simple de la vérité; & c'est sur-tout dans la bouche „ du ministère public qu'un Roi doit la reconnoître sans mélange,

* Discours de M. Gilbert de Voisins, Avocat général, au Lit de Justice de 1732.

&

& sans autre réserve que celle qu'impose nécessairement le respect. "
Nous n'avons cousulté que cette vertu précieuse, parce que nous "
en sommes comptables à tous vos sujets ; & si l'on vouloit donner "
à entendre à Votre Majesté que cette fermeté de notre part est "
un oubli de nos devoirs, Votre Majesté voudra bien se souvenir "
que nous avons fait serment d'éclairer & d'instruire sa religion, "
que l'honneur & la conscience nous obligent à défendre sa "
propre gloire, & que les sujets les plus courageux par leur "
résistance même, ont toujours fait foi d'attachement & de fidélité. "

Puissent nos réflexions, nos prières & nos larmes se faire un "
passage jusqu'au cœur de Votre Majesté ! puissent nos vœux & "
nos supplications désarmer votre colère ! puisse enfin Votre Majesté "
se rappeller ce temps heureux où Elle a déclaré Elle-même, "
qu'*Elle n'auroit jamais d'autre intention que de régner par l'observation* "
des loix, & des formes sagement établies dans le Royaume, & de conserver "
à ceux qui en sont les dépositaires & les ministres, la liberté des fonctions "
qu'elles leur assurent. (Déclaration du 20 Janvier 1764.) "

Voilà, Sire, les véritables sentimens de Votre Majesté. C'est «
à Vous-même que la France appelle de votre sévérité. Consultez «
votre cœur, & elle reconnoîtra un Monarque qui ne veut règner «
que par l'amour & par la Justice. (Déclar. du 21 Novembre 1763.) «

A l'approche du moment où votre auguste Petit-Fils va «
contracter une nouvelle alliance avec une Maison, à laquelle nous «
devons déjà le plus chéri des Rois, vos peuples en proie à la «
tristesse, seront-ils forcés de la concentrer en eux-mêmes au «
milieu des fêtes publiques ? non, Sire, un évènement aussi favorable «
ne sera pas marqué par la consternation des esprits. «

Dans une confiance aussi juste, assurés de retrouver toujours «
en Votre Majesté le père de vos sujets, guidés par notre seul «
devoir, nous ne craindrons pas de supplier Votre Majesté de «
vouloir bien retirer un Édit qui forme un contraste aussi étonnant «
avec les Loix & les Ordonnances du Royaume, auxquelles ils n'a «
pas même dérogé.

EDIT DU ROI,

Portant suppression & création d'Offices dans le Parlement de Paris.

Donné à Versailles au mois d'Avril 1771.

Registré en Parlement.

LOUIS, PAR LA GRACE DE DIEU, ROI DE FRANCE ET DE NAVARRE : A tous présens & à venir ; SALUT. Après avoir formé les Conseils supérieurs, créés par notre Édit du mois de Février, notre premier soin est de faire disparoître, dans notre Parlement de Paris, cette vénalité dont la suppression est si intéressante pour nos peuples, d'y établir, comme dans nos Conseils supérieurs, l'administration gratuite de la justice, & de fixer, d'une manière proportionnée à l'étendue de son ressort, le nombre des Officiers qui doivent le composer. Pour remplir ces vues, nous ne pouvons nous dispenser d'éteindre & de supprimer les Offices qui y existoient déjà, & d'en créer de nouveaux, inamovibles comme les anciens, mais que nous accorderons gratuitement & sans finance. A CES CAUSES & autres à ce nous mouvant, de l'avis de notre Conseil, & de notre certaine science, pleine puissance & autorité royale, Nous avons par notre présent Édit perpétuel & irrévocable, dit, statué & ordonné ; disons, statuons & ordonnons, voulons & nous plaît ce qui suit :

ARTICLE PREMIER.

Avons éteint & supprimé, éteignons & supprimons tous les Offices de Présidens & Conseillers, ci-devant créés pour notre Parlement de Paris.

II.

Seront tenus les propriétaires desdits Offices, de remettre, dans le délai de six mois, leurs quittances de finance & autres titres de propriété, au Contrôleur général de nos finances, pour

être procédé, en la forme ordinaire, à la liquidation desdits Offices, & pourvu au remboursement d'iceux, ainsi qu'il sera par nous ordonné.

III.

Éteignons & supprimons pareillement les Offices de Greffier en chef civil, de Greffier en chef des Requêtes du Palais; ceux de Greffiers de la seconde & troisième Chambre des Enquêtes, de la première & seconde des Requêtes; ceux du Payeur des gages de notre Parlement & de ses Contrôleurs; les Offices d'Huissiers aux Requêtes, & ceux de Buvetiers de la seconde & troisième des Enquêtes, & des deux Chambres des Requêtes du Palais. Seront tenus les propriétaires desdits Offices, de remettre, dans le délai ci-dessus, leurs quittances de finance & autres titres de propriété, pour être procédé à la liquidation & pourvu à leur remboursement.

IV.

Avons créé & érigé; & par notre présent Édit, créons & érigeons, en titre d'Offices formés & inamovibles, un Office de notre premier Président, quatre Offices de Présidens, quinze Offices de Conseillers-Clercs, & cinquante-cinq Offices de Conseillers-Laïcs, pour tenir notredite Cour de Parlement.

V.

Avons pareillement créé & érigé, créons & érigeons, en titre d'Office formé & inamovible, un Office de Greffier en chef de notredite Cour.

VI

Notredite Cour sera composée d'une Grand'Chambre & d'une Chambre des Enquêtes.

VII.

La Grand'Chambre sera composée du Premier Président, de quatre Présidens, de dix Conseillers-Clercs, de trente Conseillers-Laïcs : Celle des Enquêtes, de deux Conseillers-Présidens, de cinq Conseillers-Clercs, de vingt-trois Conseillers-Laïcs.

VIII.

La Tournelle sera composée de quinze Conseillers de la

Grand'Chambre, de cinq Conseillers aux Enquêtes, & présidée par le second & le quatrième des Présidens.

I X.

La Chambre des Vacations sera formée d'un Président, de dix-sept Conseillers de Grand'Chambre, dont deux Clercs & quinze Laïcs, & de cinq Conseillers des Enquêtes.

X.

Le Premier Président & les Présidens de notredite Cour, les Conseillers-Présidens aux Enquêtes, les Conseillers de Grand'-Chambre & les Conseillers des Enquêtes jouiront des gages, que nous leur avons attribués par l'arrêt de notre Conseil du 12 Avril présent mois, sur lequel toutes lettres nécessaires seront expédiées.

X I.

Le Doyen des Conseillers de Grand'Chambre, jouira d'une pension de Trois mille livres, indépendamment de ses gages; le Sous-doyen, de Quinze cens livres; le Doyen des Conseillers-Clercs, de Quinze cens livres; le Doyen des Enquêtes, de mille livres.

X I I.

Au moyen desdits gages, nos Officiers ne pourront prendre des parties, aucunes rétributions, sous le titre d'*Épices*, *Vacations* ou autres dénominations quelconques: Et en conséquence lesdits gages ne pourront être saisis sous quelque prétexte que ce soit.

X I I I.

Lesdits gages seront divisés en autant de portions qu'il y aura de jours de Palais par chacun an, & ceux de nosdits Officiers, qui pour autres raisons que celles de maladie ou empêchement légitime, auront négligé de se rendre à leurs fonctions, seront privés d'une partie proportionnelle de leurs gages, laquelle accroîtra à ceux qui auront été présens.

X I V.

A l'effet de constater l'exactitude de nosdits Officiers, il sera tenu par le Greffier de chaque Chambre, un registre où seront

inſcrits jour par jour les noms de ceux qui ſeront préſens, & ſera ledit regiſtre à la fin de chaque ſéance, vérifié & viſé par le premier Préſident ou Préſident de la Chambre.

X V.

La répartition deſdits gages ſera faite aux vacances de Pâques & à la clôture du Palais, dans une aſſemblée de chaque Chambre & dans la forme qui ſera réglée par notredite Cour de Parlement.

X V I.

Leſdits gages, ainſi que les penſions énoncées en l'article XI ci-deſſus, ſeront payés ſur un état arrêté par le premier Préſident, pour la Grand'Chambre; & par l'ancien des Conſeillers-préſidens, pour la Chambre des Enquêtes, & ſeront payés à chacune de ces époques par le Receveur général de nos finances de la généralité de Paris; lequel ne pourra, ſous quelque prétexte que ce ſoit, ſe déſaiſir pour aucun autre uſage des deniers à ce deſtinés.

X V I I.

Dans le cas de maladie ou autre empêchement légitime, noſdits Officiers ſeront tenus d'en prévenir le Préſident ou Doyen de leur Chambre.

X V I I I.

Il ſera tenu deux fois par an, en la manière accoutumée, une aſſemblée des Chambres, où il ſera délibéré ſur tout ce qui intéreſſera la diſcipline de notredite Cour, la plus exacte obſervation de nos Ordonnances, & la conduite de nos Officiers. Notre Procureur général y fera telles réquiſitions qu'il jugera à propos pour le maintien des règles & du bon ordre.

X I X.

Voulons que ceux qui ſeront reçus Conſeillers en notredite Cour, aient au moins vingt-cinq ans accomplis; qu'ils aient ſuivi exactement le barreau au moins pendant cinq ans, ou rempli pendant le même eſpace de temps un Office dans un de nos Conſeils ſupérieurs, ou dans quelques autres juridictions.

X X.

Dans le cas de vacance d'un Office de Conſeiller, notredite

Cour nous présentera trois sujets de la qualité ci-dessus, pour remplir l'Office vacant, & si aucuns desdits sujets ne nous convenoient, notredite Cour sera tenue de nous en présenter d'autres, jusqu'à ce que nous en ayons agréé un.

XXI.

Notredite Cour connoîtra, comme par le passé, de toutes les questions de Régale, de tout ce qui intéresse les Pairs & les Pairies, & de toutes les matières qui lui étoient attribuées privativement dans toute l'étendue de notre Royaume; connoîtra pareillement du Domaine de notre Couronne, & des appels comme d'abus principaux, tant dans son ressort actuel que dans celui des Conseils supérieurs, établis par notre Edit du mois de Février.

XXII.

La Chambre des Enquêtes continuera de connoître des procès, qui sont de nature à y être portés, même de toutes les affaires particulières attribuées à l'une des Chambres des Enquêtes.

XXIII.

Attribuons aux Requêtes de notre Hôtel, la connoissance de toutes les causes qui y seront portées en vertu de lettres de *Committimus* du grand Sceau : Et au Châtelet de Paris, la connoissance de celles qui y seront portées en vertu de lettres de *Committimus* du petit Sceau.

XXIV.

Voulons au surplus que tous nos Edits, Ordonnances, Réglemens, Déclarations, auxquels nous n'avons point dérogé par notre présent Edit, soient observés selon leur forme & teneur. SI DONNONS EN MANDEMENT à nos amés & féaux Conseillers les Gens tenant notre Cour de Parlement à Paris, que notre présent Édit ils aient à faire lire, publier & registrer, & le contenu en icelui garder, observer & exécuter selon sa forme & teneur : CAR TEL EST NOTRE PLAISIR; & afin que ce soit chose ferme & stable à toujours, nous y avons fait mettre notre scel. DONNÉ à Versailles au mois d'Avril, l'an de grace mil sept cent soixante-onze, & de notre règne le cinquante-sixième. *Signé*, LOUIS.

Et plus bas, Par le Roi. *Signé*, PHELYPEAUX *Visa* DE MAUPEOU, *pour suppression & création d'Offices dans le Parlement de Paris.* Et scellé du grand sceau de cire verte, en lacs de soie rouge & verte.

Ensuite, M. le Chancelier monté vers le Roi pour prendre sa volonté, ayant mis un genou en terre, a été aux opinions à M. le Dauphin, à M. le Comte de Provence, à M. le Comte d'Artois; à M. le Comte de la Marche, Prince du Sang; à M.[rs] les Pairs Laïcs, M.[rs] les Grand-Ecuyer & Grand-Chambellan, est revenu passer devant le Roi, lui a fait une profonde révérence, a pris l'avis de M.[rs] les Pairs Ecclésiastiques & Maréchaux de France venus avec le Roi, des Capitaines des Gardes-du-corps du Roi & du Capitaine des Cent-Suisses.

Puis descendant dans le Parquet, à M.[rs] les Conseillers d'Etat & Maîtres des Requêtes tenant le Parlement, à M.[rs] les Conseillers d'Etat & Maîtres des Requêtes venus avec lui, à Mrs du Grand-Conseil, & aux Secrétaires d'Etat, est remonté vers le Roi comme ci-dessus; redescendu, assis & couvert, a prononcé:

» Le Roi séant en son Lit de Justice, a ordonné & ordonne » que l'Edit qui vient d'être lû, sera enrégistré au Greffe de son » Parlement; & que sur le repli d'icelui, il soit mis que lecture en » a été faite & l'enrégistrement ordonné, ouï son Procureur général, » pour être le contenu en icelui exécuté selon sa forme & teneur.

Pour la plus prompte exécution de ce qui vient d'être ordonné, le Roi veut que par le Commis faisant les fonctions de Greffier en chef de son Parlement, il soit mis présentement sur le repli de l'Edit qui vient d'être publié, ce que Sa Majesté a ordonné qui y fût mis.

Lû, publié, le Roi séant en son Lit de Justice, & registré, ouï le Procureur général du Roi, pour être exécuté selon sa forme & teneur; & copies collationnées d'icelui envoyées aux Balliages & Sénéchaussées du ressort de la Cour, pour y être lû, publié & registré: Enjoint aux Substituts du Procureur général du Roi d'y tenir la main & d'en certifier ladite Cour au mois; seront pareillement copies collationnées envoyées aux Conseils supérieurs, pour y être lû, publié & registré conformément à l'Edit du mois de Février dernier. Fait en Parlement, le Roi séant en son Lit de Justice, au château de Versailles, le treize Avril mil sept cent soixante-onze. Signé, *YSABEAU.*

M. le Chancelier étant ensuite monté vers le Roi, agenouillé à ses pieds pour recevoir ses ordres, descendu, remis en sa place, assis & couvert, a dit :

MESSIEURS,

» Il manquoit encore quelque chose aux vues bienfaisantes du
» Roi, & ses Peuples attendoient une nouvelle preuve de sa bonté
» ou plutôt un nouveau trait de sa justice.
» Des Tribunaux supérieurs leur offroient, dans le sein des
» provinces mêmes, des moyens d'assurer leurs propriétés ; mais
» les ressources contre l'inégalité dans la répartition des impôts, &
» contre les abus dans leur perception, étoient toujours loin d'eux,
» ils avoient à gémir & du mal même & de la lenteur, souvent
» de l'inutilité du remède.
» Des conflits de Juridiction arrêtoient les réclamations des
» contribuables.
» Sa Majesté les affranchit aujourd'hui de ces malheureuses en-
» traves, Elle va par cette opération ranimer le courage de ses
» Peuples, & rendre à l'industrie tout son ressort & toute son
» activité. »

Après quoi M. le premier Président & tous les Présidens & Conseillers ont mis le genou en terre ; M. le Chancelier ayant dit : *Le Roi ordonne que vous vous leviez*, ils se sont levés, & restés debout & découverts, M. le premier Président a dit :

SIRE,

Nous persistons dans les dispositions que nous avons eu l'honneur d'exposer à Votre Majesté, silence, respect, soumission.

Son discours fini, M. le Chancelier est monté vers le Roi pour prendre ses ordres, le genou en terre ; descendu, remis en sa place, assis & couvert, a ordonné au principal Commis du Greffe de faire la lecture de l'Edit.

M.e Ysabeau principal Commis du Greffe, s'étant approché

de M. le Chancelier pour prendre de sa main ledit Edit, lui retiré à sa place en a fait lecture debout & découvert; après laquelle lecture M. le Chancelier a dit aux Gens du Roi qu'ils pouvoient parler. Aussi-tôt les Gens du Roi se sont mis à genoux.

M. le Chancelier leur a dit que le Roi ordonnoit qu'ils se levassent. Ils se sont levés; & debout & découverts, Me Antoine-Louis Seguier, Avocat du Roi, portant la parole, ont dit :

SIRE,

Il est affligeant pour notre Ministère d'être obligé de consommer l'anéantissement d'un Corps aussi ancien dans l'Etat. Les droits de Votre Majesté pourront en souffrir un préjudice considérable, par le peu d'habitude des nouveaux Officiers de traiter de pareilles matières. Nous supprimons toutes autres considérations; &, du très-exprès commandement de Votre Majesté que sa présence nous impose, nous requérons qu'il soit mis au bas de l'Edit, dont lecture vient d'être faite, qu'il a été lû, publié, Votre Majesté séant en son Lit de Justice, & enrégistré pour être exécuté selon sa forme & teneur.

EDIT DU ROI,

Portant suppression de la Cour des Aides de Paris.

Donné à Versailles au mois d'Avril 1771.

Registré en Parlement.

LOUIS, PAR LA GRACE DE DIEU, ROI DE FRANCE ET DE NAVARRE : A tous présens & à venir; SALUT. Si la situation actuelle de nos finances ne nous permet pas de diminuer la masse des impositions, Nous nous empressons du moins de donner à une partie de nos Peuples des ressources plus promptes & moins dispendieuses contre les abus dans la perception de nos droits. Ils trouveront dans notre Parlement de Paris & dans les Conseils formés

en conséquence de notre Edit du mois de Février dernier, une justice gratuite, des défenseurs connus, & des Juges, qui placés plus près d'eux, sentiront mieux tous leurs maux, & se hâteront de les réparer; enfin ils ne seront plus exposés à des conflits de Juridiction qui les fatiguent par des longueurs, & les épuisent en procédures inutiles. Si pour procurer ces avantages à nos Peuples, nous sommes obligés de supprimer notre Cour des Aides de Paris, les Magistrats qui la composent, obtiendront de notre Justice les dédommagemens qui leur sont dûs; & leur zèle éprouvé pour le bien public, leur fera trouver encore une compensation particulière dans le bonheur de nos sujets. A CES CAUSES, & autres à ce nous mouvant, de l'avis de notre Conseil, & de notre certaine science, pleine puissance & autorité royale, Nous avons, par notre présent Edit, perpétuel & irrévocable, dit, statué & ordonné; disons, statuons & ordonnons, voulons & nous plaît ce qui suit.

ARTICLE PREMIER.

Nous avons éteint & supprimé, éteignons & supprimons notre Cour des Aides de Paris; voulons que toutes les matières dont la connoissance lui a été attribuée par Nous & par les Rois nos Prédécesseurs, soient portées à l'avenir en notre Cour de Parlement de Paris, ou en ceux de nos Conseils supérieurs établis par notre Edit du mois de Février dernier, dans l'arrondissement desquels les causes, instances & procès auront pris naissance; le tout conformément à l'état annexé sous le contre-scel de notre présent Edit.

II.

Les siéges qui ressortissoient ci-devant en notre Cour des Aides de Paris, continueront de connoître, comme par le passé, de toutes les affaires qui sont de leur compétence, & ressortiront à l'avenir, ou en notre Cour de Parlement de Paris, ou en nos Conseils supérieurs, conformément à l'article I.er

III.

Les appels des Elections de Barbesieux, Saint-Jean-d'Angely & Saintes, & du Juge des fers de Dijon, se relèveront en notre

Parlement de Paris, jusqu'à ce qu'il en ait été autrement par Nous ordonné.

I V.

Voulons que les causes, instances & procès actuellement pendans & indécis en notre Cour des Aides, soient instruits & jugés suivant les derniers erremens, en notre Cour de Parlement de Paris, à laquelle nous attribuons, à cet effet, toute Cour, juridiction & connoissance.

V.

Notre Cour de Parlement de Paris & nosdits Conseils supérieurs, seront tenus de se conformer, dans le jugement desdites causes, instances & procès, aux Edits, Déclarations & Lettres patentes enrégistrés en notredite Cour des Aides, que nous voulons & entendons être exécutés.

V I.

Voulons qu'aussi-tôt après la publication & enrégistrement de notre présent Edit; il soit procédé en la manière ordinaire, à la liquidation de tous les Offices de notredite Cour des Aides; à l'effet de quoi les propriétaires de la finance desdits Offices seront tenus de remettre leurs titres de propriété, quittances de finance & autres pièces, ès mains du Contrôleur général de nos finances, pour être pourvu au remboursement du prix desdits Offices, ainsi qu'il appartiendra : Voulons qu'en attendant que ledit remboursement soit effectué, les propriétaires desdites finances soient payés de l'intérêt, à raison de Cinq pour cent, de la somme principale à laquelle lesdites finances auront été liquidées.

V I I.

Avons accordé par grace & sans tirer à conséquence, à ceux des pourvus desdits Offices qui obtiendront notre agrément à l'effet d'entrer dans un autre corps de Magistrature, l'exemption de tous droits de marc d'or & de provisions, lesquelles leur seront expédiées sans frais.

V I I I.

Les minutes des Greffes de notredite Cour des Aides seront

inceſſamment tranſportées au lieu qui ſera par nous deſtiné, & confiées à la garde de celui qui ſera par nous à ce commis. SI DONNONS EN MANDEMENT à nos Amés & féaux Conſeilliers les Gens tenant notre Cour de Parlement à Paris, que notre préſent Edit ils aient à faire lire, publier & regiſtrer, & le contenu en icelui garder, obſerver & exécuter ſelon ſa forme & teneur : CAR TEL EST NOTRE PLAISIR ; & afin que ce ſoit choſe ferme & ſtable à toujours, nous y avons fait mettre notre ſcel. DONNÉ à Verſailles au mois d'Avril, l'an de grace mil ſept cent ſoixante-onze, & de notre règne le cinquante-ſixième. *Signé*, LOUIS. *Et plus bas*, Par le Roi. *Signé*, PHELYPEAUX. *Viſa*, DE MAUPEOU, *pour ſuppreſſion de la Cour des Aides.* Et ſcellé du grand ſceau de cire verte, en lacs de ſoie rouge & verte.

ÉTAT des Élections, Greniers à Sel, Juges des Traites & Juges de la marque des Fers, reſſortiſſans aux Conſeils Supérieurs.

Conſeil ſupérieur d'ARRAS.

ELECTIONS.	GRENIERS A SEL.	JUGES DES TRAITES	JUGES DES FERS.
		Bapaume.	
		Boulogne-ſur-mer	
		Calais.	
		Dunkerque.	
		Heſdin.	
		Montreuil-ſur-mer.	

Conseil Supérieur de Blois.

ELECTIONS.	GRENIERS A SEL.		JUGES DES TRAITES.
Amboise.	Amboise.	Langeais.	Angers.
Angers.	Angers	Larsay.	Châteauroux.
Beaugé,	Argenton.	Laval.	La Châtre.
Blois.	Aubigny.	Le Lude.	Laval.
Bourges.	Ballon.	Le Mans.	Le Blanc.
Château-du-Loir.	Beaufort-en-vallée.	Loches.	Saint-Benoît-du-Sault.
Châteaudun.	Beaugé.	Loué.	
Château Gontier.	Blois.	Malicorne.	
Châteauroux.	Bonnestable.	Mayenne.	
Chinon.	Boulouere.	Mer.	
Issoudun.	Bourges.	Mondoubleau.	
La Châtre.	Brissac.	Montoire.	
La Fléche.	Busançois.	Montrichard.	
Laval.	Caudé.	Neufvy.	
Le Blanc.	Celles.	Pouencey.	
Le Mans.	Château-du-Loir.	Preuilly.	
Loches.	Château-Gontier.	Romorantin.	
Mayenne.	Chinon.	Sablé.	
Saint-Amand.	Cheverny.	Saint-Amand.	
Tours.	Chollet.	Saint-Florent le-vieux.	
Vendôme.	Craon.	Sainte-Maure.	
	Ernée.	Sainte-Suzanne.	
	Henrichemont.	Sancerre.	
	Ingrande.	Sillé-le-Guillaume.	
	Issoudun.	Tours.	
	La Châtre.	Vierson.	
	La Ferté-Bernard.	Villequier.	
	La Flèche.	Villiers.	
	La Haye.		

JUGES DES FERS.

Le Mans.

Conſeil Supérieur de CHALONS-SUR-MARNE.

ELECTIONS.	GRENIERS A SEL.	JUGES DES TRAITES.	JUGES DES FERS.
Bar-ſur-Aube.	Arcis-ſur-Aube.	Châlons.	Chaumont - en-Baſſigny.
Bar-ſur-Seine.	Bar-ſur-Aube.	Charleville.	Saint-Dizier.
Châlons.	Bar-ſur-Seine.	Chaumont - en-Baſſigny.	Sedan.
Chaumont - en-Baſſigny.	Beaufort-Montmorency.	Joinville.	
Epernay.	Châlons.	Langres.	
Joinville.	Châteauporcien.	Mézieres.	
Langres.	Chaumont - en-Baſſigny.	Montfaucon.	
Rethel-Mazarin.	Epernay.	Rethel-Mazarin.	
Ste. Menehould.	Joinville.	Saint-Dizier.	
Troyes.	Montſaugeon.	Ste. Menehould.	
Vitry-le françois.	Muſſy-Lévêque.	Sedan.	
	Saint-Dizier.	Troyes.	
	Ste. Menehould.	Vaucouleurs.	
	Troyes.	Vitry-le-françois.	
	Villacref.		
	Villemort.		
	Vitry-le-françois.		

Conseil Supérieur de CLERMONT-FERRAND.

ELECTIONS.	GRENIERS A SEL.	JUGES DES TRAITES.	JUGES DES FERS.
Château-Chinon.	Ancenis.	Gannat.	Nevers.
Gannat.	Château-Chinon.	Montaigu.	
La Charité.	Decize.	Montluçon.	
Montluçon.	Gannar.	Nevers.	
Moulins.	Luzy.	Vichy.	
Nevers.	Montluçon.		
	Moulins.		
	Moulins-Engilbert		
	Nevers.		
	Saint Pierre-le-Moutier.		
	Saint-Sauge.		
	Vichy.		

Conſeil Supérieur de LYON.

ELECTIONS.	GRENIERS A SEL.	JUGES DES TRAITES.	JUGES DES FERS.
Lyon.	Beaujeu.	Lyon.	
Mâcon.	Belleville.	Mâcon.	
Montbriſon.	Bourg-Argental.	Roanne.	
Roanne.	Cervières.	Saint-Bonnet.	
Saint Etienne-en Forés.	Charlieu.	Saint-Chaumont.	
Villefranche.	Clugny.	Sainte-Colombe.	
	Condrieux.	Saint-Etienne.	
	Fleurs.		
	La Clayette.		
	Lyon.		
	Montbriſon.		
	Roanne.		
	Saint-Bonnet.		
	Saint-Chaumont.		
	Sainte-Colombe.		
	Saint-Etienne.		
	Saint-Gengoux-le-royal.		
	St. Symphorien.		
	Tizy.		
	Tournus.		
	Villefranche.		

Conſeil Supérieur de POITIERS.

ELECTION.	GRENIERS A SEL.	JUGES DES TRAITES.	JUGES DES FERS.
Angoulême.	Loudun.	Châtillon-ſur-Seure.	Angoulême.
Bourgneuf.	Mirebeau.	Civray.	Poitiers.
Châtelleraut.	Richelieu.	La Rochelle.	
Châtillon-ſur-Seure.	Saumur.	Niort.	
Coignac.		Sables-d'Olonne.	
Confolens,		Tonnay-Charente.	
Fontenay-le-Comte.			
Loudun.			
La Rochelle.			
Marennes.			
Niort.			
Poitiers.			
Richelieu.			
Sables d'Olonne.			
Saint-Maixant.			
Saumur.			
Thouars.			

FAIT & arrêté au Conſeil d'État du Roi, Sa Majeſté y étant, tenu à Verſailles le treize Avril mil ſept cent ſoixante-onze.

Signé, PHELYPEAUX.

Enſuite, M. le Chancelier monté vers le Roi pour prendre ſa volonté, ayant mis un genou en terre, a été aux opinions à M. le Dauphin, à M. le Comte de Provence, à M. le Comte d'Artois; à M. le Comte de la Marche, Prince du Sang; à M.^rs les Pairs Laïcs, M.^rs les Grand-Écuyer & Grand-Chambellan, eſt revenu paſſer devant le Roi, lui a fait une profonde révérence, a pris l'avis

de M.[rs] les Pairs Eccléſiaſtiques & Maréchaux de France venus avec le Roi, des Capitaines des Gardes-du-corps du Roi & du Capitaine des Cent-Suiſſes.

Puis deſcendant dans le Parquet, à M.[rs] les Conſeillers d'État & Maîtres des Requêtes tenant le Parlement, à M.[rs] les Conſeillers d'État, & Maîtres des Requêtes venus avec lui, à Mrs du Grand-Conſeil, & aux Secrétaires d'État, eſt remonté vers le Roi comme ci-deſſus; redeſcendu, aſſis & couvert, a prononcé :

„ Le Roi ſéant en ſon Lit de Juſtice, a ordonné & ordonne „ que l'Édit qui vient d'être lû, ſera enrégiſtré au Greffe de ſon „ Parlement; & que ſur le repli d'icelui, il ſoit mis que lecture en „ a été faite & l'enrégiſtrement ordonné, ce requérant ſon Pro- „ cureur général, pour être le contenu en icelui exécuté ſelon ſa „ forme & teneur.

„ Pour la plus prompte exécution de ce qui vient d'être ordonné, „ le Roi veut que par le Greffier en chef de ſon Parlement, il ſoit „ mis préſentement ſur le repli de l'Édit qui vient d'être publié, „ ce que Sa Majeſté a ordonné qui y fût mis.

Lû, publié, le Roi ſéant en ſon Lit de juſtice, & regiſtré, ouï & ce requérant le Procureur général du Roi, pour être exécuté ſelon ſa forme & teneur; & copies collationnées d'icelui envoyées aux Bailliages & Sénéchauſſées du reſſort de la Cour, aux Elections, Greniers à Sel, Bureaux des Traites & autres, pour y être lû, publié & regiſtré : Enjoint aux Subſtituts du Procureur général du Roi d'y tenir la main & d'en certifier ladite Cour au mois; ſeront pareillement copies collationnées envoyées aux Conſeils ſupérieurs, pour y être lû, publié & regiſtré conformément à l'Edit du mois de Février dernier. Fait en Parlement, le Roi ſéant en ſon Lit de Juſtice au Château de Verſailles, le treize Avril mil ſept cent ſoixante-onze. Signé, YSABEAU.

M. le Chancelier étant enſuite monté vers le Roi, agenouillé à ſes pieds pour recevoir ſes ordres, deſcendu, remis en ſa place, aſſis & couvert, a dit à Mrs du Grand-Conſeil :

MESSIEURS,

Vous futes créés pour rendre la juſtice à tous les Sujets du Roi.

Vos ſermens leur donnent à tous des droits ſur votre Miniſtère, «
& c'eſt à Sa Majeſté ſeule qu'il appartient de fixer & de déter- «
miner l'objet du vœu qui vous lie aux fonctions de la Magiſ- «
trature. «

Vous avez juſqu'ici rempli votre deſtination avec gloire, & «
vous n'avez trompé ni les vœux de la France qui ſollicita votre «
établiſſement, ni l'eſpérance du Monarque qui daigna l'accorder «
à ſes deſirs. «

Toujours fidèles au dépôt de l'autorité, vous l'avez reſpecté «
vous-mêmes, en le faiſant reſpecter aux Peuples; & jamais vous «
n'en futes plus dignes que quand vous remettiez dans les mains «
de Sa Majeſté un pouvoir que des obſtacles étrangers rendoient «
impuiſſant & inutile dans les vôtres. «

Sûre de votre ſoumiſſion, Elle aſſigne aujourd'hui à vos fonc- «
tions un territoire particulier, mais elle ne borne la ſphère de «
votre activité que pour lui donner une nouvelle énergie, & la «
rendre encore plus utile. «

Chargés de veiller ſur une portion de ſes Sujets, occupés conſ- «
tamment de leur bonheur, vous acquerrez chaque jour de nou- «
veaux droits à ſa confiance, en juſtifiant la leur. «

Organes de leurs beſoins, vous ſolliciterez pour eux ſes bien- «
faits, & en ajoutant ſans ceſſe à leur reconnoiſſance pour Elle, «
vous reſſerrerez ces nœuds de tendreſſe & d'affection, d'amour «
& de fidélité qui doivent unir le Monarque & les Peuples, mais «
qui ſe relâcheroient & ſe briſeroient bientôt, ſi un pouvoir nou- «
veau s'élevoit entre un Roi qui ne voit que des enfans dans «
ſes Sujets, & des Sujets qui, dans leur Maître, ne reconnoiſ- «
ſent que leur Père. «

Livrez-vous à des fonctions auguſtes qu'ennoblit encore pour «
vous le choix du Roi qui vous les confie; l'intérêt public vous «
y appelle, vos ſermens vous en font une loi, Sa Majeſté l'attend «
de votre zèle & l'exige de votre obéiſſance. «

Après quoi M. le premier Préſident & tous les Préſidens &

Conſeillers ont mis le genou en terre ; M. le Chancelier ayant dit : *le Roi ordonne que vous vous leviez*, ils ſe ſont levés, & reſtés debout & découverts, M. le premier Préſident a dit.

SIRE,

Nos ſentimens ſont les mêmes ſur cet Édit que ſur les deux autres.

Son diſcours fini, M. le Chancelier eſt monté vers le Roi pour prendre ſes ordres, le genou en terre, deſcendu, remis en ſa place, aſſis & couvert, a ordonné au principal Commis du Greffe de faire la lecture de l'Edit.

Me. Dufranc, principal Commis du Greffe, s'étant approché de M. le Chancelier pour prendre de ſa main ledit Edit, lui retiré à ſa place en a fait lecture debout & découvert; après laquelle lecture M. le Chancelier a dit aux Gens du Roi qu'ils pouvoient parler. Auſſi-tôt les Gens du Roi ſe ſont mis à genoux.

M. le Chancelier leur a dit que le Roi ordonnoit qu'ils ſe levaſſent. Ils ſe ſont levés, & debout & découverts, Me Antoine-Louis Seguier, Avocat du Roi, portant la parole, ont dit :

SIRE,

„ " Nos priéres & nos ſupplications ont été inutiles : Votre
„ Majeſté a ordonné l'enrégiſtrement de ſon premier Edit, après
„ cet acte du pouvoir abſolu de votre Majeſté, nous ne pourrions
„ que préſenter en vain les mêmes réflexions; mais c'eſt à la
„ Perſonne ſeule de votre Majeſté que nous faiſons le Sacrifice
„ de nos propres ſentimens. Nous lui rendons l'obéiſſance aveugle
„ qu'Elle nous impoſe ; & après l'avoir aſſurée que c'eſt contre le
„ témoignage de notre conſcience, dont nous dépoſons au pied du
„ Trône la réclamation authentique, du très-exprès commande-
„ ment de votre Majeſté, que ſa préſence nous impoſe, nous re-
„ quérons qu'il ſoit mis au bas de l'Edit, dont lecture vient d'être

faite, qu'il a été lû, publié, Votre Majesté séant en son Lit de Justice, & enrégistré pour être exécuté selon sa forme & teneur.

EDIT DU ROI,

Portant suppression du Grand-Conseil.

Donné à Versailles au mois d'Avril 1771.

Regiſtré en Parlement.

LOUIS, PAR LA GRACE DE DIEU, ROI DE FRANCE ET DE NAVARRE : A tous présens & à venir ; SALUT. Les vœux des Peuples & la multitude des affaires dont étoit surchargé le Parlement de Paris, déterminèrent le Roi Charles VIII. notre Prédécesseur, à destiner une partie des Membres de son Conseil pour former à sa suite un Tribunal, qui, sans territoire fixe, seroit juge de toutes les causes que la sagesse des Rois leur dicteroit d'y évoquer; le Grand-Conseil fut appellé à partager les fonctions des Cours, il fut comme elles le dépositaire des loix & l'organe du Législateur. Les Conseils supérieurs que nous avons formés dans le ressort de notre Parlement de Paris, & les bornes que nous avons prescrites au droit de *Committimus*, nous ont rendu ce Tribunal moins nécessaire, & nous nous serions portés à rappeller auprès de nous les Membres qui le composent, si nous n'avions senti que jouissant d'une confiance qu'ils ont toujours méritée par leur zéle, par leurs lumières, & par leur désintéressement, ils pouvoient nous servir plus utilement dans notre Parlement de Paris: Dans cette vue, nous avons résolu de fixer, & de déterminer aux fonctions de cette Cour l'objet du vœu général qu'ils ont fait de rendre la justice à nos Sujets, & du serment par lequel ils s'y sont engagés; & nous avons en conséquence supprimé la dénomination de *Grand-Conseil*, & les Offices qui y avoient été attachés. A CES CAUSES & autres à ce nous mouvant, de l'avis de notre Conseil, & de notre certaine science, pleine puissance &

autorité royale, Nous avons par notre présent Edit, perpétuel & irrévocable, dit statué & ordonné ; disons, statuons, & ordonnons, voulons & nous plaît ce qui suit.

ARTICLE PREMIER.

Nous avons éteint & supprimé, éteignons & supprimons tous les Offices de Présidens & Conseillers de notre Grand-Conseil, ainsi que ceux de nos Avocats généraux, de notre Procureur général, de huit Substituts, du Greffier en chef, du premier Huissier, & de quatre nos Conseillers-Notaires-Secrétaires, servant près notredit Grand-Conseil.

I I.

Les principaux Commis du Greffe, le Greffier-Garde-sacs & des dépôts, celui des présentations & affirmations, les Payeurs & Contrôleurs des gages, & les vingt Huissiers de notredit Grand-Conseil, demeureront pareillement éteints & supprimés, comme nous les éteignons & supprimons par notre présent Edit.

I I I.

Il sera incessamment pourvu au remboursement des finances des Offices desdits Conseillers de notre Grand-Conseil, conformément à la liquidation qui en a été faite en exécution de notre Edit du mois de Janvier 1768 : Voulons qu'en attendant que ledit remboursement soit effectué, les Propriétaires desdites finances, soient payés de l'intérêt à raison de Cinq pour cent, de la somme principale à laquelle lesdites finances ont été liquidées.

I V.

Et à l'égard des autres Offices de notredit Grand-Conseil, dénommés aux articles I.er & II. ci-dessus, voulons qu'il soit procédé à leur liquidation en la manière ordinaire, aussi-tôt après la publication & l'enrégistrement de notre présent Edit ; à l'effet de quoi les Propriétaires de la finance desdits Offices seront tenus de remettre leurs titres de propriété, quittances de finances & autres pièces, ès mains du Contrôleur général de nos finances, pour être pourvu au remboursement du prix desdits Offices, ainsi qu'il appartiendra.

V.

Déclarons que nous entendons nous charger de l'acquittement

des rentes & dettes que notredit Grand-Conſeil auroit pu contracter par conſtitution de rente ou autre emprunt; à l'effet de quoi, ſera par notre Procureur général audit Grand-Conſeil, remis ès mains du Contrôleur général de nos finances, un état ſigné & certifié véritable, contenant la qualité & quotité deſdites dettes, & le nom des créanciers, pour, ſur ledit état, être fait fonds ès mains de celui qui ſera par nous à ce prépoſé, du montant deſdites rentes ou dettes, & être chaque partie d'icelles délivrée auxdits créanciers ſur leurs quittances, en la manière accoutumée, tant & ſi long-temps que leſdites rentes auront cours, & juſqu'à ce qu'il nous ait plu d'en ordonner le rembourſement: Voulons que tous les Officiers de notredit Grand-Conſeil demeurent déchargés, comme nous les déchargeons par notre préſent Edit, de tout acquittement deſdites dettes; faiſant défenſes de faire à ce ſujet aucune demande & pourſuite contr'eux, à peine de nullité.

VI.

Nous avons évoqué & évoquons à Nous & à notre Conſeil, les affaires dont la connoiſſance avoit été précédemment attribuée à des Commiſſaires de notre Conſeil, & qui ont été par Nous renvoyées en notredit Grand-Conſeil, en exécution de l'article XII. de notre Edit du mois de Janvier 1768; voulons que leſdites affaires continuent d'être inſtruites en notredit Conſeil, ſuivant les derniers erremens, & jugées par les Commiſſaires qui ſeront par Nous à cette fin commis & députés.

VII.

Avons pareillement évoqué à Nous & à notre Conſeil, les conteſtations concernant l'indult de notre Parlement de Paris, ainſi que les demandes en contrariété d'arrêts ou jugemens en dernier reſſort, rendus entre les mêmes parties en différentes Cours & Juridictions, & dont notredit Grand-Conſeil avoit droit de connoître; voulons que leſdites affaires ſoient inſtruites & jugées en notre Conſeil d'Etat privé.

VIII.

Voulons que tout ce qui concerne l'exécution des arrêts rendus en notre Conſeil, le criminel incident aux inſtances qui y ſont inſtruites, le payement des honnoraires des Avocats en notre Conſeil, ainſi que les inſtances d'ordre & diſtribution de deniers provenant

des ventes des Offices adjugés en la grande Direction de nos finances, ou en notre grand Sceau, soient à l'avenir portées par-devant les Srs. Maîtres des Requêtes ordinaires de notre Hôtel, pour être toutes lesdites affaires instruites en la forme ordinaire & suivant les derniers erremens, & être ensuite jugées souverainement & en dernier ressort par lesdits sieurs Maîtres des Requêtes ordinaires de notre Hôtel, comme avant notredit Edit du mois de Janvier 1768.

IX.

Les appels de la Prévôté de notre Hôtel, seront à l'avenir portés par-devant lesdits sieurs Maîtres des Requêtes ordinaires de notre Hôtel, pour être par eux jugés souverainement & en dernier ressort; leur attribuant à cet effet toute Cour, Juridiction & connoissance, & l'interdisant à nos autres Cours & Juges.

X.

En ce qui concerne les conflits de juridiction en matière Présidiale ou Prévôtale, nous nous réservons d'y pourvoir par tel règlement qu'il appartiendra; voulons que jusqu'à ce, ils soient portés en notre Conseil d'Etat privé, en la forme qui sera par nous prescrite.

XI.

Renvoyons à notre Parlement de Paris, toutes les autres affaires dont la connoissance avoit été attribuée à notredit Grand-Conseil par les Rois nos Prédécesseurs; à la charge de se conformer aux dispositions des Edits, Déclarations & Lettres patentes enrégistrés en notredit Grand-Conseil, & notamment à celles de notredit Edit du mois de Janvier 1768, voulons en conséquence que celles desdites affaires, tant civiles que criminelles, qui seroient actuellement pendantes en notredit Grand-Conseil, soient instruites & jugées en notredite Cour de Parlement de Paris, suivant les derniers erremens; à l'effet de quoi nous autorisons ceux des Avocats en nos Conseils, qui sont chargés de l'instruction desdites affaires, à la continuer en notre Parlement de Paris

XII.

Les Présidens de notredit Grand-Conseil, continueront de jouir pendant le temps que devoient durer leurs commissions, des gages

que

que nous leur avions attribués, a l'effet de quoi ils feront pendant ledit temps employés dans nos Etats.

XIII.

Et desirant pareillement donner à ceux qui sont pourvus des Offices de Conseillers de notredit Grand-Conseil, des témoignages de la satisfaction que nous avons de leurs services, & de la confiance dont nous les honorons, nous les avons constitués & établis, constituons & établissons Conseillers en notre Cour de Parlement de Paris, pour tenir & exercer dorénavant lesdits Offices, & en jouir, aux droits, honneurs, priviléges & préséance attribués par Nous & par les Rois nos Prédécesseurs, auxdits Offices & à ceux de Conseillers au Grand-Conseil.

XIV.

Voulons que lesdits Conseillers soient installés dans notredite Cour de Parlement de Paris, en vertu de notre présent Edit, sans qu'il soit besoin pour chacun d'eux, de provisions particulières, & qu'ils y prennent entr'eux rang & séance, suivant l'ordre de leur réception en notredit Grand-Conseil.

XV.

Tous ceux qui avoient entrée honoraire, séance & voix délibérative en notredit Grand-Conseil, jouiront pareillement en notredite Cour de Parlement de Paris, en vertu de notre présent Edit, des mêmes séances & prérogatives; à l'exception toutefois des Maîtres des Requêtes ordinaires de notre Hôtel, lesquels continueront de n'assister en ladite qualité, qu'au nombre de quatre, aux séances ordinaires de notredite Cour de Parlement.

XVI.

Toutes les minutes des Greffes de notredit Grand-Conseil, ainsi que sa Bibliothèque, seront incessamment transportées au lieu ordinaire des séances de notredite Cour de Parlement de Paris, & confiées à la garde de celui qui sera par Nous à ce commis. SI DONNONS EN MANDEMENT à nos amés & féaux Conseillers les Gens tenant notre Cour de Parlement à Paris, que notre présent Edit ils aient à faire lire, publier & régistrer, & le contenu en icelui garder, observer & exécuter selon sa forme & teneur: CAR TEL EST NOTRE PLAISIR; & afin que ce soit chose ferme & stable à toujours, nous y avons fait mettre notre

ſcel. DONNÉ à Verſailles au mois d'Avril, l'an de grace mil ſept cent ſoixante-onze, & de notre règne le cinquante-ſixième, *Signé*, LOUIS. *Et plus bas*, Par le Roi. *Signé*, PHELYPEAUX. *Viſa* DE MAUPEOU, *pour ſuppreſſion du Grand-Conſeil.* Et ſcellé du grand ſceau de cire verte, en lacs de ſoie rouge & verte.

Enſuite, M. le Chancelier monté vers le Roi pour prendre ſa volonté, ayant mis un genou en terre, a été aux opinions à M. le Dauphin, à M. le Comte de Provence, à M. le Comte d'Artois; à M. le Comte de la Marche, Prince du Sang; à M.rs les Pairs Laïcs, M.rs les Grand-Ecuyer & Grand-Chambellan, eſt venu paſſer devant le Roi, lui a fait une profonde révérence, a pris l'avis de M.rs les Pairs Eccléſiaſtiques & Maréchaux de France venus avec le Roi, des Capitaines des Gardes-du-Corps du Roi & du Capitaine des Cent-Suiſſes.

Puis deſcendant dans le Parquet, à M.rs les Conſeillers d'Etat & Maîtres des Requêtes tenant le Parlement, à M.rs les Conſeillers d'Etat & Maîtres des Requêtes venus avec lui, à M.rs du Grand-Conſeil, & aux Secrétaires d'Etat, eſt remonté vers le Roi comme ci-deſſus; redeſcendu, aſſis & couvert, a prononcé:

« Le Roi, ſéant en ſon Lit de Juſtice, a ordonné & ordonne „ que l'Edit qui vient d'être lû, ſera enrégiſtré au Greffe de ſon „ Parlement; & que ſur le repli d'icelui, il ſoit mis que lecture en a „ été faite & l'enrégiſtrement ordonné, ce requérant ſon Pro„ cureur général, pour être le contenu en icelui exécuté ſelon ſa „ forme & teneur.

„ Pour la plus prompte exécution de ce qui vient d'être ordonné, „ le Roi veut que par le Greffier en chef de ſon Parlement, „ il ſoit mis préſentement ſur le repli de l'Edit qui vient d'être „ publié, ce que Sa Majeſté a ordonné qui y fût mis.

Lu & publié, le Roi ſéant en ſon Lit de Juſtice, ouï & ce requérant le Procureur général du Roi, pour être exécuté ſelon ſa forme & teneur. Fait en Parlement, le Roi ſéant en ſon Lit de Juſtice, au Château de Verſailles, le treize Avril mil ſept cent ſoixante-onze. Signé, YSABEAU.

Le DUPLICATA de cet Edit a été enrégiſtré au Grand-Conſeil,

Ensuit le Discours de M. le Chancelier à M.s du Conseil :

MESSIEURS,

„ Vous avez rempli les vues de Sa Majesté avec tout le zèle & toute la fidélité qu'Elle attendoit de vous. "

Elle vous rappelle aujourd'hui à vos fonctions, mais Elle " doit une récompense à votre zèle, & cette récompense sera " de vous occuper a un nouveau travail & de multiplier pour " vous les moyens d'être utiles à ses Peuples ; c'est la seule que " vous desiriez & la plus glorieuse que le Roi puisse vous accorder. "

Ensuite le Roi a dit :

„ Vous venez d'entendre mes volontés.

Je vous ordonne de vous y conformer & de commencer vos " fonctions dès Lundi. "

Mon Chancelier vous installera aujoud'hui. "

Je défends toute délibération contraire à mes Edits, & toute " démarche au sujet des anciens Officiers de mon Parlement. "

Je ne changerai jamais. „

Après quoi le Roi s'est levé & est sorti dans le même ordre qu'il étoit entré. *Signé* YSABEAU.

SÉANCE DE M. LE CHANCELIER *AU PARLEMENT*,

Pour l'Installation des Officiers créés par l'Édit de ce jour.

Du Samedi treize Avril mil sept cent soixante-onze, après midi.

APrès le Lit de Justice, le Roi, rentré dans son appartement, a reçu le serment de M. Bertier de Sauvigny, Conseiller d'Etat & Intendant de Paris, en qualité de premier Président du Parlement de Paris.

M.rs les Magiſtrats qui ont compoſé le Lit de Juſtice ſe ſont rendus chez M. le Chancelier.

Après le dîné, M.rs du Parlement ſont partis en corps de Cour, de la Chancellerie de Verſailles, dans leurs équipages.

Dans un carroſſe à ſix chevaux, de M. le Chancelier, étoient les Secrétaires & Gentilshommes de M. le Chancelier, & le Lieutenant de la Prévôté de l'Hôtel, ſervant près ſa perſonne.

Dans un autre carroſſe de M. le Chancelier, à ſix chevaux, étoient les Huiſſiers de la Cour.

Dans un troiſième carroſſe de M. le Chancelier, à ſix chevaux, étoient les Secrétaires de la Cour, Greffiers & premier Huiſſier.

Dans le quatrième, à ſix chevaux, précédé d'un Ecuyer, de deux Valets-de-chambre à cheval, & des deux Gardes de la Prévôté, ſervant près la perſonne de M. le Chancelier, étoient M. le Chancelier dans le fond du carroſſe, à la droite, vêtu de ſa robe de velours noir; M. d'Agueſſeau à ſa gauche; ſur le devant M.rs de la Galaiſière & d'Ormeſſon, Conſeillers d'Etat.

Les carroſſes de M.rs les Conſeillers d'Etat & Maîtres des Requêtes, qui accompagnoient M. le Chancelier, étoient à la ſuite.

Les carroſſes de M. le premier Préſident, de M.rs les Conſeillers au Parlement & de M.rs les Gens du Roi ſuivoient après.

Les carroſſes étoient eſcortés du détachement de la Robe-courte, qui avoient accompagné le matin le Parlement au Lit de Juſtice.

Sur le chemin, la Cour a trouvé les brigades de Maréchauſſées aux lieux ordinaires.

A la place de Louis XV, un détachement du Guet à cheval, qui l'à accompagné au Palais.

Le Guet à pied s'eſt trouvé ſur ſon paſſage dans les lieux ordinaires.

La Cour eſt arrivée en cet ordre à l'Hôtel de M. le premier

Préſident; enſuite elle s'eſt rendue à la grand-Chambre; chacun ayant pris ſa ſéance, M. Langelé a fait le rapport des proviſions de M. Bertier de Sauvigny, premier Préſident, de ſa requête à fin de réception audit Office, & des concluſions des Gens du Roi.

Après quoi M. le Chancelier lui a fait prêter ſerment, & lui a fait prendre place à côté de lui.

M. Langelé a fait le rapport enſuite ſucceſſivement des proviſions de M.rs les Préſidens de la Cour, d'un Conſeiller-Préſident aux Enquêtes & de vingt-cinq Conſeillers.

M. le Chancelier leur a fait prêter ſerment, & leur a fait prendre leurs places.

Leſdites réceptions finies & les ſervices de la Grand-Chambre, de la Tournelle & des Enquêtes, arrangés, M. le Chancelier a dit :

MESSIEURS,

« Sa Majeſté dépoſe en vos mains la portion la plus noble & la plus eſſentielle de ſa puiſſance. «

Juges de ſes peuples, elle vous confie encore le ſoin de « veiller au maintien de l'ordre public, & de contenir ſes ſujets « ſous l'Empire des Loix, pour leur aſſurer à tous cette liberté « qui n'exiſte qu'avec les Loix, & qui périt avec elles. «

Mais ce pouvoir qu'Elle vous communique s'anéantiroit de « lui-même ſi vous en méconnoiſſiez la ſource, & la Juſtice « ceſſeroit de l'être dans vos mains, ſi vous pouviez oublier un « inſtant qu'elle eſt la juſtice du Roi & non pas la vôtre. «

Aſſis ſur le premier des Tribunaux, vous rendrez toujours au « Roi, qui vous y a placés, l'hommage le plus pur & le plus « fidéle, & vous donnerez aux peuples l'exemple de la ſoumiſſion « que vous exigerez d'eux. «

Vous ne ſerez point cependant les inſtrumens aveugles & paſſifs « d'une volonté abſolue. «

Sa Majeſté dédaigneroit une obéiſſance avilie par la ſervitude, « & repouſſeroit loin d'Elle des Magiſtrats qui n'auroient pas le « courage de lui dire la vérité.

» Elle ne veut régner que par les Loix, & son cœur désavoueroit » les Loix mêmes, si elles trompoient ses vues & faisoient le » malheur de ses peuples.

» Après les avoir formées dans le secret de sa sagesse, Elle écoutera » vos conseils.

» Vous déposerez dans son sein vos inquiétudes & vos craintes, » les vœux & les besoins de ses sujets.

» Mais plus jaloux de faire le bien que de paroître avoir voulu » le faire, vous ne donnerez point à vos remontrances une pu- » blicité qu'elles ne doivent jamais avoir.

» Si des vues supérieures, si une nécessité impérieuse ne permet- » tent pas à Sa Majesté de céder à vos supplications, vous vous » souviendrez que le devoir d'avertir l'Autorité n'est pas le droit de la » combattre ; que si le Trône ne met pas à l'abri des surprises, le zéle » le plus pur ne garantit pas de l'erreur, & que les Parlemens ont quel- » quefois refusé leurs suffrages à des Loix qui ont fait le bonheur des » peuples.

» Enfin vous n'oublierez jamais que les fonctions de votre » ministère sont une dette dont vous ne pouvez vous affranchir » vous-mêmes, & vous saurez vous arrêter au point où la fermeté » finit & où commence la desobéissance.

» La raison & les Loix mettent des bornes à votre résistance, » mais la bonté du Roi n'en met point à vos réclamations.

» L'accès du Trône vous sera toujours ouvert quand vos démarches » seront dictées par le respect & par la soumission, & Sa Majesté saura, » comme Henri le Grand, se faire obéir en Maître & se laisser fléchir » en Pére.

» Voila, Messieurs, vos sentimens, vos principes & vos devoirs ; » ils sont gravés dans vos cœurs, ils le furent toujours dans ceux » des vrais Magistrats ; jamais ils n'ont souffert d'atteinte que la » félicité publique n'en ait été altérée, & leur perpétuité sera toujours » le gage de la sûreté du Trône & de la prospérité de l'Etat.

Le discours fini, la Cour s'est levée & est retournée dans le même ordre à l'Hôtel de M. le Premier Président.

M. le Chancelier est parti pour Versailles.

Mrs. ont retourné chez eux, chacun de leur côté.

Signé, DUFRANC.

www.ingramcontent.com/pod-product-compliance
Ingram Content Group UK Ltd.
Pitfield, Milton Keynes, MK11 3LW, UK
UKHW020452180726
13839UKWH00004B/1793

ESTAMPES

Écoles Anciennes des XVIe et XVIIe Siècles

ÉCOLES FRANÇAISE & ANGLAISE

DU XVIIIe SIÈCLE

PORTRAITS

Eaux-fortes modernes, lithographies

ESTAMPES EN LOTS

DESSINS

Dont la vente aura lieu à Paris

HOTEL DROUOT, Salle N° 8

Les Mardi 26 et Mercredi 27 Novembre 1901

à deux heures

Mᵉ MAURICE DELESTRE	M. LOYS DELTEIL
COMMISSAIRE-PRISEUR	ARTISTE-GRAVEUR, EXPERT
5, rue St-Georges	67, Rue Ste-Anne

CONDITIONS DE LA VENTE

Elle sera faite au comptant.

Les acquéreurs paieront *dix pour cent* en sus des adjudications.

M. Loys Delteil remplira les commissions que voudront bien lui confier les amateurs ne pouvant y assister.

MM. les amateurs pourront visiter la collection, *67, rue Sainte-Anne, du Vendredi 22 au Lundi 25 novembre de 9 h. à 3 h. 1/2*, le **Dimanche 24, excepté.**

ORDRE DES VACATIONS

Mardi	26 Novembre.	Nos	1 à 200
Mercredi	27 —	»	200 à la fin.

DÉSIGNATION

Adam (**Victor**)

1. Costumes Espagnols, Russes, Suisses, Turcs, Chinois, Persans. Douze lithographies in-fol. Belles épreuves.

Adresses

2. *MIGNAN, Peintre, Ornements, Attributs et Lettres.* Lith. in-4°. Rare.

Akersloot (**William**)

3. Le Reniement de St Pierre, d'après P. Molyn, 1626. In-fol. Très belle épreuve. Rare.

Aldegraver (**Henri**)

4. Jupiter, 1533 (B. 78). — Vignette aux deux Sirènes (199). — Rinceaux d'ornements (202). Trois pièces. Belles épreuves.

Alix (Pierre-Michel)

5. Molière (J. B. Poquelin), 1797. Ovale in-4°. Belle épreuve tirée en couleurs, *avant la lettre*, petites marges.

Alken (d'après Henry)

6. *I'll never touch a Gun more...*, 1822. Petit in-fol. Belle épreuve coloriée.

Almanach

7. *Almanach de l'Offrande Nationale*, petite vignette par J. Le Roy. Belle et très rare épreuve à *l'eau forte pure*.

Amérique (Estampe relative à l')

8. Washington (G.), par Aug. Blanchard, 1836. In-fol. Superbe épreuve *avant la lettre*, sur chine.

Ardell (Mac), Baillie (W.) et Schenck (P.)

9. Newton — C. de Wit — G. Brandt. Trois pièces en manière noire. Belles épreuves.

Bartolozzi (F.)

9bis. Deux jeunes Filles assises sur une causeuse, d'après Lady Diana Beauclerk, 1780. In-fol. Très belle épreuve, marges.

10. Bulkeley (Harriet, Viscountess), d'après R. Cosway, 1785. In-4°. Très belle épreuve tirée en bistre, marges.

11. Louisa Hammond, d'après Ang. Kauffman, 1781. Ovale in-fol. Très belle épreuve, marges.

12. La Signora Rosalba tenant un éventail, d'après elle-même, 1778. Ovale in-8°. Très belle épreuve *avant la lettre*, tirée en bistre.

13. L'Innocence se réfugiant dans les bras de la Justice, d'après Mme Vigée Le Brun, 1783. In-fol. Belle épreuve *avant la lettre*, tirée en sanguine.

Bartolozzi (F.)

14. *A. St Giles's Beauty*, d'après J. H. Benwell, 1783. Ovale in-4°. Belle épreuve tirée en bistre et coloriée.

15. La belle Rhodope amoureuse d'Esope, d'après Ang. Kauffman, 1783. In-fol. Très belle épreuve tirée en bistre, à grandes marges.

16. Jupiter and Juno on Mount Ida, d'après Cipriani, 1784. Ovale in-4°. Belle épreuve.

17. *Angelica and Medora*, d'après Cipriani. Très belle épreuve tirée en bistre.

18. *The Dowager Queen of Edward the 4 parting... duke of York... order Richard the III...*, d'après Cipriani, 1786. In-fol. Belle et rare épreuve *avant toutes lettres non terminée*, imp. en bistre.

Basset et Danizy

19. Invitation du Sr Ramponneau — Phenomene de la basse Courtille, 1760. Deux curieuses pièces sur le cabaret Ramponneau. Très belles épreuves. Rares.

Baudicour (Prosper de)

20. Le Peintre-Graveur français continué. — Paris, 1859-1861. 2 vol. in-8°, cart.

Beaumont (Édouard de)

21. Fariboles. — Au Bal masqué. — Croquis d'Eté. — Dialogues parisiens, etc. Deux-cent-quatre-vingt pl. extraites du *Charivari*.

Beauvais (N. D.)

22. Portrait équestre du Mis de St Aignan, d'après Parrocel. In-fol. Belle et très rare épreuve *avant toutes lettres*.

Beham (Hans Sebald)

23. Adam et Eve, 1543 (B. 6). — Cléopatre (77). Deux pièces. Belles épreuves.

Beham (Hans Sebald)

24. Les travaux d'Hercule (B. 97, 100, 102, 103 et 105). Cinq pièces. Belles épreuves.

25. Les Armoiries à l'aigle, 1543 (B. 257). Belle épreuve.

26. St Mathieu (B. 55). — Les Planètes (B. 114, 115, 116). — La Grammaire (121). — La Rhétorique (123). Six pièces. Belles épreuves.

27. Job s'entretenant avec ses amis (B. 16). Le Rapt d'Hélène (70). — Ornements (233, 236). — Le Char de triomphe (237). — Noce de village (155). — L'Enseigne, le Tambour et le Fifre (198) Sept pièces. On y a joint une copie. Belles épreuves.

Besnard (Albert)

28. Etude de femme se peignant. Eau forte. Très belle épreuve.

Boilly (d'après L.)

29. La Surprise agréable, par Mixelle. In-fol. Belle épreuve.

Bois anciens

30. Le Christ en croix. Bois anonyme de la fin du XVe siècle. Belle épreuve tirée sur vélin et *enluminée*.

31. Décollation de deux Saints. — St Jérôme. — St Georges. — Paysage, etc. Sept pièces par Hugo de Carpi, Scolari, Solis, deux tirées en camaïeux.

32. Sujets Religieux et Mythologiques. — Scènes d'Histoire. etc. Cinq cents pièces. Ce n° sera divisé.

Bolswert (Schelte à)

33. Mercure et Argus, d'après J. Jordaens. In-fol. Belle épreuve.

Borel (d'après Ant.)

34. J'y passerai, par R. De Launay. In-fol. Bonne épreuve.

Bosse (Abraham)

35. La Déroute et confusion des Jansénistes (G. D. 219). Très belle épreuve. Rare.

36. Préparation du Soldat Chrestien au Combat Spirituel (G. D. 216). — Les Forces de la France sous le règne de Louis le Juste (1228). Belles épreuves.

37. Scènes de Mœurs. Trois pièces, une d'après A. Bosse. Bonnes épreuves.

Bossius (Jacob, dit Belga)

38. *Monstra della giostra fatta nel Teatro di Pallazzo ridotto in questa forma della Santa di N. S. Pio 4°...* In-fol. Très belle épreuve. Rare.

Both (Jean)

39. Les deux Vaches au bord de l'eau (B. 8). Belle épreuve du 1er état, avant le nom de l'artiste.

40. Le Pont de pierre (B. 5). — Le Muletier (6). — Le Trajet (7). Trois pièces. Belles épreuves, une du 1er état, avant le nom de Both.

Botticelli (d'après Sandro)

41. La Vierge et l'Enfant entourés d'Anges. – Les Anges (détail). — Naissance de Vénus. Trois photographies in-fol., par Braun.

Boucher (d'après F.)

42. L'Hymen et l'Amour, par Beauvarlet. In-fol. Très belle épreuve.

43. Pensent-ils à ce mouton ? — Naïades et Tritons. — Femme à la Colombe. Trois pièces in-fol. par Mlle Jourdan et Demarteau.

Boyvin (René)

44. Histoire de Jason et de la Conquête de la Toison d'or (R. D. 39-64). Suite de vingt-six pièces, incomplète des pl., 12, 20, 21, 22, 23 et 26. Vingt pièces et quatre doubles. Belles épreuves.

Bradel (J.-B.)

45. Eon de Beaumont (C. G. L. d'), 1779. In-fol. Belle épreuve.

Breughel (d'après P.)

46. Les Vierges sages et les vierges folles. — La Justice. Deux pièces par J. Cock. Belles épreuves,

Brown (John Lewis)

47. Aux abords du champ de Courses. 1885. Lithographie en forme d'éventail. Epreuve sur japon, imprimée en couleurs. Rare.

Callot (Jacques)

48. Le Martyre des Apôtres (M. 120-135). Suite complète de seize petites pièces. Belles épreuves avec les n^{os}.

49. Les Grandes Misères de la Guerre, 1633 (M. 564-581). Suite complète de dix huit pieces. Superbes épreuves de 2e état d'une parfaite égalité de tirage. Collection Thorel.

50. La même suite. Suite complète. Très belles épreuves du même état réunies en cahier.

51. Paysages dessinés à Florence par Callot, et gravés par Collignon? (M. 1187-1198). Suite complète de douze pièces. Très belles épreuves du 1er état.

Camaïeux

52. La Sainte-Vierge, d'après le Parmesan, par un anonyme (B. III, 12). — Sibylles, d'après le Guide, (V. 2-3) par B. Coriolan. Trois pièces. Très belles épreuves.

Caricatures. Scènes de Mœurs

53. Promenade de la petite Famille. — La Marchande de poissons de la Place Maubert. — Costumes Français et Danois. — Motifs d'écrans. Dix pièces curieuses, la plupart publiées chez Basset. Belles épreuves coloriées.

Caricatures, Scènes de Mœurs

54. Caricatures politiques. — Scènes de Mœurs. Quarante-cinq pièces par Gavarni, Pigal, Traviès, Cham, Vernier, Ed. de Beaumont. Belles épreuves, six coloriées.

55. Les Lorettes. — Impressions de ménage. — La Boîte aux lettres, etc., 68 pl. par Gavarni. — Scènes diverses, par Daumier, Traviès, etc. En tout quatre-vingt pl. extraites du *Charivari*.

56. Scènes de Mœurs. — Caricatures politiques. Quatre cents pièces, par Daumier, extraites du *Charivari*.

Challe (M. A.)

57. Sommeil de Vénus, par G. R. Le Villain. In-fol. Belle épreuve.

Chapron (Nicolas)

58. Les Loges de Raphaël, au Vatican. Suite de cinquante-quatre pl. Deux exemplaires, soit 108 pièces.

Chardin (d'après J. B. S.)

59. La Fontaine, par C. N. Cochin. Belle épreuve du 1er état, à *l'eau forte pure*. Rare.

Chauvel (Théophile)

60. Paturges (L. D. 112). Lithographie in-fol. Très belle épreuve du 2e état, sur chine.

Cheesman (T.)

61. Catherine Paulowna, Grande Duchesse de Russie, d'après L. Eusebi. 1814. Ovale in-4. Très belle épreuve.

Chéreau (à Paris chez la Vve)

62. Bivouac des troupes Russes aux Champs-Elysées à Paris au 31 mars 1814. In-fol. Belle épreuve coloriée, rare.

Chevillet (Juste)

63. L'Amour Maternelle, d'après de Peters, In-fol. Très belle épreuve, marges.

Claessens (L. A.)

64. La Femme hydropique, d'après G. Dow. Grand in-fol. Belle épreuve.

Costumes

65. Costumes de personnages de divers Pays. Cinquante gravures en bois, en 1 vol. in-8°, cart., extraites d'un recueil de costumes, publié à Saint-Gall, par G. Staub, 1600. Belles épreuves.

66. *Briefve histoire de l'institution des Ordres religieux, avec les figures de leurs Habits, gravées sur le cuivre, par Odoard Fialette, Bolognois.* — Paris, *A. Menier*, 1658. — 1 vol. in-8°, rel., contenant 2 titres gravés et 72 pl. (incomplet de 2 pl.).

67. Jeune Actrice vêtue du costume Espagnol, prr Deny d'après A. Léveillé (Cahier C, 16e F.). Bonne épreuve.

68. Costumes militaires de l'époque de la Restauration: Maniement du fusil, 6 pl. — Costumes de soldats Louis XV, 20 calques à la plume, pai RAFFET. — Histoire générale du Costume, par R. Jacquemin, tome 1er (texte seul). On y a joint, Coll. des Goncourt, Bibliothèque du XVIIIe siècle et Coll. de 4 peintures de Boilley.

69. Planches pour *l'Armée Française*, par Edouard Detaille. Vingt-cinq photogravures in-fol., tirées en couleurs. Belles épreuves.

Coutelier (d'après)

70. Le Secret entretien. — La Curiosité satisfaite Deux pièces ovales in-fol., par Pitou, faisant pendants. Belles épreuves impr., en bistre et en sanguine.

Dalen (Cornelis van)

71. Este (Isabelle d'), sœur de Lucrèce Borgia, d'après le Titien. In-fol. Très belle épreuve.

Daullé (Jean)

72. Mlle Pélicier, d'après H. Drouais. In-fol. Très belle épreuve avec l'adresse de Jacob.

Debucourt (P. L.)

73. La Femme et le Mari, ou les Epoux à la Mode. Bonne épreuve.

74. Un Gourmand (M. Fenaille, 150). Ovale in-fol. Belle épreuve, marges.

75. Chénard, auteur, d'après L. Boilly (M. F. 511). Très belle et rare épreuve du 1er état, avant toutes lettres,

76. Costumes russes. d'après Norblin. Quatorze pièces. Très belles épreuves, coloriées.

Debucourt (d'après)

77. Promenade du jardin du Palais-Royal. Reproduction in-fol., tirée en couleurs avec rehauts.

Delaulne (Étienne)

78. Ecrans ou Miroirs à main (R. D. 314 et 315). Suite de deux estampes rares. Belles et anciennes épreuves remargées (le manche du second miroir manque).

79. Sujets mythologiques. Douze petites pièces ovales faisant partie de plusieurs suites. Belles épreuves.

Demarteau (Gilles)

80. Rubens (P. P.), d'après Ant. Watteau. Belle épreuve tirée en 2 tons.

81. Le Sommeil d'Annette. — La Pipée. Deux pièces d'après F. Boucher. Très belles épreuves tirées en sanguine.

Desboutin (Marcellin)

82. Les Enfants de Desboutin. Pointe sèche in-4°. Très belle épreuve à toutes marges.

Desclaux (V.)

83. Les Moissonneurs dans les Marais-Pontins, d'après L. Robert. Superbe épreuve avant la lettre, sur Chine.

Diaz (Narcisse)

84. Scènes pour un Roman, deux lithographies in-8°, originales et *inédites*, fort rares. On y a joint deux croquis provenant d'une planche d'ensemble.

Dickinson (William)

85. Lydia, d'après Peeters. Ovale in-4°. Belle épreuve, tirée en bistre, marges.

86. Pierre-Paul Rubens, d'après lui-même, 1780. In-fol. Superbe épreuve tirée en bistre, sans marges.

87. Rigaud (H.), par Edelinck. — Salle de concert dans l'édifice de la société F. Méritis, par R. Vinkeles. — Bataille de Marengo, par Wexelberg. Trois pièces in-fol. Bonnes epreuves.

88. Le Silence. — Mlle de La Vallière. — Rousseau. — Le Revers de Fortune. — Le Goûter galant. — Six pièces in-fol., par Cathelin, Baillie, Avril, Blanchard, trois avant la lettre, une tirée en ton rose. Belles épreuves.

89. Sujets divers. — Paysages. — Ornements. Dix-sept pièces par ou d'après Ostade, Callot, Rembrandt, Cochin, Bérain, &.

90. Sujets divers et Paysages. Trente-cinq pièces par ou d'après Boucher, Cochin, Nilson, Duplessi-Bertaux et autres.

91. Cris de Paris, par Poisson, 8 pl. — Portraits divers. — H. Monnier, par Gavarni. — Polichinelle, par Meissonnier, &. Soixante pièces.

Divers

92. Almanach de la Toilette et de la Coiffure des Dames Françaises. — Paris, *Desnos*, texte et pl. 13 à 23, soit 11 pl. de coiffures. — Contes de La Fontaine, s. l. 1777, t. II. — Principes de dessin. — Paris, *Jombert*, 1773. — Ensemble, 4 vol., à figures.

Drevet (Pierre)

93. Boileau-Despréaux (N.), d'après H. Rigaud (D. 24). Très belle épreuve.

94. Boileau-Despréaux (N.), d'après de Piles (D. 23). Très belle épreuve.

95. Cotte (Robert de), d'aprés H. Rigaud (D. 34). Belle épreuve du 3e état.

96. Maria Serre, mère d'H. Rigaud, d'après H. Rigaud (D. 110). Belle épreuve du 2e état.

97. Motteville (Hélène Lambert, Mme de) d'après N. de Largillière (D. 95). Superbe épreuve.

Drevet (Pierre-Imbert)

98. Lecouvreur (Adrienne), d'aprés Ch. Coypel (D. 24). Très belle épreuve du 3e état.

Dupérac (Étienne)

99. Le Jugement de Pâris, d'après Raphaël (R. D. 79). In-fol. Belle épreuve (Restauration à gauche).

Duplessi-Bertaux (J.)

100. Scènes de la Révolution et de l'Empire. Dix pièces à l'état *d'eau forte pure*. Belles épreuves.

Durer (Albert)

101. La Vierge à la couronne d'étoiles et au sceptre, 1516 (B. 32). Belle épreuve.

102. La Vierge aux cheveux courts, liés avec une bandelette, 1514 (B. 33). Très belle épreuve.

103. La Vierge donnant le sein à l'Enfant Jésus, 1512 (B. 36). Belle épreuve.

104. La Vierge couronnée par un ange, 1520 (B. 37). Très belle épreuve.

105. St-Christophe, 1521 (B. 52). Belle épreuve.

106. St-George à pied (B. 53). Très belle épreuve.

107. La Justice ou Némésis (B. 79). Belle épreuve. Rare.

Durer (Albert)

108. La Dame à cheval (B. 82). Belle épreuve.

109. Les trois Paysans (B. 86). — Le Paysan au marché (89). Deux pièces. Belles épreuves, la première est doublée.

110. Le Seigneur et la Dame (B. 94). Belle épreuve.

111. Sujets de Vierge. — Les Offres d'amour. Cinq pièces. Anciennes copies.

Dutertre (A.)

112. Portrait en pied de Desaix. In-fol. Belle épreuve. Rare.

Dyck (par et d'après Ant. van)

113. Franck (Fr.). — Vos (Paul de). — Robert, comte Palatin du Rhin. — Aremberg (Pce d'), etc. Six pièces par Van Dyck, Bolswert, Dandré Bardon. Belles épreuves.

Eaux-fortes anciennes

114. Sujets religieux et Mythologiques. — Allégories. — Paysages. Douze eaux-fortes par F. de Troy, J. Bellange, B. Dubois, G. Lallemand, J. Boissart, etc., plusieurs très rares. Belles épreuves.

115. Sujets divers. Vingt-cinq eaux-fortes par Ch. Le Brun, La Hyre, Dassonville, Loutherbourg, Challe, Hennequin, etc., plusieurs rares. Belles épreuves.

116. Sujets divers et Paysages. Trente eaux-fortes, par P. Bout, A. Storck, Dusart, Wyck, F. Wouters, Josse de Pape, Vlieger, etc. Plusieurs très rares.

Eaux-fortes modernes

117. Sujets divers. — Paysages. — Portraits. Vingt pièces par Jacquemart, Bléry, Bracquemond, Desboutin, Chaplin, Bonvin et autres. Belles épreuves.

118. Sujets divers. — Paysages. Quarante pièces par Bracquemond, Waltner, Appian, Blery et autres, plusieurs avant la lettre.

École de Marc-Antoine Raimondi

119. Les deux Armées en ordre de bataille, par Augustin Vénitien, 1528. d'après le *maître à la ratière* (B. 415). Belle épreuve. Rare.

120. Sujets religieux et mythologiques. — Monuments et statues. Onze pièces par ou d'après A. Vénitien, Marc de Ravenne, J.-B. Mantuan, etc.

121. Sujets religieux et mythologiques. — Allégories. — Statues. etc. Quarante pièces par M. A. Raimondi, Augustin Vénitien, Marc de Ravenne, J. Caraglio. les Ghisi et anonymes.

École Ancienne

122. Sujets religieux. — Scènes de genre. etc. Seize pièces par Goltzius, Sadeler, Boyvin, Passe, etc.

École de Fontainebleau

123. Mort de Cléopâtre, par un anonyme (B. 41). — Les Grecs introduisant le cheval dans Troie (45), attribué à Despèches. — Sujet de bataille, attribué à Fantuzzi (98). Trois pièces. Belles épreuves.

124. Les sept péchés mortels, d'après Lucas Penni, par un anonyme (B. 104-110). Suite de sept pièces de forme ovale, incomplète d'une pl. (L'Impudicité), soit six pièces. Belles épreuves, sans les petits sujets ronds, accompagnant le sujet principal.

École Anglaise

125. Scène gracieuse. Ovale in-4°. Belle épreuve tirée en couleurs, sans marges.

126 The Fair. — The Show. — Summer Amusement. — Scènes gracieuses enfantines, 1785. Cinq pièces ovales, par Colibert, Bartolotti, d'ap. Hamilton, Wheatley et Colibert. Belles épreuves, deux *avant la lettre*, quatre tirées en bistre.

École Française

127. La Toilette de Vénus. — Palémon and Lavinia. — Mlle Roze. — Tête de jeune femme. Quatre pièces par Bonnet, Tomkins, Le Grand, etc., impr. en couleurs et en sanguine.

École Française

128. Mlle Aulard et Dauberval, d'après Carmontelle. — Iris, c'est de bonne heure... — Bacchus et Ariadre. — Léda. — Petite liseuse. Six pièces par Tilliard, Cochin, Dùflos, etc., d'après Watteau, Greuze et autres, une avant la lettre.

129. *Mortel, tuiez...* — Diane et Endymion. — L'Education de l'Amour. — La Baigneuse surprise. — Frontispice pour une Histoire de la Suisse. — Adam et Eve. Sept pièces in-fol., par Cars, Daullé, Levasseur, Née. etc., d'ap. Lemoine, Boucher, Moreau le jeune, Vanloo. Belles épreuves, deux *non terminées*.

École Italienne (XVIIe siècle)

130. Sujets religieux et mythologiques. — Têtes de fantaisie. Dix-huit eaux-fortes, par Castiglione, Salvator Rosa, Carrache, Le Guide, Farinati, etc., la plupart en très belles épreuves.

Édelinck (Gérard)

131. Ste Madeleine, d'après Ch. Le Brun (R. D, 32). Très belle épreuve.

132. De Blye (Jean-Baptiste), d'apr. G. Ladame (R. D. 179). Très belle épreuve.

133. Kaunitz (Cte de), 1697 (R. D. 228). Très belle épreuve.

Eisen (d'après Charles)

134. Le Concert champêtre. — Les Plaisirs champêtres. Deux pièces, par De Longueil, faisant pendants. Belles épreuves.

Ex-libris

135. Montigny, par Le Daulceur. — Marin, par Denon-Burty, par Bracquemond, — Des Brosses. — Cusset. — Doyen (P.). — Mondesir. — Ruffey. — Villotran (de), etc. Vingt-sept pièces. Belles épreuves.

136. Ex-libris modernes.— Armoiries. — Reproductions d'ex-libris anciens. Environ cinq cents pièces.

FRAGONARD

(Numéro 140 du Catalogue)

Ficquet (Étienne)

137. La Fontaine (J. de), d'apr. H. Rigaud. — Montaigne. Deux pièces. Très belles épreuves.

Fortuny (Mariano)

138. Idylle. — La Victoire. Deux pièces. Belles épreuves à toutes marges.

Fragonard (d'après Honoré)

139. Le Baiser à la dérobée, par N. F. Regnault. Très belle et rare épreuve *avant toute lettre*, seulement le nom du graveur tracé à la pointe.
140. Les Hazards heureux de l'Escarpolette, par N. De Launay. Grand in-fol. Belle épreuve avant que la planche n'ait été réduite en ovale (elle est doublée et remargée à la marge de cuivre).
141. Joconde, par Mme Lingée. Belle épreuve *avant toutes lettres*.

Freudeberg (par et d'après)

142. La Toilette champêtre. -- La propreté villageoise. Deux pièces in-4°. Très belles épreuves coloriées.
143. Le Départ et le Retour du soldat Suisse. — Scènes champêtres. Six eaux-fortes, par le comte de Corneillan. Très belles épreuves. Rares.

Gaillard (R.)

144. Castanier (Franç), d'apr. H. Rigaud. In-fol. Très belle épreuve.

Galard (G. de)

145. Costumes bordelais. — Vues. — Portraits de personnages nés à Bordeaux. — Scènes de genre, etc. Quarante-deux pièces, un certain nombre sur chêne.

Gautier-Dagoty (Édouard)

146. Louis XIII. — Louis IX, Dauphin. Deux pièces in-4°. Belles épreuves.

Gavarni

147. De Belleyme (M. et B. 76). — Decamps (77). — Sauvage (F.) (78). — Isabey (J.-B,) (80). Quatre pièces in-fol. Très belles épreuves sur papier de Chine.

148. Henry Monnier. — La Sculpture monumentale. — La Femme à la tête de mort. — Albanaise. Quatre pièces. Très belles épreuves, trois sur Chine.

Gellée (Claude)

149. Mercure et Argus (R. D.). Belle épreuve.

Géricault (Th.) et Vernet (Carle)

150. Etudes de Chevaux. Trente lithographies in-4° et in-fol. Belles épreuves.

Gheyn le Vieux (Jacques de)

151. L'Empire de Neptune, d'après W. Telrho. Grand in-4° de forme ronde. Belle épreuve.

152. Le grand Lion. Ovale in-fol. Très belle épreuve du 2e état, avec le nom de Bosschèr.

Goltzius (Henri)

153. Les Culbuteurs, d'après Cornelis (B. 258-261). Suite de quatre pièces in-fol., de forme ronde. Très belles épreuves.

Green (V.)

154. Articles d'Union présentés par les commissaires à la Reine Anne en 1706, d'après J. G. Huck 1786 Grande pièce renfermant de nombreux portraits. Très belle épreuve, remmargée.

Hédouin (Edmond)

155. Vignettes pour le Théâtre de Molière (H. B. 160-195), Trente pièces (sur 35) avant la lettre, sur chine volant.

Henriquel-Dupont (L. P.)

156. Les Pèlerins d'Emmaüs, d'après Paul Véronèse (H. B. 94). Grand in-fol. Très belle épreuve à l'état d'eau forte, avant toutes toutes lettres.

157. Jeanne d'Arc, d'après Benouville. 1871 Très belle épreuve sur chine.

Hodges (I. N.)

158. Macintosh (A), d'après C. H. Hodges. In-fol. Très belle épreuve.

Hofflet (XVIIe siècle)

159. Portraits équestres de Louis XIII. roi de France, des Monarques d'Europe, des comtes Palatins du Rhin et de divers personnages marquants de la 1re moitié du XVIIe siècle. Soixante-une pièces petit in-4[o] en 1 vol. Belles épreuves.

Hollyer (à Londres chez S.)

160. *The Village magistrate — The constable of the Night.* Deux pièces in-fol. aqua-tintes anonymes, d'après Hemskirk. Très belles épreuves.

Huet (Jean-Baptiste)

161. Œuvres de J. B. Huet. Peintre français... Livre Ier, cahiers 1 à 3. soit dix-huit pl.. in-fol. renfermant un certain nombre de motif divers. Très belles épreuves à toutes marges. en cahier du temps.

Huet (d'après J.-B.)

162. La Déclaration. L'Amant pressant. Deux pièces par Aug. Legrand, faisant pendants. Très belles épreuves tirées en couleurs, sans marges.

163. L'Automne, par Liger. In-4[o]. Très-belle épreuve tirée en 2 tons.

164. Offrande à l'Espérance, par Jubier. Belle épreuve imprimée en couleurs.

Ingres (d'après J. D. A.)

165. La Comtesse d'Agoult et sa Fille, comtesse de Charnacé, par Adolphe Salmon. Grand in-fol. Très-belle épreuve avant la lettre sur chine, avec dédicace.

166. Le Martyre de St-Symphorien, par Alph. François. Grand-fol. Très belle épreuve avant toutes lettres, sur chine.

167. Le Christ remettant les clefs à St-Pierre, par C. S. Pradier. — L'Apothéose d'Homère, par Ach. Martinet. Deux pièces gr. in-fol. Très belles épreuves avant la lettre, sur chine, la seconde avec dédicace.

168 Bartholini, par Potrelle — Dr Martinet, lith. par Calamatta — Gatteaux (N. M. et E), par Dien — Lepère (G. B.), par Galimard, etc. Huit pièces.

Janinet (J. F.)

169. Coiffures de Femmes — Ruines romaines, d'après H. Robert. Quatre pièces tirées en couleurs et montées en dessins.

170. Environs de Gênes, d'après Houel. Belles épreuves grandes marges.

(Jazet (J. P. M.)

171 Louis XVI recevant le Duc d'Enghien au séjour des bienheureux, d'après Roehn. Grand in-fol. Très belle épreuve avant la lettre.

172. Sacre de Napélon, d'après David. Grand in-fol. Très belle épreuve avant le nom du graveur.

Jeux

173. Jeux de cartes fantaisistes de la Restauration. Quatre vingt-douze motifs sur cinq planches. Belles épreuves en noir.

Jonxis (P. H.)

174. Vénus et l'Amour, d'après L. Giordano, 1783, In-fol. Très-belle épreuve.

Jordaens (Jacques)

175. Le Christ descendu de la Croix — Jupiter et la Chèvre Amalthée — Mercure et Argus. Trois eaux-fortes originales. Belles épreuves du 1er état.

Lancret (d'après N.)

176. Le théâtre Italien, par G. F. Schmidt (E. B. 79). Belle épreuve du 1er état.

177. A Femme avare, galant escroc — Le Gascon puni. Deux pièces in-fol., par N. De Larmessin. Belles épreuves avec la 1re adresse.

Laugier et Gelée

178. Daphnis et Chloé — Héro et Léandre. Deux pièces in-fol., d'après Hersent et Delorme. Très belles épreuves.

Laurence (d'après Thomas)

179. Master Lambton, par Samuel Cousins, 1827 in-fol. Belle épreuve, marges.

Lautensack (Hans-Sebald)

180. Schurstab (Jérôme), 1554 (B. 7). In-fol. Trés belle épreuve.

Lavreince (d'après Nic.)

181. Le Séducteur (E. B. app. 7) Belle épreuve d'une pièce rare, restée à l'état d'eau forte pure.

182. *On y va deux*, par Kretlow et anonyme. Deux pièces in-8. Bonnes épreuves, une coloriée.

Le Bas (Jacques-Philippe)

183. Une Place de Strasbourg et le faubourg de Saverne pendant les fêtes de l'Entrée de Louis XV à Strasbourg, d'après Weiss. Deux pièces gr. in-fol. Belles épreuves.

Le Beau

184. Marie-Antoinette, d'après Marillier. Belle épreuves av. le n°.

Lempereur (L.)

185. Festin galant, d'après un maître hollandais. Grand in-fol. Très belle épreuve avant toutes lettres.

Lépicié (B.)

186. Capperonnier (Claude), d'après Aved. In-fol. Très belle épreuve.

Leslie (d'après C. R.)

187. *Dulcinea del Toboso* par J. Posselwhite. 1845. In-fol. Belle épreuve.

Leyde (Lucas Dametz. dit de)

188. L'Adoration des Mages, 1513 (B. 37) Ancienne épreuve (restaurée).

189. Jésus-Christ présenté au peuple, 1510 (B. 71) Belle épreuve.

Lithographies

190. Sujets divers vingt-quatre pièces par Gericault, Delacroix, L. Cogniet, H. Bellangé, etc. Belles épreuves.

191. Sujets religieux — Scènes de Genre — Paysages et Animaux. Vingt-six pièces par Mouilleron, Sirouy, J. Laurens, Soulange-Tessier etc., d'après Delacroix, Rosa Bonheur, Troyon et autres, la plupart avant la lettre. Ce n° sera divisé.

192. Cris de Paris — Sujets gracieux — Scènes d'histoire et de genre, etc. Vingt-huit pièces par Carle Vernet, Devéria, Aubry-Lecomte (d'après Prud'hon), L. Cogniet, etc. Belles épreuves.

Lœillot (Karl)

193. Revue de Charles X, pl. 1 Lithographie in-fol. Belle épreuve. On y a joint les *Ruines d'une Abbaye*, croquis à la mine de plomb, par Amédée Faure.

Longhi (Joseph)

194. Poniatowski, 1808. Très belle épreuve avant la lettre grandes marges.

Lucas

195. Annibal, né à Marseille ou il est mort âgé de 121 ans 3 mois, d'après Viali. In-fol. Très belle épreuve.

Mantégna (André)

196. La Sépulture (B., 3) Belle épreuve.

Martinet (F. N.)

197. Bal du May donné à Versailles pendant le Carnaval de L'année 1763, d'après Slodtz. In fol. Belle épreuve.

Masquelier (C. L.)

198. La Vierge et l'Enfant Jésus, d'après Raphaël. In-fol. Très belle épreuve avant la lettre toutes marges.

Maurin (A.)

199. Nicolas Ier Empereur de toutes les Russies — Alexandra Feodorovna. Deux lithographies gr. in-fol. Belles épreuves sur chine.

Meissonier (d'après Ernest)

200. Napoléon III à Solférino — Polichinelle — La Chanson — Sur la Terrasse. Quatre pièces par Boilot et Nargeot. Très belles épreuves avant la lettre sur japon.

Mellan (Claude)

201. Du Bois, dit Olivier (M. 184). — Faure (C.) (186). — Fouquet (N.) (187). — Gassendi (P.) (189). — Justiniani (V.) (197), — Le Vayer (La Mothe (198). — Lesdiguières (199). — Levi (Anne de) (200). — Louis XIV enfant aux pieds de la Vierge (206). Neuf pièces. Belles épreuves.

202. Marolles (Cl. et Mich. de) (M. 209-210). — Mazarin (211). — Molé (Math.) (215). — Montmorency (H. de) (216). — Naudé (G.) (218). — Nesmond (de) (219). — Orléans (L. d') rare (220). — Perefixe de Beaumont (221). — Philaras (224). Dix pièces. Belles épreuves.

203. Mellan, par lui-même (M. 1). — Barclay (167). — Bentivoglio (169). — Berrier (L.) (170) .— Blacuodeus (172). — Bouillon (C. de), 1673 (173). — Bouques (C. de), rare (174). — Condren (179), — Conty (Arm. de Bourbon) (180). — Elbene (A. d') (181. Douze pièces. Belles épreuves.

204. Rebe (Cl. de). — Talon (Omer). — Thibaud (R. P.) (234). — Toiras (M^al de) (235). — Trullier (J.) (236). — Urbain VIII (237). — Villemontée (F. de) (243). — Anne d'Autriche (246). — Castiglione (Agathe) (249). — La Brosse (Anne de) (255). — Titres (317-320). Quatorze pièces. Belles épreuves.

205. Fronstispices de livres : n°s 301, 303, 305, 306, 307, 310, 311, 312, 314, 318, 324, 326 et 328, du cat. de Montaiglon. Quinze pièces. Belles épreuves, sept sont *avant la lettre.*

206. Sujets Religieux et Mythologiques. — Armoiries. — Vignettes, etc. Vingt-sept pièces. Belles épreuves.

207. Portraits divers. Trente pièces, la plupart avec l'adresse d'Odieuvre.

Mérian (Gaspar et Mathieu)

208. Vues de France, 190 pl. — Vues d'Allemagne, 120 pl., 1656. En tout trois-cents dix pièces.

Méryon (Charles)

209. La Tour de l'Horloge. Belle épreuve, tirage de *L'artiste.*

Midart (L.)

210. Batailles relatives à la Suisse : Morgarten. — Laupen. — Sempach. — Nafels. — Morat. — Dornach. Six pièces in-fol. Belles épreuves.

Moncornet (Balthazar)

211. Portraits de femmes. Vingt pièces. Très belles épreuves.

Monsiau (d'après N.)

212. L'Amant de lui-même, par L. Pauquet, 1796. Vignette in-4. Très belle et rare épreuve à *l'état d'eau-forte pure.*

Moreau l'aîné (d'après L.)

213. Le Villageois entreprenant, par Germain et Patas. Belle épreuve, marges.

Moreau le jeune (d'après J. M.)

214. La Sortie de l'Opéra, par Martini. Belle épreuve, marges.

Morghen (Raphaël)

215. *Madona col Bambino*, d'apr. L. Carrache. 1804. Très belle épreuve.

216. Saint-Jean. — La Vierge et l'Enfant Jésus. — Le Christ. Trois pièces d'après L. de Vinci, Garofalo et C, Dolci. Très belles épreuves.

Morland (d'après G.)

217. *How Sweets the Love that Meets return* par T. Gaugain 1785. Ovale in-fol. Très belle épreuve tirée en couleurs, marges.

Morland et Singleton (d'après)

218. Industry and Oeconomy. — Extravagance and Dissipation. — The Fruits of early Industry et Oeconomy. — The Effects of Extravagance & Idleness. Suite de quatre pièces gr. in-fol., par Darcis. Très belles épreuves, déchirure à la dernière.

Muller (Jean)

219. L'Adoration des Bergers, d'après B. Spranger, 1606 (B. 65). In-fol. Très belle épreuve.

Muller (Jean Gothard)

220. Galloche (Louis), d'après L. Tocqué (D. 1645). Superbe et très rare épreuve du 1er état, *avant toutes lettres, non entièrement terminée*

Nanteuil (Robert)

221. Beaumanoir de Lavardin (R. D. 35). Belle épreuve du 1er état, sans marge.
222. Mazarin (le Cardinal), 1659 (R. D. 184). Très belle épreuve du 1er état. Rare.
223. Harlay-Chanvallon (F. de) (R. D. 107). Belle épreuve.
224. Sarrasin (J. F.), 1656 (R. D. 220). Très belle épreuve du 2e état. Rare.
225. Gillier (Melchior de), 1652 (R. D. 102). — Guénégaud (H. de) (106). — Ligny (D. de), 1654 et 1661 (144-145) — Thevenin (Cl. (230), Cinq portraits in-fol. Belles épreuves.

Nanteuil (Célestin)

226. Frontispices et Vignette. Un clair de lune, par Albitte, 1833. — Le jeu de la Reine. — Frontispice, 1834 (H. B. 24). — Frontispice pour un ouvrage sur la Musique? — Bibliothèque Romantique. Cinq eaux-fortes. Belles épreuves, trois sur chine.

Napoléon Ier (Estampes relatives à)

227. Bonaparte accompagné du général Berthier à la bataille de Marengo, par A. Cardon d'après J, Boze, 1802. Grand in-fol. Très belle épreuve.
228. Entrée de Napoléon au château de Schaenbrunn. — Entrevue des deux Empereurs, le lendemain d'Austerlitz. — Batailles de Villafranca, d'Essling, de Dierstein, d'Austerlity, d'Ulm, de Tudela, etc. Dix pièces in-fol., publiées par Jean. Très belles épreuves coloriées.

Nattier (d'après J. M.)

229. Chartres (L.-H. de Bourbon-Conti, duchesse de) ou *Flore à son lever*, par Malœuvre. In-fol. Belle épreuve.

Northcote (d'après James)

230. L'Education de Coraly,?, par T. Gaugain. Pièce ronde in-fol. Très belle épreuve *avant la lettre*, tirée en bistre (petite restauration).

231. Petite fruitière anglaise, par T. Gaugain, 1785. Ovale in-fol. Très belle épreuve tirée en bistre, marges (légèrement piquée).

Ogborne d'après)

232. Caroline von Lichtfeld, par Stothard. Ovale petit in-fol. Très belle et rare épreuve *avant toutes lettres*, marges.

Ornements

233. Anonyme (XVIIᵉ siècle). Arabesques et motifs d'ornements sur fond noir. Cinq petites pièces tirées sur trois feuilles. Belles épreuves.

234. Bella (Stefano Della). Frises d'ornements. Douze pièces.

235. Bérain (Jean). Arabesques, *cahier E*, 5 planches. — Arabesques, *cahier B*, 6 pl., sur 5 feuilles. Ensemble onze pièces in-fol. gravées par Giffart, Dolivar, etc. Très belles épreuves en *cahier*, à toutes marges.

236. Bérain (Jean). Dessins de jardins. Cinq planches in-fol., en cahier. — Chapiteaux ornés, 5 pl. en cahier. Ensemble dix pièces in-fol. Très belles épreuves à toutes marges.

237. Berain (jean). Dessins de cheminées. Quatorze planches in-fol., gravées par Scotin aîné, Giffart, etc. en trois cahiers. Très belles épreuves à toutes marges.

238. Boucher Fils (F.) Arabesques. Douze pièces, y compris deux titres. Très belles épreuves.

Ornements

239. Bry (J. Th. de) Deux gaines. Petite pièce. Belle épreuve.

240. Collaert (Adrien). Vénus et l'Amour. — Persée. — Méduse. Trois petits médaillons dans des arabesques. Belles épreuves.

241. Delafosse (J. Ch.) 2e Lit à la Française. — Lit à la Chinoise. Deux pièces in-fol. Belles épreuves.

242. Delaulne (Etienne). Arabesques de diverses formes. Onze petites pièces. Belles épreuves.

243. Ducerceau. Décorations de cheminées monumentales. Onze pièces. Belles épreuves.

244. Dugourc (J.-D). *Arabesques inventés* et gravés par J.-D. Dugourc, 1782. Suite complète de six planches. Très belles épreuves.

245. Fay. Arabesques. Onze pièces in-fol. Très belles épreuves.

246. Forty (J.-F.) Pendules en Cartels, par Colinet. Trois pièces. Belles épreuves.

247. Gillot, Meissonnier, La joue. Portières. — Cartouches ornés. — Rocailles. Douze pièces. Belles épreuves.

248. Hopfer. Reliquaire. — Arabesque. Deux pièces. Belles épreuves.

249. Jacquard (Antoine). Gardes d'épées. — Pommeaux de cannes. — Médaillons. Sept pièces. Belles épreuves.

250. Mondon Fils et Babel. Cartouches ornés et Fontaines. Onze pièces. Belles épreuves.

251. Ranson, Pillement, Marillier. Trophées et arabesques. Dix-huit pièces par Voysard, Berthault, etc. Belles épreuves.

252. Solis (Virgile). *Palis*, fond de coupe. Petite pièce ronde. Belle épreuve. Rare.

253. Vovert (Jean). Motifs de Joaillerie, 1602. Trois petites pièces rares. Belles épreuves.

254. Divers. Arabesques. — Ornements de bijouterie. Sept petites pièces par Hurtu, Marc Gérard, Toutain, Gentsch, Cock. Belles épreuves.

Ornements

255. Divers. Motifs d'orfèvrerie. — Frises. — Vase, etc. Neuf pièces par P. Biard, Adam Philippon, D. Baumann, Briceau, Moncornet et anonymes. Belles épreuves.

256. Divers. Arabesques. — Cartouches. — Chiffres. — Ornements variés. Seize pièces par La Londe, Saint-Aubin, Germain, Martinet, Cauvet. Belles épreuves.

257. Divers. Arabesques. — Cartouches. — Motifs d'orfèvrerie. Vingt pièces par T. Bertren. J.-A. Pieffel, Habermann, etc. Bonnes épreuves.

258. Divers. Cartouches. — Arabesques. — Frises. — Chiffres, etc. Vingt-sept pièces par Berain, N. Loir, Grossman, Dugourc, Lock, etc.

Paris (Estampes relatives à)

259. Vue des Montagnes aériennes du jardin Beaujon, par Caroline Naudet, 1817. In fol. Très belle épreuve, coloriée.

260. Tableau historique et chronologique de Paris, par R. De Baralle, Professeur, s. d. (1832). Deux feuilles gr. in-fol., ornées de onze vues. Bel exemplaire. Rare.

261. Vues diverses. Trente-trois pièces par Callot, Marot, Lalanne, Deroy, etc.

262. Vues de Paris. Cinquante-cinq lithographies, par A Deroy, coloriées.

263. Vues diverses anciennes et modernes. — Les boulevards et les quais de Paris. — Environs de Paris. Deux cent quarante pièces remontées en 1 vol. in-4° obl. cart., plusieurs très rares.

Parmesan (Francesco Mazzuoli dit le)

264. Judith. — L'Annonciation. — La Résurrection. — Sujets divers. Onze eaux-fortes. Rares. Belles épreuves.

Parrocel (les)

265. Costumes militaires. — Scènes d'enfants. Vingt-deux pièces. Belles épreuves.

Passe (Crispian de)

266. Le Bouquet des Bergères. Titre (remonté), et 36 planches contenant 72 médaillons de figures de femmes travesties, en 1 vol. in-8°, obl., rel.

Pater (d'après J. B.)

267. L'Age d'or, deux compositions gravées par Lalive de Jully. Deux pièces in-4°. Très belles épreuves, marges.

Pencz (G.)

268. Hérodiade portant la tête de St-Jean (B. 29). — Mort de Lucrèce (79). Deux pièces. Belles épreuves.

Petit (G. E.)

269. Gesvres (J.-F. Bernard Potier, de). — Phelypeaux (J.-F.). Deux portraits, d'après L.-M. Vanloo. Belles épreuves.

Petits Maîtres

270. Sujets religieux et divers. Quatorze pièces par ou d'après Lucas de Leyde, Beham, Hopfer, Delaulne, Aldegraver.

Pichler (Johan)

271. Léopold II, archiduc d'Autriche, d'après Hickel. In-fol. Très belle épreuve sans marges sur trois côtés.

Pièces historiques

272. *Le Prince d'Orange faisant seul ses afaires. Entrée triomphante de Guillaume* (Pce d'Orange) *à Londres*). Deux pièces satyriques in-fol., anonyme. Belles épreuves. Rares.

Pièces historiques

273. Lit de justice tenu par Louis XIV, par J. Le Pautre. — Représentation du feu d'artifice tiré devant l'Hôtel de Ville de Paris le 7 septembre 1729. — La Naissance de Mgr le Dauphin, médaille allégorique. — Buste de Louis XIV à Versailles. Cinq pièces. Très belles épreuves, plusieurs rares.

274. *Funérailles de l'Empereur Napoléon*, par MM. Ferogio et Girard. Paris, V[r] Delarue, s. d. Couverture illustrée et six lith. in-fol. Belles épreuves tirées sur teinte.

Pissarro (Camille)

275. Faneuses d'Eragny. Pointe sèche. Très belle épreuve.

Porporati

276. Pâris et Œnome, d'après A. van der Werff. In-fol. Manière noire. Superbe et rare épreuve *avant la lettre*.

277. Vénus qui caresse l'Amour, d'après P. Battoni. In-fol. Belles épreuves à grandes marges.

278. Prima Mors... d'apr. Vander Werff. — Agar renvoyée par Abraham, d'apr. Daniel vanden Dyck. Deux pièces in-fol. faisant pendants. Très belles épreuves.

Portraits

279. Stroza. — Garnier, poète. — Charles de Bourbon. Trois pièces par L. Gaultier, C. de Mallery et Th. de Leu. Belles épreuves.

280. Montpensier (D[sse] de), par Gantrel. — Orléans (L[se]. H[te] de Bourbon-Conty. D[sse] d'), par Petit. — Dubary (Comtesse), par Le Beau. Trois pièces. Belles épreuves.

281. Lowendal (W. de). — Beringhen (H. de). — Roncherolles (P.). — Vendôme (duc de). Quatre pièces in-fol., par Wille, Roullet, Grignon et Guérin.

Portraits

282. Barra. — Viala. — Le Peletier St-Fargeau. — Marat. — Joubert. — Mme Roland, etc. Sept pièces par Bonneville, Bance, Compagnie. Très belles épreuves.

283. Le Tellier (Michel). — Vignerod (A. de). — Brunenc (J. de). — Albret (E.-O. de la Oour d'Auvergne, duc d'). — Nesmond (F.-O. de). — Le Fevre d'Ormesson. — Le Bouthilier (V.). Huit portraits in-fol., par Edelinck, Nanteuil, Vermeulen et Pally. Belles épreuves.

284. Portraits Allemands. Dix-sept pièces par Fratrel, Bartsch, Schroder, Suyderhoef et autres. Belles épreuves.

285. Seguier (P.). — de Thou. — Guébriant. — Molé (F.), etc. Dix-huit pièces par J. Morin, Nanteuil, Audran, Ficquet, Saint-Aubin, cinq avant la lettre.

286. Chauvelin. — Houssaye, violoniste. — Elleviou. — Henri d'Harcourt. — J.-B. Rousseau. — Bossuet, etc. Dix-huit pièces par Daret, B. Picart, Miger, Chereau, Dupin et autres. Belles épreuves, une avant la lettre,

287. Peintres, Sculpteurs et Graveurs : Kauffman (Angelica). — Le Brun (Ch.). — Slodtz (les), — Le Clerc (S.). — Mengs (R.). — Canova. — Perronet-Boucher. — Odevaere. — Simon (P.). — Fontana (D.), etc. Dix-neuf pièces par Noël Boniface, Edelinck, Blooteling, Saint-Aubin et autres. Belles épreuves.

288. Portraits divers : Washington. — Napoléon Ier et sa famille. — Mirabeau. — Emaux de Petitot, etc. Vingt-trois pièces par divers artistes. Belles épreuves, plusieurs avant la lettre.

289. Vérien (N.). — Richelieu. — Th. le Juge. — J.-B. Greuze. — Descartes. — Marguerite Lemon. — G. de Lairesse. — C.-M. Le Tellier. — Ruyter, — Napoléon Ier., etc. Vingt-quatre pièces par Edelinck. Schuppen, Vorsterman, Suyderhoef, Choffand et autres. Belles épreuves.

Portraits

290. Personnages divers étrangers. Trente pièces par Hollar, Houbraken, Verkolie, Pontius et autres, cinq avant la lettre.

291. Portraits de Louis-Philippe et des membres de la famille d'Orléans. Treize pièces. Très belles épreuves.

Prud'hon (d'après P. P.)

292. L'Amour caresse avant de blesser, par B. Roger. In-4°. Très belle épreuve *avant la lettre.*

293. L'Amour réduit à la Raison, par Copia. Belle épreuve.

Ramberg (I. H.)

294. La Jument du compère Pierre. — Joconde. Deux pièces ovales in-fol. Belles épreuves *aquarellées* et montées en dessins.

295. Le Villageois qui cherche son veau. — Le Poirier enchanté. — Scènes d'enfants. — Le Marché d'esclaves. — Scènes napolitaines. Dix pièces. Belles épreuves. Ce ne pourra être divisé.

Rembrandt. van Ryn

296. La grande Descente de Croix. In-fol. Bonne épreuve.

Reynolds (d'après sir Joshua)

297. Baretti (Joseph), par J. Hardy. Belle épreuve avec la *lettre grise.*

Rops

298. Frontispice pour *Anandria* (E. R. 450). Planche d'essai. Très belle épreuve sur Chine volant. Très rare.

Rosa (Salvator)

299. Diogène (B. 5). — Apollon et la Sybille Cumée (17). — Jason (18). — Le Héros endormi (23). Quatre pièces in-fol. Belles épreuves.

Rubens (d'après P. P.)

300. L'Enlèvement des Sabines, par Pitre Martenasie, 1769. Grand in-fol. Très belle épreuve *avant toutes lettres*.

301. Le Jardin d'Amour, par L. Lempereur. Gr. in-fol. Très belle épreuve *avant toutes lettres*.

302. La Kermesse, par Et. Fessard et Aug. de St-Aubin. Grand in-fol. Belle épreuve *avant la lettre*.

303. Retour de Diane de la chasse. — Bacchanale au Silène. — Erichtonius dans le panier. — Quatre pièces in-fol., par Bolswert, Soutman, Sompel et Wyngaerde. Belles épreuves.

304. Descente de Croix. — Mort de la Madeleine. — St-Michel, etc. Cinq pièces in-fol., par M. C. Galle, Vorsterman, Neefs et Balliu. Belles épreuves.

305. L'Ascension. — La Vierge de Douleurs. — Silène ivre. — Paysage, etc. Onze pièces par Bolswert, Leeuw, Soutman, Pontius. Belles épreuves.

Sadeler le vieux (Jean)

306. La Passion de Jésus-Christ, d'après M. Geraert. Suite complète de un titre et treize pièces in-8°, de forme ovale. Belles épreuves.

307. Les Hommes surpris dans leur dérèglements par le jugement dernier, d'après Th. Bernaerd. In-fol. Très belle épreuve.

Saint-Aubin (Aug. de)

308. Le Kain, d'après Le Noir, (E.-B. 128?). Très belle épreuve du 1er état, *avant la lettre*.

Savart (Pierre)

309. Alembert (J.-d'), d'après Mlle Lusurier, 1780 (F. 1). Très belle et rare épreuve du 1er état, *avant toutes lettres*.

Schall (d'après)

310. *The Officious waiting woman*, par Alex. Chaponnier. In-fol. Très belle et rare épreuve *avant la lettre*, grandes marges.

Schmidt (G. F.)

311. La Tour (Maurice Quentin de), sur un chevalet, d'après lui-même, 1772 (J. 89). Très belle épreuve.

312. La Tour d'Auvergne (L. de), comte d'Evreux, d'après H. Rigaud (J.-42). Très belle épreuve du 3e état, marges.

313. Pesne (Ant.), d'après lui-même (J. 69). Très belle épreuve, grandes marges.

314. Goërne (Fréd. de), (J. 70). Très belle et rare épreuve 2e état, *avant le texte allemand*, grandes marges.

Schultz (C. G.)

315. La Vierge de Lorette, d'après Raphaël. Grand in-fol. Très belle et rare épreuve *avant la lettre*.

Sergent-Marceau (A. F.)

316. Portrait de Necker, d'après J.-S. Duplessis. In-4°. Superbe et rare épreuve *avant la lettre*, imp., en couleurs, grandes marges.

Simonet (J. B.)

317. Les premiers Martyrs de la liberté française ou le massacre de la Garde nationale de Montauban le X may MDCCLXXXX, d'après le Ch. de Lespinasse. In-fol. Belle épreuve.

Singleton (d'après H.)

318. *The Vicar of the parish receiving his Tithes. — The Curate of the parish return'd from duty.* Deux pièces in-fol. par Th. Burke, 1793, faisant pendants. Très belles épreuves à grandes marges.

Spilsburg (d'après Maria)

319. Reading, par Ch. Turner, 1802. In-fol. Très belle épreuve tirée en couleurs.

Steen (François van den)

320. Charles II, duc de Mantoue et la duchesse Aloysie? In-fol. Belle et rare épreuve *avant toute lettre.*

Stothard (d'après)

321. *The Death of Lord Robert Mammers*, par J.-K et Ch. Sherwin, 1786. Grand in-fol. Très belle épreuve, grandes marges.

322. La même estampe, en même état.

Taunay (d'après)

323. Noce de Village. — Foire de Village. Deux pièces gravées en réduction, par Descourtis. Très belles épreuves en *noir*, avec marges. Encadrées. Rares.

Théâtre (Estampes relatives au)

324. Costumes d'acteurs, scènes à deux personnages dans les pièces du Théâtre-Français. Trente petites pièces de l'époque de la Restauration. Belles épreuves coloriées, rehauts d'or.

325. Galerie Théâtrale. Actrices : Mlle Volnais. — Mme Gonthier. — Mlle Massy. — Mme Candeille. — Mlle Dangeville. — Mlle Noblet. — Mlle Prévost. — La Champmeslé. — Mme Montessu. Treize pièces par Prudhon fils, Chaponnier, Couché etc. Très belles épreuves, trois tirées en couleurs.

Théâtre (Estampes relatives au)

326. GALERIE THÉATRALE : Acteurs : Baptiste aîné — Brizard — Huet — Thénard — Nourrit — Fréd. Lemaître — Vernet — Samson — Molé, etc. Vingt pièces par Prudhon, Choubard, Couché. Très belles épreuves, plusieurs avant la lettre.

327. Portraits d'Acteurs et d'Actrices, par Fréd. Hillemacher. Vingt pièces. Belles épreuves, neuf avant la lettre.

328. Acteurs et Actrices : Louise Pierson — Mlle Cheza — Desmoussaux — Lafon — Mme Tousez — Monrose — Michelot — Mme Paradol — Mlle Bourgeois Damas — Baptiste aîné — Granville, etc. Vingt littographies par A. Collin. Très belles épreuves sur chine.

329. Portraits d'Actrices : Ugalde — Christine Nilsson. — Mme Albert — A. et Mad. Brohan — Rachel — Persiani — Thérèse Bourgoin — Sarah Bernhardt. Vingt-cinq pièces par Vigneron, L. Noel, Raunheim, Bertonnier, P. Legrand, etc. Belles épreuves, trois avant lettre.

330. Décors pour la Muette, Virginius, l'Enfant prodigue, Roméo et Juliette, Marino Faleiro, Paris et Londres, etc. — Scènes de comédie, ballets, vaudevilles — Vues de théâtres. Cinquantes pièces par divers artistes. Belles épreuves.

Thévenin (J. C.)

331. La Ste Vierge, d'apres Raphaël. in-fol. Très belle épreuve.

Turner (d'après J. K. W.)

332. Vues de la Seine, de la Loire et de la Marne, 1833-1835. Soixante pièce par Wallis, Cousen, Brandard, etc. Belles épreuves en 1 vol., in-8. (plusieur pièces avant la lettre).

Vanloo (d'après Carle)

333. Hyppolyte de la Tude Clairon. v· acte de Médée, par Cars et Beauvarlet. Gr. in-fol. Très belle épreuve, doublée.

Velde (A. vande), Laer, Stoop

334. Animaux. Neuf eaux-fortes. Belles épreuves.

Vernet (d'après Joseph)

336. La Rochelle vue de la petiterive, par Cochin et Le Bas. Grand in-fol. Très belle épreuve *avant toutes lettres* grandes marges.

336. La Ville et la Rade de Toulon, par Cochin et le Bas, Grand in-fol. Trés belle épreuve *avant toutes lettres*, grandes marges.

Vico et Woeiriot

337. Portrait d'Homme — Asdrubal — Scènes de Supplices. Cinq pièces. Belles épreuves.

Voysard (E.)

338. Combat de La Hogue, d'après B. West. In-fol. Belle épreuve à toutes marges.

Watteau (d'après Antoine)

339. La Roque (Ant. de), par Lépicié. Très belle épreuve.

Watteau (d'après Ant.)

340. Le Passe temps, par B. Audran (E. de G. 151). Belle épreuve.

Watteau (d'après Ant.)

341. Le Printemps, par Brillon. — L'Hiver, par N. de Larmessin. Deux pièces in-fol. Belles épreuves, petites marges.

Weiss (David)

342. Portrait de Femme, d'après Muneret. Epreuve *avant la lettre*, tirée en bistre, toutes marges.

Westall (d'après R.)

343. *Innocent Mischief*, par C. Josi, 1796. In fol. Très belle épreuve, marges.

Wheatley (d'après F.)

344. *Milck below Maids*, par L. Schiavonetti. In-fol. Très belle épreuve *avant toutes lettres*. Très rare.
345. La même estampe. Très belle épreuve imprimée en couleurs, grandes marges.

Wille (Jean-George)

346. Elizabeth de Gouy (Mme H. Rigaud). — Lowendal (Woldemar de). Deux pièces in fol., d'après H. Rigaud et La Tour. Bonnes épreuves.

347. *Variétés de Gravures... terminées en l'an 8 et 9 de la République par Jean Georges Wille...* — Paris, chez l'auteur, 1801. Frontispice et 36 planches en 1 vol., in-4 broché. Belles épreuves.

Woeiriot (Pierre)

348. Bornonius (Jacques), 1573. Très belle épeeuve.

Woollett (William)

349. Niobé, d'après R.Wilson, 1761. In-fol. Belle épreuve.

DESSINS

Anonyme (XVIIe siècle)

350. Scène de l'Histoire romaine. A la plume, lavé d'encre de chine.

Devéria (Achille)

351. Portrait en pied de Mlle Laure Devéria. A la mine de plomb. Signé.

École Française (XVIIIe siècle)

352. Etudes de Femmes nues. Douze dessins à la sanguine.

Géricault (Théodore)

353. Portraits de Dupaty, de Michallon et de ? Trois croquis à la mine de plomb sur la même feuille.

Isabey (Jean-Baptiste)

354. Portrait d'une Actrice, dans un rôle de paysanne. Jolie aquarelle de forme ovale, signée *J. B. J. 1824*. Collection Gérard-Fontallard.

Miniatures

355. Feuillets d'antiphonaires et Lettres ornées.

Moitte, Le Barbier, Vincent

356. St Louis. — Scènes de l'Histoire Romaine. — Etude de figure. Quatre dessins signés.

Rachel, célèbre tragédienne

357. Rachel dans le Rôle de Cléopatre, dessinée par elle-même. A la mine de plomb. Au verso de ce précieux croquis on lit : *Mon cher Gustave, je continue la collection, continuez de m'aimer un peu, Rachel, Paris le 8 Obre 1847.*

Raffet (A.)

358. Anvers : Pont ruiné de la porte de Secours du rentrant de gauche du bastion Pacioto, 1832. Etude à la mine de plomb pour l'une des planches du *Siège d'Anvers.*

359. Vue du village Tatar d'Alouchta, 31 juillet 1846. Dessin au crayon noir et plume avec rehauts de gouache et qui a servi de calque à la lithographie (G. 677).

360. Sous-officiers et soldats du Régiment de Volhynie, 25 août 1837. Important croquis à la plume sur papier calque, pour la Pl. 57 du *Voyage en Russie.*

361. Circassiens, Lesghines et Cosaques de la ligne, formant l'escorte de l'Empereur de Russie. Important croquis au crayon noir, sur papier calque, pour la Pl. 60 du *Voyage en Russie.*

362. La Rue Quincampoix en 1720, deux projets de composition pour l'*Histoire de la Révolution Française*, par L. Blanc A la mine de plomb, rehauts de sépia.

363. Sergent et soldats du dépot des Gardes françaises, journée du 12 juillet 1789. — Gardes françaises à la prise de la Bastille. — Suisse, journée du 10 août. Trois croquis à la plume et à la mine de plomb.

364. Héliopolis. Deux projets différents pour *Consulat et Empire*, par Thiers. Deux petits croquis à la plume (1845).

365. Soldats de la 1re République, croquis pour le *Napoléon*, de Norvins. — Etudes de Tirailleur-Grenadier. Deux dessins au crayon. On y a joint un *fumé* d'un bois de Lavoignat, pour le Norvins.

366. Marins Grecs, 1847 et 1849. Deux dessins rehaussés d'aquarelle.

Raffet (A.)

367. Jugement de Marie-Antoinette, 1re pensée de la pl. 23 du *Musée de la Révolution*, 1834. — Jeune Femme soignant un blessé, souvenir de juillet 1830. — Officiers de la 1re République. Trois croquis à la plume avec rehauts de sépia.

368. Officier autrichien. — Chasseur autrichien en tenue de campagne. — Autrichiens et Hongrois. Quatre croquis à la plume ou à la mine de plomb.

369. Guadet. — Les Girondins, allant à l'échaffaud. Dix beaux petits croquis sur deux feuilles, projets de frontispice pour *Les Girondins*, par A. de Lamartine.

370. Sous ce numéro il sera vendu par lots, environ 4000 estampes anciennes et modernes.

IMP. ANDRÉ MARTY
25, RUE LOUIS-LE-GRAND

www.ingramcontent.com/pod-product-compliance
Ingram Content Group UK Ltd.
Pitfield, Milton Keynes, MK11 3LW, UK
UKHW020452180726
13839UKWH00004B/1792

DU CROUP

DES ENFANS;

OU

EXPOSÉ SUCCINCT DE L'HISTOIRE GÉNÉRALE, DU SIÉGE, DE LA DURÉE, DU PRONOSTIC ET DU TRAITEMENT DE CETTE GRAVE MALADIE, PROPRE A METTRE TOUT LE MONDE A MÊME DE LA DISTINGUER D'AVEC LES AFFECTIONS AVEC LESQUELLES ELLE PEUT ÊTRE CONFONDUE; TERMINÉ PAR PLUSIEURS OBSERVATIONS PARTICULIÈRES;

PAR P. VIGNES, DE CASTELFRANC,

DOCTEUR EN MÉDECINE DE LA FACULTÉ DE PARIS, MÉDECIN DU BUREAU DE CHARITÉ DU PREMIER ARRONDISSEMENT DE PARIS, EX-MÉDECIN ORDINAIRE DES HOPITAUX MILITAIRES, MEMBRE DE PLUSIEURS SOCIÉTÉS DE MÉDECINE.

PRIX : 2 fr. 25 c., et 2 fr. 40 c. par la Poste.

A PARIS,

CHEZ L'AUTEUR, rue de la Ville-l'Évêque, n° 42.
LES LIBRAIRES DE L'ÉCOLE-DE-MÉDECINE;
LES MARCHANDS DE NOUVEAUTÉS.

1826.

DU CROUP

DES ENFANS;

OU

EXPOSÉ SUCCINCT DE L'HISTOIRE GÉNÉRALE, DU SIÉGE, DE LA DURÉE, DU PRONOSTIC ET DU TRAITEMENT DE CETTE GRAVE MALADIE, PROPRE A METTRE TOUT LE MONDE A MÊME DE LA DISTINGUER D'AVEC LES AFFECTIONS AVEC LESQUELLES ELLE PEUT ÊTRE CONFONDUE; TERMINÉ PAR PLUSIEURS OBSERVATIONS PARTICULIÈRES;

PAR P. VIGNES, DE CASTELFRANC,

DOCTEUR EN MÉDECINE DE LA FACULTÉ DE PARIS, MÉDECIN DU BUREAU DE CHARITÉ DU PREMIER ARRONDISSEMENT DE PARIS, EX-MÉDECIN ORDINAIRE DES HOPITAUX MILITAIRES, MEMBRE DE PLUSIEURS SOCIÉTÉS DE MÉDECINE.

Le croup est très-promptement mortel, si on ne lui oppose le traitement convenable *dès son invasion;* un retard de quelques heures peut être *fatal.* Il importe donc bien aux pères et mères de savoir distinguer les symptômes qui le caractérisent, aussitôt qu'ils se manifestent, afin de s'entourer d'un médecin, ou d'administrer eux-mêmes les premiers moyens, indiqués ailleurs, si on n'était pas à portée d'avoir de suite un homme de l'art.

A PARIS,

CHEZ L'AUTEUR, rue de la Ville-l'Évêque, n° 42.
LES LIBRAIRES DE L'ÉCOLE-DE-MÉDECINE;
LES MARCHANDS DE NOUVEAUTÉS.

1826.

Se vendent aussi chez le docteur Vignes les deux ouvrages suivans dont il est l'auteur :

1°. Traité complet de la Dysenterie et de la Diarrhée, précédé de l'Histoire clinique de ces maladies ; suivi de quelques Considérations sur la contagion essentielle, etc. Prix : 6 fr., et 7 fr. 25 cent. par la poste.

2°. Formulaire pratique à l'usage des jeunes médecins. Prix : 2 fr., et 2 fr. 25 cent. par la poste.

AVERTISSEMENT.

Le Croup est une de ces effrayantes maladies qui ne font grâce à aucun individu qui en est atteint, si on ne lui oppose, *dès les premières heures de son invasion*, les moyens héroïques qui en arrêtent presque toujours la marche. Mais, malheureusement, le médecin n'est appelé le plus souvent, pendant ce temps, que quand les symptômes s'annoncent avec *violence, et un danger imminent!* Or, cette invasion inopinée étant la moins commune, il en résulte qu'il y a plus de victimes que de guerisons; car le Croup se montre au contraire, fréquemment, sous l'apparence trompeuse d'une maladie peu ou point dangereuse qui lui ressemble plus ou moins, et avec laquelle les gens étrangers à la médecine le confondent presque toujours, et restent ainsi dans une fausse sécurité pendant que la maladie ne cesse cependant pas de faire des progrès tels, que bien souvent il n'est plus possible d'y remédier, lorsque, devenant plus menaçante, ils se décident à appeler un homme de l'art. Plusieurs des maladies qui affligent l'espèce humaine peuvent se guérir par les inappréciables efforts conservateurs de la nature; mais *jamais* le Croup, abandonné à lui-même ou traité quelques heures trop tard, ne permet d'espérer cette heureuse terminaison; parce qu'il se forme, en général, une fausse membrane dans le conduit aérien, qui oppose un obstacle au passage de l'air, essentiellement nécessaire à l'entretien de l'individu; d'où il résulte, *dans les*

deux cas ci-dessus, qu'il y a autant de victimes que d'enfans affectés de cette maladie : aussi, les tendres mères frémissent-elles au seul nom de *Croup!*

Mais comment les personnes étrangères à la médecine auraient-elles pu jusqu'ici se mettre à même de distinguer les symptômes de cette cruelle affection? car elles n'avaient à leur portée aucun moyen entre les mains; ce n'est que par hasard, ou par une triste expérience dans leurs familles, qu'elles apprenaient imparfaitement à connaître quelques symptômes du Croup. La plupart des nombreux ouvrages qu'on a écrits sur ce sujet étant trop volumineux, même pour l'avantage de la science; d'un autre côté, n'étant écrits que pour les médecins, ils sont en quelque sorte hors de leur portée. Ajoutons à cela, la négligence qu'on a, en général, pour la conservation de la santé, quoique, à mon avis, elle soit le bien le plus précieux qu'on puisse posséder, comme certains philosophes de l'antiquité l'avaient si justement avancé.

Pénétré donc des ravages que le Croup exerce, faute d'en connaître à temps les symptômes, et persuadé qu'on peut au contraire sauver presque tous les enfans en leur prodiguant de prompts secours (l'expérience le prouve), j'ai pensé qu'on pourrait atteindre cet heureux résultat en mettant un traité succinct de cette maladie à la portée de tout le monde, au moyen duquel il serait facile de distinguer ses véritables symptômes, sinon toujours parfaitement, du moins dans le plus grand nombre de cas, et les soupçonner dans les autres, et indiquer suffisamment par-là ce qu'on a à faire dans une circonstance si urgente. Tel a été le but que je me suis proposé en publiant cet opuscule.

Cependant, avant de m'y déterminer, j'ai examiné s'il pourrait devenir une arme de plus pour le charlatanisme, *si répandu et si peu réprimé dans tous les temps ;* mais la gravité du Croup et les secours qu'il exige ne permettent point de le craindre. Mon seul désir, comme je le fais sentir ailleurs, a été de mettre les pères et mères à même de distinguer les symptômes de cette redoutable maladie, et l'imminent danger qu'il y a d'en négliger le traitement, même de quelques heures ; c'est le seul moyen de ravir à une mort certaine une foule d'enfans qui en sont attaqués durant la saison froide et humide.

Si quelques-uns voulaient me faire un crime de mettre un livre de plus entre les mains des gens du monde, *si avides de porter des jugemens sur des cas qu'ils ne comprennent qu'imparfaitement*, et qui peuvent cependant être si préjudiciables, comme on le voit toujours : *judicium difficile*, le jugement est difficile; *experientia fallax*, l'expérience est dangereuse, *a dit Hippocrate ;* il leur sera facile, s'ils veulent me lire, de voir qu'il ne peut nullement leur servir dans ce sens, comme je viens de le dire, et, je crois, de le prouver. J'aime au contraire à me persuader qu'il pourra remplir, jusqu'à un certain point, le but que je me suis proposé, et que quelques personnes auront à se louer de l'avoir lu, seulement pour les avoir mises en état de discerner le moment de faire soigner en temps opportun leurs enfans. Cet opuscule, enfin, ne ressemble en rien à ces ouvrages dangereux *dont l'autorité devrait faire justice*, où les auteurs prônent *un seul remède violent*, comme un spécifique pour toutes les maladies; *triste secret de l'ignorance et de l'ambition la plus immorale !* Mon

travail et mes intentions pourraient être au contraire assimilés à celui qui, s'il était possible, ferait connaître les signes d'une *apoplexie foudroyante assez tôt*, pour prévenir une mort aussi certaine, mais plus prompte, il est vrai, que dans le Croup. Or, je doute que personne mît en question le bienfait de son auteur envers l'humanité.

Les matières qui composent ce traité succinct, sont disposées de la manière suivante : Après la synonymie du croup, je fais 1°. son histoire générale; 2°. j'indique son siége; 3°. sa classification; 4°. les symptômes, en les comparant à ceux des autres maladies avec lesquelles ils peuvent être confondus; 5°. je parle de sa durée et du pronostic; 6°. du traitement, en indiquant ce que les personnes étrangères à l'art de guérir peuvent ou doivent même faire *d'abord*, si elles ne peuvent pas avoir un médecin *de suite*; viennent ensuite huit observations qui me sont particulières, et qui tendent à prouver l'avantage inappréciable de ce que j'ai avancé.

DU CROUP.

SYNONYMIE.

Les médecins ont successivement donné plusieurs dénominations différentes à la maladie dont je m'occupe (1). Les unes, trop générales, ne la déterminent pas suffisamment; quelques-unes, trop restreintes, ne conviennent qu'à quelques variétés; d'autres présentent une fausse signification, et propre à induire en erreur. A la vérité, elles indiquent toutes la difficulté de respirer, l'altération du timbre de la voix, et l'imminence de la suffocation; mais elles ne parlent point assez sur le mode d'altération. Le mot *croup*, généralement employé en *Écosse*, l'a été égalcment dans tous les autres pays, et c'est celui qui a été enfin adopté par tous les médecins.

HISTOIRE GÉNÉRALE.

On est justement étonné, dit Schwilgué (*Dissertation sur le Croup*, 1802), en lisant les ouvrages des anciens observateurs, de ne trouver nulle part quelqu'indice sur le croup. On se demande comment une affection aussi grave a pu leur échapper? N'a-t-elle pas été confondue avec des maladies analogues, telles que l'*angine trachéale*, les toux dites *suffocantes*, *férines*, *etc.*? Cela paraît très-probable.

M. *Pinel*, qui a fait beaucoup de recherches dans les auteurs anciens et modernes, dit également qu'il ne paraît pas

(1) *Cynanche stridula*, Wahlbom; *morbus truculentus*, Van-Bergen; *angina suffocatoria*, Engstroem; *croup et suffocatio stridula*, Home; *angina polyposa*, Michaelis; *cynanche trachealis humida*, Rush; *croup muqueux*, Lentin; *orthopnée membraneuse*, Lundun, etc.

avoir été des premiers. En effet, ce n'est qu'en 1576 que *Baillou* semble avoir observé l'altération pathologique qu'on rencontre chez les individus qui y succombent. Mais c'est vers le milieu du dix-huitième siècle que cette maladie a été plus généralement connue, et décrite presqu'en même temps en *Italie* par *Ghisi*, médecin de Crémone, qui en observa une épidémie pendant les années 1747 et 1748 (1); en *Amérique*, et dans plusieurs autres pays du nord, par *Struve*, *Starr*, *Berigius*, *etc*. Depuis cette époque, on a vu paraître plusieurs monographies, parmi lesquelles on doit distinguer celles de *Home*, médecin à Edimbourg, et de *Schwilgué*, en France, etc. Mais le concours sur cette maladie, ouvert en 1807, a particulièrement avancé son histoire et son traitement. Il parut un résumé de tout ce qui avait été recueilli jusqu'alors sur cette affection, lequel est très-remarquable.

Le croup peut se développer dans les lieux secs, humides; mais il règne plus particulièrement dans les endroits froids et humides, notamment dans le voisinage de la mer, des grandes rivières et des marais. Il peut aussi se manifester dans toutes les saisons de l'année par des circonstances particulières; mais ce n'est ordinairement qu'à la fin de l'automne, durant l'hiver et le printemps, qu'il exerce ses ravages. *Bloom* en observa une épidémie pendant le printemps de 1765 et l'automne de 1768; *Salomon*, également durant les mêmes saisons; *Van-Bergen*, *Wahlbom* et *Michaelis*, pendant l'hiver. Ce dernier l'observa à *New-Yorck*, sous l'influence d'un froid sec et rigoureux. Pendant celle qu'on observa à Francfort, la constitution atmosphérique fut alternativement froide, sèche et humide. Enfin, l'épidémie de *Calmar* (Suède) se remarqua pendant les pluies abondantes du mois de décembre 1765; elle cessa pendant un froid sec de

(1) On voit, d'après ces dates, que le reproche qu'on a fait à la vaccine d'occasionner le croup n'est pas juste, puisqu'il était connu avant que M. le duc de Larochefoucault-Liancourt n'eût introduit le précieux préservatif de la variole en France.

janvier, et reparut avec le renouvellement des pluies au mois de février suivant. On observe qu'il est endémique (habituel) sur les côtes de l'Écosse et dans certaines contrées de la *Suède*, voisines de la mer; mais il ne règne communément que d'une manière *sporadique* (répandu çà et là), et sans se *communiquer d'un individu à un autre*. Le passage rapide du chaud au froid est une des causes qui peut donner plus particulièrement lieu à son développement; les vents coulis, celui qui passe entre une porte ou fenêtre mal fermée, et qui frappe les enfans dans leur lit durant leur sommeil, est peut-être une cause plus fréquente qu'on ne le pense; et l'exposition longue au froid ou à l'humidité.

Cette maladie accompagne souvent les épidémies de catarrhe pulmonaire, d'angine grave, de petite-vérole confluente et de rougeole; elle attaque les deux sexes. *Michaelis*, *Lentin* et *Boehmer*, prétendent que les garçons y sont plus sujets que les filles. Il peut atteindre tous les âges; mais c'est l'enfance qui en est particulièrement affectée, depuis l'âge de dix-huit mois environ jusqu'à sept ans; et depuis ce dernier âge jusqu'à la puberté, il est plus fréquent qu'aux époques plus avancées de la vie. On ne voit le croup affecter presque jamais les enfans pendant leur allaitement. Il peut attaquer *plus d'une fois le même individu*, mais cela est rare. *Home*, en Écosse, et *Vieusseux*, en France, citent de ces exemples; et le médecin conçoit facilement que l'inflammation qui le caractérise peut se renouveler aussi bien dans le conduit aérien que dans toute autre partie du corps. On voit quelquefois plusieurs enfans de la même famille être atteints du croup, soit en même temps, soit successivement; tandis que dans d'autres circonstances, il n'y en a qu'un d'affecté sur plusieurs, malgré que le petit malade joue avec les autres. Quelques auteurs, même de nos jours (en Angleterre), ont conclu de ce premier fait que le croup est contagieux; mais ce fait n'est nullement concluant, et on sait aujourd'hui que cette prétendue contagion est le plus souvent due à la

même cause atmosphérique, sous l'influence de laquelle plusieurs individus se trouvent.

Le croup semble atteindre de préférence les enfans qui jouissent d'une bonne santé et dont le teint est plus ou moins fleuri ; ceux qui ont une toux, soit habituelle, soit peu ancienne ; ceux qui ont éprouvé récemment des catarrhes des poumons, des rougeoles, des scarlatines ; ceux attaqués de la variole confluente, et ceux qui sont d'une faible constitution ou valétudinaires. Souvent il attaque d'une manière très-brusque sans cause connue bien appréciable, sauf l'état de l'atmosphère ; mais le plus communément il ne présente d'abord que les symptômes d'un rhume plus ou moins fort, soit coryza (dit rhume de cerveau), avec des éternuemens plus ou moins fréquens, soit une toux avec gêne de la respiration, tristesse, perte de l'appétit, fièvre ou agitation seulement dans le pouls, etc. Mais bientôt, *un jour ou deux après*, le timbre de la voix change, devient *aigu*, tantôt *sifflant*, comme s'il sortait d'un *tuyau d'airain*, ou semblable au *cri d'un jeune coq*, tantôt *glapissant* (aboiement du chien), et tantôt *rauque* (*rude*, *âpre*). La toux n'est pas toujours fréquente ; elle se renouvelle par quintes avec *suffocation imminente*. Tous ces symptômes n'existent pas chez le même individu, un ou deux suffit pour caractériser l'existence du croup. Quand il s'annonce sous la forme de rhume, comme il vient d'être dit, et qu'il est encore douteux, il faut exercer une grande surveillance sur les enfans, et leur prodiguer le plus tôt possible les secours convenables quand il existe ; une négligence de quelques heures peut être fatale au petit malade, je le répète. Je décrirai plus loin tous les symptômes de la maladie avec plus de soin et de détail, afin qu'on puisse distinguer le croup d'un rhume, etc. Enfin, cette maladie offre beaucoup de variétés dans son invasion, sa marche, son intensité, sa durée et sa terminaison. Cette dernière est de trois, quatre ou cinq jours, ce qui est subordonné à la plus ou moins grande violence de l'inflammation du larynx et de la trachée artère, où

il a son siége. Quand elle est portée au plus haut degré d'intensité, le croup peut être mortel dans l'espace de six à quarante-huit heures.

Des auteurs rapportent aussi qu'on l'a vu se prolonger jusqu'au dix-huitième jour, et d'autres ajoutent qu'il peut devenir chronique (prolongation longue), et se terminer tantôt bien, tantôt mal : mais ces deux derniers cas sont extrêmement rares, ils n'ont même pas été bien constatés.

Tous les auteurs s'accordent à dire, *que la mort est une des terminaisons les plus fréquentes du croup* : je crois pouvoir assurer que la plupart des malades *guériraient, s'ils étaient secourus dès le premier temps de son développement*; ma propre expérience m'autorise à avancer cette assertion; d'ailleurs, dans la plupart des cas funestes que les praticiens citent, les enfans n'avaient été soignés que plusieurs jours après l'invasion de cette cruelle maladie. Quand la mort en est le terme, elle arrive quelquefois subitement au milieu d'une rémission trompeuse (calme momentané des symptômes); elle doit être attribuée à la suffocation qu'amène la formation d'une fausse membrane dans le conduit aérien, que je vais décrire succinctement dans l'article suivant, laquelle intercepte plus ou moins vite le passage de l'air: elle est sans doute due aussi, dans quelques cas, à l'état de spasme des parties qui concourent à l'acte de la respiration.

Lorsque le croup se termine favorablement, les phénomènes se dissipent graduellement, et il ne reste qu'un peu de toux et d'enrouement, et quelquefois point. On a vu cette maladie suivie d'une *phthisie pulmonaire*, d'une *expectoration de longue durée*; *Callisen* et *Ghisi* en citent des exemples. Le croup doit sans doute offrir des variations dans les symptômes, selon les divers climats, et les constitutions des individus; mais les observations particulières tracées par les médecins qui ont pratiqué dans des pays différens, ne présentent rien d'assez satisfaisant pour qu'on puisse distinguer ce qui appartient à la maladie de ce qui

dépend du lieu qu'habite la personne affectée. On peut en dire autant de l'influence des saisons. Mais une chose qu'on croit pouvoir assurer, c'est que le croup est moins dangereux chez les adultes que chez les enfans : l'anatomie de ces âges peut expliquer cette différence. Chez l'enfant, le larynx et la trachée-artère sont proportionnellement moins développés que chez les individus qui ont atteint l'âge de la puberté.

SIÉGE.

Le croup a son siége dans le conduit *aérien*, c'est-à-dire, dans le *larynx et la trachée-artère*, d'où il se propage quelquefois dans les bronches. Avant d'aller plus loin, il est utile de donner une idée sommaire du larynx, de la trachée et des bronches.

Le conduit aérien est placé à la partie antérieure du cou, depuis la partie postérieure de la base de la langue jusqu'à l'entrée des os de la poitrine, où il se divise en deux branches, appelées *bronches*, qui vont se distribuer aux poumons, devant les vertèbres du cou et l'œsophage, recouvert en devant par la peau et quelques muscles minces interposés. Ce conduit se divise en deux parties principales ; savoir : en *larynx* et en *trachée-artère*.

Le larynx forme la partie supérieure, la plus saillante et la plus courte de ce conduit général. Cinq cartilages le composent, un en haut et en devant, et le plus grand, nommé *thyroïde*, à cause de sa ressemblance avec un petit *bouclier ;* un en bas, en forme d'anneau, appelé *cricoïde ;* deux en haut et en arrière, désignés par le nom d'*arythénoïdes*, espèces d'entonnoirs ; le cinquième et dernier, en haut, développé en forme de langue, appelé *épiglotte*. De l'arrangement et de la disposition de ses parties, résulte une espèce de boîte allongée, dont l'ouverture supérieure, appelée la *glotte*, répond à la base de la langue. Le larynx forme cette sorte de *bosse* qu'on remarque au haut et au devant du cou

de l'homme, et *que le vulgaire dit être la pomme qu'Ève donna à Adam, et qui s'arrêta là.*

L'intérieur du larynx offre en haut et en bas des espèces de cordes ligamenteuses, dans l'intervalle desquelles sont de petites fosses nommées *ventricules du larynx*. Les ligamens inférieurs portent le nom de *cordes vocales*, parce qu'elles contribuent à la formation de la voix.

La *trachée-artère* est un conduit cylindrique (rond) et allongé; c'est la continuation du larynx, et qui se propage, comme il a été dit, jusqu'à l'entrée de la poitrine, où elle se divise en deux branches appelées *bronches*. Elle est située au-dessous du larynx, devant la colonne vertébrale et l'œsophage, et recouverte, comme le larynx, par la peau en devant et quelques muscles minces interposés; elle se compose de petits cartilages en forme de cerceaux; leur assemblage forme un tuyau cylindrique dont on aurait retranché le cinquième postérieur. Les espaces qui se trouvent entre ces cerceaux sont remplis par une petite bande ligamenteuse qui permet une grande mobilité aux différentes pièces de la trachée-artère : le nombre des cerceaux est de seize à vingt.

L'intérieur du larynx et de la trachée-artère est tapissé par une membrane muqueuse, la même que celle de la bouche, des bronches, des poumons, etc., etc. Il s'y distribue des artères, des veines et des nerfs, liés ensemble par du tissu cellulaire.

Les bronches ont la même forme que la trachée, mais elles sont plus petites; elles se composent des mêmes parties qu'elles; elles se distribuent aux deux ponmons pour y introduire l'air, qui entre par le larynx et la trachée-artère.

Le croup consiste dans une inflammation de la membrane muqueuse de ces parties; elle s'étend plus ou moins : quelquefois elle se borne à la portion de membrane qui tapisse l'intérieur du larynx; d'autres fois à celle de la trachée-artère; tantôt à ces deux parties à la fois; tantôt elle se propage jusque dans les ramifications des bronches. La partie qui est le siége de l'inflammation est plus ou moins douloureuse et

rouge ; elle se tuméfie, ses vaisseaux sont plus apparens ; cependant, l'augmentation de la rougeur n'est pas constante, ou bien tous les points enflammés ne sont pas également rouges. C'est la partie postérieure de la trachée et les intervalles qui existent entre les cerceaux qui le sont davantage ; mais on n'y trouve point d'altération. Telles sont, en général, les remarques des praticiens.

Dans cet état du croup, la sécrétion du mucus (humeur) qui lubréfie (humecte) les conduits aériens, est altérée. Au lieu d'une humeur visqueuse (gluante) un peu filante, non coulante, on trouve ordinairement une couche, espèce de peau (membrane) formée par une sécrétion extraordinaire de l'humeur qui la compose, en s'épaississant comme une espèce de couenne, et de mucosités écumeuses semblables à du pus. Ces couches, qui conservent la forme du conduit aérien dans lequel elles se forment (ressemblant à un tuyau), varient en étendue ainsi que l'inflammation ; souvent elles se continuent dans les divisions des bronches. Tantôt le conduit aérien est entièrement gorgé ; d'autres fois les ramifications le sont seulement ; mais il reste toujours de l'espace pour donner passage *à une partie seulement*, mais insuffisante pour la vie de l'individu. La concrétion (épaississement) est souvent de forme membraneuse dans le larynx, la trachée-artère, et les premières divisions des bronches ; tandis qu'elle est pulpeuse (charnue) dans leurs dernières ramifications (dans la substance des poumons).

La concrétion couenneuse est grise ou blanche, quelquefois tachetée de rouge et rarement noirâtre. Son épaisseur, sa consistance et ses adhérences (collement) varient aussi. Ordinairement elle se détache sans se déchirer. Cette concrétion offre toutes les propriétés de l'albumine coagulée (semblable à du blanc d'œuf épaissi). Elle ne se fond point dans l'eau froide ni dans l'eau bouillante : mais elle se dissout dans les alcalis étendus d'eau par l'intermède de la chaleur.

Ce sont des portions plus ou moins étendues de cette

couenne que l'on rend souvent, sous forme de tube, par les efforts de la toux et du vomissement. On rend aussi quelquefois des mucosités écumeuses et limpides; quand elles sont jaunâtres elles ressemblent à du pus.

CLASSIFICATION.

Le croup doit être classé parmi les inflammations des membranes muqueuses, c'est-à-dire de celles de l'intérieur du nez, des yeux, de la bouche, des poumons, de l'estomac, des intestins. Il a son siége dans des parties semblables, et la plus grande analogie avec les inflammations qui s'y développent; et si le boursoufflement de la membrane, où il a son siége, qui en résulte, ne portait pas obstacle au passage de l'air, indispensable à l'entretien de la respiration, cette maladie ne serait pas plus dangereuse que les inflammations des autres membranes muqueuses dont il vient d'être question. Enfin, le croup est semblable en tout aux catarrhes de ces parties; il y a tuméfaction et douleur, *mais légère*, augmentation de rougeur; la sécrétion de l'humeur qui humecte l'intérieur du larynx et de la trachée-artère *est d'abord supprimée, puis elle augmente*, et c'est dans *ce dernier cas que la maladie devient surtout dangereuse!* C'est avant cela qu'il importe d'enrayer cette inflammation; car il ne paraît point douteux que le succès du traitement ne consiste dans l'*empêchement* de cette sécrétion; il est probable aussi qu'il est encore temps d'espérer de sauver le malade, au moment où la sécrétion recommence à se faire, mais c'est plus douteux que dans le premier cas, puisque à cette époque le mucus est encore filant, et qu'il n'y a pas encore d'embarras dans le conduit aérien; mais il ne tarde pas à devenir consistant et opaque, et très-souvent il se concrète sur la surface enflammée, *d'où le grand danger!* car on ne fait pas rétrograder la sécrétion du mucus déjà épaissi. On sera probablement toujours dans l'impossibilité de détruire cette concrétion (épaississement). Le croup est souvent épidé-

mique comme les autres catarrhes; et, comme eux, il survient durant les saisons humides, après un refroidissement subit, etc.; mais c'est avec le catarrhe pulmonaire qu'il a la plus grande analogie (1). En effet, on voit la même nature d'expectoration, la même altération du mucus, les mêmes concrétions couenneuses et pulpeuses (charnues), et une partie des mêmes symptômes. Au reste, l'inflammation des bronches fait presque toujours partie du croup; et la trachée-artère participe fréquemment à leur affection, dans le catarrhe pulmonaire et les pneumonies.

Le croup n'ayant été bien observé que vers le milieu du siècle dernier, on se demande si cette maladie est la même que l'angine laryngée et trachéale inflammatoire de *Boerhaave*? Plusieurs médecins les ont confondues; *Michaelis* l'a distinguée. *Cullen* reste indécis.

Dans l'une et l'autre de ces maladies, il y a rougeur de la membrane muqueuse; elles sont toutes les deux très-dangereuses et promptement mortelles. Les symptômes essentiels de l'une et de l'autre sont très-ressemblans; la voix est altérée, la respiration très-gênée et la suffocation imminente; mais ce qu'il y a de distinctif, c'est que dans l'angine de Boerhaave la sécrétion de la mucosité des parties atteintes est supprimée pendant plus long-temps que dans le croup, ce qui ne paraît avoir lieu dans ce dernier cas, que lors des premiers momens de l'invasion de la maladie; et bientôt, elle est fortement augmentée. *L'angine laryngée attaque de préférence les adultes*, tandis que le *croup n'affecte presque jamais que les enfans*. Les mêmes causes occasionnent cependant le croup et l'angine laryngée de Boerhaave; la douleur est très-forte dans *celle-ci*, tandis que dans *le croup elle est modérée ou nulle*; tous les symptômes se soutiennent aussi dans l'*angine*, au lieu que dans le *croup il y a souvent des rémissions*. Telles sont à-peu-près les différences

---

(1) C'est avec ce catarrhe qu'il a sans doute été confondu aussi par les anciens.

et les similitudes qui existent entre ces deux maladies graves. Il me semble qu'on pourrait ne voir qu'une seule et même maladie dans ces deux cas, c'est-à-dire un catarrhe du conduit aérien, qui n'auraient d'autres différences que l'intensité plus grande des symptômes, et une suppression plus prolongée de la sécrétion muqueuse dans l'angine de Boerhaave que dans le croup.

Le croup n'est pas toujours seul; il se trouve quelquefois compliqué avec la fièvre inflammatoire (angioténique), bilieuse, etc. Il coexiste très-fréquemment avec le catarrhe pulmonaire (des poumons); ou plutôt c'est à l'occasion du croup que ce dernier se développe. La péripneumonie, la pleurésie peuvent s'y joindre aussi pendant son existence. Les tonsilles s'enflamment souvent pendant son cours, ainsi que la base de la langue, *comme M. le docteur Chamerlat* l'a observé plusieurs fois. Le croup paraît souvent au milieu de la petite-vérole confluente, vers l'époque où la suppuration s'établit, du sixième au huitième jour à-peu-près.

SYMPTOMES (*Diagnostic*).

Le plus souvent le croup n'offre en premier lieu que les symptômes d'un rhume plus ou moins intense; ce rhume commence, tantôt par un coryza (dit rhume de cerveau) avec éternuement, tantôt par un rhume ordinaire *fort*, accompagné de toux et d'un peu de gêne dans la respiration : et c'est à celle-ci qu'il importe de faire attention. Voici le moyen, souvent unique dès le principe, de découvrir ou du moins de pouvoir le soupçonner : lorsque l'air entre et sort par le conduit aérien on entend, en portant l'oreille contre la partie antérieure du cou, un son *rude, âpre* (1), plus ou moins prononcé, souvent à peine

(1) Je ne sache pas que les praticiens aient indiqué ce moyen de diagnostic pour découvrir les premières traces du croup dans les cas encore douteux. Cependant il est bien important de ne pas le négliger; il m'a servi plus d'une fois.

sensible ; mais il ne tarde pas à augmenter, et pour peu qu'on entende de la *rudesse*, il faut être alors très-attentif (1); il indique déjà le commencement de l'obstacle pour l'air, ou la fausse membrane, etc. Le coryza et le rhume des bronches, etc., laissent souvent dans une fausse sécurité, pendant un, deux, trois jours, et quelquefois davantage; ils n'existent pas ordinairement tous les deux à la fois, le coryza cesse en partie, et le rhume des voies aériennes lui succède. Pendant ce temps le petit malade est *triste,* le pouls *faible* et la chaleur de la peau *plus ou moins développée;* l'appétit se *perd* en partie ou en *totalité. Bientôt après cet état de choses, le timbre de la voix change*, devient *rauque* (rude, âpre), et peut se perdre *totalement;* l'inspiration de l'air est *sifflante* et donne un son particulier, comparé au *glapissement* (aboiement du chien), au *cri aigu d'un jeune coq*, ou au sifflement d'un *tuyau d'airain :* quelquefois l'expiration (sortie de l'air) produit ces mêmes phénomènes; mais la *toux* les présente à un *haut degré, surtout lors de l'inspiration de l'air.* Le malade se plaint un peu, quelquefois beaucoup, d'une douleur au larynx, où il porte aussi quelquefois la main. La *respiration* devient *difficile*, le pouls *fréquent*, mais il est ordinairement *faible.* La *toux* se renouvelle par *quintes*, tantôt souvent, tantôt au bout d'une demi-heure, d'une heure ou davantage. Durant les intervalles qu'elle laisse, il y a souvent *beaucoup de calme, toujours trompeur*, car la marche de la maladie n'en continue pas moins. Durant la toux, le malade rend quelquefois, au milieu des *secousses*, ou des *vomissemens* qu'elle provoque, et d'une *suffocation imminente*, des matières plus ou moins consistantes, et quelquefois des lambeaux en forme de membranes, éten-

---

(1) Dans l'état naturel, le passage de l'air par le conduit aérien, *est doux*, *égal*, sans *fatigue*, soit dans l'état de veille, soit dans celui de sommeil; mais dans le cas de rhume ordinaire, et d'asthme surtout, il peut faire du bruit : dans le croup il est plus *rude*.

dus ou tubulés (comme un doigt de gant) (1). L'enfant est alternativement *assoupi* et *agité;* il étend quelquefois ses membres au hasard; son cou est quelquefois tendu et la tête comme renversée en arrière; la maladie est grave alors; il y a plus ou moins de faiblesse générale.

L'urine devient blanche et trouble, l'haleine ne contracte aucune odeur particulière, et le malade conserve durant toute la maladie l'intégrité de ses facultés intellectuelles.

Dans d'autres cas, le croup se manifeste *subitement*, avec l'ensemble de tous, ou de la plus grande partie de ses caractères spécifiques *portés à* un degré plus ou moins *haut de violence :* alors les malades sont pris, soit le jour, soit la nuit, et pendant la veille, comme pendant le sommeil, d'une quinte de toux *suffocante;* le timbre de la voix est *aigu* dès les premiers momens, ou *glapissant*, ou *sifflant*, semblable au *cri d'un jeune coq*, ou comme s'il sortait d'un tuyau *d'airain;* la toux est *rauque*, *forte*, la respiration sifflante; le pouls est ordinairement très-*fréquent*, et souvent *fort faible*. Un peu plus tard, le malade rend, comme dans le premier cas, quelquefois des lambeaux de la fausse membrane, par les efforts de la toux suffocante, ou par les vomissemens qu'elle peut exciter. *Dans quelques circonstances*, le croup débute par des *convulsions* ou le *tétanos*. Tantôt les symptômes se soutiennent, s'exaspèrent avec plus ou moins de rapidité; tantôt ils présentent des rémissions plus ou moins longues (cessation ou calme momentané) et même un rétablisssement apparent, mais ils reparaissent bientôt avec une nouvelle fureur, s'il est permis de s'exprimer ainsi. Ces rémissions, ordinairement sans marche régulière, surviennent, soit subitement, sans qu'on puisse s'y attendre, soit à la suite de l'expectoration, du vo-

(1) On se félicite souvent de l'expulsion de ces parties de la fausse membrane; on croit que le malade est sauvé, mais malheureusement cela n'a lieu que bien rarement, parce que la fausse membrane n'est presque jamais rendue entièrement, ou bien elle se renouvelle.

missement, de l'administration de quelque moyen curatif, soit de quelque contrariété de l'enfant. Les symptômes qui viennent d'être indiqués sont les plus caractéristiques ; ils n'existent jamais tous à la fois chez le même individu, un ou deux suffisent pour caractériser le croup. Tous les autres symptômes accessoires ou dépendans des caractéristiques, existent aussi, comme dans le premier mode d'être du croup, avec des variations qu'il est inutile d'indiquer de nouveau. Dans le cas de rémissions, qui sont quelquefois longues comme nous venons de le démontrer, les parens ou les assistans, le médecin lui-même, pourraient être trompés par ce calme ; mais c'est précisément alors qu'il est utile de redoubler d'attention : on emploiera le moyen qui m'a servi pour découvrir ou me faire soupçonner fortement l'existence de la maladie, je veux dire en portant l'oreille contre la partie antérieure du cou du malade, pour écouter si le passage de l'air par le conduit aérien est *rude*. Dans un cas de rémission ou calme trop prolongé, et où le croup est encore douteux, il convient d'agiter le malade, afin d'exciter le renouvellement de la toux et, par cela même, les symptômes de la maladie, l'essentiel étant de la reconnaître le plus tôt possible, pour y apporter les secours convenables. Le médecin qui trouverait un enfant dans le calme dont je parle, ne devra, *s'il dure très-long-temps, jamais se retirer sans l'avoir vu tousser ;* car il pourrait résulter les plus grands inconvéniens de la fausse sécurité qu'il pourrait se former de cet état du malade. Ainsi, d'après ce qui vient d'être tracé, on peut voir qu'il y a une véritable intermittence dans la marche du croup, ce qu'il est important d'avoir présent à la mémoire. La dyspnée ou difficulté de respirer, peut présenter beaucoup de variétés ; elle peut avoir lieu dès l'invasion, mais elle ne s'établit que le troisième ou quatrième jour après, ordinairement.

DURÉE ET PRONOSTIC.

La durée du croup est variable, mais jamais longue : abandonné à lui-même, cette durée est ordinairement de quatre à cinq jours, quelquefois elle se prolonge jusqu'au septième; mais quand les symptômes sont violens, le malade peut succomber dans l'espace de six, huit, douze, vingt-quatre à quarante-huit heures. *Halenenius* l'a vu se prolonger jusqu'au dix-huitième jour. Quelques auteurs croient qu'il peut devenir chronique, comme je l'ai dit ailleurs.

Terminaison (*pronostic*). Supposant toujours le croup abandonné aux efforts de la nature, tous les médecins savent aujourd'hui qu'il est *constamment mortel*. En effet, cette issue ne saurait manquer, à cause de la fausse membrane qui se forme dans le conduit aérien et qui en rétrécit plus ou moins la capacité, de manière à amener un peu plus tôt ou un peu plus tard la cessation de la vie.

Mais *ce terrible pronostic* est bien heureusement modifié quand un traitement méthodique peut être employé dès l'invasion, ou peu d'heures après. Quand cette heureuse issue doit avoir lieu, on observe alors *souvent* une urine blanche ou trouble, une sueur générale, des déjections muqueuses, et surtout une expectoration humide, *moelleuse* et plus facile, d'une matière muqueuse plus consistante (1), c'est-à dire plus épaisse. Alors il ne reste ordinairement qu'un peu de toux et d'enrouement, et dans quelques cas point, qui se continue pendant quelques jours, quelquefois quinze à vingt. Dans quelques circonstances l'irritation qui entretient la toux, etc., peut être assez forte pour occasionner un peu de fièvre ou d'agitation dans le pouls : elle peut précéder la phthisie pulmonaire ou d'autres maladies, mais cela est heureusement rare.

(1) Quand la maladie doit être mortelle, la toux reste *sèche;* le malade ne rend par l'expectoration que peu de mucosités très-écumeuses; la voix est éteinte, et l'air semble traverser un conduit inerte et fêlé.

Si l'on ne considérait que l'analogie de la terminaison des membranes muqueuses semblables à celle qui tapisse l'intérieur du conduit aérien, on s'imaginerait qu'elle devrait être commune au croup ; mais si l'on fait attention au rôle que joue ce conduit et à l'obstacle que la formation de la fausse membrane y apporte, on se fera facilement l'idée du résultat *funeste qui en est la suite.*

TRAITEMENT.

Les indications à remplir dans le traitement du croup ont varié, comme les opinions des auteurs, surtout dans les premiers temps de la connaissance de cette maladie, mais le traitement a presque toujours été le même.

Ce traitement s'est réduit, en général, aux *saignées générales* et *locales* (1), aux *vésicatoires*, aux *sinapismes* ou aux *bains de pieds irritans*, aux *vomitifs*, aux *expectorans excitans*, aux *clistères purgatifs, simples* ou *irritans*. Mais la manière d'employer ces moyens a varié dans presque tous les pays où le croup a été observé. Je passerai sous silence ces manières différentes de pratiquer, ainsi que leurs auteurs; il me suffira d'allier ce qui leur aura le mieux réussi, avec ce que l'expérience nous prouve aussi depuis longtemps être le plus convenable, mais seulement lorsque ces moyens sont administrés *à temps*, comme je l'ai dit plus d'une fois.

Quand il existe une fièvre inflammatoire générale (fièvre angioténique) avec le croup, il faut, si l'âge de l'individu est au-dessus de cinq ans, pratiquer une saignée du bras, proportionnée à sa constitution : peu de temps après on appliquera les sangsues à la partie antérieure du cou, sur le trajet du larynx et de la trachée-artère. *Mais s'il n'a pas de*

---

(1) Ce dernier moyen est le plus direct, et sur lequel il faut compter le plus. On s'en convaincra par les succès qui vont être mis sous les yeux du Lecteur.

fièvre inflammatoire générale, on devra toujours se *borner aux sangsues* dans la partie qui vient d'être indiquée. Le nombre des sangsues à appliquer devra varier selon la force ou l'âge des malades ; pour un enfant de quinze à ving-cinq mois, *il en faut le moins dix*, et qui prennent bien ; pour un de vingt-cinq mois à trois ans, quinze à vingt, selon la force du petit malade ; depuis cet âge jusqu'à cinq ans, le nombre sera de ving-cinq à trente ; depuis cinq ans jusqu'à sept ou huit, de trente-cinq à quarante. Mais on sent qu'on pourra varier ces nombres, soit en plus, soit en moins, selon que les enfans seront très-robustes, avec un teint fleuri, ou très-petits eu égard à leur âge; ou faibles, valétudinaires, ou atteints d'une autre maladie en même temps, et qui les affaiblit.

N. B. Les personnes étrangères à la médecine pourront hardiment employer ce moyen aussitôt que le croup se développera, si elles n'ont pas la facilité de faire appeler un médecin *d'abord*; mais dans aucun cas, elles ne devront négliger de s'entourer de ses lumières pour une maladie aussi promptement mortelle. Les sangsues seront seulement appliquées en attendant ; elles pourront même donner presqu'en même temps l'émétique, de la manière qui sera indiquée plus bas, si les symptômes du croup ne cèdent pas pendant l'application des sangsues ou aussitôt après. *On ne devra pas s'effrayer* du nombre des sangsues prescrit pour chaque âge ci-dessus, une pareille saignée ne peut point faire périr le malade, tandis que le croup le tue toujours. Si cette saignée est trop faible, c'est-à-dire incapable d'arrêter le cours de l'inflammation du conduit aérien, il vaut mieux faire évacuer quelques onces de sang de plus que moins, car la saignée locale par les sangsues paraît être, avec l'émétique, le vrai *remède spécifique*, l'expérience semble nous le démontrer, et j'oserai dire *jusqu'à l'évidence* (1).

---

(1) J'ai lu un grand nombre d'observations dans différens auteurs ; la plupart des individus qui en font les sujets sont morts ; presque aucun d'eux

Immédiatement après la chute des sangsues, et même pendant qu'elles sont encore attachées, on donnera l'émétique à la dose d'un ou deux grains, selon la force des individus, et plus, dans quatre cuillerées d'eau chaude, en quatre fois, à six minutes de distance l'une de l'autre; si après la dernière prise le malade n'a pas eu de fortes secousses ou des vomissemens, on donnera un second grain d'émétique, et davantage s'il ne produit pas l'effet désiré. Cependant, si tous les symptômes du croup paraissaient entièrement anéantis par la seule application des sangsues, comme je l'ai déjà vu, on n'administrerait pas l'émétique; on se bornerait à faire prendre quelques bains de pieds à la moutarde, des clistères, soit simples, soit irritans ou purgatifs, et une boisson gommée, etc. Mais quand cet avantage n'a pas lieu, il faut, outre une nouvelle administration de l'émétique, faire des frictions fréquentes au cou du malade, avec du sirop d'éther acétique, ou le liniment alcalin n° 5, *qui sera indiqué plus bas, ainsi que les autres préparations qu'on emploie dans le cours de cette maladie*. On fera prendre aussi de temps en temps une cuillerée à café de la potion éthérée n° 7; on fera en même temps respirer fréquemment l'éther acétique pur ou le sirop. On ne négligera point les bains irritans de pieds, les lavemens simples, ou irritans ou purgatifs. Si quelques heures après l'application des premières sangsues et l'administration de l'émétique et des moyens dont il vient d'être fait mention, les symptômes persistent, on réappliquera des sangsues, autant que les forces du malade paraîtront le permettre; on y reviendra une troisième fois, si on n'obtient pas de succès, surtout si le malade conserve de la force et de la rougeur à la face. On réitérera

n'avait eu les sangsues; deux ont été guéris sans ce secours. Tous ceux qui les ont eues et qui sont morts n'ont été soignés qu'un ou plusieurs jours après l'invasion du croup, c'est-à-dire, après la formation de la fausse membrane dans le conduit aérien, ou que tout autre désordre irréparable y existait déjà. Tous ceux au contraire qui ont été secourus avec ce moyen ont échappé à cette horrible maladie; tous ceux que j'ai soignés ainsi sont de ce nombre.

également l'émétique plusieurs fois, et le tout doit être fait à des distances peu éloignées les unes des autres; le succès dépend de la direction bien entendue et rapprochée de ces moyens. Si les symptômes persistent, malgré tout ce qui vient d'être indiqué, on appliquera un large vésicatoire camphré, soit à la nuque, soit entre les épaules, et en dernier lieu, à la partie antérieure du cou, ou mieux à ses parties latérales à cause des piqûres des sangsues. Quelques bains entiers peuvent êtres utiles pendant la force de la maladie. Si les malades sont très-nerveux, ils sont ordinairement très-agités, et quelquefois il y a des spasmes, des convulsions, ou d'autres accidens de ce genre : alors on donnera de temps en temps une cuillerée à café de la potion anti-spasmodique n° 7. Si l'expectoration a besoin d'être excitée, on donnera aux mêmes doses le julep expectorant, n° 6. Quelques praticiens ont conseillé le sirop de sulfure de potasse, ou le sulfure lui-même, à la dose de quelques grains, dans une boisson douce ou dans un looch, ou bien les fleurs de soufre; mais ces moyens ne peuvent point décider la guérison du croup; ils peuvent être tout au plus utiles après que les symptômes menaçans ont été combattus par les saignées locales, l'émétique, et autres moyens accessoires, lorsque la toux et quelques autres traces de symptôme se prolongent avec modération.

Comme le croup a lieu ordinairement pendant que la constitution de l'atmosphère est froide ou humide, il est très-important d'éviter ces intempéries, surtout les courans d'air froid : on placera le malade dans son lit, et on chauffera convenablement sa chambre. Si douze heures au plus après l'emploi des premiers moyens énergiques indiqués on n'a pas obtenu un soulagement durable, la guérison peut être *bien douteuse*. Quand elle s'opère, on s'en aperçoit ordinairement dans les premières heures du traitement. Alors, comme nous l'avons vu plus haut, la toux devient humide, moelleuse, l'expectoration a lieu, ou plutôt les crachats se détachent (les petits malades les avalent), tous les symptômes

s'apaisent graduellement et plus ou moins promptement. On ne devra pas pour cela cesser tout traitement ; il faudra au contraire le continuer jusqu'à l'entière disparution de toute trace croupale. Dans ce cas, on emploiera les pédiluves irritans, les lavemens également irritans ou purgatifs, les juleps expectorans, les frictions avec le liniment éthéré, ou alcalin et camphré, les potions anti-spasmodiques opiacées, etc., que voici :

Composition des médicamens indiqués. Le nombre des sangsues pour chaque âge a été déterminé.

N° 1. *Émétique.* — Pour un petit enfant de quinze à ving-cinq mois, on en donnera un grain dans quatre cuillerées d'eau chaude, et qu'on fera prendre en quatre fois, à la distence de six à huit minutes chaque. Si après la dernière prise, des vomissemens ou de fortes envies de vomir n'ont pas eu lieu, on donnera un deuxième grain d'émétique, et un troisième ou un quatrième, si les premiers n'opèrent pas comme il vient d'être dit. Pour un enfant au-dessus de vingt-cinq mois, on en donnera deux grains d'abord dans la même quantité d'eau chaude ci-dessus indiquée, on les partagèra également en quatre doses, et on les administrera aux mêmes distances. Si les deux premiers grains ne déterminent pas des vomissemens répétés ou des selles, on en donnera un troisième, un quatrième grain et même plus, et de la même manière que les premiers et aux mêmes distances. Pendant les vomissemens on donnera de temps à autre quelques cuillerées d'eau tiède. Il ne faudra pas s'effrayer s'il faut porter la dose de l'émétique à quatre grains ; dans certaines maladies il ne produit pas les mêmes effets que dans d'autres, il en faut dans le premier cas davantage.

N° 2. *Pédiluves ; bains de pieds à la moutarde.* — Dans une pinte d'eau chaude (un litre) qu'on versera dans un vase convenable pour faire prendre le bain au petit malade, on mettra trois ou quatre onces de farine de graine de moutarde et davantage, si l'odeur ne porte pas au nez, car il en est de cette marchandise comme d'une foule d'autres, elle est souvent

mélangée, *à Paris*, avec de la farine de graine de lin ; à la place de farine de moutarde, on pourra mettre deux ou trois onces de moutarde au vinaigre ; on sera plus sûr de son effet. On peut également composer le bain avec deux onces ou trois, selon la force, d'acide muriatique dans la même quantité d'eau chaude (acide chlorique). Si les enfans sont indociles ou s'il y a quelqu'inconvénient à administrer les pédiluves, on appliquera un ou deux sinapismes aux pieds ou aux jambes, et on aura soin de délayer la farine de moutarde avec le vinaigre pur. On laissera l'enfant dans l'un de ces bains irritans pendant plusieurs minutes ; le meilleur terme pour les en retirer, est lorsqu'ils commencent à sentir vivement l'action du médicament. On laissera également les sinapismes en place jusqu'à ce que l'enfant se sente fortement irrité.

N° 3. *Lavement purgatif.* — On préparera une décoction de graine de lin ou de racine de guimauve, ou bien avec de l'eau chaude simple, à la quantité d'un quart ou d'un demi lavement ordinaire ; on y mélangera une once et demie à deux onces de miel mercurial. On pourra le composer aussi avec vingt-quatre à trente-six grains de jalap, délayé dans un peu de jaune d'œuf, et la même quantité indiquée de décoction de graine de lin, etc.

N° 4. *Liniment alcalin camphré.* — Huile d'olives ou d'amandes douces, une once ; ammoniaque liquide (alcali volatil), un gros ; teinture de camphre, vingt-quatre gouttes. On peut y ajouter aussi un demi gros d'éther acétique, ou un gros de sirop de la même liqueur.

N° 5. *Liniment anti-spasmodique.* — On peut se servir du sirop pur d'éther, avec partie égale d'huile, dans laquelle on dissout huit à quinze grains de camphre : on en frotte souvent le devant et les côtés du cou.

N° 6. *Julep expectorant.* — Eau gommée, *deux onces ;* sirop d'hysope ou d'œillet, *une demi-once ;* oxymel scillitique, *deux à trois gros :* une cuillerée à café toutes les heures, et plus souvent si les symptômes sont fâcheux.

N° 7. *Potion anti-spasmodique.* — Eau distillée de laitue, *une once et demie*, de fleurs d'oranger, *un gros*; sirop de tilleul, *deux gros*; sirop diacode, *trois gros*. Si les symptômes étaient alarmans, on pourrait ajouter à cette potion *un grain* de musc, ou *huit à douze grains* d'assa-fœtida, et *dix à douze gouttes* de teinture de camphre; mais cette dernière ayant un mauvais goût, les enfans refusent souvent d'en faire usage : on pourra alors se borner à l'addition d'un peu plus de *musc*. On la donnera comme le julep précédent.

N° 8. Quelques praticiens ont conseillé l'onguent mercuriel dans le croup, comme fondant de la fausse membrane couenneuse du larynx et de la trachée-artère; mais ce moyen n'agissant que lentement, on ne doit, il me semble, attendre aucun bon résultat de son emploi pour détourner les symptômes pressans : il peut tout au plus convenir après que le danger est éloigné par d'autres moyens, quand il reste une toux croupale et qu'on peut craindre le retour des accidens. Si l'on en fait usage, ce qui ne saurait être nuisible, on en frottera doucement et pendant plusieurs minutes de suite la partie antérieure du cou ou ses côtés, avec le bout d'un ou de deux doigts : la friction sera renouvelée deux fois par jour. On en emploie un tiers de gros ou un demi-gros environ chaque fois.

N° 9. Le calomélas (sous-chlorure de mercure) a été fortement recommandé aussi par des praticiens *anglais*, *etc.*, comme fondant, et en quelque sorte comme spécifique contre le croup; mais il en est de cette préparation mercurielle comme de la précédente; elle ne saurait être suffisante pour dissiper les symptômes menaçans de cette maladie. On peut cependant le donner comme purgatif pendant le traitement, à la dose de trois à quatre grains, qu'on peut réitérer en cas de peu ou point d'effet; et comme altérant, à la dose d'un à deux grains, une ou deux fois par jour. Ce médicament est infidèle dans ses effets, c'est pourquoi on pourra varier les doses selon les circonstances.

N°. 10. *Gargarisme de M. le docteur Chamerlat.* — Eau sucrée, *deux onces*; sirop de mûres, *autant*. On fait un petit pinceau avec un peu de linge blanc ou de la charpie; on ébarbe ensuite une ou deux plumes longues, au bout desquelles on fixe la charpie avec du fil; on trempe ce plumasseau dans le gargarisme et on le porte au fond de la bouche de l'enfant, de loin en loin, si l'on ne peut pas le faire gargariser.

N° 11. *Trachéotomie.* — La trachéotomie a été conseillée et même préconisée par quelques auteurs. Au fait, elle a été pratiquée par quelques-uns de nos célèbres chirurgiens; mais l'un d'eux, dit-on, a avoué qu'il ne l'avait pas vue réussir. Quand l'obstacle du conduit aérien se propage dans les bronches, il est difficile de penser qu'on puisse en attendre un bon résultat; mais si la fausse membrane n'occupe que le larynx et une partie de la trachée, et si l'on pratique cette opération au-dessous de l'obstacle, on peut espérer quelquefois du succès. Mais ce moyen n'étant que probable, on doit attendre que l'expérience nous fournisse d'autres observations pour pouvoir en parler avec plus de certitude.

Mais parmi tous ces moyens, on doit regarder la *saignée locale* (les sangsues au cou) comme le secours le plus héroïque que la médecine ait jusqu'ici en son pouvoir pour enrayer la marche rapide du croup, comme je l'ai déjà avancé plus haut, d'après l'expérience des médecins et de la mienne en particulier. Qu'on ne croie pas que cette pratique ait été suggérée par le *système nouveau*; elle a été mise en usage dès la connaissance positive du croup. Et voici ce que dit Schwilgué dans sa Dissertation, page 62, publiée en 1802, à l'égard des saignées locales :

« En Allemagne, *Lentin* n'emploie que rarement les saignées générales; il se borne plus communément aux saignées locales; après avoir appliqué les sangsues au cou, il » prescrit pendant leur effet les expectorans excitans et les » clistères. Sur douze enfans soumis à ce traitement, sept » ont guéri. Parmi les cinq qui ont été victimes de cette

» cruelle maladie, un était scrophuleux, et les autres n'ont » été secourus par l'art que le troisième ou le quatrième jour » de l'invasion du croup. »

Le même auteur (Schwilgué) rapporte dans le même travail cinq observations de différens médecins. Deux des enfans qui en font le sujet furent saignés au bras, *morts*. Deux autres furent traités par des expectorans excitans et autres petits moyens, pas de sangsues non plus, *morts*. Le cinquième ne fut saigné, ni par la lancette, ni par les sangsues; mais trois émétiques lui furent successivement administrés jusqu'au quatrième jour, et des bains de pieds excitans, des expectorans, *id.; l'enfant guérit*.

Sur huit enfans dont les observations suivent, que j'ai soignés, tous ont eu les sangsues au cou, sept l'émétique, une ou plusieurs fois, etc. Parmi ces huit, cinq, auprès desquels je fus appelé dès l'invasion du croup, guérirent: trois auxquels je ne pus donner mes soins que le deuxième ou le troisième jour après le développement de la maladie, *moururent*. Ces trois derniers seraient vraisemblablement guéris aussi s'ils avaient reçu les secours de l'art à temps, comme les cinq premiers. D'après cela, je le répète, la saignée locale peut donc être regardée comme le premier moyen qu'on doive employer et le plus certain de tous.

Ire Observation. *Lel...*, âgé de quatre ans et demi, sanguin et lymphatique, ayant une bonne constitution, une assez bonne carnation et un teint coloré, fut éveillé subitement vers une heure après minuit, au mois de décembre 1823, par une quinte de toux assez violente, accompagnée de sifflement semblable au cri d'un jeune coq. Son père qui fut éveillé par le bruit de ces accidens extraordinaires, vint me chercher de suite: j'arrivai auprès du petit malade au bout de trois quarts d'heure; sa mère l'observait; il s'était endormi peu de temps après le premier accès de toux, et ne s'était pas encore réveillé; mais il le fut bientôt par une seconde quinte de toux, accompagnée des mêmes accidens

dont il vient d'être parlé, et que le père m'observa être plus prononcés que les premiers ; ils étaient en effet très-violens ; on voyait l'imminence de la suffocation et le sifflement ressemblant au cri d'un jeune coq, ou à celui qui sort d'un tuyau d'airain ; il y avait aussi déjà beaucoup d'agitation et de vitesse dans le pouls. L'ensemble de ces symptômes, joint au rapport de ce qui s'était déjà passé de semblable, ne me laissa aucun doute sur l'existence du croup. J'appliquai sur-le-champ vingt sangsues à la partie antérieure du cou ; elles prirent très-bien et procurèrent une abondante évacuation d'un sang vermeil, très-coagulable.

La toux se renouvela trois fois pendant l'application des sangsues, ainsi que les autres accidens, provoqués par elle : il fut facile de s'apercevoir de leur diminution graduelle et considérable, qui s'opéra pendant la succion des sangsues ; j'en conçus un heureux résultat. Néanmoins, n'osant pas espérer leur entière destruction par ce seul moyen, j'administrai deux grains d'émétique, après que l'enfant se fût remis d'une pâleur remarquable de la face, avec perte de connaissance, mais qui ne dura que quelques instans ; il les prit dans quatre cuillerées d'eau chaude, en autant de doses, à six ou huit minutes de distance l'une de l'autre. Il y eut des vomissemens, avec efforts, de beaucoup de matières muqueuses, puis plus épaisses ; à mesure qu'elles s'évacuaient on entendait que la toux devenait humide, plus facile, et que les autres symptômes alarmans s'éteignaient rapidement. Il resta un peu de toux croupale, non fatigante, qui faisait détacher des crachats abondans, que l'enfant avalait, mais qui ne devaient causer aucun accident. Immédiatement après l'effet de l'émétique, je prescrivis un remède purgatif, avec le miel mercurial ; des pédiluves irritans (*bains de pieds*), et une infusion de fleurs de violettes, édulcorée avec le sirop d'œillet. La toux qui ne s'était pas entièrement dissipée, diminua encore jusqu'au lendemain ; la nuit fut bonne, et il n'y avait plus lieu de craindre le retour des accidens, selon toutes les apparences : l'enfant fut entièrement rétabli en peu de jours.

IIe Observation. *Jules V...*, âgé de vingt mois, sanguin et lymphatique, assez fort et bien portant jusque-là, devint inquiet et un peu enchifrené (rhume de cerveau) dans l'après-midi du 23 décembre 1824, et refusa de souper, contre son ordinaire. La nuit suivante, il fut saisi au milieu d'un profond sommeil, d'une toux très-violente, *rauque* (*âpre*) et parfois *sifflante*, comme si elle était sortie d'un tuyau d'airain, c'est-à-dire, très-aiguë. Sa mère, effrayée de ces accidens, sans avoir cependant l'idée du croup, m'envoya chercher aussitôt. J'arrivai une heure après la première quinte de toux; l'enfant s'était endormi et réveillé deux fois par les mêmes accidens, qui allaient en augmentant, selon l'observation qu'elle en avait faite. A mon arrivée, il était dans un sommeil agité. J'approchai mon oreille de son cou, et je distinguai sans peine un bruit légèrement sifflant et rude, dans le conduit aérien, surtout pendant les inspirations. L'enfant ne tarda pas à être éveillé par la toux, et je fus témoin de tout l'appareil des symptômes qui caractérisent le redoutable croup. J'envoyai chercher de suite douze sangsues, je les appliquai; onze prirent très-bien et donnèrent beaucoup de sang vermeil, facile à se coaguler, mais il était plus glaireux, si l'on peut faire cette comparaison, qu'il ne l'est chez la plupart des autres sujets (1). La toux se renouvela pendant l'application des sangsues, par les cris et les mouvemens du petit malade; mais vers leur chute, cette toux se trouvait beaucoup moins forte, la respiration de l'air moins sifflante et moins *rude*; la toux devenait humide et les mucosités se détachaient déjà un peu. Je laissai couler le sang à volonté, l'enfant devint pâle et perdit ses sens durant quelques instans. Lorsque les piqûres des sangsues ne fournirent presque plus de sang, je prescrivis un grain et demi d'émétique dans quatre cuillerées d'eau

---

(1) Cet enfant, quoique venant bien, avait eu presque toujours des croûtes humides à la tête, et surtout derrière les oreilles; elles avaient en partie disparu pendant l'été précédent.

chaude, que le malade prit en quatre fois, de six en six minutes. Cette dose n'ayant pas produit un effet suffisant, j'en ordonnai un autre grain, pris comme le précédent. Ce dernier détermina des efforts et des vomissemens de matières muqueuses blanchâtres, peu épaisses d'abord, mais un peu plus ensuite.

Ayant revu le petit malade dans l'après-midi, j'observai encore quelques traces de toux et de raucidité dans la voix, et un petit bruit légèrement sifflant dans le conduit aérien, et de la précipitation dans le pouls; je fis appliquer six nouvelles sangsues; on donna aussi un autre grain d'émétique dans quelques cuillerées d'eau tiède. Ces deux moyens ayant produit de bons effets, les symptômes disparurent graduellement, pour ne plus reparaître. Cependant, je fis administrer des pédiluves irritans et des lavemens simples et purgatifs pendant les trois jours suivans, mais plutôt par précaution, que par une nécessité reconnue. L'enfant se rétablit entièrement.

IIIe Observation. *Clémence V.....*, sœur du précédent malade, âgée de trois ans et demi, assez forte, sanguine et lymphatique comme son jeune frère, ayant presque toujours eu des croûtes humides à la tête ou derrière les oreilles, les yeux chassieux et irrités de temps à autre, et sensibles à la vive lumière, fut atteinte d'une toux croupale un peu *rauque*, mais sous l'apparence d'un rhume ordinaire, environ un mois après le croup de son frère. Cette toux n'ayant pas été violente dans son principe, le père et la mère de la petite n'y firent pas beaucoup d'attention; ils se bornèrent à lui faire prendre du lait et de l'eau sucrée. Cependant la nuit suivante, environ vingt-quatre heures après les premières quintes de la toux, celle-ci devint *rauque*, et les inspirations un peu sifflantes. Au point du jour, tous les symptômes s'exaspérèrent; la toux fut plus fréquente, plus *rauque, âpre*, avec un *sifflement* qui approchait du cri d'un jeune coq, surtout pendant les inspirations; le visage se co-

lorait; il y avait de l'agitation par momens, et un peu de soif. Je fus appelé à onze heures du matin : il y avait déjà environ deux heures que la toux s'était calmée, ainsi que les autres symptômes. Mais elle se renouvela avec force peu de temps après mon arrivée, à la suite de la déglutition d'un peu d'eau froide que je fis prendre à la petite, *dans l'intention de provoquer* cette toux, afin de pouvoir juger de sa nature et de son intensité. En effet, j'observai qu'elle était rauque, que la voix était déjà altérée, que le sifflement semblable à celui d'un jeune coq commençait à se développer distinctement, avec une suffocation menaçante pendant la quinte de la toux. Le père et la mère, qui n'avaient pas pensé que les symptômes précédens fussent ceux du croup, regardèrent cependant ceux qui avaient lieu alors, comme pouvant en dépendre : je les confirmai dans cette idée, et j'envoyai chercher dix-huit sangsues, qui furent mises sans délai au cou de l'enfant; l'évacuation du sang fut assez abondante, il survint de la pâleur après que les sangsues se furent détachées, mais il n'y eut point perte de connaissance; les symptômes avaient déjà moitié moins d'intensité que lors de l'application. Je recommandai de laisser saigner les piqûres jusqu'à ce qu'elles s'arrêtassent d'elles-mêmes; je prescrivis deux grains d'émétique, pour être administrés de suite, aux doses indiquées dans les cas précédens, avec la recommandation d'en faire prendre un troisième, et même un quatrième grain, si les premières doses ne produisaient pas des secousses et des vomissemens; il en fallut un troisième grain, lequel fit rendre des matières épaisses blanchâtres, un peu liées; la toux s'humecta de plus en plus, les crachats se détachèrent insensiblement davantage; tous les autres symptômes disparurent dans l'espace de deux jours, pendant lesquels la malade fit usage de quelques bains de pieds irritans, de lavemens, d'un purgatif, et d'un julep expectorant, n° 6; aucun accident ne se montra plus, et le rétablissement fut prompt.

IVe Observation. Mademoiselle R..., âgée de 26 mois, forte, sanguine et un peu lymphatique, ayant une bonne et belle carnation, s'étant bien portée jusqu'alors, s'éveilla par une toux rauque, dans la nuit du 28 au 29 du mois d'avril 1823; son père et sa mère eurent quelques craintes sur cette toux, *extraordinaire pour eux*. Cependant, l'enfant s'étant endormie de nouveau, ils se rassurèrent, et crurent qu'elle avait pris une fausse position pendant son sommeil. Mais environ deux heures après, la petite ayant été réveillée encore subitement par une quinte de toux plus forte que la première, accompagnée de *raucidité* dans la voix, et de rudesse dans le conduit aérien pendant les inspirations, au moment de la toux, ils eurent des craintes sur l'état de leur enfant, et m'envoyèrent chercher sans délai : arrivé auprès d'elle au point du jour, elle venait d'avoir pour la quatrième fois une forte quinte de toux, accompagnée des symptômes dont il vient d'être question. L'enfant en était encore agitée, son pouls était très-fréquent et plein, la face animée; il y avait aussi un peu de soif. En approchant l'oreille de son cou j'entendis facilement une espèce de rudesse dans le conduit aérien, avec un commencement de léger sifflement pendant les inspirations. Cependant, malgré ces signes presque caractéristiques du croup, je voulus attendre une nouvelle quinte de toux, pour m'assurer complètement du fait : ayant eu lieu au bout d'un quart d'heure, je fus témoin des mêmes symptômes dont je viens de faire mention, lesquels, d'après la remarque des parens de l'enfant, avaient acquis beaucoup d'intensité. N'ayant alors plus de doute sur l'existence du croup, j'appliquai sans délai dix-huit sangsues à la partie antérieure du cou de la petite demoiselle. Étant vigoureuse et un peu volontaire, elle s'agita et cria beaucoup d'abord, ce qui provoqua plusieurs quintes de toux et le bruit croupal dans le conduit aérien; mais bientôt, étant fatiguée et ne sentant plus piquer les sangsues, l'enfant se calma. Tous les symptômes s'apaisèrent d'une manière très-appréciable pendant la succion des sangsues, et

pendant quelques heures après leur chute. Cette saignée fut abondante ; le sang était vermeil et riche ; la petite pâlit beaucoup d'abord, mais ne perdit pas entièrement connaissance. Deux heures après la chute des sangsues, quoique les symptômes du croup parussent presque anéantis (les piqûres coulaient encore un peu), je prescrivis deux grains d'émétique qui furent administrés de la manière déjà indiquée ; l'enfant rendit des matières muqueuses qui devinrent bientôt épaisses et filantes. Ces deux puissans moyens, *la saignée locale et l'émétique*, suffirent pour faire disparaître tous les accidens, sauf un peu de toux croupale qui était facile, grasse ; elle disparut en peu de temps à l'aide de quelques juleps excitans, n° 6, et quelques autres moyens accessoires usités en pareils cas. La petite demoiselle se rétablit assez promptement, à l'inappréciable satisfaction du père et de la mère, qui l'adoraient : elle était fille unique.

Ve Observation. Mademoiselle P..., âgée de six ans, assez grande pour son âge, nerveuse, sanguine et très-sensible, très-intéressante par le développement de son intelligence, se trouva enrouée un matin en se levant, le 8 janvier 1824. La toux ayant augmenté et étant surtout rauque et très-*sèche*, le père et la mère firent appeler un ancien maître en chirurgie, qui leur donnait ses soins depuis long-temps. Il ne vit la jeune malade qu'environ douze heures après l'invasion de la maladie ; la toux avait augmenté pendant ce temps ; elle était plus rauque et la voix commençait à *s'altérer* ; il y avait parfois de la soif, de l'agitation et un peu de précipitation dans le pouls. Le chirurgien, *qui était aux deux tiers sourd*, prit l'état de l'enfant pour un rhume ordinaire, et se borna en conséquence à une boisson adoucissante et ne songea nullement à l'existence du croup. Cependant la maladie faisant des progrès assez remarquables, tels que, d'après le rapport de la mère qui était presque constamment auprès de sa fille, un léger bruit âpre et parfois du sifflement se faisaient entendre dans le conduit aérien

pendant les inspirations, lors de la toux. Le lendemain matin, troisième jour de l'invasion des premiers symptômes, la voix était presqu'entièrement éteinte, et tous les autres symptômes également aggravés ; on fit venir de bonne heure le chirurgien et on lui témoigna les craintes qu'on avait sur l'existence du croup, et cependant il persista dans une opinion contraire. Ne voulant alors plus s'en rapporter à lui, le père et la mère me firent appeler à onze heures de cette même matinée : je me rendis de suite auprès de leur enfant ; le temps était très-froid et humide. La petite était couchée dans un bon lit, mais il n'y avait point de feu dans la chambre. Le lit était placé vis-à-vis la porte d'entrée, à côté du magasin de dentelles de la maison. Dès que j'arrivai sur le seuil de la porte de la chambre, j'entendis facilement que la respiration était gênée, que le passage de l'air à travers le conduit aérien produisait un bruit *âpre et sec* comme s'il avait passé par un tuyau inerte et fêlé, ou semblable au froissement d'une râpe sur un morceau de parchemin sec ; la toux était rauque et la voix presque éteinte, le pouls nerveux, faible et précipité, la peau sèche, il y avait de la soif et beaucoup d'agitation. La première impression que firent sur moi ces symptômes, fut sans doute quelques mouvemens dans les muscles de la face peu satisfaisans, car la mère de la petite demoiselle, qui m'observait en entrant, s'écria : *ah! monsieur, je suis sûre que ma fille a le croup!* Je ne dûs pas lui cacher cette triste vérité.

J'appliquai sans retard vingt-cinq sangsues au cou de la malade ; n'ayant pas produit tout l'effet que je désirais, j'en mis quinze autres sur la même partie peu de temps après la chute des premières, et j'administrai trois grains d'émétique, lorsqu'elles commencèrent à tomber. Ces deux applications de sangsues produisirent une évacuation assez considérable de sang pendant plusieurs heures que les piqûres coulèrent. L'émétique occasionna des efforts et des vomituritions d'un peu de matières très-écumeuses mais point épaisses, ce qui n'indiquait point d'amendement dans la maladie. Cependant

les forces ayant été considérablement diminuées, tous les symptômes perdirent aussi beaucoup de leur première intensité, excepté la voix qui resta presqu'éteinte, et le passage de l'air par le conduit aérien sec, résonnant, même hors la toux, comme le léger frottement d'une petite râpe sur un parchemin desséché. L'enfant était tour à tour agitée et assoupie; son père et sa mère, pressés par le désir de voir guérir leur fille chérie, pensaient que cet assoupissement qui se prolongeait de temps à autre pendant plusieurs minutes, était un bon sommeil et d'un bon augure; mais comme il n'en est malheureusement pas toujours ainsi en pareil cas, je fus forcé de les détromper.

Je redoublai de soins : j'appliquai de nouvelles sangsues au cou; l'émétique fut réitéré encore deux fois : des sinapismes ou des bains de pieds à la moutarde, étaient alternativement employés; des lavemens irritans ou purgatifs, des juleps expectorans, les linimens alcalins et camphrés en frictions sur le cou, le julep expectorant, la potion antispasmodique n° 7, avec addition d'assa-fœtida, le gargarisme du docteur Chamerlat n° 10, des vésicatoires devant le cou et entre les épaules, et enfin tous les moyens que l'art indique en pareil cas furent alternativement ou simultanément mis en usage, mais ce fut sans succès, parce qu'il est probable que la formation de la fausse membrane dans le conduit aérien ou tout autre désordre propre au croup, avait eu lieu avant que la *demoiselle P... ne reçût les secours de l'art :* elle mourut étouffée graduellement, trente-six heures après que j'eus été appelé, et le sixième jour de l'invasion de cette redoutable maladie, laissant de tendres parens dans la désolation de ne pas l'avoir connue plus tôt, ou de s'être confiés à un homme que sa surdité et peut-être son ignorance ne lui avaient pas permis de distinguer : qu'on prenne donc exemple de ce fait.

VIe OBSERVATION. *V...*, petit garçon de deux ans et demi, d'une bonne constitution, sanguin, bien coloré et bien portant jusques alors, couchant dans une chambre très-froide,

au rez-de-chaussée, derrière la boutique de ses parens, fut atteint le 12 mars 1824, d'une toux *sèche* et *rauque*, pendant la nuit; elle se renouvela plusieurs fois jusqu'au jour, et continua ainsi le lendemain. Son père et sa mère étant très-occupés au détail de leur commerce, ne firent pas beaucoup d'attention à ces quintes de toux, quoique très-attachés à leur enfant, et d'autant moins, qu'il se leva et joua hors les accès de cette toux rauque; mais l'appétit du malade n'était pas le même que les jours précédens, et il était d'ailleurs un peu triste.

Pendant la nuit suivante, la toux fut plus rauque et la voix plus rude : et insensiblement le passage de l'air par le conduit aérien devint un peu bruyant jusqu'au jour. Pendant le cours de la matinée ces symptômes étant moins fréquens que la nuit, les parens de l'enfant ne s'inquiétèrent pas plus de lui que la veille : mais dans l'après-midi, s'étant renouvelés avec force, ils se décidèrent à aller chercher leur médecin, *M. le docteur S......*, dont je voyais alors les malades, étant lui-même gravement affecté d'un catarrhe pulmonaire profond. Arrivé auprès du petit V....., peu de temps après qu'on fut venu réclamer des secours, environ 45 heures après les premiers signes de sa maladie, j'observai les symptômes suivans : toux sèche, rauque, passage de l'air à travers le larynx bruyant, résonnant même hors la toux, comme la poitrine d'un asthmatique dans un état de quinte, sifflement pendant la toux, comparé au cri d'un jeune coq; gêne déjà assez considérable de la respiration; agitation fréquente, pouls précipité et irrégulier parfois. La mère de cet enfant resta très-étonnée, *quoi qu'il en fût*, d'apprendre que cette affection était le croup, et se lamenta beaucoup de ce qu'elle ne s'en était pas doutée. J'envoyai chercher sur-le-champ vingt-cinq sangsues et les appliquai au-devant du conduit aérien; elles prirent très-bien, et la saignée fut abondante; le sang était vermeil et riche en principes. L'enfant ne s'étant point trouvé mal, n'ayant pas considérablement pâli, je remis dix nouvelles sangsues deux heures après la chute

des premieres ; et dès qu'elles furent tombées, j'administrai deux grains d'émétique dans six cuillerées d'eau chaude, qui fut donnée en six fois, à cinq minutes de distance chaque prise. L'enfant ne vomit que des mucosités point épaisses, très-écumeuses. La nouvelle saignée avait affaibli le petit malade; les symptômes s'étaient apaisés aussi, mais ne paraissaient pas devoir céder; leur marche continua au contraire : la toux resta sèche, la voix presque éteinte. Je mis alternativement ou simultanément en usage les mêmes moyens relatés dans l'observation précédente; mais la fausse membrane ayant eu le temps de se former dans le conduit aérien, avant que cet enfant ne reçût mes soins, tout fut également inutile; il mourut le lendemain que j'eus été appelé, environ 70 heures après l'invasion de sa maladie, plus tôt que la petit demoiselle qui fait le sujet de l'observation précédente; la raison de cette différence peut, je crois, se tirer de la rapidité plus grande des symptômes, laquelle pouvait dépendre de la vigueur de ce petit garçon, supérieure à celle de la jeune P....

VIIe Observation. *Jules L....*, âgé de dix-huit mois, assez bien constitué, ayant une bonne carnation et un assez beau teint, lymphatico-sanguin, fut subitement saisi au milieu d'un profond sommeil, pendant la nuit du 26 au 27 avril 1826, par une forte quinte de toux, rauque et sifflante, avec menace de suffocation. Son père, qui couchait près de lui, fut éveillé par le bruit de ces accidens : ayant déjà une idée des symptômes du croup, il ne se trompa point dans cette circonstance importante; il m'envoya chercher de suite par son cocher. Arrivé près de l'enfant, vers une heure après minuit, je le trouvai endormi, ce qui avait lieu depuis la cessation de la première quinte de toux. J'approchai mon oreille de son cou, et j'entendis un léger bruissement dans le conduit aérien, mais seulement pendant les inspirations. Cependant, cet indice pouvant me tromper, je voulus attendre le renouvellement de la toux, ce qui eut lieu, pour

la seconde fois, environ une heure après; elle réveilla l'enfant avec plus de violence que le premier accès, selon la remarque de M. L.....; elle était sèche, sifflante, semblable en partie au cri d'un jeune coq, et suffocante; le pouls était déjà agité. Ces accidens ne m'ayant laissé aucun doute sur l'existence du croup, je proposai de suite dix sangsues et les appliquai bientôt après; elles prirent très-bien, et procurèrent une évacuation assez abondante d'un sang vermeil, très-coagulable : l'enfant pâlit beaucoup et resta pendant quelques instans presqu'immobile. A peine six minutes s'étaient-elles écoulées depuis cette application des sangsues, qu'il fut facile de distinguer que le passage de l'air par le conduit aérien devenait plus *doux*; et insensiblement il rentra dans son état naturel, dans l'espace de quelques heures; les autres symptômes déjà observés, qui s'étaient renouvelés par les cris et l'agitation du petit malade, diminuèrent aussi graduellement et entièrement, en sorte que je ne jugeai pas à propos de conseiller l'administration de l'émétique, ni d'aucun autre moyen, sauf une boisson douce et un régime très-modéré. Dès que la toux diminua d'intensité, elle s'humecta en proportion; il se détachait des crachats qu'on pouvait juger être épais (ils n'étaient pas rendus) : du reste, il y avait un calme général très-satisfaisant, qui permettait d'espérer sa continuation. *M. le docteur Gardien* ayant été appelé quelque temps après moi, vint au petit jour et jugea aussi qu'on pouvait s'abstenir d'employer d'autres moyens : guérison.

VIIIe Observation. *Félicie D....*, âgée de quatre ans, bien constituée, ayant une belle et bonne carnation, et une intelligence particulière qui la rendait très-intéressante, se sentit enrouée le 22 juin 1826, devint un peu triste et perdit en partie l'appétit. Le lendemain, sa mère l'emmena promener hors de la ville; il faisait froid depuis quelques jours. A dîner, la petite ne prit que peu de chose, se sentant plus enrouée encore que la veille et toussant davantage;

elle était aussi plus triste. Le troisième jour, la toux devint rauque et plus sèche; le passage de l'air par le conduit aérien paraissait légèrement bruyant durant les inspirations; l'enfant était un peu agitée; la face plus rouge que dans l'état de parfaite santé. Il est probable qu'il existait déjà un peu de fièvre, ou du moins de la précipitation dans le pouls. La petite se plaignait aussi, parfois, d'une douleur dans le trajet du larynx et de la trachée-artère; elle y portait quelquefois sa main. Le quatrième jour se passa dans le même état. Le cinquième, tous les symptômes avaient considérablement augmenté. L'enfant ne quittait plus le lit, était tour à tour assoupie et agitée, souffrait du cou, et elle l'étendait en renversant sa tête en arrière comme pour chercher du soulagement, ce qui lui fit même dire à sa mère d'*aller chercher le médecin*. Je fus appelé le soir à six heures. Je trouvai la petite malade couchée, assez près et vis-à-vis la porte d'entrée, par où il pouvait pénétrer un peu d'air et la frapper dans son lit; j'en fis l'observation à sa mère qui la plaça de suite ailleurs; je lui témoignai aussi la peine et l'étonnement que j'éprouvais de voir qu'elle avait si long-temps négligé de lui faire donner des secours pour une maladie aussi redoutable que le croup. A ce mot de croup, elle fut très-étonnée, car elle était toujours dans l'idée que l'affection de sa fille n'était qu'un rhume ordinaire, fort, il est vrai. Voici les symptômes que j'observai dans ce moment: tendance à l'assoupissement, interrompu parfois par une agitation remarquable, gêne de la respiration, bruit rude dans le conduit aérien qui s'entendait à plusieurs pas au loin, surtout pendant les inspirations; toux rauque et très-sèche, sifflante parfois; voix entièrement éteinte; face animée, peau chaude, pouls serré et précipité, mais peu fort. L'enfant cherchait souvent à faire entrer plus d'air dans sa poitrine par de fortes inspirations, qui renouvelaient la toux et d'autres accidens à la fois.

J'envoyai chercher sur-le-champ vingt sangsues que j'appliquai devant le conduit aérien; elles prirent bien et don-

nèrent une assez copieuse quantité de sang vermeil, très-coagulable et riche : quand elles se détachèrent, la malade pâlit et perdit en partie ses facultés intellectuelles pendant quelques secondes ; mais quoi qu'il en fût, vu l'urgence du cas, je laissai saigner à volonté les piqûres, ce qui eut lieu durant plusieurs heures. Pendant que cette évacuation se faisait, l'émétique fut donné à la dose de deux grains dans quelques cuillerées d'eau chaude ; il n'y eut que peu de vomissemens sans secousses ; les matières étaient aussi en très-petite quantité, très-écumeuses, mais point épaisses. Un peu plus tard, deux autres grains d'émétique furent administrés dans la même quantité d'eau chaude, et à des distances rapprochées ; mais pas plus d'effets satisfaisans que la première fois, quoiqu'il eût excité plus d'efforts.

Par l'effet de la saignée abondante, le pouls s'était affaibli beaucoup ; mais il restait précipité, et était intermittent de loin en loin. Tous les autres symptômes s'étaient également apaisés et non améliorés ; le timbre de la voix resta toujours altéré ; le passage de l'air par le larynx était aussi gêné qu'avant l'emploi d'aucun moyen, quoiqu'en apparence tout parût moins mauvais. Pendant la nuit suivante, bains de pieds sinapisés, julep expectorant, boisson douce, mais le tout sans effet satisfaisant. Le lendemain, la face s'étant ranimée, le pouls redevenu plus fort, et le reste des symptômes ne s'amendant pas, de nouvelles sangsues furent appliquées au cou, l'émétique fut réitéré deux fois, des sinapismes ou des bains de pieds irritans, des lavemens avec l'assa-fœtida furent aussi mis en usage, tour à tour ou simultanément. L'enfant prit alternativement de la potion anti-spasmodique, n° 7, et du julep expectorant, n° 6. Les lavemens irritans et purgatifs ne furent pas non plus négligés ; et soit par une nouvelle atteinte portée sur les forces de la malade, soit autrement, il se manifesta une apparence de mieux remarquable pendant plusieurs heures de suite ; mais l'assoupissement plus prolongé ne me laissait point partager les espérances de la mère, qui crut son enfant en voie de guérison ; et

quoique je la prévinsse expressément de mon peu d'espoir, elle se permit de lui donner quelques légers alimens ; et soit cela, soit par les désordres déjà existans, ce qui est plus probable encore que le contre-temps des alimens, tous les symptômes se renouvelèrent. La gêne de la respiration était fort grande, la toux très-sèche, la voix nulle, le bruit de l'air par le conduit aérien semblable à celui que produit un tuyau sec et fêlé; le pouls devenait petit et vermiculaire, intermittent; les paupières ne se fermaient plus totalement, en sorte qu'elles laissaient à découvert une partie du blanc des yeux. *Mauvais signe !* Je redoublai d'attention, mais tout fut inutile; l'enfant mourut pendant la nuit du septième au huitième jour de l'invasion de la maladie.

J'avais proposé une consultation, mais elle ne fut pas acceptée; cependant, plus tard, on fit venir clandestinement *M. Deguise*, qui me parut s'être borné à tout approuver sans rien proposer de nouveau. — Je n'ai pas besoin d'observer que cette enfant fut victime de l'impossibilité où se trouva sa mère de pouvoir discerner les symptômes propres au croup, pour lui faire donner les soins convenables en temps opportun.

FIN.

De l'Imprimerie de FEUGUERAY, rue du Cloître-Saint-Benoît, n° 4.

www.ingramcontent.com/pod-product-compliance
Ingram Content Group UK Ltd.
Pitfield, Milton Keynes, MK11 3LW, UK
UKHW020452180726
13839UKWH00004B/1791

11 avril 1874

99 P

Exemplaire de Barre

COLLECTION

DE M.

LAFONTAINE

SOCIÉTAIRE DE LA COMÉDIE-FRANÇAISE

Me CHARLES OUDART, COMMISSAIRE-PRISEUR

M. ÉMILE BARRE, EXPERT

IMPRIMERIE J. CLAYE
RUE SAINT BENOIT 7
PARIS

COLLECTION

DE M.

LAFONTAINE

SOCIÉTAIRE DE LA COMÉDIE-FRANÇAISE

CONDITIONS DE LA VENTE.

Elle sera faite au comptant.

Les acquéreurs payeront *cinq centimes par franc,* en sus des enchères, applicables aux frais.

L'Exposition mettant les Adjudicataires à même de se rendre compte de l'état et de la nature des objets, il ne sera admis aucune réclamation une fois l'adjudication prononcée.

CATALOGUE

DE

60 TABLEAUX

ANCIENS

DES ÉCOLES

FLAMANDE ET FRANÇAISE

DE LA COLLECTION

DE

M. LAFONTAINE

SOCIÉTAIRE DE LA COMÉDIE-FRANÇAISE

DONT LA VENTE AURA LIEU

HOTEL DROUOT, SALLE N° 3

Le Samedi 11 Avril 1874, à 3 heures

PAR LE MINISTÈRE DE **Me CHARLES OUDART**, COMMISSAIRE-PRISEUR
31, rue Le Peletier

ASSISTÉ DE **M. ÉMILE BARRE**, EXPERT
20, Chaussée-d'Antin

Chez lesquels se délivre le présent Catalogue

EXPOSITIONS

PARTICULIÈRE	PUBLIQUE
Le Jeudi 9 Avril 1874	Le Vendredi 10 Avril 1874

DE 1 HEURE 1/2 A 5 HEURES 1/2

DÉSIGNATION

ALST (Van)

1. — Perdrix mortes, suspendues par la patte.

BACKHUYSEN

2. — Marine.

Des vaisseaux au pavillon déployé et de nombreuses barques de pêcheurs viennent de quitter un port que l'on aperçoit sur la droite.

BERGEN (Dirk van)

3. — Animaux au pâturage.

Une femme, assise près de monuments en ruine, garde un troupeau de vaches et de chèvres.

BERGHEM (Nicolas)

4. — Le Passage du gué.

Un paysan sur son cheval et une femme tenant un enfant dans ses bras font passer une rivière à un troupeau de vaches, chevaux et moutons. Dans le fond, un paysage montagneux avec ruines. — Effet de soleil couchant.

CASANOVA

5. — Le Passage du gué.

CHARDIN

6. — L'Enfant au tambour.

Une petite fille, en costume Louis XVI, se promène avec un jouet à la main et un tambour.

DECKER (Conrad)

7. — Paysage de la Hollande.

Une forêt borde un canal sur lequel on voit des barques de pêcheurs. — Dans le lointain on aperçoit le clocher d'un village.

DEMARNE

8. — Le Champ de blé.

Au premier plan, des vaches se désaltèrent dans un cours d'eau ; et une paysanne assise sur son âne se dirige vers une chaumière entourée d'un jardin ; à droite un champ de blé, au bout duquel s'étend un vaste horizon.

DEMARNE

9. — Le Charlatan.

A l'entrée d'un village italien et près d'une statue antique, un empirique à cheval, aidé de son compère qui joue de la trompette, a attiré autour de lui nombre de paysans et de portefaix auxquels il fait voir une drogue qu'il tient à la main; *charmante composition,* rappelant Karel Dujardin.

DIÉTRICI

10. — Paysage montagneux avec cours d'eau et figures.

DOW (Gérard)

(Signé 1668.)

11. — Portrait de la mère de l'artiste.

Elle est représentée assise et les mains croisées sur ses genoux, vêtue d'un costume noir garni de fourrures avec collerette et coiffe blanches.

Dessin au crayon noir rehaussé.

DROLLING

(Signé.)

12. — Paysage avec Maison rustique, près d'une route sur laquelle on voit divers groupes de figures.

DROOGSLOOT

(Signé 1643.)

13. — Paysage avec ruines et figures.

DYCK (Philippe Van)

(Signé.)

14. — La sortie du bain.

Une femme nue entourée d'une draperie bleue est aidée par deux servantes pour les apprêts de sa toilette.

FERG (François)

(Signé.)

15. — Fête de village.

Sur une place, auprès de monuments en ruines, des paysans sont occupés les uns à danser, les autres à boire et à causer. — A droite sous une tente on dresse des tables pour un repas.

FERG (François)

16. — Le pendant du précédent.

Auprès d'une pyramide et au pied d'un château fort en ruines, des comédiens italiens donnent la représentation à un grand nombre de paysans assemblés, dont quelques-uns sont à cheval ; à gauche une fontaine où boivent des animaux.

Ces deux charmants tableaux, remarquables par leur grande finesse d'exécution, forment pendant.

GELÉE (Claude, dit le Lorrain)

17. — Port de mer en Italie.

A gauche un palais avec portique d'une riche architecture, derrière lequel on aperçoit toute une ville, et au premier plan quelques dames et seigneurs se promenant et des pêcheurs assis et causant. Dans le fond, près d'un monument baigné par la mer, des vaisseaux et barques de pêche. — Effet de matin.

Les figures de ce tableau sont peintes par Courtois.

GOYEN (Van)

(Signé et daté 1635.)

18. — Entrée de village au bord d'un canal.

Au premier plan des pêcheurs au repos dans leurs barques, à droite quelques maisons rustiques bordées de bouquets d'arbres, et dans le fond au bord de l'eau un village dont on aperçoit le clocher.

GOYEN (Van)

(Signé et daté 1644.)

19. — Village au bord d'un canal.

Un canal sillonné de barques de pêcheurs borde un village fortifié dont on aperçoit les églises et quelques maisons. Dans le fond, un moulin et des bateaux qui se perdent à l'horizon.

HALS (Franck)

20. — Portrait de seigneur en costume Louis XIII.

Il est représenté à mi-corps, la tête couverte d'un feutre aux larges bords et vêtu d'un costume noir sur lequel est appliquée une collerette de dentelle.

HEEM (David de)

(Signé.)

21. — Nature morte.

Sur une table couverte d'un tapis sont posés une vasque du Japon contenant des fruits, un verre de Venise, et divers accessoires.

HEYDEN (Van der)

(Signé.)

22. — Entrée de la ville d'Amsterdam.

On aperçoit à gauche, au bord d'un canal, un château bâti en briques, de l'autre côté une avenue de grands arbres conduit à la ville dont on aperçoit dans le fond les premières maisons et au milieu un pont volant que traversent des personnages et des animaux.

HOOG (Pierre de)

23. — Intérieur hollandais.

Dans une grande pièce éclairée sur la gauche par un vitrage, des dames et des seigneurs en costume Louis XIII, les uns assis les autres debout, sont occupés à jouer autour d'une table couverte d'un tapis de Smyrne; quelques personnages debout causent et boivent.

KLOMP (Albert)

24. — Vaches et Moutons au pâturage.

LANCRET

25. — La Collation dans le parc.

Deux dames sont assises près d'une fontaine et attendent les rafraîchissements que leur apporte un jeune homme.

LANCRET (A.)

26. — Portrait de Dazincourt, acteur du Théâtre-Français.

L'artiste est représenté en Crispin, la main gantée et appuyée sur le pommeau de son épée.

Portrait d'une grande vérité d'expression.

LANFANT

27. — Le Moulin à eau.

A l'ombre d'un bouquet d'arbre, des paysannes sont occupées à laver du linge.

LEMOINE

28. — Diane et Endymion.

La Déesse a passé son bras autour du cou du berger et le contemple dans son sommeil.

LOO (Carle van)

29. — Portrait de dame en Diane.

Elle est représentée à mi-corps, caressant un levrier et tenant un arc à la main.

LOO (Michel van)

30. — Portrait de dame en costume Louis XVI.

Elle est revêtue d'un costume blanc et a la tête couverte d'un voile.

MICHEL

31. — Le Retour de la pêche.

Sur la plage et au premier plan, de nombreux pêcheurs sont occupés à débarquer du poisson; à droite dans le fond, un village avec moulin à vent. — Sur la mer on aperçoit plusieurs bateaux qui rentrent au port.

MICHEL

32. — Le Moulin, effet d'orage.

MIGNARD

33. — Portrait de Mademoiselle de Montpensier.

Elle est représentée en riche costume orné de bijoux et tenant des fleurs à la main.

MOLYN (Pierre)

34. — Paysage de Hollande.

Dans le fond et derrière un bois, on aperçoit le clocher d'un village et des moulins. — Au premier plan, des paysans sont occupés à causer au milieu du chemin.

MONNOYER (Baptiste)

35. — Bouquet de fleurs.

Sur une console en pierre, un vase en bronze Louis XVI contient un énorme bouquet de fleurs qui tombent en grappe sur une draperie.

Composition capitale.

NATTIER

36. — Portrait de dame en buste.

Elle a les cheveux poudrés et ornés de fleurs.

OSTADE (Isaac)

(Signé 1634.)

37. — Extérieur de ferme.

Au premier plan un homme tire de l'eau d'un puits, tandis qu'une femme s'occupe des soins du ménage.

Dans le lointain on aperçoit le clocher d'un village.

PILLEMENT

38. — Le départ pour le marché.

Au milieu d'un paysage où l'on voit des rochers et des monuments en ruine, un paysan conduit au marché un troupeau de vaches et de moutons.

R. (F.)

(Signé.)

39. — Château fort au bord de la mer.

De nombreux personnages examinent les barques de pêche et les bateaux de plaisance qui sillonnent la mer.

REMBRANDT

(Signé et daté 1640.)

40. — Portrait de seigneur.

Il est représenté en buste vue de trois quart, la tête couverte d'une toqué noire. — Ses cheveux longs, tombent sur un manteau rougeâtre qui lui couvre les épaules.

ROBERT (Hubert)

41. — Dans un ancien temple, transformé en atelier de sculpture, quelques personnages se promènent et examinent les divers travaux de restauration auxquels sont occupés des artistes. Dans le haut du tableau à gauche, une scène galante.

ROBERT (Hubert)

(Signé et daté 1783.)

42. — Une Route dans les Pyrénées.

Au milieu d'immenses rochers, sur lesquels est bâti un château fort, on voit, sur une route que côtoie un cours d'eau, des voituriers et des muletiers. Plus loin un pont et à l'horizon, qui s'étend à perte de vue, quelques villages boisés.

ROBERT (Hubert)

43. — Paysage avec ruines.

Au premier plan, au bord d'un torrent, un groupe de personnages et d'animaux; dans le fond, à gauche, on aperçoit la mer avec des vaisseaux à l'ancre.

RUYSDAEL (Jacques)

(Signé.)

44. — Site norvégien avec chute d'eau.

A droite, d'immenses rochers que dominent un château en ruine et quelques troncs d'arbres; à gauche, une montagne couverte de sapins et de mélèzes. Quelques arbres brisés roulent dans un torrent dont les eaux écumeuses tombent en casacade à travers ce site sauvage.

SARRASIN

(Signé.)

45. — L'Abreuvoir.

Dans le fond, un château et un pont; à gauche, un bouquet de bois au bord de la rivière; à droite, un berger fait boire des vaches et des moutons.

SARRASIN

46. — La Rentrée du troupeau.

Pendant du précédent.

SENAVE

47. — Le Marché aux poissons.

Près d'un moulin placé au bord de la mer, on voit des passants marchander du poisson apporté par une barque que l'on aperçoit dans le fond.

STEEN (Jean)

(Signé.)

48. — Taverne flamande.

De joyeux buveurs, les uns attablés, les autres debout, fument et plaisantent avec la femme chargée de les servir.

STRY (J. Van)

49. — Paysage hollandais.

A droite, plusieurs chaumières ombragées par des bouquets d'arbres; à gauche, un canal sur lequel on voit des barques de pêcheurs. Dans le lointain on aperçoit une ville.

TENIERS (D.)

(Signé.)

50. — Vue de la place du marché à Bruges.

Au premier plan, des paysans ont étalé leurs marchandises qu'ils offrent aux passants. — A gauche des comédiens ambulants attirent un immense concours de personnes de toutes qualités et à droite des cuisines, en plein vent, sont installées sous les arbres. Dans le fond on aperçoit les maisons de la ville et une église.

Composition des plus capitales de ce maître.

TERBURG (G.)

51. — Portrait de vieille femme.

Elle est représentée assise, la tête couverte d'une coiffe blanche.

Tableau d'une très-précieuse exécution.

TOURNIÈRES

52. — Portrait du duc d'Orléans.

Il est représenté revêtu d'une cuirasse et porte le cordon et la plaque de l'ordre du Saint-Esprit.

UDEN (Van)

53. — Site hollandais.

Au milieu d'un superbe paysage et près d'une pièce d'eau, on voit un palais d'une riche architecture. — Quelques figures animent cette composition.

VRIES (De)

54. — Village au bord d'un canal.

Au premier plan, un pont rustique sur lequel une femme étend du linge; à droite, des paysans sont occupés à pêcher à la ligne.

WATTEAU (De Lille)

55. — Halte militaire.

WERF (Van der)

56. — Sainte Famille.

Au milieu d'un paysage la Vierge assise est occupée à lire. — Près d'elle l'Enfant Jésus offre un fruit au petit saint Jean.

WYNANTZ

(Signé.)

57. — Le Départ pour le marché.

Au milieu d'une route sablonneuse, bordée à gauche d'un bouquet d'arbres, on aperçoit un paysan conduisant un troupeau de vaches et de moutons.

ZEEMAN

58. — Mer calme avec vaisseaux et barques de pêcheurs.

ZUCCARELLI

59. — Port de mer italien avec château en ruines et pêcheurs.

ZUCCARELLI

60. — Site italien avec ruines et pêcheurs.

Ces deux tableaux forment pendants.

PARIS. — J. CLAYE, IMPRIMEUR, 7, RUE SAINT-BENOIT. — [419]

www.ingramcontent.com/pod-product-compliance
Ingram Content Group UK Ltd.
Pitfield, Milton Keynes, MK11 3LW, UK
UKHW020532180726
13839UKWH00005B/2455

1908 (Mai 18)

VENTE
DU LUNDI 18 MAI 1908
à 2 heures 1/2
HOTEL DROUOT, Salle N° 11

BOIS SCULPTÉS

DE

Travail Allemand

DES XVe ET XVIe SIÈCLES

Collection de M. le Comte d'A.

Me Gustave COULON
Commissaire-Priseur

MM. MANNHEIM
Experts

Bois Sculptés

DE

Travail Allemand

DES XVe ET XVIe SIÈCLES

Collection de M. le Comte d'A.

CONDITIONS DE LA VENTE

Elle sera faite au comptant.

Les acquéreurs paieront dix pour cent en sus des enchères.

L'exposition permettant au public de se rendre compte de la nature et de l'état des objets mis en vente, aucune réclamation ne sera admise une fois l'adjudication prononcée.

Les objets précédés d'un astérisque * sont ceux reproduits dans le Catalogue.

CATALOGUE

DES

BOIS SCULPTÉS

DE

Travail Allemand

DES XV ET XVI SIÈCLES

Composant la Collection de M. le Comte d'A.

ET DONT LA VENTE AURA LIEU A PARIS

HOTEL DROUOT, SALLE N° 11

Le Lundi 18 Mai 1908

A 2 HEURES 1/2

COMMISSAIRE-PRISEUR

Mᵉ Gustave COULON

12, Rue de la Victoire

EXPERTS

MM. MANNHEIM

7, Rue Saint-Georges

EXPOSITION PUBLIQUE

Le Dimanche 17 Mai 1908, de 1 heure 1/2 à 5 heures 1/2

N 2

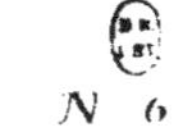

N 6

N 11

BOIS SCULPTÉS

1. — ***Haut-relief*** sans fond en bois sculpté, peint et doré, présentant la Piéta : la Vierge assise tient sur ses genoux le corps du Christ.

Travail bavarois, xve siècle.

Largeur, 67 cent. ; Hauteur, 65 cent.

*2. — ***Statuette-applique*** en bois sculpté, présentant un ange debout, amplement drapé et pinçant du luth.

Travail bavarois, fin du xve siècle.

Hauteur, 78 cent.

3. — ***Groupe-applique*** en bois sculpté peint et doré. La Vierge, assise, tient de la main droite un fruit qu'elle présente à l'Enfant Jésus nu et debout sur ses genoux.

Travail bavarois, fin du xve siècle.

Largeur, 55 cent. ; Hauteur, 85 cent.

4. — ***Statuette équestre*** en bois sculpté, peint et doré. Saint Georges, coiffé d'une salade, revêtu d'une armure complète, est monté sur un cheval qui foule aux pieds le dragon.

Travail bavarois, fin du xve siècle.

Largeur, 80 cent. ; Hauteur, 92 cent.

5. — ***Figure-Applique*** en bois sculpté : Sainte Catherine debout tenant de la main droite un livre ouvert et foulant aux pieds l'Empereur Maximin.

Travail bavarois, fin du xve siècle.

Largeur, 28 cent. ; Hauteur, 60 cent.

*6. — **Statuette-applique** en bois sculpté, représentant Saint Maurice debout, coiffé d'une toque et revêtu d'une armure couverte d'un long manteau.

Travail bavarois, fin du xve siècle.

Hauteur, 90 cent.

7. **Figure-applique** en bois sculpté, représentant un ange debout déployant une draperie de ses deux mains.

Travail bavarois, fin du xve siècle.

Largeur, 42 cent. ; Hauteur 1 m. 14 cent.

*8. — **Bas-relief** rectangulaire en bois sculpté, peint et doré représentant le sujet de l'Annonciation : l'ange Gabriel, tenant un phylactère, fait le geste de la bénédiction en s'avançant vers la Vierge qui est agenouillée à son prie-Dieu. Au fond la porte et la fenêtre de la chambre avec quelques ustensiles sur une étagère.

Travail de la Souabe, école de Syrlin. Fin du xve siècle.

Largeur, [illegible]8 cent. ; Hauteur, [illegible]1 cent.

*9. **Rétable** en bois sculpté, peint et doré, présentant l'Adoration des Mages. La Vierge est assise sur les premières marches d'un escalier ; derrière elle, se tient Saint Joseph. Elle porte sur ses genoux l'Enfant Jésus qui fait le geste de bénédiction et devant qui est agenouillé l'un des trois Mages. Les autres Mages s'avancent vers lui, suivis de neuf personnages dans des attitudes variées. Au second plan, une muraille en ruines. La scène se passe sous une quadruple arcade gothique flamboyante.

Travail tyrolien, école de Michel Pacher. Fin du xve siècle.

Largeur, 1 m. 30 cent. ; Hauteur 1 m. 65 cent.

*10 **Statuette-applique** en bois sculpté, représentant Saint Maurice debout, coiffé d'une toque et portant une armure maximilienne recouverte d'un long manteau.

Sur la base, une inscription.

Travail tyrolien de la fin du xve siècle.

Hauteur, 1 m. [illegible] cent.

N° 9

N 8

N 16

*11. — ***Groupe*** en bois sculpté : Sainte Anne debout portant sur le bras droit l'Enfant Jésus et sur le bras gauche la Vierge : l'enfant Jésus est nu et tient un fruit des deux mains : la Vierge tend les mains vers lui.

Travail de Franconie, fin du xve siècle.

Hauteur, 70 cent.

12. — ***Groupe-applique*** en bois sculpté : Sainte Anne assise, tenant de la main gauche la Vierge debout sur ses genoux, les mains jointes.

Travail rhénan, fin du xve siècle.

Hauteur, 60 cent.

13. — ***Statuette*** en bois sculpté, peint et doré. Saint Florian debout, vêtu de l'armure et tenant de la main gauche le seau dont il verse l'eau sur la maison en flammes.

Fin du xve siècle.

Hauteur, 60 cent.

14. — ***Bas-relief*** en bois sculpté présentant l'Adoration des Rois Mages. Les trois rois, richement vêtus, apportent leurs présents à l'Enfant Jésus assis sur les genoux de la Vierge. Au second plan, Saint Joseph et, dans le ciel, l'étoile ainsi qu'un petit ange.

Travail bavarois, commencement du xvie siècle.

Largeur, 30 cent. ; Hauteur, 56 cent.

15. — ***Bas-relief*** en bois sculpté présentant l'Annonciation. L'Ange Gabriel tenant le sceptre s'avance vers la Vierge qui, les bras croisés, est agenouillée à son prie-Dieu sous un dais. L'intérieur du prie-Dieu contient divers ustensiles.

Travail bavarois, commencement du xvie siècle.

Largeur, 32 cent. ; Hauteur, 55 cent.

*16. — **Haut-relief** rectangulaire en bois sculpté, peint et doré ; l'Annonciation. L'Ange Gabriel, tenant un sceptre et un phylactère, s'approche de la Vierge en faisant le geste de la bénédiction. La Vierge est agenouillée à son prie-Dieu, les bras croisés et tourne la tête vers l'ange. La scène se passe dans une chambre dont on aperçoit la fenêtre et les poutrelles. Au fond, une petite armoire d'applique.

Travail bavarois, commencement du XVIe siècle.

Largeur, [illegible] cent. ; Hauteur, 88 cent.

17. — **Haut-relief** sans fond en bois sculpté et peint présentant l'Annonciation. La Vierge est agenouillée à gauche, la main gauche levée, l'Ange Gabriel se tient debout auprès d'elle.

Travail bavarois, commencement du XVIe siècle.

Largeur, [illegible] cent. ; Hauteur, 8[illegible] cent.

18. — **Bas-relief** rectangulaire en bois sculpté, peint et doré, présentant l'Annonciation. L'Ange Gabriel s'approche de la Vierge qui est vue de face agenouillée à son prie-Dieu. Au-dessus d'elle, le Saint-Esprit sous un dais.

Travail bavarois, commencement du XVIe siècle.

Largeur, 58 cent. ; Hauteur, [illegible] cent.

*19. **Groupe-applique** en bois sculpté et peint, présentant Sainte Anne debout, tenant sur le bras droit l'Enfant Jésus nu, il tend un fruit à la Vierge qui lève la tête vers lui.

Travail bavarois, commencement du XVIe siècle.

Hauteur 1 m. 20 cent.

20. **Haut-relief** en bois sculpté présentant la crèche. Dans un berceau d'osier est couché l'enfant Jésus sur une draperie que tiennent trois angelots ; la Vierge est agenouillée près de lui et Saint Joseph se penche pour contempler le Nouveau-né. Au second plan, le bœuf et l'âne et, à l'entrée de la crèche, deux bergers.

Travail bavarois, commencement du XVIe siècle.

Largeur, 65 cent. ; Hauteur, [illegible] cent.

N° 10

N° 22

N° 19

N 23

21. — ***Bas-relief*** rectangulaire en bois sculpté, peint et doré, présentant l'Annonciation. La Vierge, agenouillée à son prie-Dieu, tourne la tête vers l'ange Gabriel qui la bénit et plie le genou.

Travail bavarois, commencement du XVIe siècle.

Largeur [illegible] cent. ; Hauteur [illegible] cent.

*22. — ***Bas-relief*** sans fond en bois sculpté et peint, présentant la Sainte Famille. Sur une stalle sont assises Sainte Anne et la Vierge; entre elles se voit l'enfant Jésus à qui Sainte Anne présente un fruit. Derrière la stalle sont accoudés Saint Joseph et deux personnages.

Travail de la Franconie. Commencement du XVIe siècle.

Largeur [illegible] cent. ; Hauteur [illegible] cent.

*23. — ***Haut-relief*** en bois sculpté, peint et doré, présentant la Sainte Famille. Sainte Anne et la Vierge sont assises sur un trône; entre elles se tient l'enfant Jésus, sur les genoux de la Vierge, un fruit à la main. Derrière le trône s'appuient d'une part Saint Joseph, de l'autre trois personnages.

Travail de Franconie, commencement du XVIe siècle.

Largeur [illegible] ; Hauteur [illegible]

24. — ***Haut-relief*** sans fond en bois sculpté, peint et doré, présentant la mort de la Vierge. Elle est étendue sur un lit et est entourée de sept apôtres dans diverses attitudes. Socle à arcatures trilobées.

Travail bavarois, XVIe siècle.

Largeur [illegible] ; Hauteur [illegible] cent.

25. — ***Groupe*** en bois sculpté avec traces de dorure et de peinture; la Pieta. Le Christ est étendu à terre; la Vierge le retient de la main gauche et lui appuie la tête sur son genou. XVIe siècle.

Largeur [illegible] ; Hauteur [illegible]

26. — ***Deux colonnettes*** en bois peint, genre gothique.

Hauteurs [illegible]

27. — ***Deux consoles*** supports d'angle en bois sculpté et peint, genre gothique.

Hauteur [illegible]

4611. — PARIS. — IMP. HEMMERLÉ ET Cie. — 4-1908.

Collection de M. le Comte d'A.

RÉSUMÉ DU CATALOGUE

DES

BOIS SCULPTÉS DE TRAVAIL ALLEMAND

DES XVᵉ ET XVIᵉ SIÈCLES

VENTE du Lundi 18 Mai 1908

COMMISSAIRE-PRISEUR : **Mᵉ Gustave COULON**, *12, Rue de la Victoire*

EXPERTS : **MM. MANNHEIM**, *7, Rue Saint-Georges*

1 **Haut-relief.** La Piéta . . . .

2 **Statuette-applique.** Ange debout pinçant du luth . .

3 **Groupe-applique.** La Vierge assise et l'Enfant Jésus. .

4 **Statuette équestre.** Saint Georges. . . . .

5 **Figure-applique.** Sainte Catherine. . . . .

6 **Statuette-applique.** Saint Maurice . . . .

7 **Figure-applique.** Ange debout. . . . .

8 **Bas-relief.** L'Annonciation . . . .

9 **Rétable.** L'Adoration des Mages. . . . .

10 **Statuette-applique.** Saint Maurice. . . . .

11 **Groupe.** Sainte Anne, l'Enfant Jésus et la Vierge. . .

12 **Groupe-applique.** Sainte Anne et la Vierge. . . . . .

13 **Statuette.** Saint Florian. . . . .

14 **Bas-relief.** L'Adoration des Rois Mages. . . . . . .

15 **Bas-relief.** L'Annonciation . . . .

16 **Haut-relief.** L'Annonciation. . . . .

17 **Haut-relief.** L'Annonciation. . . . .

18 **Bas-relief.** L'Annonciation . . . .

19 **Groupe-applique.** Sainte Anne, l'Enfant Jésus et la Vierge . . . .

20 **Haut-relief.** La Crèche . . . .

21 **Bas-relief.** L'Annonciation . . . .

22 **Bas-relief.** La Sainte-Famille . . . .

23 **Haut-relief.** La Sainte-Famille . . . .

24 **Haut-relief.** La Mort de la Vierge . . . .

25 **Groupe.** La Piéta . . . .

26 **Deux Colonnettes,** genre gothique . . . .

27 **Deux Consoles-supports**, genre gothique . . . . . .

Paris
Imp. Hemmerlé et Cie
2 et 4, rue de Damiette.

www.ingramcontent.com/pod-product-compliance
Ingram Content Group UK Ltd.
Pitfield, Milton Keynes, MK11 3LW, UK
UKHW020532180726
13839UKWH00005B/2456

12 décembre 1888
Lyon

V

CATALOGUE

OBJETS D'ART

ANCIENS

LYON

Décembre 1888

CATALOGUE

OBJETS D'ART

ANCIENS

LYON
IMPRIMERIE MOUGIN-RUSAND
3, rue Stella, 3

Vente de M****, de Lyon

MEUBLES ANCIENS

Argenterie Louis XVI et du Directoire

ÉMAUX de Limoges des XVme, XVIme et XVIIme siècles, ARMES, INSTRUMENTS DE MUSIQUE, BIBELOTS

DONT LA VENTE AUX ENCHÈRES AURA LIEU A LYON

HOTEL DES COMMISSAIRES-PRISEURS

Rue de l'Hôpital, 6, salle du 1er étage,

LES

MERCREDI 12, JEUDI 13 ET VENDREDI 14 DÉCEMBRE 1888

A 7 heures 1/2 du soir

EXPOSITION GÉNÉRALE

Le Mardi 11 Décembre, de 2 heures à 5 heures

Chaque jour de vente on exposera, de 1 heure à 3 heures, les objets qui devront se vendre le soir

Me Laurent GAZAGNE	**G. PINGEON**
Commissaire-priseur	Expert
Rue de l'Hôpital, 6	*Avenue de Saxe, 77*

CONDITIONS DE LA VENTE

La vente sera faite au comptant.

Les acquéreurs paieront cinq pour cent en sus des enchères applicables aux frais.

Les expositions mettant le public à même de se rendre compte de l'état des objets, il ne sera admis aucune réclamation une fois l'adjudication prononcée.

Le présent Catalogue se trouve à Lyon, au bureau des Commissaires-Priseurs, rue de l'Hôpital, 6, et à Paris, au bureau du *Journal des Arts*, rue Le Peletier, 17.

Un Catalogue illustré de quatre planches de photographies, reproduisant environ quarante objets, sera mis en vente au prix de 2 francs.

On le trouvera au bureau des Commissaires-Priseurs.

L'ordre numérique ne sera pas obligatoire, l'expert se réserve la faculté de réunir ou de diviser les lots.

ORDRE DES VACATIONS

Le Mercredi 12 décembre.

Objets divers, de. . . . . 33 à 87

Le Jeudi 13 décembre.

Objets divers, de. . . . . 88 à 93
Emaux, peintures, de. . . . . 94 à 101
Armes, de. . . . . 102 à 121
Instruments de musique, de . . . . . . 122 à 125

Le Vendredi 14 décembre.

Meubles et objets mobiliers, de. . . . . 1 à 14
Argenterie, de. . . . . 15 à 32

CATALOGUE

MEUBLES

PENDULES, LUSTRES, APPLIQUES, CHANDELIERS
CHENETS

1 — MEUBLE à deux corps dit CABINET, plaqué en ébène et écaille rouge, avec appliques d'ornements, statuettes, chapiteaux, bases, entrées de serrures, poignées, etc., en bronze ciselé et doré. Le corps du haut présente un motif architectural avec niche, colonnettes superposées, fronton, balustres, etc., formant tiroirs et portes : il repose sur une table avec tiroirs portés par quatre cariatides à gaînes sur la

face et quatre colonnes au fond, la partie milieu de chacun des deux corps forme saillie, les moulures en ébène sont très fines, l'ensemble est d'un bon dessin.

Ce beau meuble, du XVIIe siècle, est en état parfait de conservation.

Haut., 2m; larg., 1m,26 cent.; prof., 48 cent.

(Planche 1.)

2 — MEUBLE à deux corps, en bois de noyer sculpté; quatre portes, un tiroir et fronton : le corps du haut, plus petit que celui du bas est orné aux angles de colonnes engagées; sur les portes, haut et bas, des médaillons ovales, des arabesques et des plaques de marbre; sur la frise, des aigles portant des guirlandes de fruits et plaque de marbre au milieu; le tiroir porte également des plaques de marbre, des guirlandes de fruits et un mascaron au centre, de chaque côté des portes du bas, des pilastres ornés de médaillons et de marbres; sous la tablette des consoles, sur les médaillons des quatre portes se voient les

figures allégoriques des saisons; le corps du haut est garni d'étoffe à l'intérieur.

Très bon meuble de la seconde moitié du XVIe siècle; et qui a été restauré.

Haut., 2m,15 cent.; larg., 1m,27 cent.; prof., 51 cent.

(Planche 2.)

3 — TABLE ronde en bois de noyer sculpté, le plateau porte sur un balustre central et sur trois chimères adossées, le tout sur un patin à trois rayons partant du centre.

Haut., 76 cent.; diam. du plateau, 80 cent.

(Planche 4.)

4 — GLACE, avec riche et large cadre en bois sculpté et doré, de l'époque Louis XIV.

Haut., 1m,27 cent.; larg., 1m.

5 — Petite PENDULE, Louis XVI, en bronze ciselé et redoré, elle porte le nom de Le Noir; socle en bois noir avec appliques de bronze ciselé et redoré.

(Planche 3.)

6 — LUSTRE HOLLANDAIS, à douze branches sur deux rangs, le tout en cuivre poli; XVIIe siècle.

7 — Paire de petits CHANDELIERS, Louis XVI, en bronze ciselé et doré, la tige est formée d'une colonne cannelée ornée d'asperges et de guirlandes de lauriers, la base est carrée avec guirlandes.

(Planche 3.)

8 — Paire de CHANDELIERS, en bronze ciselé et doré, époque du premier Empire.

9 — LAMPE de suspension en cuivre ajouré, avec les chaînettes.

10 — Paire de petits CHENETS, avec les fers, XVIIe siècle.

11 — Paire d'APPLIQUES, en bronze doré, à deux branches, époque Louis XV.

12 — Autre paire d'APPLIQUES semblables.

13 — Paire de petits CHANDELIERS d'autel, en cuivre poli ; base triangulaire et tige à balustre, fin du XVIe siècle.

14 — Dix CHANDELIERS, de diverses époques ; ce lot sera divisé.

ARGENTERIE

15 — SUCRIER de l'époque Louis XVI, argent estampé et verre bleu. Poids, 145 grammes net.

(Planche 3.)

16 — Paire de SALIÈRES, Louis XVI, même travail et verre bleu. Poids, 30 grammes net.

(Planche 3.)

17 — Paire de SALIÈRES doubles, dites BOUT-DE-TABLE, époque Louis XVI. Poids, 239 grammes net.

(Planche 3.)

18 — Paire de SALIÈRES, dont l'une a un couvercle, même époque et travail. Poids, 92 grammes net.

(Planche 3.)

19 — PORTE-HUILIER, argent fondu et ciselé, orné de feuilles de vigne, guirlandes et moulures à torsades, époque Louis XVI; plus les deux BURETTES, en cristal taillé et doré, avec les bouchons en argent. Poids, 740 grammes net.

(Planche 3.)

20 — PORTE-HUILIER, à filets et moulures, époque Louis XV, avec les BURETTES en cristal taillé et doré, bouchons en argent. Poids, 497 grammes net.

(Planche 3.)

21 — PORTE-HUILIER, à double filets, époque Louis XV, avec les BURETTES en cristal taillé, bouchons en argent. Poids, 675 grammes net.

(Planche 3.)

22 — Paire de SALIÈRES, argent fondu, verre bleu, époque Empire. Poids, 138 grammes net.

23 — Paire de SALIÈRES, argent fondu, verre bleu; elles sont en forme de trépied terminé par une tête d'oiseau, époque Empire. Poids, 173 grammes net.

24 — MOUTARDIER, argent fondu, anse à col de cygne, verre bleu. Poids, 122 grammes.

25 — MOUTARDIER, argent fondu, verre bleu, époque Empire. Poids, 117 grammes net.

26 — Petite SOUPIÈRE, en argent, de la fin de Louis XVI; le couvercle est surmonté d'un trophée, formé de colombes, d'arcs et de flèches. Poids, 654 grammes.

(Planche 3.)

27 — TASSE, en argent, pour déguster le vin, XVIIIe siècle. Poids, 141 grammes.

(Planche 3.)

28 — TASSE, en argent, pour déguster le vin, le fond est orné d'une tête grotesque, avec cette inscription : *Garde-toi des gens à double visage*. Poids, 110 grammes.

(Planche 3.)

29 — TASSE, en argent, pour déguster le vin. Poids, 26 grammes.

30 — BAGUIER, en argent, de la fin de Louis XVI. Poids, 58 grammes.

(Planche 3.)

31 — HOCHET, en argent, bout en ivoire; il présente une statuette de dame dans le costume de la Restauration. Poids, 25 grammes brut.

(Planche 3.)

32 — HOCHET, en argent, à grelots et bout en cristal de roche taillé. Poids, 94 grammes brut.

(Planche 3.)

OBJETS DIVERS

STATUETTES, BAS-RELIEFS, PLAQUETTES, MÉDAILLES, FAIENCES, PORCELAINES, ETC.

33 — SAINTE CÉCILE, grande statuette en ivoire, socle en bois noir.

Hauteur de la statuette, 38 cent.

(Planche 2.)

34 — Petit CHRIST, en ivoire.

35 — LIONNE couchée, bronze de BARYE.

Cette épreuve porte le cachet de l'éditeur.

36 — CAVALIER mongol, ancien bronze chinois, socle en bois.

37 — Groupe de DEUX VIEILLARDS, terre cuite peinte, d'une grande vérité, sur la base on lit : *C'était le bon temps*. Restauration.

38 — Le CHRIST au roseau, statuette en bois.

39 — CENTAURESSE, statuette en bronze, sur un socle en marbre bleu turquin, XVIIe siècle.

40 — STATUETTE de saint, en bronze ciselé et doré, socle rond en bois noir, XVIIe siècle.

Hauteur de la statuette, 14 cent.

41 — Le FLUTISTE, statuette peinte, époque de la Restauration.

42 — CHINOIS en prière, statuette en porcelaine vieux chine, émaux verts et roses, socle en bois.

43 — MARS, VÉNUS ET L'AMOUR, plaquette en étain, XVIe siècle.

44 — TABLEAU, en bois de noyer sculpté, représentant en très haut relief, le CHRIST DEVANT PILATE; nombreux personnages. Cadre doré, XVIIe siècle.

Haut., 22 cent.; larg., 34 cent.

45 — NYMPHES ET SATYRES érigeant un monument de Priape, bas-relief en bronze, d'après CLODION, cadre en bois noir.

Haut., 23 cent.; larg., 27 cent.

46 — MOINE assis conférant avec deux autres personnages, bas-relief en cire, d'un bon mouvement et largement traité, signé : V. Arago, *fecit*. Sous verre, cadre noir et or.

Haut., 10 cent.; larg., 16 cent.

47 — BAISER DE PAIX, en cuivre ciselé et doré, XVIe siècle. Le Christ mort sur les genoux de la Vierge.

48 — BAISER DE PAIX, en cuivre ciselé et doré.

49 — BAISER DE PAIX, du XVIe siècle, en cuivre ciselé et redoré.

50 — PLAQUE ovale, en ivoire sculpté, époque Louis XIV. Cadre en bois noir.

51 — Petite PLAQUE rectangulaire, en ivoire sculpté, du XVe siècle, divisée en deux compartiments ; celui du haut présente le Christ en Croix entouré de nombreux personnages et au-dessous, l'Ensevelissement du Christ ; chacun des sujets est surmonté de trois arcades à ogives. Cadre en bois noir.

52 — BAISER DE PAIX, en argent ciselé, commencement du XVIe siècle.

53 — BAISER DE PAIX, en cuivre ciselé et doré.

54 — APPLIQUE, en bronze ciselé et doré, de la fin du XVIe siècle, représentant la

Vierge et l'Enfant; cette applique est fixée sur un petit fût de colonne en bois.

55 — BAISER DE PAIX, en bronze ciselé et doré, représentant la Vierge, l'Enfant et des Anges.

56 — BAISER DE PAIX, en bronze ciselé et réargenté.

57 — Trente et une MÉDAILLES, en bronze, par PENNIN, sujets religieux, sur un carton médailler couvert en cuir.

58 — MEDAILLON en étain, portrait en profil de Charles GROLIER, par MIMEREL, 1658.

59 — Deux cartons à médailles, contenant cent vingt-huit plombs ou bronzes anciens ou modernes, SCEAUX, MONNAIES, EMPREINTES, etc.; quelques-unes de ces pièces proviennent des fouilles faites il y a quelques années dans la Saône. Ce lot pourra se diviser.

60 — CROIX EN FER FORGÉ, portant les accessoires de la Passion. Cette pièce est datée 1750.

61 — Petit PUPITRE, en bois de noyer sculpté, style ogival.

62 — COFFRET, en fer gravé, travail suisse du XVIe siècle.

63 — INSTRUMENT de pesage, en fer et cuivre.

64 — FLEUR DE LYS, en fer forgé, XVIIe siècle.

65 — Petit COFFRET-CABINET, en poirier noirci, la face à deux portes et à l'intérieur six tiroirs, entrées et boutons en cuivre doré, XVIIe siècle.

66 — Six petites CUILLÈRES, en bronze du XVIe ou antiques.

67 — Deux CHATELAINES, en cuivre ciselé et doré, des époques Louis XV et Louis XVI.

68 — Petit COFFRET, en fer poli, couvercle cintré, XVIe siècle.

69 — Petit COFFRET-CABINET, en poirier noirci, moulures guillochées, la face à deux portes et à l'intérieur quatre tiroirs, XVIIe siècle.

70 — MONTRE en cuivre, époque Louis XVI.

71 — Deux BOURSES aumônières, en perles.

72 — Petit ENCENSOIR en cuivre.

73 — CHAPELET, dont chaque grain est en ivoire sculpté, représentant une tête d'homme et une tête de mort; une plus grosse tête de mort en ivoire, termine ce chapelet, XVIIe siècle.

74 — SERRURE de coffre, époque Louis XIII.

75 — Grand CHAPELET, dont chaque dizaine est séparée par une tête à double face, en ivoire sculpté, d'un côté une tête de mort et de l'autre une tête d'homme; il

est terminé par une plus grosse pièce en ivoire sculpté à trois faces, le Christ, la Vierge et une tête de mort; une croix de Lorraine en cuivre gravé est pendue à ce chapelet, ainsi que diverses médailles, XVIIe siècle.

76 — PRESSE-PAPIER, formé de quatre petits boulets en fer, surmonté d'un petit Amour en cuivre doré; base en bois.

77 — Petit DEVIDOIR en cuivre gravé et doré; il est fixé sur une statuette de nègre en bronze laqué.

78 — BOITE, en bois laqué et doré, ornée de sujets guerriers et champêtres. Ancien travail de la Perse.

79 — RAPE-A-TABAC en ivoire sculpté (incomplète), XVIIe siècle.

80 — RAPE-A-TABAC bien complète, en fer damasquiné argent, portant cette inscription : *Il brûle pour vous*, XVIIIe siècle.

81 — BONBONNIÈRE, en émaille, fin du XVIIIe siècle.

82 — BOITE en cuivre, gravé, sujets de chasses, XVIIe siècle.

83 — MONSTRANCE, en cuivre doré, forme ogivale, XVe siècle.

(Planche 2.)

84 — Réduction en bronze de la COLONNE VENDOME, socle en marbre.

85 — Réduction en bronze de la COLONNE DE JUILLET 1830, socle en marbre.

86 — Réduction en bronze de L'OBÉLISQUE DE LOUQSOR, socle en marbre.

87 — COFFRET rectangulaire, orné sur toutes les faces de bas-reliefs en pâte de riz sur fond doré ; sur le couvercle on a fixé une petite bossette en bronze représentant le Groupe de Laocoon, XVIe siècle.

88 — PORTE-HUILIER, en faïence blanche, ornements en reliefs, XVIIIe siècle.

89 — VASE ÉTRUSQUE en terre cuite, fond noir, ornements blanc.

90 — FONTAINE, en terre d'Avignon à glaçure verte ; au milieu, sur la face, un Neptune en relief et de chaque côté des armoiries royales, XVIIe siècle.

91 — Deux ASSIETTES, en porcelaine du Japon, décor polychrome et or.

92 — POT à anse, en GRÈS DE FLANDRES, émail bleu, monture et couvercle en étain ; le col est orné de mascarons, la panse de cannelures, et des motifs gravés complètent l'ornementation, XVIIe siècle.

(Planche 2.)

93 — Lots divers, d'appliques, statuettes en cuivre, entrées de serrures, poignées, etc., provenant d'anciens meubles.

ÉMAUX ET PEINTURES

94 — Deux ÉMAUX peints et dorés, de forme ovale, présentant les têtes laurées des empereurs Tibère et César, travail de Limoges, XVIe siècle.

95 — Grande plaque en cuivre ÉMAILLÉ, en couleur et rehaussé d'or, représente une Sainte-Famille, cadre noir.

96 — ÉMAIL peint, à paillons et rehaussé d'or, de forme rectangulaire, présentant sur fond noir un très joli motif d'arabesques et figures, d'après Stéphanus ; une épreuve ancienne de la gravure de Stéphanus est jointe à cet émail ; le tout est dans un écrin.

Haut. de l'émail, 15 cent.; larg., 12 cent.

97 — ÉMAIL en couleur et rehaussé d'or, représentant Jésus et les Apôtres. Cet émail,

de la fin du xve siècle, est dans la manière de Nardon Penicaud.

Haut. 12 cent.; larg., 10 cent.

98 — ÉMAIL en couleur et rehaussé d'or, SAINTE MARCELLE, travail de Limoges, xviie siècle. Cet émail, de forme rectangulaire, est fixé sur une plaque de cuivre doré, découpé en forme d'étoile à huit pointes inégales.

Dimension de l'émail : Haut. 12 cent.; larg., 9 cent.

99 — Autre ÉMAIL, SAINTE CHRISTINE, pendant du précédent ; ces deux émaux ont été restaurés.

100 — ÉMAIL de forme rectangulaire, également fixé sur une étoile plus petite.

Dimension de l'émail : Haut. 10 cent.; larg., 8 cent.

101 — TRYPTIQUE en bois, peint sur fond doré et pointillé ; la partie centrale est divisée en deux registres, celui du haut présente le Christ en croix, et au-dessous la

Nativité ; sur les volets également divisés en deux parties, des figures de Saints et de Saintes, avec quelques inscriptions en caractères grecs, anciens, travail oriental, byzantin.

ARMES

102 — PETITE ÉPÉE de cour, lame plate, gravée et dorée, coquille, garde et pommeau en fer ciselé, fusée à filigrane, XVIIIe siècle.

(Planche 4.)

103 — ÉPÉE, lame triangulaire, coquille ovale, garde et pommeau en fer ciselé, XVIIIe siècle.

(Planche 4.)

104 — ÉPÉE, lame triangulaire, dont la coquille, la garde et le pommeau en fer ciselé, présentent des médaillons de fleurs

nœuds et rubans, feuillages et fleurettes d'une finesse remarquable ; très belle pièce, d'une conservation exceptionnelle, de l'époque Louis XVI.

(Planche 4.)

105 — Autre ÉPÉE en tout pareille à la précédente, sauf les médaillons qui renferment des trophées de musique et de chasse ; même finesse de ciselure et de conservation.

(Planche 4.)

106 — KRISS malais, fourreau et bois laqué.

107 — ÉPÉE à lame triangulaire, coquille, garde et pommeau en fer ajouré et ciselé, époque Louis XVI.

(Planche 4.)

108 — Petite ARBALÈTE en fer.

109 — Grande HALLEBARDE, surmoulage d'une pièce du XVIe siècle.

110 — HALLEBARDE, dont le fer très large porte des armoiries gravées.

(Planche 4.)

111 — PERTUISANE, suisse du XVe siècle.

(Planche 4.)

112 — VOUGE suisse, du XVe siècle.

(Planche 4.)

113 — PERTUISANE en fer ajouré, bonne forme, XVIe siècle.

(Planche 4.)

114 — Autre PERTUISANE, même époque.

(Planche 4.)

115 — PERTUISANE, fer ajouré, XVIe siècle.

(Planche 4.)

116 — PERTUISANE, même époque.

(Planche 4.)

117 — PERTUISANE, fer ajouré.

Les hampes en bois, ornées de clous de toutes ces armes, sont modernes.

(Planche 4.)

118 — Trois ÉPERONS en fer du XVe siècle et un autre éperon du XVe siècle, d'un bon travail.

119 — POUDRIÈRE en fer gravé, XVIIe siècle.

120 — MORS DE BRIDE en fer ciselé, de forme très rare, XVIIe siècle.

(Planche 4.)

121 — GRAND MORS DE BRIDE en fer ciselé, XVe siècle.

(Planche 4.)

INSTRUMENTS DE MUSIQUE

122 — MUSETTE ou biniou, dont les flûtes sont en ivoire avec des clefs en argent ; la peau est couverte d'une étoffe de soie Louis XVI.

(Planche 4.)

123 — Belle HARPE, bois sculpté et doré; peinture en vernis Martin, très bien conservée, époque Louis XVI.

(Planche 4.)

124 — MANDOLINE, ornée d'écaille et de nacre ; à l'intérieur on lit : *Vincentius, Vinaccio fecit, Neapoli alla rua Catalana à. d., 1773.*

(Planche 4.)

125 — INSTRUMENT à cordes métalliques, genre de KANTÈLE, mais avec de nombreuses cordes.

(Planche 4.)

IMPRIMERIE MOUGIN-RUSAND

3, rue Stella, 3

PLANCHE N° I.

PLANCHE N° II.